Das Vogtland-Jahrbuch

28. Jahrgang

Herausgegeben von

Curt Röder

2 • 0 • 1 • 1

Vogtländischer Heimatverlag Neupert, Plauen i. V., Klostermarkt 9

In stillem Gedenken an Vogtländer, die ihre Zeit mit formten:

Herr Eberhard Gerischer (Oelsnitz), einer der Autoren des Vogtland-Jahrbuches, verstarb bereits im Januar 2009 im Alter von 73 Jahren.

Titelfoto: Die Kienmühle beim Burgstein
Foto: Hummel
Illustrationen u. a. von Maritta Seybold, Plauen

Eine Bemerkung zum Inhalt des Jahrbuches:
Die Beiträge geben die Meinung des jeweiligen Verfassers wieder und sind nicht immer mit der des Verlages identisch. Redaktionsschluß Oktober 2010.

© Vogtländischer Heimatverlag Neupert Plauen
Klostermarkt 9 · 08523 Plauen · Tel./Fax (03741/226820)
Internet: www.vogtlaendischer-heimatverlag-neupert-plauen.de
E-Mail: neideitel@t-online.de
Satz und Repro: Ines Röder
Druck: Süddruck Neumann GmbH & Co. KG
Ausgabe 2011

ISBN 978-3935801-33-1

Inhaltsverzeichnis

3

4

5

Zum Geleit

Die Heimat ist das Herz der Welt, diesen Satz prägte einstmals der vogtländische Dichter Kurt Arnold Findeisen. Dies ist auch der Leitspruch des Vogtländischen Jahrbuches, nunmehr in der 28. Ausgabe.

Auf ganz andere Weise als alles, was heute grad so in Mode ist, rauscht der unaufdringlich leise Gesang vergangener Zeiten zwischen den Blättern des Vogtländischen Jahrbuches. Von vielem wird erzählt, was vergangen ist, von Sagen und Sitten, von Dörfern und Städten, von Hüllen und Seelen, die nicht mehr sind. Mir klingt dieses Rauschen von alten fernen Zeiten vertraut und ich lausche ihm gerne. Es gibt uns die Gedanken der Menschen, die vor uns lebten, noch einmal plastisch wieder.

Doch nun, wie an dieser Stelle gewohnt, ein paar Gedanken zu Ereignissen in unserer Region, die es seit Herausgabe des letzten Jahrbuches gab.

2009 waren es 734 000 Deutsche, die ihrer Heimat den Rücken kehrten, also auswanderten. Es sind nicht die Schlechtesten, die gingen, ich finde es schade, daß ihr Wissen und Können in Deutschland nicht gefragt war.

Das gesellschaftskritische Buch von Sarrazin, das zur Zeit im Gespräch ist, erinnert mich an das Märchen: „Des Kaisers neue Kleider", und zwar an die Äußerung des kleinen Jungen am Schluß des Märchens.

Bei einer kommenden Gebietsreform im Vogtland werden vermutlich von 54 Kommunen maximal noch 20 übrigbleiben. Damit wird die Identität vieler Kommunen ausgelöscht. Dementsprechend werden sich auch viele Bewohner verhalten.

Zum Thema Landratsamt, es wird in dem ehemaligen Tietz Kaufhaus in Plauen neu angesiedelt werden, vermutlich dürften die Baukosten um ein Drittel höher werden als angegeben, das zeigt die Praxis der vergangenen Jahre, das ist die Meinung der Neideiteln, aber sie fragt auch, was wird aus den aufgegebenen Gebäuden in den Städten?

Auch im Vogtland wird bei Bestattungen gespart, der allgemeine Trend: Es muß billig sein. Man legt seine Vorfahren in kollektive Ruhestätten, billig, aber als Individuum sind sie nicht mehr zu finden.

Ein Problem bildet auch die Grenzkriminalität, nicht nur in unserem Klingenthaler Raum, der Trend geht zur Zeit dahin, alles was aus Metall ist, kann geklaut werden. Gußeiserne Gullydeckel wandern reihenweise von ihrem Standort auf den Straßen in Richtung Tschechien, denselben Weg gehen auch bronzene Urnen auf Friedhöfen. In Plauen denkt man schon etwas weiter, hier will man gußeiserne Poller mit Sollbruchstellen einsetzen, da haben es die Metalldiebe leichter, sie fahren nur einmal kurz dagegen, und der Poller ist der ihre.

Zum Gedenken an das Kriegsende vor 65 Jahren gab es im April einen dreitägigen Gedenkmarsch in amerikanischen Uniformen durch unsere Region. Dies ist verdrehen des tatsächlichen Geschehens, die Amerikaner kamen nach Deutschland als Sieger und verhielten sich auch so, was ihnen mitnehmenswert erschien, ob Personen oder Sachwerte, eignete man sich an. Befreier hätten sich anders verhalten (wer es nicht glaubt, der schaue ins Internet oder frage die älteren Bewohner).

Es gäbe eigentlich noch viel mehr, an dieser Stelle zu vermelden, was die Menschen unserer Region bewegt, vielleicht auch Wichtigeres, aber der vorhandene Raum läßt es nicht zu. Und so schließt der Herausgeber das Geleit bis zur nächsten Ausgabe.

Curt Röder   Plauen im Oktober 2010

Otto Schüler, Ellefeld (1901–1974):

Barghaamet

Haamet, bist sue wunnerschie,
ob zen Uhmd, ob in der Früh,
ob zer Zeit, wenn blüht de Haad,
wenn de tregst e weißes Klaad!
Ach, ihr Leit, ihr kennt mersch glaabn,
nörngst is schenner wie derham!

Wu is kloare Bächel rauscht,
und is Hesel spitzt und lauscht,
dorten ziehts miech immer hie,
wall iech do am libbsten bie!
Ach, ihr Leit, ihr kennt mersch glaabn,
nörngst is schenner wie derham!

Guck iech huech vom Barg druebn ro,
liegt mei Dörfel friedlich do,
stieht mei Voaterhaus din Tol,
grüß es viele tausendmol!
Ach, ihr Leit, ihr kennt mersch glaabn,
nörngst is schenner wie derham!

Zeichnung: M. Seybold

Eine Schulklasse mit ihrem Lehrer 1896 in Bobenneukirchen. Wahrscheinlich war eine Manövereinquartierung im Ort. Soldatspielen im Dorf, 20 Jahre später wurde aus diesem Spiel blutiger Ernst.

Foto: Archiv Verlag

Willy Rudert, Falkenstein (1884–1949):

Wie huch der Schnie leit

Uebersch Vugtland und aa übersch Arzgeberg hot su a Schofkopf vun an'n Büchermacher – ne Name ho iech vergessen, wie er gehissen hot – su viel Lühng ne Leiten weisgemacht, und annere Bücherschreiber und sinstige gescheidte Leit ham 's ne noochderzielt und noochgeschriem, aß's an'n de Leit gar nimmer glaam wölln, wenn m'r'n sogt: „Gett m'r ner weg mit eiern Mootsch, 's is net a su schlimm b'uns mit der Kält und mit ne Schnie und mit ne Erdäpfelessen und ne Kaffeetrinken, wies ne Leiten drunten in' Niederland vürgeredt werd!"

Kaaner hot siech über die alten Lühng in san'n Leem merner geargert wie der alte Pummerfranz. Er wur su gehissen, weil er immer an'n Pummer gehalten hot. Der Franz war eich a alter guter, tücht'ger Mah, der kaa Kind belaading kunnt, ober wenn ne Aans wos Urechts über sei Vugtland gesogt hot, noochert war er epper kaa Feiner, do kunnt' ersch ne Leiten stecken und hots ne gesteckt, aß se de Köpf neigezuhng ham wie de arme Sünder.

Amol hot er für an'n Viehhännler an'n Trieb Ochsen nei auf Leibsig geschafft. Er is dort in an'n Gasthuf eigekehrt und de Leit ham ne ausgefregt, wu er her wär und wos er do in Leibsig machet, und a su fort. Wie er nu gesogt hot, aß er sei Haamet in'

Vugtland hätt', ham ne de Leit barmharzig ahgeschaut und ham gemaant:

„Ach, Sie armer Mann! Aus diesem Sibirien sind sie, wo man den Sommer kaum kennt und der Winter, der schreckliche Winter, ihnen das Eis in Massen und den Schnee in der Höhe von mehreren Ellen bringt! Wo der Wind ihnen die Schneewehen 10, 15 Ellen hoch auftürmt, wie wir schon oft gelesen und in der Schule schon gehört haben! Oh, sie armer Mann, sie armer Mann!"

„Fufze Ehln!" hot der Pummerfranz gesogt, „dös is gar nix; b'uns leit der Schnie oft sechzig, siebzig, aa achtzig und wuhl neinzig Ehln huch!" Do ham de Leit Maul und Aang aufgesperrt und immer wieder gesogt: „Ach, die armen, armen Leute!" Ober der Pummerfranz hot siech net irrmachen loßen und hot immer watter fort derzielt: „Ha, kumme Se ner amol naus z'uns und senne se unnre huhng Fichten und Tanne ah, wos dös für Baamer sei. Die sei mannichs Mol wohl hunnert Ehln huch, und wos glaam Se denn, do leit s'en aa noch drauf bis nauf de öbersten Giebel. Kumme Se ner amol naus und senne Se siechs ah!"

Do ham de Leit immer noch Maul und Aang aufgesperrt, ober gesogt ham se nix mehr.

Klaus Söllner, Dresden:

Von Heimat, Heimweh und Fernweh

Die meisten Menschen werden mit dem Wort Heimat die Vorstellung von etwas sehr Kostbarem verbinden. Häufig begegnet uns das Wort aber auch im Alltag, oft in der Form von Wortverbindungen. Es soll nicht die Aufgabe der folgenden Zeilen sein, den Begriff Heimat zu analysieren. Der Autor will nur einige Angaben zum Thema zusammenstellen, die das Vogtland betreffen.

Der Dichter Julius Mosen, der 1803 in Marieney im Vogtland geboren wurde, hat in seiner Novelle „Ismael" die Worte gefunden: „Als ob nicht die Heimat das Herz wäre, mit welchem wir die Freuden und Leiden der ganzen Welt erst fühlen lernten!" Dem Dichter Kurt Arnold Findeisen, der 1883 in Zwickau geboren wurde, aber seit seiner Tätigkeit als junger Lehrer im Vogtland diesem eng verbunden blieb, gefielen die Worte Mosens so gut, daß er daraus kurz und bündig den Ausruf formte „Die Heimat ist das Herz der Welt!" und er hat diesen auch auf seinen Grabstein auf dem Dresdener Trinitatisfriedhof schreiben lassen.

Muß ein Mensch für längere Zeit oder gar für immer von seiner Heimat getrennt leben, so erfaßt ihn das Heimweh. Julius Mosen widmete diesem Thema seine Novelle „Das Heimweh". Sie handelt von einer Vogtländerin, die einen Amerikaner geheiratet hat und sich in ihre Heimat zurücksehnt. Sie schreibt in ihr Reimbüchelchen ein Gedicht, dessen erster Vers folgendermaßen lautet:

Wo auf hohen Tannenspitzen,
die so dunkel und so grün,
Drosseln gern verstohlen sitzen,
weiß und rot die Moose blühn,
zu der Heimat in der Ferne
zög ich heute noch so gerne!

Später tritt in der Novelle ein junger Mann aus dem Vogtland auf, der das Gedicht in Form eines Liedes singt, und auf Befragen gibt er an, er hätte es „in einem Dorf bei Weida mit einem verfallenen Schloß, das Mosen heißt" gehört. Dieses Dorf Mosen in der Nähe von Weida gibt es tatsächlich. Mosen nutzt den Namen des Dorfes, um sich verschlüsselt als Verfasser des Gedichtes zu erkennen zu geben.

Der Oelsnitzer Musikpädagoge und Rosenmüller-Forscher Hellmuth Markert vertonte Julius Mosens Gedicht   Fotos: Autor

Der 1873 in Penig geborene Pädagoge Paul Apitzsch, der am Lehrerseminar im vogtländischen Auerbach ausgebildet wurde und 1894 als Lehrer nach Oelsnitz im Vogtland kam, schenkte dem Vogtland ein kenntnisreiches und poesievolles Wanderbuch und gab ihm den Titel „Wo auf hohen Tannenspitzen". Dem Text des

10

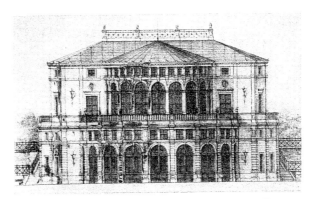

Das vierte Belvedere auf der Brühlschen Terrasse. Entwurfszeichnung von Otto von Wolframsdorf 1842

Buches stellte er ein Faksimile des ersten Verses des Gedichts voran, vermutlich von der Hand von Mosens Frau Minna Mosen 1864 geschrieben. In den Text seines Wanderbuches blendete Paul Apitzsch auch alle Verse des Vogtlandliedes von Kurt Arnold Findeisen ein.

Dem Heimweh kann man das Fernweh an die Seite stellen. Dieses Thema klingt auch bei Mosen in seiner Novelle „Das Heimweh" schon an. Das Fernweh ist die Sehnsucht nach einer gedachten idealen Heimat. In der Zeit der Klassik und Romantik zog es deutsche Schriftsteller und Künstler nach Italien. Im Jahre 1775 schickte der Kaiserliche Rat Goethe in Frankfurt am Main seinen Sohn Johann Wolfgang auf eine Bildungsreise nach Italien. Doch dieser kommt nur bis Heidelberg, dann ruft ihn eine Poststafette zurück. Weimar wird seine neue Heimat. Aber die Sehnsucht nach Italien bleibt. In dichterisch genialer Weise bringt Goethe diese Sehnsucht zum Ausdruck, indem er sie in seinem Roman „Wilhelm Meisters Lehrjahre" in das Heimweh eines jungen Mädchens verwandelt. Dieses Mädchen ist die geheimnisvolle Gestalt der Mignon, die Wilhelm Meister aus den Händen einer fahrenden Gauklertruppe loskaufen kann. Mignon schließt sich daraufhin eng an ihn an, sie betrachtet ihn als ihren Vater. Eines Tages hört er Mignon

ein Lied in italienischer Sprache singen, das er ins Deutsche übersetzt:
Kennst du das Land, wo die Zitronen
                                    blühn,
    im dunklen Laub die Goldorangen
                                    glühn,
    ein sanfter Wind vom blauen Himmel
                                    weht,
    die Myrte still und hoch der Lorbeer
                                    steht?
Dahin! Dahin.
Möcht ich mit dir, o mein Geliebter,
                                    ziehn!
Mignon und auch der in ihrer Nähe zu findende Harfner kommen schon in dem Roman „Wilhelm Meisters theatralische Sendung" vor. Dieser war verschollen und wurde erst 1910 in der Schweiz als eine Abschrift des Manuskriptes wiederentdeckt. 1777 hatte Goethe das Werk nachweislich begonnen. Die Abschrift reicht über sechs Bücher. Mignons Lied steht im vierten Buch, das nachweislich 1783 vollendet wurde. Am Ende des sechsten Buches will Wilhelm Meister Mignon bei sich behalten. Die „theatralische Sendung" blieb ungedruckt. Goethe arbeitete sie in den Roman „Wilhelm Meisters Lehrjahre" ein, der 1796 vollendet wurde.

1786 hatte Goethe endlich mit Zustimmung des Großherzogs seine erste große Italienreise antreten können. 1788 kehrte er nach Weimar zurück. 1817 kommt der erste Teil seiner „Italienischen Reise" im Druck heraus, 1829 der zweite Teil.

Auch Julius Mosen konnte 1825 eine Italienreise machen, zusammen mit einem Freund und Gönner, der die Reise finanzierte. Zehn Monate konnte er in Rom verweilen. Im Herbst 1826 kehrte er nach Jena zurück. 1834 ließ er sich als Rechtsanwalt in Dresden

Gemälde von Friedrich Overbeck (1789–1869) „Italia und Germania", es entstand zwischen 1815 und 1828.

nieder, von dort ging er 1844 nach Oldenburg. Wann ist seine poetische Verklärung des Heimwehs nach dem Vogtland, das Gedicht „Aus der Fremde", das mit den Worten „Wo auf hohen Tannenspitzen" beginnt, entstanden? Es findet sich in der Novellensammlung „Bilder im Moose". Die Rahmenhandlung dieser Sammlung bilden die Zusammenkünfte eines „Klubs lustiger Gesellen", die sich „Benediktiner" nannten und sich „in verschiedenen Kaffeehäusern, häufig aber in dem Belvedere auf der Brühlschen Terrasse" trafen. Das Belvedere wurde 1842 in neuer Gestalt erbaut, 1843 das daneben gelegene Café Torniamenti. Demnach könnte Mosens Gedicht in Dresden entstanden sein. Naheliegend ist auch der Gedanke, dass er es schon auf seiner Italienreise geschrieben hat. 1824, also noch vor dieser Reise, hatte Mosen ein Huldigungsgedicht auf den Großherzog von Sachsen-Weimar-Eisenach geschrieben, und zwar auf dessen 50jähriges Amtsjubiläum als „rector magnificentissimus" der Universität Jena. Dieses Gedicht hatte den Beifall Goethes gefunden und war vom Großherzog mit 6 Louisdor belohnt worden.

Vergleicht man Goethes Lied der Mignon mit Mosens Gedicht auf das Vogt-

land, so fällt eine merkwürdige Ähnlichkeit auf.

Das „dunkle Laub" der Orangenbäume hat sich in die Tannenspitzen verwandelt, die so „dunkel und so grün".

Den von Blüten bedeckten Orangenbäumen stehen die zierlichen Moose gegenüber, die „weiß und rot blühn".

Die Goldorangen „glühen" aus dem Laub heraus, dagegen sitzt in den Tannenzweigen die Singdrossel „ganz verstohlen", aber sie läßt ihre schöne kräftige Stimme erschallen.

Mignon fragt „Kennst Du das Land?" Mosen läßt mit dem einfachen „Wo" den Blick über das Vogtland schweifen.

Schließlich klingen beide Stimmen zusammen:

Dahin! Dahin möcht ich mit Dir, o mein Geliebter, ziehn!
Zu der Heimat in der Ferne
Zög ich heute noch so gerne!

Es ist keine Frage, das Gedicht Goethes hat Mosen zur Gestaltung angeregt. Sicher verehrte er Goethe sehr, denn dessen wohlwollende Beurteilung seines Huldigungsgedichtes dürfte ihm nicht unbekannt geblieben sein. Mosen arbeitet kongenial mit dem Kunstmittel des Kontrastes, aber beide Dichter haben das gleiche Anliegen, den Lobpreis des Landes, dem ihre Sehnsucht gilt.

Der Gedanke eines Vergleiches zwischen Italien und Deutschland findet sich auch bei Kurt Arnold Findeisen.

In einer Schilderung des vogtländischen Frühlings schreibt er: „Der Lenz Italiens schüttet förmlich ganze Blumenkörbe über

12

einem aus, gerade dem, der das erlebt hat, wird die Keuschheit des vogtländischen Frühlings wie eine Liebkosung der Seele sein."

Auch die Spannung zwischen Heimweh und Fernweh läßt Findeisen in seinem Vogtlandlied anklingen, das 1913 entstand:

So bin ich königlich belehnt mit
                  meiner Väter Erde,
Ob ich mich je draus fortgesehnt,
                  ob ich mich sehnen werde,
Ich weiß, der töricht süße Reim
                  ist gar ein köstlich Erbe:
Daheim, daheim ist doch daheim!
Und glaub es, bis ich sterbe.

Louis Riedel, Plauen (1847–1919):

Mei Haamet

Is dös a schö's Eckel
wie kaans af der Welt!
Mir'sch nergnds net su wie
in man'n Vugtland gefällt.

De Baamer su grü' und
de Wiesen su bunt
und de Gunge su darb und
de Maadle su rund.

De Luft su gesund und
dor Barg net ze huch,
in Wertshaus gut's Bier und
do schreie se „guch!"

Und wie werd gearwet
togaus wie a Feind,
wie sei de Leit fleißig
su lang de Sunn' scheint.

Mei Vugtland, mei Haamet,
is schenner wie schie,
un wer m'r'sch net glaam mog,
söll selber hergieh

Blick ins Tal

Zeichn.: Josef Windisch

Harri Müller, Plauen (1912–2000):

Frühlingsbangigkeit

Die Bäume rings im jungen Raum –
sie standen gestern noch im Blütenschaum,
und nun ist leise über Nacht
herabgerieselt alle Pracht.

Das Leben dünkte mich noch gestern
die schönste aller meiner Schwestern,
und nun ist's, kaum noch recht bedacht,
dunkel worden über Nacht.

F. Fleischer (†):

Aus der Innungsgeschichte der Zeulenrodaer Nagelschmiede

Vor mehr als 200 Jahren war ein Nagelschmied nach Zeulenroda gezogen und hatte sich nicht wie seine Greizer Berufsgenossen an die Innung der Huf- und Waffenschmiede angeschlossen. 1709 wurde ihm von der Regierung bei namhafter Strafe aufgegeben, sich den Huf- und Nagelschmieden anzuschließen, auch seinen Lehrjungen solle er bei der Innung der Huf- und Waffenschmiede einschreiben lassen. Der Nagelschmied unterwarf sich und trat den Huf- und Waffenschmieden bei, wenn auch nicht gern.

Kaum 30 Jahre später, 1736, beschweren sich zwei Greizer Obermeister der Schmiede-Innung bei der Hochgräflichen Regierung in Obergreiz darüber, daß in Zeulenroda wieder ein zugewanderter Nagelschmied, Schröder mit Namen, sei, der „vor sich" arbeite, nicht Meister werde und ihrer Innung nicht beitrete. Dieser Schröder wollte Meister Metzens hinterlassene Tochter heiraten, hatte das Häuslein seiner Schwiegermutter „in der Greitzischen Gasse an sich gehandelt", „und mit ziemlichen Kosten eine zu seinem Handwerk bequeme Schmiede in die Erde hineingebaut". Das Meisterstück wollte er machen, auch „etwan 8 Groschen für einen Meister" zu einer Mahlzeit bei Verfertigung des Meisterstückes zahlen, aber noch 12 Taler außerdem, das war ihm zu teuer. Auch wollte er sich nicht den Huf- und Waffenschmieden anschließen, sondern mit den drei andern Zeulenrodaern Nagelschmieden eine Innung für Nagelschmiede, und zwar in Zeulenroda, gründen.

Erst 13 Jahre später kam es zu dieser Innungsgründung. 1749 bestätigte Graf Heinrich XI. die Nagelschmiede-Innung in Zeulenroda und genehmigte die Innungsartikel, nachdem sie seine Regierung nochmals mit Fleiß durchgesehen und zeitgemäß gestaltet hatte.

Diese „Articuln" werfen ein helles Licht auf die damaligen Zeit- und Handwerksverhältnisse.

Wer Meister werden wollte, mußte nach der Lehre 3 Jahre gewandert haben und ein tüchtig Meisterstück machen, und zwar in Gegenwart des Vormeisters und in eines von der Innung bestimmten Meisters Hause mit Zuziehung zweier ihm gefälliger Gesellen und Stückhalter. 3 Tage lang konnte er von früh um 4 bis abends 6 Uhr daran arbeiten.

Wenn ein Fremder Meister werden wollte, so mußte er wie ein Meisterssohn 3 Jahre gelernt und 3 Jahre gewandert haben, außerdem aber mußte er 1 Jahr „muthen", d. h. bei einem ihm angenehmen Meister mit der Absicht auf das eigene Meisterwerden arbeiten; allvierteljährlich hatte er dann neben seinen Handwerksgebühren noch seinen Muthgroschen zu bezahlen. War er dann noch Bürger geworden, so konnte er sein Meisterstück machen, nur mußte er an Gerichtskasse, Stadtrat, Handwerk, Kirchenkasten doppelt so hohe Gebühren bezahlen wie ein Meisterssohn.

War er dann endlich Meister, so war er berechtigt, „große und kleine, schwarze und weiße, auch gelbe Zwecken und Nägel, überhaupt alles, was Spitzen und Köpfe hat, zu machen, es mag Nagel heißen oder nicht". Niemand anders außer ihnen durfte das tun, und zwar bei Verlust der Ware und 5 Taler Strafe; nur die Hufschmiede durften ihre Hufnägel selbst herstellen.

Doch auswärtige Nagelschmiede durften ihre Waren hier in Zeulenroda verkaufen, aber nur an Jahrmärkten, und auch da durften sie nicht vor 12 Uhr mittags auspacken; sie mußten warten, bis die heimischen Meister ihre Waren ausgelegt und soviel abgesetzt hatten, als ihnen eben möglich war. Das Hausieren mit Nagelschmiedewaren war unter keinerlei Vorwand gestattet. Kein Meister oder die Seinigen sollten eines andern Meisters Ware tadeln oder die ihre billiger anbieten, auch nicht auf Wochen- oder Jahrmärkten die Kunden von des Mitmeisters Bude wegrufen. Wer schlechte Ware auslegte, wurde angezeigt, mußte 5 Taler Strafe an die Gerichtskasse und 5 Taler Strafe an den Anzeigenden zahlen.

Wenn wegen höherer Kohlen- oder Eisenpreise die Preise für Nägel heraufgesetzt werden sollten, mußte dies der Obermeister vorher dem Gemeinderat mitteilen, „damit selbiger eine gewisse Taxe festsetzen könne".

Alle Schriften von der Zunft und an die Zunft werden in der Handwerkslade aufbewahrt. Die Lade ist immer beim jeweiligen Obermeister. Bei Handwerksversammlungen müssen alle Meister und Gesellen pünktlich zur bestimmten Stunde kommen. Wer ohne Rock und Weste kommt, „büßet dem Handwerk 3 Groschen". Von den Strafgeldern soll kranken und notleidenden Handwerksgenossen Handreichung geschehen. Nach verrichteter Auflage muß jedes Vorbringen mit Bescheidenheit geschehen, keiner darf sich mit dem Arm auf den Tisch legen oder mit der Hand darauf schmeißen, noch dem andern in die Rede fallen; es sollen ihrer auch nicht viele zugleich reden. Wenn der Obermeister mit dem Ladenschlüssel ein Zeichen gibt, sollen bei 1 Groschen 6 Pf. Strafe alle schweigen.

Fremde Lehrjungen ohne Lehrgeld müssen 4 Jahre lernen. 14 Tage am Anfang sind Probezeit. Nach „ausgestandenen" Lehrjahren wird ein Meistersohn umsonst, die anderen gegen Gebühren losgesprochen.

Kein Geselle soll den andern verhetzen oder ohne 14tägige Kündigung wandern. Kein Geselle soll ohne Vorbewußt seines Meisters bei Vermeidung von 8 Groschen Strafe am Abend über 10 Uhr oder gar die ganze Nacht ausbleiben. Schwarze Listen, unehrbare Gebräuche und unchristliche Gewohnheit, z. B. „Exzesse zu begehen, verbotene Complotts und Aufstände zu machen, sich zusammen zu rottieren, die andern, so nicht mitmachen, für unehr-

15

lich zu erklären und was dergl. Bosheiten noch mehr seyen", sind scharf verboten. Zu den unchristlichen Gewohnheiten und Bosheiten wird auch der blaue Montag gerechnet. Wer ihn mutwillig oder vorsätzlicherweise mitfeiern würde, soll sogleich wandern.

Noch viele, viele andere Dinge werden in den Satzungen geordnet. Damit sich niemand mit Unwissenheit entschuldigen kann, so sollten alle Bestimmungen jährlich 2mal Wort für Wort vorgelesen werden.

Da die Zeulenrodaer Nagelschmiede sich beschwerten, daß fremde Nagelschmiede mit minderwertiger Ware auf die hiesigen Jahrmärkte kämen, so genehmigte Graf Heinrich XI. wenige Jahre später, daß bei Jahrmärkten der Obermeister nebst einem andern Innungsmeister im Beisein eines Beisitzers aus dem Rat die Ware der fremden Nagelschmiede gegen Erlegung von 4 Groschen Schaugeld genau beschaute, ob die Nägel aus sprödem Eisen oder sonst untüchtig verfertigt seien. Doch auch die Waren der Zeulenrodaer Nagelschmiede sollen unparteiisch geprüft werden.

Die Neustädter Nagelschmiede legten die Verordnung so aus, daß von ihren insgesamt 4 Groschen Schaugeld zu erlegen seien. Eine neue Regierungsverfügung bestimmte auf die Beschwerde hin, daß jeder einzelne die 4 Groschen zu zahlen habe.

Die Kämpfe gegen unlauteren Wettbewerb oder sich einschiebende Konkurrenz waren auch schon damals oft sehr scharf. Am 3. Weihnachtsfeiertag 1788 erheben z. B. die beiden Zeulenrodaer Obermeister Neuberger und Engel die Anklage vor Gericht, Schlossermeister Besser habe nicht allein Nägel gemacht, sondern diese sowie fremde Nägel auch verkauft. Sie bitten um eine Haussuchung. Besser gestand, er habe Nägel zu seinen Schlössern gemacht. Oft hätte er die benötigten Nägel bei den Zeulenrodaer Nagelschmieden gar nicht bekommen, da habe er die Schlösser mit fremden oder mit selbstgefertigten Nägeln angeschlagen, die Gewohnheit der Schlös-

ser bringe das so mit sich. Endlich gestand er, daß er auch Nägel verkauft habe zu solchen Schlössern, die er nicht selbst angeschlagen habe. Denn jeder Bauer, der ein Schloß kaufe, verlange die Nägel mit dazu, und durch dergleichen Dreingabe und Liebetat müßte man Kundschaft an sich zu bringen suchen. Übrigens habe er den Zeulenrodaer Nagelschmieden schon viel zu verdienen gegeben. Endlich habe er zu erinnern, daß die Nagelschmiede allhier in allen Stücken teurer wären.

Die Nagelschmiede erwidern, er dürfe nach den Innungsbestimmungen nur Hufnägel selbst herstellen und Radekoppen, die keine Spitzen haben. Die nötigen Nägel hätten sie immer vorrätig. Sei es aber eine ungangbare Sorte, die nicht beständig in Vorrat gehalten würde, so dürfe er nur beizeiten bestellen, er habe ja auch nicht alle Schlösser gleich vorrätig. Daß die Nägel in Schocken etliche Pfennig teurer seien als anderwärts, komme daher, daß sie die Nägel stärker und von besserem Eisen machten. Sie brauchten lauter Eisen vom Burgkhammer, das teurer sei; in Greiz z. B. nehme man wohlfeileres Eisen von Dannebrog und aus sächsischen Hämmern. Ihre Nägel hätten in der Güte einige Vorzüge.

„Nur gedrungen und gezwungen", sagten sie, gingen sie gegen den Schlossermeister Besser vor, „wegen des gar zu starken Einhaltes unserer Nahrung, maßen wir sowieso ja keinen Abzug unserer Ware haben als in hiesiger Stadt, denn in das Chursächsische dürfen wir wegen der gar zu starken Abgabe auch nicht, indem wir kein chursächsisches Eisen arbeiten, sondern nur bloß das Burgkhammer-Eisen aus unserm Hochfürstlichen Lande um der Güte willen zu unserer Arbeit nehmen. Und sogar auch in die allhier benachbarten Hochgräflich Schleitzerschen Lande dürfen wir auch keine Waren bei Verlust derselbigen hineinschaffen. So uns nun auch die ganze wenige Notdurft der Nahrung von allhiesiger Stadt durch die hiesigen Schlossermeister entzogen wird, worauf wollen wir

16

unser Gewerbe treiben? Die Einrede, wir wären nicht imstande, ihre vielerlei Sorten zu machen, ist ganz ohne Grund, sondern wir können ihnen alle Sorten, sie mögen mit Namen heißen wie sie wollen, es seien gleich weiße oder gelbe, verfertigen. Die Hufschmiede dürfen Nägel verfertigen, aber denen Schlossermeistern stehet das nicht zu, noch viel weniger, damit zu handeln, wie Meister Besser sich unterfangen. Wenn dieses ihnen frei stünde, so müßten wir gesamten Nagelschmiede, welcher unser 7 allhier, gänzlich dadurch zugrunde gehen. Die Schlosser haben zu dem mit den Strumpfstühlen starke Arbeit. Wie würde es wohl den Schlossern gefallen, wenn wir Schlösser machten oder fremde Schlösser kommen ließen und damit handelten? Wir hoffen auf gnädigsten Schutz.“

Doch die Schlosser wußten bei ihrer Verteidigung Mund und Feder gut zu gebrauchen, die Nagelschmiede errangen nur einen halben Sieg.

Etliche Jahrzehnte später mußten sie sich wehren gegen die Nadelmacher, die auch inzwischen aufgekommene Drahtstifte erzeugten und verkauften. Mit Aufbietung aller Kraft und Zähigkeit vertraten die Nagelschmiede ihre Innung und ihre Rechte. Doch die Zeit war stärker, ihre Gilde verschwand, ja das ganze Handwerk, das einst in Deutschland so verbreitet war. Und doch brauchen wir heute sicher noch mehr Nägel als früher! Die Maschinen in den Fabriken stellen sie billiger und gleichmäßiger her und verdrängten auch hier die Handarbeit.

(geschrieben ca. 1928)

Maria Dietzel, Werdau:

Warum gerade wir?

Wir lieben unsere Welt.
Wir wollen nicht, daß sie zerstört wird.
Alle wissen, was schlecht ist für unsere schöne Erde.
Aber nur wenige unternehmen was gegen die Zerstörung.
Warum?
Lohnt es sich etwa doch nicht, dafür zu kämpfen?
Was müßten wir denn eigentlich tun?

Auf unseren Luxus verzichten?
Unsere Bequemlichkeit beiseite schieben?
Einfacher leben?

Das ist aber doch zuviel verlangt!
Das kann man doch nicht von uns erwarten!

Alle wissen, was schlecht ist für unsere schöne Erde!

Warum sollen gerade wir den Anfang machen?

Die Absturzstelle der Dornier Merkur-585 „Puma" bei Schleiz. Die ursprüngliche „Komet" war zuvor zur Merkur Version I umgebaut worden. Repro: Verlag

Aus dem Verlagsarchiv:

Der Absturz des deutschen Verkehrsflugzeugs D-585 bei Schleiz im Jahre 1927

Das deutsche Verkehrsflugzeug D-585 war in Berlin am 23. September 1927 planmäßig zu seinem Flug nach München gestartet, hatte um 9 Uhr Schkeuditz, den Flugplatz Halle-Leipzig, nach einer Zwischenlandung verlassen und Kurs auf den Thüringer Wald genommen. Hier ereignete sich das Unglück. Der Gastwirt des Schlosses Heinrichsruh gab später folgenden Bericht:

„Kurz vor 10 Uhr vormittags hörte ich plötzlich das Brummen eines Flugzeugs über mir. Das Geräusch entfernte sich und hörte dann plötzlich auf. Im selben Augenblick sah ich zum Himmel und bemerkte, daß ein Flugzeug in ungefähr 100 m Höhe plötzlich abstürzte und sich mehrfach überschlug. Neben dem Park des dem Fürsten Reuß gehörigen Schlößchens hat es sich tief in den Ackerboden hineingegraben, ohne beim Absturz an Bäume angeprallt

zu sein. Als wir hingeeilt waren, bemerkten wir zunächst, daß der eine Flügel etwa 20 m vom Rumpf entfernt lag, wir mußten daher annehmen, daß die Maschine einen Flügelbruch erlitten hatte. Unter den Trümmern fanden wir 5 Personen tot auf. Unter den Toten war auch Adolf Georg Otto Freiherr von Maltzan, der deutsche Botschafter in Washington."

Alle vier Passagiere, der Pilot und der Bordmonteur fanden den Tod. Besondere Bestürzung rief das Unglück deswegen hervor, weil der damalige deutsche Botschafter in Washington, Freiherr von Maltzan, sich an Bord befand.

Da sich das Unglück aus zunächst unerklärlicher Ursache ereignet hatte und man außerdem irgendwelche verbrecherische Absichten vermutete, wurden umfangreiche Ermittlungen angestellt; diese ergaben, daß lediglich ein technisches

18

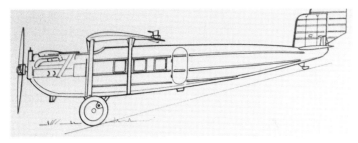

So sah der Typ des abgestürzten Verkehrsflugzeugs aus

Versagen vorlag, nämlich die Lösung einer Flügelverstrebung. Als dies der Pilot bemerkte, habe er noch soviel Zeit gehabt, den Passagieren die Anweisung zum Anschnallen zu geben, habe aber die Maschine nicht mehr so abfangen können, daß eine Notlandung im Gleitflug möglich war.

An die sechs Opfer des Flugzeugabsturzes vom 23.9.1927 erinnert auf dem Schleizer Bergfriedhof heute noch eine Gedenkstele.

Der Herausgeber: Die Untersuchung ergab technische Mängel des Flugzeugs.

23 Dornier „Merkur" mußten nach dem Unfall umgebaut werden, um die Betriebssicherheit zu gewährleisten.

Technische Daten des Flugzeugs:
Eintragungszeichen: D-585
Typ: Do Komet III
Merkname: Puma
Werk-Nr./Baujahr: 75/1925
Motor: 1 x BMW VI
Eigentümer: Stand Januar 1926: DLH AG
Verbleib: September 1927 in Schleiz zerstört.

Aus dem Verlagsarchiv:

Der Ozeanflieger Hillig auf Besuch in seinem ehemaligen reußischen Geburtsort 1931

Die beiden Ozeanflieger Höjris und Hillig, die vor einigen Tagen den Atlantik von Gran Harbour nach Bremen überquert haben, kamen am Montagabend von Kopenhagen nach Berlin. Hillig, der Deutschamerikaner ist, will von hier einen schnellen Abstecher nach Gera machen und in seinem Heimatort Steinbrücken, den er vor vierzig Jahren als 16jähriger Junge verlassen hat, seinen dort lebenden Bruder besuchen. Am Mittwoch muß er schon wieder in Kopenhagen sein, um dem dänischen König einige Briefe abzuliefern, die er von drüben mitgebracht hat.

Hillig hat sich diesen Eintagstrip nach seinem Geburtsort etwas kosten lassen. Ursprünglich hatte er, der es in seiner neuen Heimat, in dem Städtchen Liberty, als

Photograph zu etwas gebracht hat, die Absicht, mit „Graf Zeppelin" die Weltrundfahrt mitzumachen. Er hatte bereits die Passagekosten von 9005 Dollar bezahlt, als sich herausstellte, daß das Reisebüro zuviel Karten ausgegeben hatte. Als Geschäftsmann wußte er sein Recht zu wahren und erlangte von der Reise-Agentur einen beträchtlichen Schadenersatz. Da bot sich, wie er erzählte, im vorigen Herbst eine andere noch sensationellere Gelegenheit, den Trip zu machen. Der Flugzeugführer Höjris, ein Däne, der seit sieben jahren in Amerika ist, kam nach Liberty und machte Hillig den Vorschlag, doch mit dem Flugzeug die Reise zu machen.

„Ich bin sehr begeistert für die Fliegerei. Allerdings haben wir in Liberty keinen Flughafen. Die Stadt hat nur 3000 Einwohner. Wenn wir zurückkommen, werden wir auf dem Golfplatz landen. Geflogen war ich vorher sehr wenig. Nur zwei Flüge im Jahre 1918, als die alten Kriegsmaschinen überall im Lande verkauft wurden. Der zweite Flug endete aber mit einem Absturz aus 100 Meter Höhe, bei dem die Maschine vollkommen zertrümmert wurde. Auf den Vorschlag von Höjris bestellte ich sofort einen Bellanca-Eindecker, der besonders für den Ozeanflug hergerichtet wurde. Die Maschine kostete 22 000 Dollar."

Von dem Ozeanflug selbst erzählt Hillig, daß er „schrecklich wundervoll" gewesen sei. Angst habe er niemals gehabt. Er habe seine Zeit damit verbracht, in einem Buch Notizen zu machen, bei Tage alle zehn Minuten, bei Nacht jede Stunde. Das Schönste sei ein Flug zwischen zwei Wolkendecken gewesen. Mit den Fliegern aus Kopenhagen kamen der Präsident und der Direktor der „National-Bank of Liberty", die es sich nicht hatten nehmen lassen, ihren Landsleuten nach Kopenhagen vorauszufahren, damit sie dort gleich mit Bekannten „shake hands" machen konnten. Der Berliner Flughafen machte auf die Amerikaner einen großen Eindruck. Noch mehr imponierte Hillig das Glas Bier, demzuliebe er gern noch länger im Flughafenrestaurant geblieben wäre. Nur mit vieler Mühe ließ er sich von seinen Kameraden überreden, das Hotel aufzusuchen.

Pressemitteilung:

Die Ozeanflieger Hillig und Höjris, die gestern gegen 15.30 Uhr in Tempelhof landeten, sind heute Dienstag Mittag 12.25 Uhr nach Gera gestartet.

Tagespresse:
Der Ozeanflieger in seinem reußischen Heimatdorf

Hillig der Ozeanflieger war am Dienstag in seinem Heimatdorf Steinbrücken bei Bad Köstritz zu seinem angekündigten Besuch eingetroffen. Gegen 14 Uhr traf sein Flugzeug „Liberty", das um 12.25 Uhr in Tempelhof gestartet war, auf dem Geraer Flugplatz ein. Während der Pilot Höjris auf dem Flugplatz zurückblieb, fuhr Hillig im Kraftwagen nach Steinbrücken, das er, seitdem er es als 17jähriger auswanderte, nicht mehr besucht hatte. Die ganze Bevölkerung des nur 150 Einwohner zählenden Dorfes war auf den Beinen, um den berühmt gewordenen Landsmann zu begrüßen. Seinen Verwandten konnte er sich nur kurze Zeit widmen. „Aus Dummheet" habe er seinerzeit Heimat, Eltern und Geschwister verlassen, antwortete er auf eine Frage seines Bruders. Nach kurzem Aufenthalt fuhr Hillig von Steinbrücken nach dem Flugplatz Gera zurück, von dem die Ozeanflieger nach Berlin zurückflogen.

Nach einer Information aus dem Jahre 1931

Irene Kasselmann, Auerbach:

Warum

Eine Mutter mit vier Kindern
will nach Plohn ins Märchenland.
Traurig steht sie an der Kasse,
zählt das Geld in ihrer Hand.

Die Kleinen fiebern: „Mami, hörst du?
Sprechen kann der Apfelbaum!
Er begrüßt uns hier am Eingang.
Heut erfüllt sich unser Traum!

Aus der Ferne, kannst du's hören?
bimmelt laut die Eisenbahn.
Mami, kauf schnell Eintrittskarten!
Mami, bitte stell dich an!"

Auch ich hab an der Hand zwei Enkel.
Das Bezahlen fällt mir schwer.
Es krampft sich mein Herz zusammen.
Schau den vier Kindern hinterher.

Langsam laufen sie zum Bahnhof.
Dieser Weg zurück ist weit.
Und dazu die glühend Hitze.
Diese Kinder tun mir leid.

Ich sehe zwar nicht ihre Augen,
sicher sie voll Tränen stehn.
Sie haben sich so sehr gefreut.
Müssen nun nach Hause gehn.

Meine Traurigkeit verstärkt sich.
Halt die Enkel fest im Arm.
Warum werden Reiche reicher?
Warum bleiben Arme arm?

Zeichnungen: M. Seybold

21

Der Bahnhof Gutenfürst 1957

Gero Fehlhauer, Reichenbach:

Wie Gutenfürst Grenzbahnhof wurde

Im Verlauf der Bahnstrecke Leipzig–Hof, bahnamtliche Abkürzung LH-Linie, liegt auch die Ortschaft Gutenfürst. In den Anfangsjahren der Strecke bildete Gutenfürst eine kleine unbedeutende Station. In den Jahren 1877 bis 1900 erfuhr der Bahnhof jedoch zahlreiche bauliche Erweiterungen, die auf Jahrzehnte das Bild unverändert prägten. Gutenfürst war eigentlich schon seit Anbeginn der Strecke Grenzbahnhof zwischen Sachsen und Bayern. Doch nach dem Zweiten Weltkrieg und der Teilung Deutschlands wurde Gutenfürst als letzter Bahnhof auf der LH-Linie in der sowjetisch besetzten Zone (SBZ) im wahrsten Sinne Grenzbahnhof. An der Demarkationslinie zur amerikanischen Zone spielten sich in den ersten Nachkriegsmonaten zwischen den Bahnhöfen Gutenfürst und Feilitzsch, auf bayerischer Seite, wahrhaft wundersame Episoden ab. Für neun Jahre endete der grenzüberschreitende Reiseverkehr aus

beiden Richtungen jeweils in Gutenfürst, bis 1954 schließlich auch hier der Interzonenzugverkehr aufgenommen wurde. Zu diesem Zeitpunkt gab es bereits die Zollverwaltung in Gutenfürst. Es entstand die Polizei- und Abfertigungsbaracke am Bahnsteig 1, desweiteren eine Kantine und Sanitätsbaracke. Um Grenzdurchbrüche zu vereiteln, baute die Bahnmeisterei Plauen Schutzweichen ein, so daß derartige Vorhaben in einem Erdwall ihr Ende gefunden hätten. Indes kam es auch in Gutenfürst während der fast 45jährigen Teilung Deutschlands zu illegalen Grenzübertritten, auch wenn diese die Ausnahme blieben. Die wohl spektakulärste Flucht gelang zwei jungen Männern im Jahre 1962. In den Abendstunden gelangten sie als Reichsbahner verkleidet im Oberen Bahnhof Plauen in den Tender der seinerzeit im Zonenverkehr eingesetzten Loks der Baureihe 22. Von den Grenzorganen in Guten-

*Einfahrt des Zuges
in den Bahnhof
Gutenfürst 1989*

*1991, charakteristisch
für Gutenfürst waren die
sichtbaren Lichtmasten*

*„Großer Bahnhof" am
1.Oktober 2009 am
Bahnhof Gutenfürst.
Ein Traditionszug
verläßt den Bahnhof
Richtung Hof*

fürst unentdeckt, passierten sie die Grenze und erreichten völlig durchgeweicht die Saalestadt Hof, wo sie dem Tender entstiegen und für ungläubige Blicke sorgten. Dieser Fluchtversuch führte auf DDR-Seite dazu, die Wassereinläufe der Tender künftig durch ein Gitter zu sichern.

1964/65 wurde in Gutenfürst das Befehlsstellwerk B2 an neuem Standort im südlichen Bahnhofsbereich erbaut und in Betrieb genommen. Zählte die Reichsbahn 1962 in Gutenfürst noch 46 Bahnhofsbeschäftigte, zzgl. 12 Mitarbeitern der Wagenmeisterei Zwickau/Wagengrenzstelle Gutenfürst, ist heute lediglich noch das Befehlsstellwerk B2 mit Personal besetzt.

Von 1945 bis 1952 unterstand der Grenzbahnhof Gutenfürst der sowjetischen Militäradministration, danach gingen die Aufgaben an die Deutsche Grenzpolizei, gefolgt von den Grenztruppen der NVA. Die Bahnhofskommandanten der Grenzübergangsstelle (GÜSt) waren ab 1961 Major Erhard Müller, Oberstleutnant Werner Schellenberg sowie bis zur Einstellung des Grenzdienstes Oberstleutnant Günter Mehnert.

In den Jahren 1975 bis 1980 wurde die GÜSt Gutenfürst für 16 Millionen Mark zu einer Hochsicherheitszone ausgebaut. Bis 1982 zogen sich die Restarbeiten hin. In das Investitionsvolumen gehörte auch der Bau einer Lichttrasse für optimale Ausleuchtung des gesamten Objektes. Die Lichttrasse bestand aus acht Flutlichtmasten, von denen es jeder einzelne Mast auf eine Höhe von 32 m und ein Gewicht von 8 Tonnen brachte. Allein diese Anlage kostete 752 600 Mark. Für den Ausbau waren folgende Verwaltungsbereiche zuständig:

Staatliche Bauaufsicht: Ministerium für Verkehrswesen der DDR
Investitionsauftraggeber: Rbd Dresden-HA Investitionen
Investitionsbauleitung: Hbm Zwickau
Projektierungsbetrieb: EV DR Dresden

Hauptauftragnehmer: VE Kreisbaubetrieb Plauen (Sitz Weischlitz).

Der Gewerkeeinsatz gliederte sich wie folgt:
Hoch- und Tiefbauarbeiten: VE Kreisbaubetrieb Plauen
Blitzschutz, Elt-Anlagen: Stm Aue/Sa.
Elt-Anlagen: Starkstromanlagenbau Leipzig
Heizung: Zentralheizungsbau Auerbach/Vogtl.
Bauklempner- und Sanitärinstallation: PGH Sanitärtechnik Plauen
Entwässerung: VEB WAB Plauen
S-F-Technik: VEB Fernmeldeanlagenbau Dresden
Stahlkonstruktion, Korrosionsschutz: TKO Stahlbau Dessau
Mitropa Anlagen: PGH Luft- und Kältetechnik Karl-Marx-Stadt (Chemnitz)
Druckerhöhungsanlage: TGA Karl-Marx-Stadt
Turbolekt-Anlage: VEB Strömungsmaschinenbau Pirna

Gleisbauarbeiten Gl 6: VEB Ingenieurtief- und Verkehrsbaukombinat Karl-Marx-Stadt, BT 7 Plauen. Der Bahnhof verfügte nunmehr über 7 Gleise, wobei Gleis 6 als Stumpfgleis für den Binnenverkehr diente und außerhalb der Kontrollzone lag. Am 8. Oktober 1975 war es für den Betrieb freigegeben worden.

Die friedliche Revolution von 1989 besiegelte das Ende des ersten Arbeiter- und Bauernstaates auf deutschem Boden. Am 30. Juni 1990 endete der Dienst der DDR Zoll- und Grenzorgane in Gutenfürst. Sehr schnell verlor der Bahnhof an Bedeutung, und nach Abschluß der Streckenrekonstruktion war Gutenfürst ab Mai 1994 nur noch unbesetzte Haltestelle mit Bedarfshalt. Vieles der einstigen GÜSt ist zwischenzeitlich aus dem Bahnhofsbild verschwunden, doch die Spuren einstiger Bedeutung sind noch deutlich zu erkennen, und vielleicht ist die Überlegung angebracht, die verbliebene Bausubstanz der Nachwelt als Mahnstätte und Museum zu bewahren.

Ruth Wolff, Plauen:

Als Rentner Wanderer zwischen zwei Welten

Ein Rückblick aus dem Jahre 2000

Als ich vor einiger Zeit zu dem Thema „10 Jahre Wende in Deutschland" um eine Stellungnahme gebeten wurde, habe ich die Ereignisse von damals noch einmal Revue passieren lassen.

Beginnen möchte ich aber mit einem Rückblick auf die Zeit „davor".

Eigentlich bin ich auch heute noch der Meinung, daß meine Familie und ich ganz normale DDR-Bürger waren. Unter „normal" verstehe ich, daß wir, ohne privilegiert zu sein, in geregelten Verhältnissen gelebt haben. Wir hatten alle Arbeit, eine schöne, fernbeheizte Neubauwohnung mit bezahlbarer Miete und einen kleinen Pachtgarten, in dem wir uns sehr wohlfühlten. Unser finanzielles Einkommen war eher mäßig, aber Existenzängste waren uns ja völlig fremd. Von unseren drei Söhnen hatte jeder eine abgeschlossene Ausbildung. Unser zeichnerisch begabter Großer absolvierte ein fünfjähriges Direktstudium in Leipzig mit Abschluß Diplomgrafiker, der mittlere unserer Söhne ein Fernstudium für Kultur in Berlin. Wir, die Eltern, wären finanziell nicht in der Lage gewesen, unseren Kindern eine solche Ausbildung zu ermöglichen. Mein Mann, seit 1970 schwerstkrankt, und dadurch Invalidenrentner, und ich, Sachbearbeiterin im schlechtbezahlten Gesundheitswesen.

Natürlich waren wir nicht mit Blindheit geschlagen und vor allem Mangelerscheinungen im Versorgungssystem „DDR" haben mich, die Hausfrau, des öfteren mal auf die Palme gebracht. Unsere Familie hatte keine „Westverwandtschaft" und somit verfügten wir nicht über die D-Mark, um Versorgungslücken im Intershop ausgleichen zu können. Da es vielen anderen Menschen ebenso erging, war das für uns

kein Grund zum Verzweifeln, sondern man suchte auf Umwegen nach Auswegen.

Was den durchschnittlichen „DDR-Bürger" auszeichnete, war sein Erfindungsgeist, Organisationstalent und seine Fähigkeit, in fast jeder Lebenslage eine Lösung für Mangelerscheinungen zu finden. Das ist für mich auch die Erklärung, weshalb die Menschen hier so zusammengehalten haben. Es war jedem bewußt, daß er die Hilfe des anderen irgendwann einmal braucht.

Auch wenn das vielen, vor allem jungen Menschen heute unverständlich erscheint, ich habe gern in diesem Land gelebt. Es war und ist meine Heimat, die ich über alles liebe. Eine Ausreise nach dem „Westen" war für mich und meine Familie zu keiner Zeit ein Thema.

1989, gerade Rentnerin geworden, erhielt ich eine Einladung zu einem Besuch von meiner ehemaligen Nachbarin, die nach Westdeutschland geheiratet hatte. Daraufhin verbrachte ich einen sehr schönen, zehnjährigen Urlaub in Niedersachsen.

Zuerst erlebte ich den Westen so, wie er uns aus Film- und Fernsehen bekannt war. Städte und Dörfer mit gepflegten Häusern, breite Straßen voller schöner Autos, Läden bis obenhin angefüllt mit Waren. Das Tollste waren die Einkaufszentren, in denen man an einem Tag gar nicht alles in Augenschein nehmen konnte, was an Waren angeboten wurde. Unvergessen aber wird mir der Tag im schönen Hamburg bleiben. Zum ersten Mal sah ich auf einer gutbesuchten Geschäftsstraße Menschen auf der Erde sitzen, um Almosen bettelnd. Das Erschreckendste für mich war, daß die meisten Leute achtlos an ihnen vorrübergingen. Zum erstenmal auch sah ich Obdachlose, die ihr Domizil direkt an der bekannten Hafenstraße zwischen zwei Häusern aufgeschlagen hatten. Der Tag, der so schön begonnen hatte, endete für mich sehr nachdenklich. Unverständlich für mich war auch, daß der Staat für meine Bekannte ein Jahr Umschulung bezahlte, obwohl schon vorher bekannt war, daß ihr danach kein Arbeitsplatz garantiert werden konnte. So etwas war in der „DDR" unmöglich. Alle Leute, die zur Weiterbildung geschickt wurden, wußten schon vorher, wo später ihr Wirkungskreis sein wird. Es waren die vielen kleinen Dinge, die mir bewußt machten, wir leben in zwei verschiedenen Welten.

Kurze Zeit nach meiner Heimkehr fanden in der DDR die Wendeereignisse statt. Natürlich freuten sich die meisten Menschen über den Wegfall der Mauer, aber so euphorisch, wie es vor allem bei jungen Menschen der Fall war, konnte ich die Geschehnisse nicht begrüßen. Ich stellte mir schon die bange Frage: „Was kommt danach?" Wie es sich bald herausstellte, war das eine gute Frage.

Ehe ich zu den angenehmen und unangenehmen Ereignissen der Nachwendezeit komme, möchte ich etwas vorausschicken. Der überwiegende Teil Menschen, der zur Wende bereits Rentner war, oder es kurz danach wurde, ist mit seinem Renteneinkommen in der Lage, einen durchschnittlichen Lebensstandard zu halten. Wie das Leben der zukünftigen Rentenempfänger aussehen wird, wage ich nicht zu beurteilen. Das soll hier aber auch nicht zur Debatte stehen.

Mir geht es einzig und allein darum, einmal festzuhalten, was uns damals bewegte, was an Unbekanntem fast täglich auf uns einstürmte und wie die meisten ohne Hilfe damit fertig werden mußten. Niemals vorher in unserem Leben haben sich Preise für lebensnotwendige Dinge so rasch verdoppelt und verdreifacht wie damals, Miete, Strom und Rundfunk/Fernsehen sogar vervierfacht, für unsere Freie Pres-

se zahlen wir mittlerweile das achtfache. Die Preise für Lebensmittel sind halbwegs stabil geblieben, meine Betonung liegt auf halbwegs! Allerdings erhält man für acht Mark noch immer ein Pfund Bohnenkaffee, dafür haben wir in der DDR mindestens zweiunddreißig Mark auf den Tisch legen müssen. Gerechterweise muß ich da aber erwähnen, daß Rentner der DDR gebührenfrei fernsehen konnten.

Ehe wir Bürger der BRD werden konnten, begann man schon einmal damit, unsere Sparguthaben bis auf einen Standardbetrag zu halbieren. Am Härtesten traf auch das wieder die älteren Bürger, die sich die Spargroschen für ihren Lebensabend oft mühselig vom Mund abgespart hatten.

Was die Schließung vieler Betriebe in unserem Land für Kummer und Sorgen über ganze Familien brachte, ließ auch uns, die Alten, nicht kalt. Waren doch oftmals die eigenen Kinder und Enkel betroffen. Zwei meiner Söhne machten gleich im ersten Jahr nach der Wende damit ihre Erfahrung. Noch heute steigt Zorn in mir hoch, wenn ich daran denke, wie gutgläubige Menschen in den verschiedensten Bereichen von westlichen Gangstern über den Tisch gezogen wurden. Es hört sich wie ein Märchen an, ist aber leider wahr. Ganze Betriebe wurden von der Treuhandanstalt für einige Mark verkauft.

Was unsere Heimatstadt angeht, macht mich persönlich sehr betroffen, daß unsere Stadtväter nur zugesehen haben, wie Wahrzeichen von Plauen verschwinden. Sie haben in Kauf genommen, daß im Zuge des Kolonnadenbaus unsere schöne Posthalterei, früher Café Beierlein, von der Bildfläche verschwand. Bis heute haben sie es nicht geschafft, etwas Gleichwertiges auf die Beine zu stellen. Auch die Schließung des kleinen Kaufhauses „Klostermarkt-Treff" ist für die Bevölkerung ein Verlust. Na, wenigstens wurde inzwischen, wenn sicher auch durch Eigeninitiative, ein kleines Café Trömel wiedereröffnet. Die meisten Sympathien haben unsere

Stadtväter dabei eingebüßt, daß sie die Schließung unseres ehemaligen Konsument-Kaufhauses nicht verhindert haben. Mit der Meinung stehe ich sicher nicht allein da, daß dieses Kaufhaus ein Wahrzeichen für Plauens Innenstadt ist und wir nur hoffen können, daß ein Investor gefunden wird, bevor das Gebäude dem Verfall preisgegeben werden muß. Ich kann mich des Verdachts nicht erwehren, daß all diese Schließungen hingenommen wurden, um diesem „ECE"-Bau eine Daseinsberechtigung zu verschaffen.

Natürlich geschahen nach der Wende auch positive Dinge, an denen wir unsere Freude haben. Die Renovierung alter Bürgerhäuser haben manche Straße in der Stadt wieder attraktiv gemacht. Die Schlaglöcher auf den Straßen verschwinden Zug um Zug, und die ehemaligen DDR-Neubauten leuchten in frischen Farben. Im Straßenverkehr sind uns liebgewordene kleine Stinker fast ganz verschwunden. Irgendwann wird es soweit sein, daß wir nach tschechien oder Ungarn fahren müssen, wenn wir nochmal einen „Trabi" sehen wollen. Einkaufen von Lebensmitteln wäre eigentlich kein Thema mehr, wenn nicht der „BSE-Skandal" (Rinderwahnsinn) die Menschen verunsichern würde.

Eine gute Sache finde ich das Bauen von Wohnanlagen für „Betreutes Woh-

nen", möglichst in der Stadt. Somit müssen ältere Menschen erst ihre eigenen vier Wände aufgeben, wenn sie intensive Pflege benötigen.

Was ich für sehr gut und erwähnenswert finde, sind die Angebote über Diakonische Einrichtungen für Senioren. Jeder kann nach seinen persönlichen Neigungen wählen, wo er aktiv werden will. Altersgerechter Sport, Handarbeitszirkel, Wandergruppen, Volkstanz, Seniorenschwimmen oder Singen im Chor und noch einiges mehr. Natürlich kann sich der einzelne auch an mehreren Angeboten beteiligen. Meiner Meinung nach dienen diese Aktivitäten dazu, die Senioren vor Vereinsamung zu bewahren, sie geistig und körperlich fit zu halten.

Da die Überalterung in unserem Land zunimmt, sollte es ein „Muß" sein, die Lebensqualität der älteren Generation auf einem guten Niveau zu halten, zumal für ärztliche und medizinische Betreuung immer weniger ausgegeben werden soll.

Wie bereits eingangs erwähnt, sind dies die Erinnerungen einer Siebzigjährigen über die Wendezeit, vorher und danach. Es ist mir aber auch klar, daß unsere Kinder und Kindeskinder die betreffende Zeitspanne teilweise oder ganz und gar mit anderen Augen sehen. Und das ist ihr gutes Recht!

Gedankenspäne aus dem Jahre 1896

Der Prophet gilt nichts an seinem Ort –
das ist vielleicht ein wahres Wort,
nur schade, das manche, die nichts galten,
sich deshalb für Propheten halten.

Das Beste, was mancher uns tun kann,
ist, daß er uns mit seiner Freundschaft verschont.

Dr. Frank Reinhold, Obergeißendorf:

Zeitgemäße Betrachtungen Nr. 1

Aus meinem Spiegel grinst ein Klops.
Ich bin so rundlich wie ein Drops.
Am Morgen tönt ein lautes Schnaufen,
muß ich mal hundert Meter laufen
zu jenem gut geschützten Platz
mit meinem fahrbar'n Untersatz.
Man kommt nur an sein Tagesziel,
ist man flexibel und mobil,
und wer zu Fuß geht, der verpaßt
das wahre Leben, das in Hast
und Streß dahinrast wie ein Jet.
Das Handy nimmt man mit ins Bett,
denn wer da nicht zu jeder Frist
für jedermann erreichbar ist,
global verfügbar und bereit –
der ist verlor'n für unsre Zeit.
Ein Auto und ein Telefon
braucht Deutschlands Tochter, Deutschlands Sohn.
Das Fastfood, hastig eingeschlungen,
verklebt den Magen und die Zungen.
Man lebt in Streß und Dauerzoff;
kriegt Atemnot, weil Sauerstoff
so rar ist wie ein Arbeitsplatz –
und trotz der ganzen Tageshatz,
der Euphorie und der Erregung
hat man nur innere Bewegung.
Man müßte mal gewissermaßen
durchs Dorf zum gelben Kasten rasen,
dabei nach links und rechts nicht schauen,
um Kalorien abzubauen …
Doch wäre man ja wirklich blöd,
wenn's auch ganz leicht per E-mail geht!
So wächst der Körperumfang weiter.
Dick macht gemütlich – schnauft.

Ernst Heiter

Aus dem Verlagsarchiv:

Die Gegenwart ist:
jener Abschnitt der Ewigkeit,
der das Reich der Enttäuschung
vom Reich der Hoffnung trennt.

28

Dr. Frank Reinhold, Obergeißendorf:

Ja, bin ich denn schon altes Eisen?

In diesem vogtländischen Jahrbuch habe ich in den vergangenen Jahren schon mehrere Beiträge veröffentlichen können, die sich heimatgeschichtlichen und (berufsbedingt) dialektologischen Themen widmeten. Verzeihen Sie mir, lieber Leser, wenn ich heute von meinen üblichen Themen abgehe und Zeitgeschichtliches beisteuere, das mir schon lange auf den Nägeln brennt.

Erreicht der Mensch ein gewisses Alter, wird es sich nicht umgehen lassen, daß er sich mehrmals mehr oder weniger radikal umstellen muß. Meine Eltern, Jahrgang 1919 bzw. 1920, hatten als Kind die Weimarer Republik, als Jugendliche und junge Erwachsene die Zeit des Nationalsozialismus und als Ehepaar die 40 Jahre DDR erlebt. Vater, der 1989 starb, bekam den Niedergang des ostdeutschen Staates noch mit; die Deklaration der „Wende" und die Wiedervereinigung konnte, falls es eine unsterbliche Seele gibt, allenfalls diese noch wahrnehmen. Mutter überlebte die Wendezeit immerhin um 12 Jahre und kam noch in den Genuß der „Ostrente". Über die neu gewonnene Freiheit konnte sie sich trotzdem nicht mehr so recht freuen – zu klar war ihr in Erinnerung, daß die andere Gesellschaftsordnung auch Arbeitslosigkeit bringen konnte. Vater war in seinem letzten Lebensjahr, und das nicht nur wegen seiner schweren Erkrankung, sehr unglücklich, daß alles unaufhaltsam „den Bach runterging" ... Nicht, daß jemand jetzt ein falsches Bild bekommt: Meine Eltern waren keine in irgendeine Ideologie völlig verbohrten Menschen; davor hatte sie schon ihr verschiedenes familiäres Umfeld bewahrt. Von mütterlicher Seite her stamme ich aus einer seit Jahrhunderten in der Region um Greiz ansässigen Kleinbauernfamilie; die Reinholds waren 200 Jahre lang Leinweber, bevor mein Großvater den Maurerberuf ergriff und mein Vater Industriekaufmann (Buchhalter) wurde.

Das Wesentlichste aber, was meine Eltern mir sozusagen vererbt haben, ist nicht das kleine Häuschen, wohin ich nach Mutters Tod wieder gezogen bin: Es war und ist die Verbundenheit mit der Region, eine Eigenschaft, die in Zeiten der Globalisierung als Hemmnis gilt und als ein Merkmal für die Unfähigkeit gebrandmarkt wird, die Zeichen des Fortschritts zu erkennen. Nur zur Klarstellung: Ich habe mein 30 Jahre dauerndes Arbeitsleben, das durch „Beendigung des Projekts" und darauf folgende „betriebsbedingte Kündigung" im April 2009 sein vorfristiges Ende fand, in der Braunkohlenregion um Borna und in Jena verbracht und war zuletzt in Bayern angestellt. Nun habe ich das Bedürfnis, die letzten Jahre bis zur Rente in der Heimat verbringen zu dürfen (nach jetziger Regelung würde mir diese Ende 2017 gewährt).

Aber: Flexibel muß der heutige Mensch sein; karriereorientiert durchs Leben rennen, soziale Bindungen allenfalls als Sprungbrett nutzen – und sich in der ganzen Welt heimisch fühlen. Hat er seine Arbeit verloren, so muß er ohne Wenn und Aber und von heute auf morgen alle Bindungen abbrechen, wenn ihm ein „Job" angeboten wird – und sei dieser nur auf ein paar Monate befristet und die Arbeitsstelle in weiter Ferne. Wer das nicht möchte, wird von gut bezahlten Personen, die davon überzeugt sind, daß ihnen – dank ihrer eigenen überragenden Leistungen – so etwas nie passieren wird, als „Sozialschmarotzer" beschimpft. Und es gibt zwar ein wunderbares Formular, das man zu Beginn der Arbeitslosigkeit ausfüllen muß, in dem man nach der Höhe seiner Lohnvorstellungen gefragt wird – im realen Leben aber wird vom Bittsteller erwartet, daß er diese zugunsten der Möglichkeit, überhaupt eine bezahlte Tätigkeit ausüben zu dürfen, aufgibt. Nicht, daß jemand etwa denkt, ein absolviertes Studium oder gar eine Promotion sei der Garant für bessere Chancen auf dem Arbeitsmarkt! Der Einwand bei Bewerbungen lautete bisher immer: „Sie sind zu alt" – ein Totschlagsargument, denn man kann das nicht mehr ändern – „und überqualifiziert". Mitunter ist auch die Rede von der falschen, nicht bundesrepublikanischen Qualifikation. Anderen wird natürlich analog ihre zu niedrige Qualifikation vorgehalten

Es gibt Wohnanlagen „50 plus", spezielle Kurse für „Arbeitnehmer" über 50 – aber für die Mehrzahl von ihnen keine Arbeit, die ein relativ sorgenfreies Leben ermöglicht. Und verantwortlich für die sozialen Sprengstoff bietende Politik sind überwiegend „Leistungsträger" über 50; Politiker, deren Altersversorgung gesichert ist und die, wenn sie auch in Worten ihre soziale Verantwortung betonen, in Taten zeigen, daß sie nur Verachtung für die „Nichtleistungsträger" der Gesellschaft haben.

Aber nun genug des Jammerns: Es wird schon werden, und daß es vorangeht, dazu trägt auf kulturellem Gebiet auch das mit Recht beliebte Vogtland-Jahrbuch bei. Und ich verspreche, wenn sich die Situation gebessert hat, in zukünftigen Jahrgängen wieder meine üblichen Themenspektren zu bedienen.

Dr. Frank Reinhold, Obergeißendorf:

Zeitgemäße Betrachtungen Nr. 2

Der Mensch hat heute kaum noch Zeit
für Liebe und Geborgenheit,
weil die in den modernen Welten
als hoffnungslos veraltet gelten.
Man überlebt in diesen Tagen
nur, ist man vorne mit beim Jagen
nach Geld. Und ohne Ellenbogen
wird man belogen und betrogen.
Der Starke hat allein die Macht;
der Schwache aber wird verlacht.
Wer sich nicht wehren kann, wird heute
im Nu zur allzu leichten Beute.
Er wird erlegt vom coolen Jäger,
dem hoch gelobten Leistungsträger ...
Der wär' ein Nichts ganz ohne Frage,
hätt' er nicht Beute alle Tage –
die Schwachen im Alltäglichen,
die Luxus ihm ermöglichen.
Und nur dank diesen geht es weiter
im Leben. Dieses meint

Ernst Heiter

Margarete Hoyer, Netzschkau:

Fastnacht im Vogtland

Wie der Fasching im Rheinland gefeiert wird, mit ner Ratssitzung und Umzug, wurde im meist evangelischen Vogtland bis zur Wende überhaupt nicht gefeiert. Nur die Kinder zogen am Fastnachtstag mit „Larven" vorm Gesicht durchs Dorf und gingen in die Häuser betteln, obwohl in jedem Haus zur Fastnacht Pfannkuchen gebacken wurden. Die kleinen Bettler haben dabei Gedichte aufgesagt wie etwa dies: „Iech bie e klaaner Dicker, kaa net naufn Trücker, gebt mer ner en Pfeng, nooch gieh ich mane Gäng." Die Erwachsenen gingen ihrer Arbeit nach wie alle Tage. 11.11. so was gab es vor 100 Jahren, bis zur Wende auch nicht. Nach dem 6. Januar, Heilig Drei Könige bis zur Fastnacht waren in den Gaststätten die Bockbierfeste, der Starkbieranstich. Es war ja zu jener Zeit oft bis unter minus 20° C kalt, da wirkte der Alkohol wärmend. Zum Bockbierfest gab es von der Brauerei ein großes Faß Freibier und der Wirt spendete 1 Bockwurst mit Semmel. Im Vogtland schmeckt die Weißwurst niemand. Jeder Gast bekam von der Brauerei eine „Bockbiermütze" mit dem Namen der Gaststätte drauf. Die Gaststätte Haack in Zobes hatte einen Tanzsaal, und da gab es den „Kappenball" ohne Maskierung. Vor dem 1. Weltkrieg spielte die Dorfkapelle auf, alles Laienmusiker. Der Michel Albin und der Friedrich Albert hatten Trompete, der Schaller Emil Ziehharmonika, der Hoyer Emil Bandonion und der Michel Emil, der Klara ihr Mann, spielte sehr schön Geige. Der Bauer Michel Emil konnte sehr schön singen. Man tanzte Walzer und Menuett und Schleifer, aber keine Tänze, die jetzt aus Amerika kamen, gesungen und gespielt wurden Lieder wie:

„Wer hat denn den Käse zum Bahnhof gerollt, so eine Frechheit, wie kann man so etwas tun" und „Es war einmal ein treuer Husar", „Plaun bleibt Plaun". Zum Fastnachtsball war Damenwahl (Aufstehball), da brauchten die Jungs kein Geld. Die Mädchen hielten die Jungs frei. In jedem der 7 Dörfer unseres Altensalzer Kirchspiels gab es einen Tanzsaal. In Gansgrün war 1926 noch Tanz. Es war wohl in Gospersgrün oder Gansgrün, wo die Holzdiele des Tanzsaales einbrach, vom Aufstampfen der Füße beim Tanz, und es entstand das Lied: „Und der Tanzueden hot e Loch und getanzt werd halt doch." In Gospersgrün war der Tanz bei Heckel, in Gansgrün bei Fuchs, in Thoßfell bei Neidhardt (bis 1939) in Altensalz bei Frühauf, in Voigtsgrün bei Arnold, in Neuensalz bei Meier. Nur in Zobes wurde ein neuer Saal (etwa 1928) eingeweiht, für etwa 250 Gäste. Jetzt wird dort meist für Reisebusse gekocht. Das Bockbierfest beim Haack, legte der Wirt fest. Das im 2. Gasthof, dem „Schlössel" war entweder früher oder später. Dieser Wirt richtete sich nach dem Haack, und anfangs war dort der Lenk Adolf mit seiner Rosa, dann kam etwa 1924 der Georg Ernst, der ein Zobeser Mädchen heiratete, und nach dem Krieg war der Michel Reinhard dort Wirt. Im Schlössel war der Gesangverein und alle, die singen wollten. Bockbierfeste waren gut besucht. Vor dem 6. Januar und nach Fastnacht waren solche Veranstaltungen nicht. Zu Fastnacht durfte nicht gefeiert werden, sonst flickt man den Hühnern das Eierloch zu. Da wird der Hühnerstall ausgemist!! Zur Lichtmess essen de Harrn be Tog, zor Fosnet machen de Bauern e noch.

Gassenhauer von damals

Wer kennt noch welche, die nie aufgeschrieben wurden?

Die unsterblichen Hunde

1. Ein Hund lief in die Kü-che und stahl dem Koch ein Ei, da nahm der Koch die Kel-le und schlug den Hund ent-zwei.

2. Da kamen alle Hunde und gruben ihm ein Grab und setzten einen Grabstein, worauf geschrieben ward:
3. Ein Hund lief in die Küche ... (siehe 1. Strophe) usw. ohne Ende.
Zur Abwechslung kann man auch singen:
4. Ein Hund lief in die Küche und fraß dem Koch sein Brot, da kam der Küchenjunge und schlug den Köter tot.

Endlich als Sprechchor:
5. Nun haben wir unsern Hund be-graben, nur gut, daß wir noch einen haben.
Darauf kann man zum nächsten Hunde-lied übergehen. (Sch.)

Beim Waschen singen

Un-ra-siert und fern der Hei-mat, fern der Hei-mat un-ra-siert, un-ra-siert und fern der Hei-mat, fern der Hei-mat un-ra-siert.

(Nach dieser und ähnlichen gefühlvollen Melodien kann man auch wunderbar gurgeln!)
(Sch.)

Hans Siegert, Leipzig (†):

Hamweh*

Ustern war kumme, de Walt war derwacht,
Falder un Gärten in blühe'der Pracht:
Ja, dos gesegnete niedere Land –
Hunnertfach luhnt 's fei der flessigen Hand!
Doch in der Haamit** – dos wußt ich gewieß –
log noch der Schnee off der schlummriten Wies',
starre de Fichten noch kalt unnern Schnee,
ruscheln de Kinner noch fest vun der Höh!

Kinner un Ruscheln! Aah ich war a Kind,
ach war dos schie, wenn der Schlieten geschwind,
sicher gelenkt, is ne Hang ogegogt***.
Ball ging's ans Laam†, doch de Fahrt wur gewogt!
Klaa war de Walt, un doch gruß sot un weit.
's war doch a schiene, a harrliche Zeit!

Wie off vergangene Zeiten ich denk,
Tief in de Kindhat zerück mich versenk,
faßt mich a Hamweh mit aller Gewalt.
eh' ich's versaah, is mei Ranzel geschnallt:
nauf ins Gebirg, in de Haamit im Schnee.
Schneeweiße Ustern off luftiger Höh!

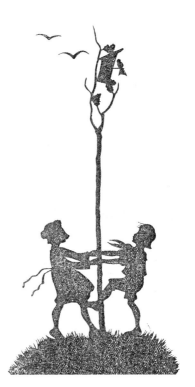

Schu bie ich druhm. Unnerm Schnee tief versteckt,
hot noch kaa Frühling de Uard aufgeweckt.
Traurig, zersplittert, derkreiz un derquaar
liegen de Tanne un Fichten ümhaar!
Trübsaalig lauert, sei Weibel dernaam,
hungrig a Star off'm Vugelbeerbaam.

Wie ich mich fra übern schwarzen Gesell!
Doch wuhl zu zeitig erscheint er zur Stell.
„Ei", sog ich, „Starmatz, du kimmst doch racht früh?
Kunnst du net warten? Wos willst du dä schie?"
Maant†† fei daar Schlingel un lachet derzu:
„Sog ercht: Wos willst in der Haamit denn du?"

* Heimweh (a = breites a). ** Heimat. *** hinabgejagt. † Leben. †† Meint.

Robert Hänsel, Schleiz (†):

Plauen und Schleiz – eine enge Schicksalsgemeinschaft

Oft und schwer hat das Vogtland und mit ihm die Kreisstadt Plauen unter Seuchen und epidemischen Krankheiten zu leiden gehabt, die in alten Berichten auch Sterbensläufte, große Sterben, Pest, Pestilenz und ähnlich genannt werden. Dabei muß gesagt werden, daß man unter „Pest" im Mittelalter und bis ins 17. Jahrhundert hinein nicht allein die wirkliche orientalische Beulenpest oder Bubonenpest, den sogenannten „schwarzen Tod", verstand, sondern jede ansteckende und seuchenartige Krankheit als Pest bezeichnete. Sie wurde hier wie überall durch Teuerungen, schlechte Witterung und Kriegszeiten hervorgerufen. Das Charakteristische bei ihr ist aber die Ansteckung, die häufig von weither kam.

Im Jahre 1566 ging eine solche Seuchenepidemie von Ungarn aus und durchzog ganz Deutschland. Die Krankheit wütete auch im Vogtland, und nach Neupert starben allein in Plauen vom 20. Juli bis 26. September des genannten Jahres 1276 Personen. Sie muß also hier ganz besonders aufgetreten sein, was auch schon daraus hervorgeht, daß die Umgebung aus Furcht vor Ansteckung alle Lebensmittelzufuhren nach Plauen einstellte, so daß bald große Not herrschte. Die Stadt Schleiz sprach der Nachbarstadt ihr herzliches Mitgefühl aus und schickte den Armen der Stadt Bier, Fleisch und Brot. Plauen dankte den Schleizern dafür und bat aus der dringenden Not heraus, für Geld drei Fuder Korn und zwei Fuder Weizen abzulassen und dieses Getreide bis Neundorf zu bringen. Das Schreiben vom 23. 8. 1566 ist im Stadtarchiv Schleiz vorhanden. Wir entnehmen ihm nach heutiger Rechtschreibung abgeändert – folgenden Text:

„Ehrbare, Ehrsame, Wohlweise, Großgünstige, liebe Herren Nachbarn und besonders gute Freunde! Euer Schreiben, darin Ihr Meldung tut, wie Ihr glaubwürdig berichtet, daß der allmächtige und gerechte Gott uns in unserer Gemeinde mit der grausamen und schrecklichen Seuche und Plage der Pestilenz wegen unserer mannigfaltigen und täglich begangenen Sünden und Übertretung also gnädiglich und väterlich heimsucht (und uns auch gegen die göttliche Majestät vielmals versündigt und vielmals zum Höchsten beleidigt haben), auch daß Ihr als unsere geliebten Nachbarn und beständig guten Freunde in Erfahrung kommen, daß die Armut bei uns Hungers halben, dieweil uns niemand zuführen und zutragen will, desfalls große Not leiden sollen, und ein herzliches, christliches und schmerzliches Mitleiden traget und täglich zu Gott dem Allmächtigen für Euch und uns fleißig bitten tut, daß er seine scharf gebundene väterliche Rute von uns gnädiglich abwenden und Euch als unsere geliebten Nachbarn vor solche schwere Plage gnädiglich behüten wolle.

Daß nun, günstige Herren, Ihr als Christen gegen uns so gar nachbarlich erzeigen tut und Euch so freundlich erweiset und uns mit Bier, Fleisch und Brot, so mangeln, fürhalten und christlich fördern wollt, nicht allein aus christlicher Liebe, sondern aus nachbarlichen Willen und Hilfe ganz willig jeder Zeit beflissen wollt befunden sein, welches wir uns auch gegen Euch zum freundlichsten und nachbarlichsten bedanken tun. – Nun ist an dem, daß von unseren Benachbarten arm Adel und Dorfschaften verboten worden, daß uns armen Bürgern, so aufs Land gehen müssen, nicht eine Kandel Bier will gereicht (eine solche Furcht und Scheu ist worden!), viel weniger, daß uns, was zur Notdurft in der Stadt, als von Bier, Butter, Getreide, Holz und anderen Zufuhren will gestattet und gegönnet werden, sondern solches alles ist mit und bei ernster Strafe ganz und gar heftig verboten worden,

Schleizer Schloß um 1900

daß uns also nichts zugeführt wird. Aber trotzdem, so hat der barmherzige Gott uns noch nicht verlassen und uns durch fromme, christliche Leute, durch Bier, Brot und mit anderer Notdurft geholfen, und also werden derohalben wir dem barmherzigen Gott und denselben frommen, christlichen Leuten darum fleißig Dank sagen und Dank sagen wollen, daß wir also ein Auskommen gehabt. Gott helfe ferner!

Wollen derowegen uns gegen Euch als unsere beliebten Nachbarn zu diesem Mal zum allerfleißigsten bedanken. Da aber, günstige Herren und liebe Nachbarn, Ihr uns 3 Fuder Korn und 2 Fuder Weizen, gutes Getreide, hilflich und förderlich ums Geld zuschicken und solches bis gen Neundorf führen lassen und schaffen um die Gebühr könntet – doch stellen wir Euch solches anheim –, dann tut Ihr uns zu großen Gefallen, denn unsere Bäcker nirgends hinaus dürfen gehen; so will sie auch kein Edelmann einlassen, viel weniger was verkaufen.

Das haben wir Euch als unsern großmütigen und beliebten Nachbarn auf Eurer

herzliches, mitleidiges Schreiben zur Antwort nicht unvermeldet lassen wollen.

Dato, den 23. August Anno 1566.

E. E. R. dienstwillige Bürgermeister und Rat der Stadt Plauen."

Die Stadt Schleiz hatte die Bitte der Plauener erfüllt; und am 10. Oktober kommen sie erneut mit der Bitte, ihren Bäckern den Aufkauf von je einem Fuder Korn und Weizen auf dem Schleizer Markt zu erlauben. Da aber die Schleizer Furcht vor Ansteckung haben könnten, soll der dortige Rat das Getreide durch Mitglieder seiner Bäckerinnung aufkaufen lassen und mit den Stadtpferden wieder bis Neundorf fahren lassen. Auch wären sie bereit, es durch zwei unverdächtige Plauener Bäcker abholen zu lassen. Auch dieses Schreiben liegt im Stadtarchiv Schleiz und hat folgenden Wortlaut:

„Unsere freundlichen Dienste neben Erbittung alles Guts zuvor, Ehrbare, Wohlweise günstige Herren, freundliche und beliebte Nachbarn! Euch ist sonder Zweifel gut wissend, wie der allmächtige und gerechte Gott uns dahier etliche Wochen mit einer schweren Buße und geschwinden Strafe, als mit dem Sterben, wegen unserer vielbegangenen Sünden so väterlich heimgesucht, und also derohalben in Scheu und Flucht unsere Benachbarten uns verlassen, daß uns bis auf diese Stunde von Bier, Butter, Käse, Holz, Getreide und anderem zur Leibes Erhaltung zuzuführen verboten worden, wiewohl wir von der Obrigkeit untertänig gesucht und gebeten, solch Verbot abzuschaffen. Dieweil denn, großgünstige Herren und beliebte Nachbarn, uns nichts will zugeführt werden, als klagen unsere Bäcker, daß sie kein schönes Getreide bekommen können, vielweniger will zugeführt werden. Derowegen, so uns etliche ersucht, von E. E. Rat so günstiglich zu erbitten, auf daß ihnen auf Euerm Markt eine Fuhre schönes Korn und eine Fuhre Weizen zu kaufen möchte vergünstigt werden. Derowegen gelangt an E. E. uns ganz freundliches und fleißiges Bitten, Ihr wollt aus freundlich nachbarlichem Willen uns zu dieser Zeit diese günstige Förderung tun und euch gutwillig erweisen, damit die Euren vor unsern Bäckern keine Scheu möchten haben, durch Eure Bäcker solchen Weizen und Korn ums Geld vergünstigen und zu kaufen verschaffen lassen und der ganzen Gemeinde zum Besten solches mit Ihren Pferden bis gen Neundorf um die Gebühr vorführen wollten. Daran geschehe uns und der armen Gemeinde zu großem Gefallen. Solches alles wollen wir nun E. E. Rat als unsere beliebten Nachbarn in allem Guten erkennen und daneben zu jeder Zeit um Euch wieder willig und gern verdienen. Datum den 10. Okt. 1566. Der Rat zu Plauen."

Wie hier Schleiz der Nachbarstadt half, so tat es auch Plauen, wenn Schleiz in eine Notlage kam; beide Städte fühlten sich durch eine Schicksalsgemeinschaft eng verbunden.

Der Beitrag entstand ca. 1937

Dr. Marko Schlieven, Greiz:

Osterwasserholen

Seit jeher war das Osterwasserholen in den Dörfern um Greiz ein beliebter Brauch, wurde doch dem Wasser wundersame Kraft zugesprochen. Am Morgen des Karfreitags oder des Ostersonntags mußte aus fließendem Gewässer noch vor Sonnenaufgang das Wasser in ein tönernes Gefäß gefüllt werden, und kein heimlicher Beobachter durfte dabei stören. Ebenfalls verlor das Wunderwasser seine magische Kraft, wenn die Person mit dem Wasser angesprochen wurde, bevor sie die heimische Unterkunft erreicht hatte. Die Voraussetzung für die Lebenskraft spendende Wirkung des Wassers bestand darin, daß nahe der Schöpfstelle eine Brücke den Bach- oder Flußlauf überspannte, den Kindstauf- oder Leichenzüge nachweislich gequert hatten.

Das kostbare Naß, das bis zum nächsten Osterfest vorhalten mußte, fand sowohl innerlich als auch äußerlich Anwendung, hörte man doch davon reden, daß Blinde sehend geworden waren, daß Kranke wundersame Heilung erfahren hatten, aber auch, daß, wer das Wasser täglich auf die Wangen reibe, große Schönheit erlangt haben solle. So ist es nicht verwunderlich, das insbesondere junge Mädchen diesen Brauch gerne annahmen.

Eine beliebte Wasserstelle war der Aubach außerhalb der Stadt, wo heute der Stadtteil Aubachtal die Greizer Grenze merklich erweitert. Es war die Nacht zum Karfreitag. Noch lagen vereinzelt Schneereste an den Bachrändern, noch waren auch die Nächte kalt, und doch machte sich vorsichtig erstes Grün an den Uferhängen bemerkbar. Bei der Gestalt, die sich in der Finsternis dem leise dahin plätschernden Gewässer näherte, handelte es sich um die älteste Tochter eine angesehenen Greizer Apothekers, die trotz zu erwartender reicher Mitgift keinen Freier gefunden hatte. Während ihre fünf jüngeren Geschwister schon gut verheiratet waren, betrübte sie die Einsamkeit, und des öfteren hörte man auch die Eltern sagen, daß die Tochter wohl als Jungfer enden würde. Dabei war sie von schöner Gestalt, und ihr Gesicht trug liebliche Züge. Doch je mehr ihr der aufrichtige Charakter abging, umso mehr verbrachte sie ihre Zeit vor dem Spiegel, um selbstgefällig ihre Eitelkeit zu pflegen. Schon seit frühester Kindheit stand sie abseits. Wenn andere Kinder sich mit Spielen vergnügt hatten und wenn sie doch einmal an einem Reigen teilhatte, dauerte es nur kurze Zeit, und im Streit war die Gruppe auseinander gegangen. Mit den Jahren war sie noch störrischer geworden und lebte zurückgezogen im elterlichen Hause.

Gerade diese Jungfer war in finsterer Nacht beim Aubach angekommen. Nachdem sie sich versichert hatte, daß kein fremder Blick ihr folgte, beugte sie sich über das Rinnsal und füllte vorsichtig den mitgebrachten Krug. Als sie sich aber aufrichten wollte, war ihr so, als ob das Gesicht eine alten Holzweibels, das sie aus der Vorstadt kannte und das das Mädchen bis zu deren Tode mehrfach gastlich aufgenommen hatte, ihr aus der Wasserfläche entgegensah. Hastig trat sie den Heimweg an. Dabei blickte sie ständig um sich, ohne sich jedoch umzudrehen, ob jemand ihr folgte, und war beruhigt, daß die Gassen menschenleer waren. Nur das mitgeführte kärgliche Licht durchdrang die Dunkelheit.

Willy Rudert, Falkenstein (1884–1949):

Pink, pink

Reengtröpfele – pink –
ach, du klaawinzigs Dingk!
Tropfst suo frisch und haamlich – husch,
pink, pink, dornge Ruosenbusch –
Reengtröpfele – pink –
Tränetröpfele – pink –
ach, du klaawinzigs Dingk.
Tropfst suo haaß mir af mei Harz
tropf, tropf, ach, wie brennt der Schmarz –
Tränetröpfele – pink –.

Gerd Conrad, Schneidenbach:

Schwedeneiche

Quercus robur, Sommereiche, von urgewaltiger Gestalt.
Man sagt sie ist, so wie sie steht, bereits achthundert Jahre alt.
Kraft, Ruhe und Beständigkeit verkörpert dieser Baum.
Er ist, ganz zweifellos, ein vogtländischer Traum.

Mit ruhigem Blick aus breiter Krone
Schaut er, fast abgeklärt, ins Land.
Die Osterburg, das Kloster Mildenfurth
hat er in Kindertagen schon gekannt.

Der Stamm, beeindruckend und mächtig,
vor Lebenssäften nur so strotzt,
hat mit Kraft, und doch bedächtig
schon tausend Unwettern getrotzt.

Auf seinen Schultern wachsen Bäume,
dort, wo normal die Äste sind.
Sie laden aus und bilden Räume
Für Vögel, Spinnen, Licht und Wind.

Weit in die Welt zeigt seine grüne Haube.
Sie lockt dich an zu einem Stelldichein.
Unter der vollen Eichenblättertraube
ist man, wie nirgends gleich, daheim.

Mit starken Wurzeln, weit vernetzt,
hält er hier am Weidatal
die Heimaterde kraftvoll fest.
Schwedeneiche – Naturdenkmal.

———·———

Ilse Jahreis, Netzschkau (1921–1992):

Der Lenz steckt dem Mantel, dem braunen
ein Schneeglöckchen an oder zwei.
Wir hören das Lauten und staunen
und freun uns wie Kinder dabei.

Vom Stelzenbaum

Vor nun bald 25 Jahren hat ein greulicher Sturm den Stelzenbaum umgebrochen, einen hochbejahrten Feldahorn, auf weitaussichtsreicher Anhöhe, 610 Meter über der Ostsee. Die dort errichtet gewesene Kapelle hat dereinst als Wallfahrtsort eine bedeutende Zugkraft ausgeübt. In der Nähe liegen die Dörfer Stelzen, Reuth und Mißlareuth, wo die sächsisch-bayrische Eisenbahn ihre höchsten Punkte erreicht. Von vielen Sagen, die sich an den Baum und die alte Kultstätte knüpfen, ist es mindestens die Schönste wert, im Gedächtnis der Vogtländer von Zeit zu Zeit aufgefrischt zu werden. Sie lautet so:

Während des Dreißigjährigen Krieges, da Holks Scharen das obere Vogtland aus einem Fruchtgarten in eine Einöde verwandelt hatten, lebte in Stelzen der Bauer Christoph. In seiner Not saß er manchmal am Fuße des Stelzenbaumes, der seinen verwüsteten Acker beschattete. Ermüdet war er einmal eingeschlafen. Da hatte er folgenden Traum. Ein alter Schäfer stand bei ihm, zeigte mit seinem Stabe nach Bayern hin und raunte ihm die Worte zu: „Dein Glück findest du auf der Regensburger Brücke!" Der Traum wiederholte sich an der nämlichen Stelle. Christoph tat Brot in seinen Leinwandbeutel und wanderte gen Regensburg.

Auf der alten Steinbrücke geht er von einem Donauufer zum andern, dreimal und viermal, suchend und spähend. Da redet ihn ein dienstunfähiger, bettelnder Soldat an, welcher beim steinernen Brückenmännchen saß, das den Erbauer der Brücke darstellen soll. „Alter Freund, ihr geht nun schon siebenmal an mir vorüber und achtet meiner Not nicht!" Christoph klagt, daß er selbst nichts habe, aber er wolle gern seine geringe Barschaft im Lederbeutelein mit ihm teilen. Daheim habe er Wiesen und Felder. Aber kein Huf, keine Klaue, keine Feder sei im Stall und kein Körnlein in der Scheune. Die Kriegsfurie habe den Hof geleert und die Äcker verwüstet. Der Invalid weist das Scherflein des Bauersmannes zurück und fragt, was er hier in Regensburg wolle und warum er in einem fort über die Brücke schreite. Christoph seufzt, macht seinem gepreßten Herzen Luft und erzählt seinen Traum. Da ruft lebhaft der Kriegsmann: „Ei, höret, was mir geträumt hat! Im Vogtland draußen steht ein Blätterbaum einsam auf Bergeshöh'. Darunter liegt ein Kasten voll Gold und Silber vergraben. Aber Traum ist Schaum. Wie soll ich den Baum finden?"

Christoph horcht auf, ruft: „Behüt' dich Gott!" und kehrt zur Heimat zurück. In Gottes Namen will ich nach dem Schatz suchen. Die Wurzeln des Blätterbaumes stehen ja in seinem Grund und Boden. Mit Hacke und Schaufel geht er ans Werk und findet eine metallbeschlagene Kiste mit Münzen – noch langte lebte Christoph als der reichste Mann im Dorfe. Er vergaß nicht, Gott auf den Knien zu danken. Auch den alten Kriegsmann auf der Donaubrücke vergaß er nicht; er brachte ihm einen Beutel voll Silber.

Die Nachkommen Christophs lebten in ziemlichem Wohlstand. Der letzte Besitzer der Blechkiste hieß Hofmann. Sie ist dann durch Erbschaft nach Langenbach bei Mühltroff gekommen.

geschrieben ca. 1920

Manfred Blechschmidt, Erla:

Wie es zum Hundertjährigen Kalender kam

Es ist ein alter Menschheitstraum, das Wetter voraussehen zu können. Besonders den Bauern lag viel daran. Das Wetter bestimmte ihr ganzes Handeln. Das mag auch Mauritius Knauer am Herzen gelegen haben, eine Gesetzmäßigkeit des Witterungsablaufes zu finden.

Mauritius Knauer wurde am 14. März 1613 in Weismain, einem Dorf in Franken, geboren. Er wuchs auf dem Lande auf und hatte seit früher Jugend ein vertrautes Verhältnis mit der Natur. Aufgefallen durch seine geistigen Anlagen kam er auf die Schule des Zisterzienser-Klosters Langheim. Später trat er dort dem Zisterzienserorden bei.

Auch als Klosterbruder fiel er durch seine Anlagen auf, so daß ihn sein Abt zum Studium der Theologie und Medizin nach Wien schickte. Dort belegte er außerdem noch Astronomie, damals eng mit Astrologie verknüpft.

Nach erfolgreichem Studium kehrte er zu seinem Heimatkloster Langenheim zurück. An der Bamberger Universität promovierte er und erwarb den Grad eines Doktors der Theologie. Mit 32 Jahren wurde er Subprior, ein Jahr später Prior und 1649 Abt des Klosters, das direkt dem päpstlichen Stuhl unterstand.

Knauer arbeitete voller Ehrgeiz und wollte aus dem Kloster eine Stätte der Wissenschaft machen. Ihm lag an einer

„Hundertjähriger Kalender"
Titelblatt der von Kulmbach
ausgehenden Drucke seit dem
Jahre 1704   Repros: Sammlung Autor

soliden Wirtschaft, zum Wohle und Nutzen seiner Insassen. Er selbst befaßte sich mit weltanschaulichen und kirchenrechtlichen Fragen, nebenher mit besonderem Interesse mit dem Wettergeschehen. Und das nicht zuletzt im Hinblick auf die klösterliche Landwirtschaft. Er ließ ein Observatorium errichten, den „Blauen Turm", und führte das Kloster im ständigen Widerstreit mit kirchlichen Behörden mit großer Umsicht.

Im Alter von 51 Jahren verstarb er am 9. November 1664.

Er wäre längst vergessen, hätte er sich seiner Zeit nicht allen Widersachern zum Trotz mit dem Wettergeschehen auseinandergesetzt. Auch das Kloster, in dem er erfolgreich wirkte, gibt es nicht mehr. Denn nachdem es 1802 ein geistesverwirrter Mönch in Brand gesteckt hatte, blieb es fortan eine Ruine.

Knauer ging in seiner Wettertheorie von den damals bekannten sieben Planeten aus. Ein jeder von ihnen war mit von Gott ausgestatteten Eigenschaften versehen, regierte jeweils ein Jahr und prägte seiner Natur nach das Wetter des Jahres, der Jahreszeiten, Monate, Wochen und Tage.

Von den sieben Planeten ausgehend ergab sich ein Siebenjahrerhythmus, dem alles Werden und Vergehen der Erde unterworfen ist, so das Wachsen, Gedeihen, die Geschichte des Menschen und der Welt. Nach Knauers Meinung sei dies alles in den Sternen festgelegt.

40

Von 1652 bis 1658, also sieben Jahre lang, führte er mit Sorgfalt ein „Wettertagebuch". Er trug seine Wetterbeobachtungen ein, die phänologischen Phasen der Pflanzen, die Ernteerträge, biometeorologischen Faktoren und die außergewöhnlichen atmosphärischen Erscheinungen. Für ihn beginnt das Planetenjahr nicht mit dem Kalenderjahr, sondern mit dem 31. März, dem Tag der Frühlings-Tagund-Nacht-Gleiche. Damit befindet er sich in Übereinstimmung mit den Philosophen und Theologen seiner Zeit, die zu diesem Zeitpunkt die Erschaffung der Welt annahmen.

Nach Knauer vollziehe sich alles Naturgeschehen im Rhythmus, wie Tag und Nacht, Ebbe und Flut, Sommer wie Winter. Die Siebenzahl hatte als „heilige Zahl" den Vorzug. Nach astrometeorologischen Ansichten müsse sich, entsprechend der Planetenfolge, das Wetter alle sieben Jahre wiederholen.

Seine gesammelten Erfahrungen verbreitete er handgeschrieben, gewissermaßen für den Hausgebrauch des Klosters, unter dem Titel „Calendarium oeconomicum perpetuum", das etwa heißt „Immerwährender Wirtschaftskalender", oder wie er selbst übersetzt: „Beständiger Hauskalender".

Geschäftstüchtige Leute mag es schon früher gegeben haben. Denn als 40 Jahre später ein solches Exemplar dem Erfurter Arzt Dr. Hellwig in die Hände kam, hatte er nichts anderes damit vor, als es 1701 unter seinem Namen als „immerwährenden Kalender" drucken zu lassen. Bald war aus verkaufspsychologischen Gründen aus dem „immerwährenden" ein „hundertjähriger" geworden. Der Name war rasch ein fester Begriff. Er hielt sich über die Zeiten. Denn schätzungsweise mögen unter diesem Titel bisher mehr als 350 Ausgaben erschienen sein.

Der „Hundertjährige Kalender" erlangte hohes Ansehen und war in nahezu jedem Bauernhaus zu finden. Bevor der Bauer seine Arbeit begann, zog er seinen Hundertjährigen zu Rate, ungeachtet, daß viele seiner Vorhersagen nicht stimmten und „Treffer" mehr oder weniger Zufall waren. Die Kirche kämpfte vergeblich gegen ihn. Auch König Friedrich II. verwarf „diesen abscheulichen Aberglauben".

„Vollständiger Hauskalender" von 1707, Vorläufer des „Hundertjährigen Kalenders" von M. Knauer.

Noch heute wird der „Hundertjährige" zitiert, wenn es um das Wetter geht. Gern wird seine Prognose mit der des amtlichen Wetterdienstes verglichen. Selbst in seriösen Kalendern wird seine Vorhersage zitiert, wohl eher als ein volkskundlicher Beleg, keinesfalls als ernst zu nehmende Wettervorhersage.

Ilse Jahreis, Netzschkau (1921–1992):

Am Himmel ziehen lauter brave
und dicke weiße Wolkenschafe.
Als Hirt fungiert der Himmelhund.
So zieht die ganze große Herde
gelassen über unsre Erde.
Und die bleibt schön und rund und bunt.

Irene Kasselmann, Auerbach:

Paradies im Frühlingswind

Leg dich auf eine Wiese
und mach die Augen zu.
Laß deine Seele baumeln,
gönn dir ein wenig Ruh.

Hörst du der Vögel Lieder?
Riechst du den süßen Mai?
Saug ein den Duft von Flieder,
bevor die Pracht vorbei.

Hör das Gesumm der Bienen
im Apfelblütenbaum.
Das Birkenblätterrauschen
klingt wie Musik im Traum.

Veilchen- und Maiglöckchenduft –
Parfümerie im Wald?
Spechtes Hämmern, Kuckucksruf
dem Lauschenden erschallt.

Paradies im Frühlingswind!
Schmetterlingenschweben!
Im Herzen drin ein Glücksgefühl!
Lachen! Lieben! Leben!

Gäb's nicht der Vögel Singen
das Zwitschern, das Gesumm,
das Flattern, Säuseln, Klingen –
dann wär der Frühling stumm!

U. Otto, Greiz (†)

Elsterberger Theaterleben aus dem Jahre 1846

Mitte März 1846 hielt der Schauspieldirektor Carl Schäffer in Elsterberg seinen Einzug und zeigte einem hochzuverehrenden Publikum ergebenst an, daß er eine Anzahl theatralischer Vorstellungen veranstalten wolle, zu „deren Teilnahme" er alle Theaterfreunde herzlich einlud. Gespielt wurde am Freitag, Sonntag, Montag und Mittwoch, also viermal in der Woche. Doch war in jener guten, alten Zeit noch nicht so viel los als heutzutage, und der Zulauf aus den benachbarten kleinen Städten, besonders auch aus Greiz, mag nicht gering gewesen sein, da auch für diese Theatervorstellungen nicht Alltägliches waren. Die Bühne wurde am 20. März im „Gasthaus zum Ratskeller" eröffnet. Der Herr Direktor muß ein dankbares Publikum gefunden haben; denn obwohl sein Aufenthalt ursprünglich nur von kurzer Dauer sein sollte, blieb er mit seiner Truppe doch sechs Wochen und wartete den Elsterbergern mit den „neuesten Piecen" auf.

Welcher Art diese neuesten Stücke waren, erhellt aus der Bekanntmachung des Spielplanes.

„Er muß aufs Land", Lustspiel in 3 Akten aus dem Französischen von Börnstein. – „Alonzo Victorino di Moro, der schwarze Räuberhauptmann", Schauspiel in 5 Akten von Aufenberg. – „Hohe Brücke und tiefer Graben, oder: Ein Stockwerk zu tief", Posse in 2 Akten nach dem Französischen von Börnstein. – „Die Wiener in Berlin", Liederspiel in 1 Akt von Angely. – „Barbarei und Seelengröße", Schauspiel in 2 Akten von Zettlitz. „Max Helfenstein, oder: Die Nothelfer für Jedermann", Lustspiel in 2 Akten von K. – „Viola, oder: Der Zauberspiegel in der Johannisnacht" Schauspiel in 5 Rahmen von Auffenberg.

Man muß in der Literaturgeschichte sehr gut beschlagen sein, wenn man die angeführten Stücke auch nur dem Namen nach kennen will, doch lassen die Titel wunderbar rührselige Szenen ahnen, wie sie dem Geschmack der Zeit entsprachen.

In der Karwoche blieb der Tempel Thalias geschlossen. Dafür sahen die Elsterberger am Ostersonntag den „Schutzgeist der heiligen Adelheid" in 5 Rahmen von K. Am Ostermontag begegnen wir zum ersten Male dem Namen eines bekannteren Bühnendichters: E. Devrient, dessen Schauspiel „Zampo, oder: Die Höllenbraut" den Elsterbergern vorgesetzt wurde. Ob der erläuternde Zusatz wirklich vom Autor stammt, oder ob er der Phantasie des findigen Theaterdirektors entsprungen ist, kann ich im Augenblick nicht feststellen. Derartige zugkräftige Untertitel waren ehemals sehr beliebt.

Daß sich aber Carl Schäffer auch der volkserziehenden Aufgabe des Theaters bewußt war, zeigt die Aufführung der „Schule des Lebens", einem Schauspiel in 5 Akten von Raupach, der nach Julius Hart mit seinen „nüchtern-hausbackenen" Stücken im zweiten Viertel des vorigen Jahrhunderts große Bühnenerfolge erzielte. Bei der Aufführung des Lustspiels „Der verwunschene Prinz" von Plötz scheint sich ein Elsterberger Jünger Thaliens aktiv beteiligt zu haben, denn die Anmerkung: „Ein Theaterfreund Hr. R. W. den Wilhelm als Gast" ist wohl kaum dahin zu verstehen, daß man sich eine auswärtige Größe der Schauspielkunst verschrieben hat. Von den weiterhin gegebenen Stücken seien noch erwähnt: „Der Sohn der Wildnis" von Halm (Pseudonym des österreichischen Freiherrn von Münch-Bellinghausen) – „Der Heiratsantrag auf Helgoland" von Schneider – und das „auf allgemeines Verlangen" gegebene Raupachsche Volksdrama „Der Müller und sein Kind". Am 24. April ging „Die Perle von Savoyen, oder: Die neue Fanchon" über die Bühne. Die Musik zu diesem Friedrichschen Schauspiel mit Gesang stammte vom Theaterdirektor selbst. Mit der Aufführung des Schauspiels „Der Fabrikant, oder: Romantik und Wirk- lichkeit" von Emil Devrient, wurde am Sonntag, 26. April, der Musentempel geschlossen.

Der Theaterdirektor versäumte nicht, sich nach vollendeter Vorstellung von den geschätzten Theaterfreunden in geziemender Weise zu verabschieden und seinen und seiner Mimen Dank auszusprechen. Wohin der Thespiskarren von Elsterberg aus rollte, ist noch zu erforschen.

(1927)

Gerhard Stark, Auerbach:

Mein Fronbergwald

Die Schreibmaschine klappert und klingt, sie gibt den Pulsschlag einem Zeitalter die Technik. Auf der Straße braust das Leben dahin. Autos dröhnen, schwere Lastwagen ächzen, Metall klirrt, Menschen hasten, ziellos scheinbar wie die wimmelnden Ameisen, und doch nur Puppen in der Hand des Daseinsbeherrschers: Erwerb. Drüben am Bau rollen die Förderschalen, die Ketten knarren unter aufgezwungener Last, laute Rufe hallen, Streit flackert auf, ein kurzes Stocken des Betriebes, dann läuft alles wieder weiter in gleicher altgewohnter Bahn.

Über dem Gewühle der Stadt liegt ein zarter Himmel, so zart und lind wie die Luft, die durchs Fenster zu mir hereindringt. Die ist so mild und macht so müd', daß man träumen möchte den ganzen Tag, wenn nicht in jeder Ecke das graue Gespenst stünde, das uns antreibt, täglich und stündlich nicht zu rasten, zu ruhen, sondern zu schaffen und zu raffen vom Morgen bis Tagesausklang.

Von der Kirche her weht der Wind den Stundenschlag, es ist 18.00 Uhr. Noch mehr füllen sich die Straßen, das dumpfe Gemurmel der Menschenmassen steigert sich, von drüben her, wo die Anlagen stehen mit ihren ausgezirkelten Bäumen, an denen jeder Ast nur mit hoher Genehmigung sich entwickeln darf, klingt der Jubelruf spielender Kinder. Auch sie sind froh, dem Zwang entronnen zu sein und sich hier, auf der sandbestreuten Fläche ihr Dasein nach eigener Geistesmeinung zu modeln.

Und auf einmal glaube ich einen leisen Gesang zu hören, er wird lauter, ich verdrehe mir den Kopf, bis ich den Sänger entdecke – auf dem Dach des Nachbarhauses, den Künder des Lenzes – auch in der Stadt – die Amsel. Jetzt nimmt er sich auf und fliegt hinüber zu dem verkünstelten Kastanienbaum, läßt sich dort nieder, probt und lobt den scheidenden Tag.

Es ist zum erstenmal, daß ich heuer den wehmütigen, weichen Gesang der Schwarzdrossel höre – ich schätze ihn sonst gar nicht so sehr, ich weiß mir andere Sänger draußen in Wald und Feld – und ich bin doch froh, sie heut mitten im Hasten des Alltags zu vernehmen. Lang schau ich dem Schwarzrock zu, bis auf einmal Vogel und Ast zusammenfließen zu einer dunklen Wand, über die der Film des Frühlings, wie ich ihn erlebte, aus dem Unterbewußtsein heraus dahinrollt.

Vogtländische Landschaft

Langsam geh ich auf dem graugewaschenen Feldweg dahin, dem Walde zu. Wirklich ein schöner Wald ist's, der vor mir liegt. Dunkel und mächtig steigen die Fichten, eine an der anderen, den Hang empor, dem der Volksmund den Namen gab: Fronberg. Wenn man näher hinsieht, ist der Wald nicht mehr schwarz, zwischen dem Fichtengrün schmiegt sich das seidige Astwerk von Lärchen. Hier und da haben sich Ebereschen und Eichen ihren Platz erkämpft und gedeihen prächtig. Das Grün der Birken macht das Bild im Sommer noch bunter. Noch ist's tot auf den Feldern, die ich durchquere, matt und verwaschen liegen die jungen Saaten, nur an den Rainen blüht die Fackel des Winterausganges, der Huflattich.

Bevor ich den Wald betrete, werfe ich einen Blick zurück. Ein herrliches Panorama nehmen meine Augen auf. Steinberg, Kuhberg, Laubberg – im Hintergrund wie hingestreut die Häuser von Schnarrtanne, Vogelsgrün und Beerheide. Im Vordergrund Teile von Reumtengrün, Rebesgrün, Auerbach mit der Richardshöhe und dem Flugplatz. Die Neubauhäuser lugen über die Höhe. Rechts winkt mir die hohe Kirchturmspitze von Falkenstein zu. Vogtland, meine Heimat, einfach herrlich.

An rissigen Stämmen geht's nun vorbei, weichster Teppich bietet sich dem Fuße, Lärchen- und Fichtennadeln, zu Millionen im Sterben vereint. Links öffnet sich der Querweg, und nur ein kurzes Stück muß ich gehen, dann stehe ich an einem Altholzbestand, wo sich meine Augen beim Anblick der geschwungenen, bewaldeten Höhen in Richtung Plauen und darüber hinaus ergötzen.

Das ist es – mein Vogtlandwald, meine Vogtlandheimat.

Links von mir schimmern rötlich aus einen Pflanzgarten einige Buchen durch schwellende Knospen und dazwischen, wie riesige Fackeln Eichensprößlinge, die noch brandrotes Laub tragen. Hier und da leuchtet in der Ferne ein einsames Anwesen mit seinen weißen Mauern umsäumt von Obstbäumen und dahinter ist wiederum Wald, Wald ohne Ende, bis er sich mit dem Himmel vereint. Der ist nicht so zartblau, wie man ihn sonst im Frühling sieht, wie eine weite, grauhelle Kuppel spannt er sich von Schlieren und dunkleren Wolkenfetzen durchsetzt von West nach Ost. Matt nur dringt die Sonne durch den leichten Schleier, ihre Kraft reicht gerade hin, den Gegenständen Schatten und damit räumliche Gestalt zu geben.

45

Irgendwo in den Fichten, die zur Rechten stehen, singt eine Amsel. Es ist das schwungvolle Lied, das wir an vollen Frühlingsabenden zu hören bekommen, sie stümpert und sucht sich erst ihre Weise. Sonst ist's so still ringsumher, daß man das Rascheln einer Maus im dürren Laub des Vorjahres schon als Störung empfindet.

Selten einmal kommt von einem abgelegenen Bauernhof her ein halbverwehter Ruf, es bellt ein Hund, dann ist's ringsum wieder still. Mit trägem Flug kreuzt ein Bussard hoch über dem Schlag, als er mich erspäht, schwenkt er jäh ab. Ich sehe ihm nach, bis er am Horizont verschwindet. Die Luft ist dunstiger geworden, kaum mehr sieht man die letzten Baumkulissen, der Himmel hat sich dunkel bezogen, am Ärmel stört mich ein weißer Fleck, ich will ihn wegwischen – er ist kalt und naß, gleich kommen viele und wie ich aufschaue, schneit es wie im Winter und graupelt. In den Eichen raschelt und rauscht es, als hielten sie Zwiesprache, und die Buchen neigen sich zustimmend dabei. Vor meinen Augen liegt ein weißer Vorhang, so dicht fällt der Schnee. Auf einmal tritt aus der lichten Wand ein Stück Rehwild. Noch kann ich es nicht genau deuten, wie es näher kommt, spreche ich es als einen gut veranlagten Rehbock an, er verhofft, stampft mit den Läufen den Boden, schreckt laut und muß plötzlich von mir Wind bekommen haben, denn er wendet sich und springt laut schreckend Richtung Pflanzgarten ab.

Wie mit einem Schlag lichtet sich das Schneetreiben, nur noch ab und zu weht, wie halb vergessen, eine Flocke daher. Ringsherum ist's inzwischen Winter geworden, ganz weiß liegt der Boden da und atmet Kälte, daß es mich fröstelt. Weiß überstäubt sind auch die Eichen, nur an den Buchensprößlingen glitt der Schnee zu Boden. Sie starren schwarz aus der hellen Umwelt. Hinter mir höre ich dumpfes Rollen. Es ist ein Abendzug der Vogtlandbahn, er strebt dem nächsten Ort zu.

Auch hier oben auf der Höhe des Fronberges ist's schummrig geworden. Schon rüstet sich der Waldkauz zu nächtlicher Fahrt und ruft. Ich leuchte mit dem Fernglas die Umgebung ab. Geisterhaft erscheinen einem die Fichtenstubben des Schlages vor mir wie Spukgestalten. Am Boden gehen Weiß und Schwarz schon ineinander über, nur der Himmel ist die einzige helle Fläche und in ihn starre ich. Um mich wird's auf einmal hell, ich vernehme Stimmen und erwache. In mir ist der Fronberg mit seinem Wald, von dessen Schönheit ich träumte, träumte mit offenen Augen – ich weiß nicht wie lange.

Ringsum flutet wieder das Leben der Stadt, Autos dröhnen, Metall klirrt, Menschen hasten, in mir ist Frieden und schmerzliches Entsagen. Und die Schreibmaschine klappert und klappert. Das alles zeigt uns, wenn man vom Erlebten so schön und oft träumen kann, dann hat man sie wirklich gern – seine Vogtlandheimat!

Sei allezamm vorbeigelatscht und hamm ne net gesaah

Zeichn.: Winslöw

46

Ilse Jahreis, Netzschkau (1921–1992):

Das sein mir die liebsten, die zusehn
bei ruppiger Arbeit und sagen,
nachdem sie gethan ist: Wie schade
das hätt ich doch auch gern gemacht.

Herbert Feustel, Wilkau-Haßlau:

Burgruine Liebau

Nicht weit von der Barthmühle entfernt, liegt am Elsterhang auf dem Liebauer Burgberg die Burgruine Liebau. 1327 wird die Burg erstmalig erwähnt. 1337 kam sie durch Tausch an die Landgrafen von Thüringen und Markgrafen von Meißen. Am 20. August 1385 ging Liebau Tauschweise an Kaiser Karl IV. über. Dieser Tausch scheint jedoch später wieder rückgängig gemacht worden zu sein, denn Liebau befindet sich 1372 in wettinischen Händen. Bei einem Kampf, der 1640 zwischen einem kaiserlichen und einem schwedischen Heere bei Ruppertsgrün ausgefochten wurde, kam auch die Burg Liebau zu Schaden. Der Turm wurde zerstört, 1644 jedoch wieder auf- und ausgebaut. Seit 1441 werden die Herren von Döhlau als Besitzer der Burg genannt. Noch im Jahre 1742 war die Burg bewohnt. Frau von Beust, eine geborene von Döhlau und schon eine ältere Dame, fühlte sich in den kalten und öden Gemächern der Burg nicht mehr wohl und ließ sich deshalb im Rittergut nieder. Von dieser Zeit an verfiel die Burg allmählich. Bauern der Gegend trugen viele Steine ab und verwendeten diese für die Errichtung von Wirtschaftsgebäuden. Die Ruine steht unter Denkmalschutz. Wer sie aufsucht, sollte aber wegen der hohen Steinschlag- und Einsturzgefahr die nötige Vorsicht walten lassen.

Willy Rudert, Falkenstein (1884–1949):

E lembigs Fuschel

Wu's Wasser recht kiesisch,
wu's Bächel schüö hell.
do huschen Ellritzen,
do schnalzt e Fuorell.

Derhamm pfätscht mei Kinnel
din Boodschöffel rüm,
und's Wasser, dös spritzt fei
de Stu ümedüm.

Do pla'scht's eich und planschert
und lacht esuo hell.
Din Boodschöffel schnalzt eem
halt aa e Fuorell.

Aus dem Verlagsarchiv:

Die heimischen Gewässer – unsere Jagdgründe der Jugendzeit im Plauen des 19. Jahrhunderts

Zur Osterzeit, wenn sich das Hochwasser der Elster langsam verlief, saßen wir – oft ein Dutzend Knaben – am Klötzplatz an der unteren Mühle und am Abfall, also da, wo die Syra in Mühlgraben und Elster mündet, und hielten unsere künstlichen Angeln ins Wasser, viele nur mit einer gebogenen Stecknadel bewehrt, weil es an Geld mangelte, richtige Fischhaken bei Gürtler Louis Seidel in der Neustadt (damals bekannte Wochenblattausgabe) bei Georg Teuscher ebenda neben der Jägerhalle, und Julius Teuscher, Ecke Altmarkt und Steinweg, oder bei der jetzt noch bestehenden Angeleispezialhandlung Schlosser Schneider am Unteren Steinweg zu kaufen. Bei Korbmacher Schade, dessen freundliches Häuschen am rechten Syraufer etwa zwischen Oberrealschule und Isidore-Schmidtbrunnen lag, bekamen wir für drei Pfennige zwei längere, mit Linden-

bast zusammengebundene Weidenruten, das dünne Ende, die Schwipp, mußte elastisch und doch fest genug sein, die heftigen Befreiungsversuche auch eines großen gefangenen Fisches auszuhalten. Die meisten Fische fing der uns allen imponierende Müller Franz vom Comthurhof: Rotaugen, Barben, Barschen mit Stachelflossen. Bauern, schöne große Weißfische oder Elten (Duden: auch Elfen) genannt, deren zahllose herdenbildende Brut, von einigen ausgewachsenen Fischen begleitet, wir etwa vom hohen Ufer der Reichenbacher Straße aus höchst aufmerksam mit unseren Blicken verfolgten.

Wenn wir Kleineren einen großen Fisch an unseren Stecknadeln hängen hatten, bog sich zuweilen die Nadel wieder gerade, und der Fisch klatschte auf Nimmerwiedersehen ins Wasser. Da meine Eltern das kleine stilvolle, am Ende von Dr. Wernickes Garten und nur wenige Schritt vom Abfall stehende ziegelgedeckte Häuschen bewohnten – später Bademeister Kuhn beherbergend, jetzt verschwunden – und dieses Häuschen nicht selten vom Hochwasser umspült war, hielten wir die Angel gleich zu den Fenstern hinaus in die Fluten. Nach dem Fallen des Hochwassers gab es in den Reschen schmale, sich lang hinziehende und rascher fließende Wasserstreifen) viele Steinbeißen (vogtländisch ungleich kraftvoller Staabeiß), eine kleine Aalbrut oder den Neunaugen ähnliche Fischart. Sie spielten oft zu Hunderten im Flußsand: wenn wir sie fangen wollten, waren sie im Augenblick im Sand verschwunden, einige haben wir Kinder aber immer erwischt. Viel kindlichen Jagdeifer entdeckten die kleineren Fischarten, die schönen bunten Elritzen, die Schmerle, die blitzschnell flüchtend den Schlamm aufwühlten und sich so – wie der Tintenfisch das Wasser trübend – der Verfolgung entzogen, die schleimigen, großköpfigen und -äugigen Kaulbatzen mit Bartfäden, von uns Klotzer genannt, die bereits genannten seltsamer- bzw. dummerweise bei unserem Nahen ruhig sitzenbleibenden Bauern. Da den Schmerlen nicht gut beizukommen war, legten wir zerbrochene Ofenrohre ins Wasser, ihnen zum Verhängnis werden sollende Schlupfwinkel, so brauchten wir sie nicht mit der (Fisch-) Gabel zu stechen. Damals beherbergte auch die Syra in ihrem noch ganz offenen Laufe durch die Stadt reichlich Fische und Krebse, und kräftige auf dem Rücken zuweilen rostbraun gefärbte Wasserratten huschten am hellen Tage von einem Schlupfwinkel in der Ufermauer, z. B. zwischen Steinweg und Schulberg, zum anderen.

Mit welchem Eifer und mit wieviel Ausdauer haben wir, als Dreikäsehochs schon, in dem seichten und damals noch so klaren Wasser am Abfall Sonnenfischeln gefangen! Wie wohlig patschte sich's in dem schönen weichen Flußsand dort, je einen Zipfel des Taschentuches in jeder Hand,

einen dritten im Munde, rasch so in die Herde der winzigen Fischbrut hineinschöpfend und die Beute in die vorher gebauten Teiche entleerend oder sie in irgendeinem mitgebrachten oder gefundenen Gefäß mit heimnehmend!

„Der Kopf war's meiste dran", schilderte die silberglitzernden Tierchen in frohem Gedankenaustausch an die goldene Kinderzeit der ältere Verwandte. Mochte die Sommerferiensonne noch so sehr und ausdauernd auf den Schädel brennen – wir hatten unser Seebad gratis. Wie lustig plätscherte und plauderte unser „Wehrle", das wir aus einer Schieferplatte in den Teichrand oder in einen schmalen Kanal einbauten – wie entbrannte der Wettstreit um die gelungensten „Plätzer", flachen Steinchen, die bei genügend hohem Wasserstande vier-, sechsmal unter- und ebensooft wieder auftauchend über den Wasserspiegel etwa von Schlichtings Haus an der Albertbrücke bis hinüber zur Reichenbacher Straße mit ihren einstöckigen Häuseln hüpften. Welchen bleibenden Eindruck das Kinderleben, soweit es sich am Wasser abspielte, auch auf den gealterten Menschen noch macht, dafür eine Stelle aus Professor Bertrand Roths, des Dresdner großen Tonkünstlers Erinnerungen (R. B. Ztg. Aug. 1921): „Unterhalb des alten hölzernen Schwarzen Steges war die Elster etwas gestaut durch ein schmales Wehr, das man in trockenen Sommern ohne besondere Mühe passieren konnte, bei Hochwasser aber bildete der Fluß erst ein tiefes, alles zu verschlingen drohendes Wellental und mit gewaltigem Aufschwung einen schaumgekrönten, sich überstürzenden Wellenberg, dessen Kraft die damals dort ein Drittel schmalere, aber um so tiefere Elster verursachte. Knapp oberhalb des Schwarzen Steges war Plauens Eisbahn mit Sonntagsvormittagskonzerten. Da wiegte sich Fräulein Isidore Schmidt im lila Samtkostüm im Walzertakt, und Herr Stadtrat Brink setzte die Menge der Zuschauer in Erstaunen ob seiner ins Eis gegrabenen Ornamente und seiner

Springkünste. Der würdige Herr Dorsch, Zeichner bei Schnorr in der Hofwiesenstraße, hatte die Fischereigerechtsamkeit. Ich kannte genau jede tiefere, jede seichte Stelle des Flusses. Hier standen die unheimlich großen Hechte, dort schwammen Rotaugen, Weißfische, Elritzen, unter den Steinen lebten die Schmerle, Kaulbatzen und Steinbeißer, am Ufer Tausende von „Sonnenfischeln". Der Angelsport begann mit der Weidenrute und einer gebogenen Stecknadel als Angelhaken. Bis an die Waden stand ich im Wasser. Das war ein wonniger Schreck, als aus der Tiefe ein großes Rotauge auftauchte, anbiß und an der Rute zappelte! Gleich so zappelnd brachte ich sie eiligst nach Hause, wie eine junge Katze die erste Maus." Noch vor zehn Jahren fing ein des Hechtfangs Kundiger kurz unterhalb der Leuchtsmühle in einem mit der Elster in Verbindung stehenden Tümpel Hechte mit der Messingdrahtschlinge, immer umstanden von aufmerksamen Zuschauern, diesen Fisch wird also buchstäblich die Schlinge übern Kopf gezogen, sie hakt sich hinter den Kiemen ein. Dorsch schoß übrigens seinerzeit unweit der alten Schießmauer und großen Pappel an der Elster (Fabrikstraße) einige Fischottern. Dort wurden auch gern Reusen und Nachtschnuren mit vielen angeknüpften Angelhaken und Ködern (z. B. kleinen Fischen) gelegt. Ein weiterer gut lohnender Angelplatz war das Ufer an der „Zunge" oder dem „Damm", der Elster und Mühlgraben kurz vor ihrer Wiedervereinigung bei Münzings Fabrik trennt.

Dort standen in bewundernswerter Geduld, aber erprobter Kunst, von damals Anglertypen, der alte Wochenblatt-(austräger-)Eckardt, ferner Albig, Vater unseres Gustav A. und Besitzer eines Feinkostgeschäftes in der Herrenstraße, Lehrer und Prafectus chori Fritz Heynig und Barbier Eckardt drunten an der Schulbergecke (dessen Frau wie auch Frau Barbier Schilling mit rasieren half). Wenn die großen Herren dort angelten, durften wir Knaben nicht ran – wir haben ihnen dafür Steine ins Wasser geworfen. Das war eigentlich unrecht, aber als Kind überlegt man sich das nicht.

Sindy Scheftewitz, Plauen:

Was

Was würd ich alles dafür tun,
in deinen Armen auszuruhn?
Alles würd ich geben,
um mit dir zu leben.
Hab mein Herz an dich gebunden,
in dir ein Stück von mir gefunden
und will es jetzt nie mehr verlieren,
viel lieber mit dir ausprobieren.

Arno Jehring, Zwota:

Herrliche Maientage

Nun träumt die Welt in Blüten
den alten Frühlingstraum.
Der Winterstürme Wüten
gab milden Lüften Raum,
und was uns auch bedrückte,
in Duft und Glanz entschwand.
Das Siegesbanner schmückte
des Lenzes starke Hand.

Herz, träum' auch du aufs neue
den Märchentraum des Glücks,
und freu dich ohne Reue
des frohen Augenblicks.
Du weißt, die reichsten Lenze
entfliehen so geschwind,
und alle Blütenkränze
verwehn zerstäubt im Wind.

Und sind doch voller Süße,
sind so von Wundern schwer,
und viele liebe Grüße
die streuen sie umher.
Vergeßt, daß wir uns mühten
den bangen Winter lang!
Nun steht die Welt in Blüten
drum ist uns nicht mehr bang!

Ilse Jahreis, Netzschkau (1921–1992):

Es beschwört ein Mann ein Gewitter herauf
und greint hernach, so ihm die Hose nässet.

Mühltroff im Jahre 1770　　　　　　　　

Aus dem Verlagsarchiv:

Ein vogtländisches Blatt vom Jahre 1713

In der Stadtgeschichtlichen Sammlung der Stadtbibliothek Leipzig befindet sich eine kleine Druckschrift im Umfange von 4 Quartseiten mit folgendem Titel: „Herrn Nicolaus Gruners Schulmeisters zu Zollgrün im Voigtland bey Schletz. Einfällige Gedanken über die grosse Wasser-Fluth dem 5. Juli dieses 1713ten Jahres." Der Inhalt der Schrift hat folgenden Wortlaut:

Im Eintausend Siebenhundert und
　　　　　　dreyzehenden Jahr,
Da der Fünffte Tag des Monats Julii war,
Begab sich allhier in Zollgrün
Groß Waß'r und hat genommen hin
Viel Zeun und Schrödte gantz hinweg,
Im gantzen Dorffe blieb kein Steg,
Groß'n Schaden litt Hanß Lufftes
　　　　　　Schein, (Scheune)
Das Wasser drang zur Stuben ein,
Wöchnerin und Kind zum Fenster naus
Man mußte schaff'n mit großem Grauß;
Hanß Zeh, Georg Eckner auch zugleich
Umschwemmet waren wie ein Teich;
Verderbet wurde das Brau-Haus,
Nicol Schneid'r und Hanß mußt'n
　　　　　　ziehen aus,

„Der Wohlgebohrnen Lehen- und Gerichts-Herrschaft auch gantzen Gemeinde in Zollgrün zum künfftigen Andenken weiln dergleichen grosse Wasser-Fluth bey Mannes gedencken allhier noch nicht erhöret und erfahren worden, habe ich solches einfälltig in nachfolgende wenige Zeilen bringen wollen, usw. Nicolaus Gruner, Schulmeister allda.

Die Beundten sind sehr voll geschlemmt,
Daß man daselbst kein Graß erkennt.
Ingleichen auch in der Grün-Mühl,
Hat's Schad'n gethan dermaßen viel,
Auch hat es ziemlich sehr zerrückt
Die wohlgebaute Wettrau-Brück,
Sonst ausserhalb an Wieß'n und Teich'n
Kann man auch ziemlich'n Schaden zeig'n.
Für solcher großen Wassers-Noth
Behüt forthin, O g'treuer GOTT."
Der Verfasser dieses ohne Angabe des Druckers und Druckortes erschienenen Blattes, Nicol Gruner, war von 1705 bis 1741 Lehrer in Zollgrün; im letzteren Jahr starb er. Die anderen genannten Familiennamen Zeh, Eckner und Schneider kommen heute im Dorf nicht mehr vor. (1930)

Otto Schüler, Ellefeld (1901–1974):

Arbetslied

Kröht der Hoah sei Kikriki,
haaßts: „Stett auf, ihr Leit, 's is früh!
Flaatelt eichs Gesichtel oh,
schubbert eire Kalle no,
noochert macht ne Barg zengstnei,
aß ihr kummt in Arbet fei!"
Ei, dös is doch goar ze schie,
wenn mer koa in Arbet gieh,
wenn de Kesselfeier brenne,
und de Reder hortig genne!

Wenns emol sei Weesen hot,
kriegt mer ost de Arbet soot,
kümmt mer ganz as seiner Ruh,
is mer gleich bis uebnnoa zu.
Doch aa dös gieht bal verbei,
und nooch Regn folgt Sunneschei!
Ei, dös is doch goar ze schie,
wenn mer koa in Arbet gieh,
wenn de Kesselfeier brenne,
und de Reder hortig genne!

Aber heit giehts wie geleckt,
wos mer oapackt, klappt und fleckt.
Aaner stimmt e Liedel oa,
alle waschen tüchtig noa.
Ja, dös hebbt und starkt ne Mut,
und do giehts nuch mol sue gut!
Ei, dös is doch goar ze schie,
wenn mer koa in Arbet gieh,
wenn de Kesselfeier brenne,
und de Reder hortig genne!

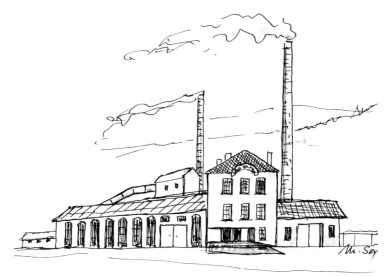

Zeichnung: M. Seybold

Das Schloß Geilsdorf im 19. Jahrhundert

Andreas Raithel, Lengenfeld

Schlösser des vogtländischen Landadels

In der erstmals 1122 urkundlich faßbaren Geschichte des Vogtlandes haben Burgen, Schlösser und Herrenhäuser lange Zeit ihre Bedeutung als Herrensitze des Feudaladels gehabt. Gelten Burgen per Definition als bewohnbare Wehrbauten, die zum Schutz einer Person oder Gemeinschaft als ständige oder zeitweilige Wohnsitze errichtet wurden, so sind Schlösser unbefestigte feudale Wohnsitze von repräsentativem Gepräge. Die erst seit dem 19. Jahrhundert übliche Unterscheidung zwischen diesen beiden architekturgeschichtlichen Termini macht eine Zuordnung oft nicht leicht, da es nicht nur Übergänge zwischen der „Burg" und dem „Schloß" gibt (z. B. Burgen, die zum Schloß ausgebaut wurden), sondern auch manches neu errichtete Schloß traditionell gern als „Burg" bezeichnet („Albrechtsburg" in Meißen, „Neu-Augustusburg" in Weißenfels, „Moritzburg" in Zeitz) wurde. Noch schwieriger ist es, „Schlösser" von „Herrenhäusern" zu unterscheiden, denn auch hier sind die Übergänge fließend. Zu den Burgen gehörten meist mehrere Wirtschaftshöfe, die Vorwerke und Rittergüter. Auf diesen Wirtschaftshöfen ließen sich die Adligen Wohnsitze errichten, die Herrenhäuser. Je größer und repräsentativer sie gebaut wurden, umso mehr wandelten sie sich zum Schloß, wobei sich der Landadel die fürstlichen Schlösser zum Vorbild nahm. Herrenhäuser konnten aber ebenso in den Städten errichtet worden sein, an der Stelle oder neben einer älteren Burg, bei Patrimonialstädten als städtische Niederlassungen des jeweiligen Feudalherren.

Die Schlösser widerspiegeln das erstrebte Ansehen und den Reichtum der jeweiligen Besitzer. National oder landesweit bedeutende Schlösser fehlen im Vogtland. Von den insgesamt weit über 100 Burgen, Schlössern und Rittergütern im sächsischen Vogtland gab und gibt es nur wenige von kunsthistorischem Interesse. Mancher Herrensitz unterschied sich kaum von einem besseren Bauerngut. Der Kunsthistoriker Richard Steche (1837-1893), der die Bau- und Kunstdenkmäler Sachsens beschrieb und in den 1888 erschienenen drei Bändchen zum Vogtland jede ältere Kirche erfaßte, hielt neben den beiden Burgen Voigtsberg und Mylau nur die Schlösser Schönberg, Geilsdorf, Leubnitz, Mühltroff, Netzschkau, Neumark, Plauen, Pöhl und Reusa für erwähnenswert. Die Amtshauptmannschaft Auerbach erhielt seiner Meinung nach überhaupt keinen nennenswerten Schlossbau. Carl von Metzsch-Reichenbach, der 1841 geborene Sproß eines alten vogtländischen Adelsgeschlechtes, zählte 1910 zu den „interessantesten" Schlössern Sachsens im Vogtland nur die fälschlich als „Kaiserschloß" bezeichnete Burg Mylau sowie die Schlösser Netzschkau, Mühltroff, Geilsdorf, Heinersgrün, Pöhl, Neuensalz, Thoßfell, Friesen, Leubnitz und Falkenstein. Selbst in den fürstlichen Residenzen des reußischen Vogtlandes gibt es keine kunsthistorisch wirklich bedeutenden Schloßbauten.

Einer der wohl besten Kenner des Vogtlandes, Paul Apitzsch (1873-1949), hat bereits 1924 eine sehr treffende Begründung dafür gegeben, weshalb das Vogtland nicht reich an wirklich wertvollen Bauten ist. Er schreibt: „Die Ursachen hierfür liegen teils auf geographischem, teils auf geschichtlichem Gebiet. Höhenlage, Klima und das damit zusammenhängende Überwiegen der Waldbedeckung gegenüber Mangel an ertragreichem Ackerland verhinderten im Mittelalter die Entstehung eines wohlhabenden Bürger- und Bauernstandes. Aus denselben Gründen blie-

Schloß Reusa, aus: Poenicke, Alben der Schlösser und Rittergüter im Königreich, Sachsen, 1856

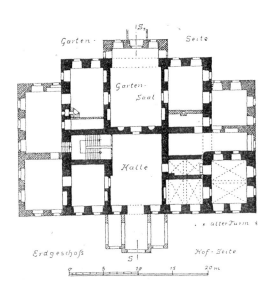

Schloß Reusa, Grundriß vom Erdgeschoß, aus: Bachmann, 1954

ben auch die Vermögensverhältnisse des vogtländischen Großgrundbesitzes immer recht bescheiden, so daß weder für Anlage umfänglicher Schlösser und Herrschaftssitze, noch für die Erbauung bedeutender Gotteshäuser nennenswerte Geldmittel zur Verfügung standen. Und wenn doch bei vereinzelten Vertretern des städtischen Patriziertums oder des ländlichen Adels Barmittel sich angesammelt hatten für derartige Zwecke, wenn Kunstverständnis sich anbahnte und der Wille, künstlerisch Wertvolles in Profan- und Kirchenbau zu schaffen, verheißungsvoll vorhanden war, so sorgten Kriege und Truppendurchzüge, Brandschatzungen und Kontributionen dafür, daß das Gewollte, Begonnene oder Vollendete wieder vernichtet wurde. Auch die Verständnislosigkeit des 19. Jahrhunderts hat vieles beseitigt oder vernichtet. Die Geschichte aller Zeiten und Völker beweist es, und die bittere Gegenwart bestätigt es von neuem, daß Kunstbetätigung größeren Stils ohne Aufwendung bedeutender Geldmittel unmöglich ist, daß Höhepunkte der Kunst und Kultur nur in Perioden wirtschaftlichen Hochstandes denkbar sind." Dieser so erstaunlich aktuellen Begründung fügt Apitzsch noch eine Ergänzung hinzu: „Starke Anregung und Förderung fanden die künstlerischen Bestrebungen früherer Jahrhunderte außer in den Kreisen des Feudaladels und des Patriziertums auch durch kapitalkräftige Landesfürsten und vielvermögende Glieder des katholischen Klerus. Auch von diesen beiden Arten des Mäzenatentums hat unser Vogtland kaum einen Hauch verspürt. Die sächsischen Kurfürsten und Könige verwendeten den Ueberfluß ihrer Staatskasse wie der Privatschatulle in allzu einseitiger Weise zur Ausschmückung ihrer Residenz oder einiger bevorzugter Plätze Nordsachsens. Erzgebirge und Vogtland gingen, abgesehen etwa von der Goldenen Pforte in Freiberg und der Augustusburg des Vaters August, leer aus. Und daß unser engeres Vaterland Kursachsen so frühzeitig und beinahe restlos dem Protestantismus

verfiel, ist in rein baukünstlerischer Hinsicht nicht als Vorteil zu buchen."

Die von Apitzsch geschilderte Armut an repräsentativer Bausubstanz wurde noch einmal verschärft durch die Auswirkungen der Bodenreform. Im September 1945 unter dem Schutz der SMAD begonnen, sah sie vor, Güter über 100 Hektar entschädigungslos zu enteignen. Nicht nur die Gutswirtschaften als über Jahrhunderte gewachsene wirtschaftlich-kulturelle Einheiten wurden zerschlagen. Nach dem Befehl der SMAD Nr. 209 vom 7. Oktober 1947 sollten Schlösser und Herrenhäuser, die für eine öffentliche Nutzung ungeeignet erschienen, abgebrochen werden. Bis 1949/50 wurden im Kreis Oelsnitz 11, im Kreis Plauen 10 Herrenhäuser abgerissen. Im Kreis Auerbach betraf es ein Herrenhaus. Doch der Verlust an Herrenhäusern und Schlössern ist noch größer, da in der Folgezeit eine Reihe von Gebäuden verfiel und z. T. heute noch verfällt.

Besitzt das Vogtland keine so bedeutenden Schloßanlagen des Landadels wie z. B. das Barockschloß Lichtenwalde bei Chemnitz (Sachsen), das Schloß Branitz bei Cottbus (Brandenburg) oder das Barockschloß Bothmer bei Klütz (Mecklenburg-Vorpommern), so kennt die Geschichte wenigstens einige Bauten, die das im Vogtland übliche Niveau eines Herrenhauses übertrafen. Mehrere solcher Schlösser des Landadels sind in den letzten 100 Jahren verloren gegangen. Dazu einige Beispiele.

Eines der bemerkenswertesten Schlösser im Vogtland war Reusa bei Plauen. Aus einer kleinen Wasserburg des Mittelalters entstand im zweiten Viertel des 17. Jahrhunderts ein Schloß, zu dem 1646 am Ende des Schloßparkes noch eine Kapelle hinzukam. Kurzzeitig, von 1694–1696, gehörte das Schloß dem Prinzen Christian August von Sachsen-Zeitz, dem späteren Kardinal und Primas von Ungarn. Auf ihn dürften die feingegliederten Stuckdecken zurückgehen. Als 1728 der kaiserliche General-Feldmarschall-Leutnant Heinrich

Schloß Friesen ca. 1920
P.KREHER. Zeichn.: Paul Kreher

Schloß Pöhl,
historisches Foto
von 1935

58

Schloß Netzschkau, aus Pönicke, 1856

*Spätgotische
Türum-
rahmung
im Schloß
Netzschkau,
historisches
Foto*

Ferdinand von Müffling das Gut übernahm, werden die beiden Seitenflügel angefügt worden sein. Der letzte Müffling, der das Schloß bis 1796 besaß, hat vermutlich die Festräume neu ausstatten lassen. Seit 1803 im Besitz des Kaufmannes Merz, wurde das Schloß als Spinnerei genutzt, später wieder zu Wohnzwecken. 1901 erwarb die Stadt Plauen das Schloß, um Reusa samt Rittergut 1903 in das Stadtgebiet einzuverleiben. Wegen der hohen Kosten für das abgewohnte Gebäude ließ die Stadt Plauen das Schloß trotz Widerspruch der Denkmalbehörde 1918 abreißen.

Ein weiteres ansehnliches Schloß, das als Verlust zu beklagen ist, war Geilsdorf. Aus einer Wasserburg entstanden, ließen die Grafen von Tattenbach – einer, Johann Ernst, war Kammerherr des Kurfürsten Friedrich August I. – nach 1667 ein dreigeschossiges Wasserschloß mit vier oktogonalen Ecktürmen errichten. Nach der Beschreibung von Steche enthielt es „eine vornehme Treppenanlage und stattliche Wohnräume nebst Saal, treffliche Gewölbe wie Figurennischen" und erinnerte „in seinem gesammten inneren Wesen lebhaft an das Palais im Großen Garten zu Dresden", verfiel aber zusehends zur Ruine. Nur der Nordturm hat sich erhalten (siehe Seite 54).

Ein staatliches, wenn auch kunstgeschichtlich unbedeutendes Schloß war Friesen. Aus einem Herrenhaus inmitten von Wirtschaftsgebäuden des Rittergutes entstand nach 1600 durch An- und Ausbauten ein langgezogener Schloßkomplex mit einem barocken Dachreiter. Nach zwei Bränden im Jahre 1869 erfolgte äußerlich eine einheitliche Neugestaltung in historisierenden Formen. Nach Metzsch-Reichenbach, der in diesem Schloß seine Kindheit verlebte, befanden sich im ersten Stock ein geräumiger Saal mit Ahnenbildern sowie mehrere Wohn- und Fremdenzimmer, von denen er den sog. „Steinsaal" hervorhob. Im Gartensaal hing eine bis heute erhaltene Vedutensammlung aus Dänemark. In

Folge der Bodenreform wurde das Schloß bis auf einen geringen Teil abgerissen.

Zu den Verlusten gehört auch Schloß Pöhl. Es entstand nahe einer mittelalterlichen Wasserburg. In der zweiten Hälfte des 16. Jahrhunderts ließen die Herren von Röder – nach Metzsch-Reichenbach war es der Feldmarschall Caspar von Röder zwischen 1550 und 1556 – einen Renaissancebau errichten. Das architektonisch schmuckarme Herrenhaus besaß jeweils im Erd- und Obergeschoß eine große Halle. 1907 ließ der Rittergutsbesitzer Kraft von Bodenhausen Sanierungs- und Umbauarbeiten durchführen, wobei das Herrenhaus um ein Stockwerk erhöht wurde und die Fassaden im Stil der Neorenaissance erneuert wurden. Dadurch erhielt das Gebäude seinen Schloßcharakter. Innen befanden sich zahlreiche Gemälde, darunter eines von der letzten Bärenjagd im Vogtland. Durch den Bau der Talsperre Pöhl ging das Schloß 1962 mit allen Nebengebäuden verloren.

Unter den erhaltenen Schloßbauten des Vogtlandes nimmt Netzschkau in bauhistorischer Sicht den ersten Rang ein. Caspar Metzsch, der am kursächsischen Hof zu hohen Ämtern aufstieg, wollte seiner Stellung Rechnung tragen und ließ deshalb 1490/91 ein repräsentatives Schloß errichten. Unmittelbares Vorbild für dieses unbefestigte Wohnschloß war der bedeutendste deutsche Residenzbau in der Zeit des Übergangs von der mittelalterlichen Burg zum frühneuzeitlichen Schloß, die für Kurfürst Ernst und Herzog Albrecht von Sachsen seit 1471 errichtete Albrechtsburg zu Meißen. Die fein gearbeiteten spätgotischen Türrahmungen mit stabartig gedrehtem und sich überschneidendem Stabwerk im Innern gehen sogar über das Vorbild hinaus. Der Landeshauptmann Carol Bose, der „Krösus des Vogtlandes", ließ das Schloß ab 1626 erweitern. Die spätgotischen Holzdecken wurden verputzt und mit dem ältesten deutschen Stuck im mitteldeutschen Raum verziert. Prunkstück der Ausstattung ist ein gußeiserner Kachel-

Schloß Schönberg im 19. Jahrhundert

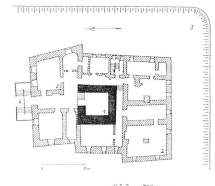

*Grundriß des Schlosses Schönberg,
1. Bergfried, 2. Schloßumbauung,
3. erhaltener Graben, 4. Ansatz der
Brücke aus: Billig/Müller: Burgen 1998*

*Das Rittergut Göltzsch im 16. Jahrhundert mit den Schlössern in der Mitte,
Rekonstruktionsversuch von Hans Nadler*

Schloß Mühltroff im 19. Jahrhundert, oben rechts Otto Carl Erdmann von Kospoth

Schloß Leubnitz im 19. Jahrhundert

Das Schloß Heinersgrün im 19. Jahrhundert   Repros: Autor

ofen aus dem Jahre 1627, das kursächsische Wappen und den Kampf Simons mit dem Löwen zeigend.

Der Kernbau des über einer mittelalterlichen Wasserburg errichteten Schlosses in Schönberg, ein im Obergeschoß in eine achteckige Form übergehender Treppenturm, entstand 1485. Um ihn gruppiert sich der im 16. und 17. Jahrhundert entstandene Schloßkomplex, dessen repräsentativer Südflügel einen Erker aus der Spätgotik besitzt. In den beiden Obergeschossen befinden sich barocke Stuckdecken mit mythologischen Darstellungen und den Reliefbildnissen des Georg Christoph von Reitzenstein und seiner Gemahlin Ursula. Vor dem Schloß entstand 1685 ein ackteckiger Brunnen, auf dessen Säule eine Quellnymphe das Wappen der Adelsfamilie von Reitzenstein hält.

Um einen Renaissancebau handelt es sich bei dem Schlößchen Rodewisch. Es ist Teil des auf einer Insel befindlichen Rittergutskomplexes Göltzsch, zu dem auch ausgegrabene Reste einer mittelalterlichen Wasserburg und ein Herrenhaus gehören. Das im 16. Jahrhundert errichtete

Schlößchen mit seinen Treppengiebeln und Ecktürmchen besitzt im Obergeschoß eine allerdings erst in jüngerer Zeit eingebaute Renaissancedecke mit Flaserndekor (mit Holzschnittdrucken beklebte profilierte Kassetendecke) aus dem nach 1945 abgebrochenen Schloß Niederrödern bei Radeburg.

Bei Schloß Mühltroff handelt es sich um einen unregelmäßigen Gebäudekomplex einer ehemaligen Wasserburg, die im 16. und 17. Jahrhundert zum Schloß umgebaut wurde. Dabei sind um den mittelalterlichen Bergfried mehrere Gebäude, darunter das im 16. Jh. errichtete alte Fürstenhaus, herum gebaut worden. Das Eingangsportal ziert das Wappen des 1790 in den Grafenstand erhobenen preußischen Kammerherrn Otto Carl Erdmann von Kospoth, eines zu seiner Zeit bekannten Komponisten, der beim Schloßbrand von 1817 verstarb.

Das Schloß in Leubnitz ließ 1794 Heinrich Wilhelm von Kospoth unter Verwendung von Teilen des Vorgängerbaus von 1762 erbauen. Die Hauptfront zählt 13 Fensterachsen mit Pilastergliederung. Im

Obergeschoß des Gebäudes befindet sich der sog. Weiße Saal, ein frühklassizistischer Festsaal mit Wänden in Stuckmarmor. Die Stuckdecke zeigt Blattsterne aus Palmzweigen und Weinlaub, in den reich verzierten Wandfeldern finden sich Darstellungen von Musikinstrumenten. Südlich und östlich des Schlosses schließt sich eine Parkanlage an. Schloß Heinersgrün ist ein dreigeschossiger Rechteckbau mit zwei vorgelagerten Rundtürmen an der Westfront. Durch einen Brand war 1920 das Schloß zerstört worden. Von einigen Veränderungen abgesehen, ließ Philipp Freiherr von Feilitzsch das Gebäude 1921/22 nach dem Vorbild des 17. Jahrhunderts wieder aufbauen. Im Obergeschoß befinden sich Stuckdecken im Jugendstil. 1995 erfolgte ein durchgehender Umbau.

Literaturnachweis:
Apitzsch, Paul: Wo auf hohen Tannenspitzen, Ein vogtländisches Wanderbuch, 1. Aufl. Plauen 1924, 3. Aufl. 1932, S. 181 f
Bachmann, Walter: Das alte Plauen, Plauen 1954, S. 180-186
Dehio, Georg: Handbuch der deutschen Kunstdenkmäler, Sachsen II, Berlin 1998
Magirius, Heinrich: Verluste an Schlössern und Herrenhäusern in Sachsen seit 1945, in: Mitteilungen des Landesvereins Sächsischer Heimatschutz 2 / 1993, S. 32-45
Metzsch-Reichenbach, Carl von: Die interessantesten alten Schlösser und Burgen Sachsens, Dresden 1910
Rudolf, Michael: Burgen, Schlösser und Herrensitze im Vogtland, Greiz 1991
Raithel, Andreas: Die Adelsfamilie Metzsch im Vogtland: in: Mitteilungen des Vereins für vogtländische Geschichte, Volks- und Landeskunde (13), Plauen 2007, S. 3-40
Rubner, Hildegard: Das südlichste Schloß Sachsens, in: Kalender Sächsische Heimat 2009
Steinmüller, Herbert: Pöhl i. V. Die Geschichte eines versunkenen Dorfes, Jocketa 2001, S. 27-30
Seffner, Wolfgang: Die Rittergüter des Vogtlandes, ihr Schicksal im 20. Jahrhundert, Plauen 2002
Steche, Richard: Beschreibende Darstellung der älteren Bau- und Kunstdenkmäler des Königreichs Sachsen, Heft 9-11, Dresden 1888

Ilse Jahreis, Netzschkau (1921–1992):

Auf dem Greizer Schloß 1963

Alter Schloßhof – neue Bank,
drauf ein Mädchen, jung und schlank.
Sonnenstrahlen – grüner Mai,
und ein Jüngling geht vorbei.

Nun dürft ihr nicht etwa denken,
er will seine Gunst ihr schenken,
denn er hat – gewährt Verzeihung –
schon 'ne andere Zerstreuung.

Früher hielt verliebt und warm
Jüngling seine Maid im Arm,
und sein Herz war liederschwer.
Das ist aber lange her.

Heut': Im Arm die Melodien,
die über Heule* wüst entfliehn.
Und er registriert im Gehn:
„Flotte Biene dort gesehen …"

* DDR-Transistorradio „Sternchen"

Ein Schnappschuß vom 22. internationalen Schlittenhunderennen in Hammerbrücke im Februar 2010. Die Huskys vom Gespann Lutz Weigert sind vor Begeisterung fast nicht zu bremsen. *Foto: Schneider*

„... vom Eise befreit sind Flüsse und Bäche." Der Frühling naht, wie augenscheinlich zu sehen ist, hier im Syratal. *Foto: Heckel*

Der Kurort Bad Elster mit seiner imposanten Hotelruine. Man stelle sich in Gedanken einmal dieses Haus saniert vor, was für eine Aufwertung könnte dieses stattliche Gebäude für Bad Elster sein. Abzureißen ist keine Kunst, aber es als Zeugnis der Vergangenheit erhalten schon. _{Foto: Heckel}

Der Frühling beginnt seine Ouvertüre. In den Gärten zeigen sich die Apfelbäume in ihrem Blütenschmuck. _{Foto: Heckel}

Schnappschuß in einem der idylischsten Orte unserer Heimat: Raun.

Foto: Hummel

August 2010 – der Goldbach hat sein Bett verlassen, eher harmlos gegenüber den Überschwemmungen, die es sonst 2010 in Sachsen gab.

Foto: Heckel

Schönheit im Kleinen, sonst kaum beachtet, ein Blattkäfer (Chrysolina fastuosa) bei seiner Mahlzeit.
Foto: Heckel

Der Auerbacher Altmarkt mit der St. Laurentiuskirche vermittelt dem Betrachter einen beschaulichen Eindruck von der Örtlichkeit.
Foto: Hummel

68

Wer einen Garten sein Eigen nennt, also ein Gartengogel ist, für den beginnt sich jetzt der Lohn seiner Arbeit auszuzahlen.

Foto: Hummel

Lampyris nocicula oder auf vogtländisch „Gehannesfünkele". Die wenigsten der Leser werden den kleinen Kerl in der Natur schon einmal gesehen haben. Es ist ein kleines Weibchen.

Foto: Heckel

Der Rosenkäfer ist eine geschützte Käferart in Deutschland und verursacht keinen größeren Schadfraß. Er ernährt sich von Nektar und Pollen von Hecken-rosen oder anderen Blüten.

Foto: Heckel

Ein herrlicher Frühlingstag in Burkersdorf bei Weida

Foto: Hummel

Blick auf das zukünftige Landratsamt, das ehemalige Plauener Warenhaus in der Mitte des Bildes, 2010. *Foto: Schneider*

Breit und behäbig, ihres Alters wohl bewußt, zeigt sich die Pfarre in Marieney dem Betrachter. *Foto: Hummel*

Die Lochmühle bei Hirschfeld. Im Moment gibt es nichts zu bewachen, also macht der Hund des Hauses ein Nickerchen mitten auf dem Hof.   Foto: Hummel

Die Freiwillige Feuerwehr in Schönbach schaffte beim waagerechten Bierkasten-stapeln mit viel Begeisterung 37 leere Kästen zusammenzuhalten. Nicht schlecht!
Foto: Schneider

H. Arnold:

Walpurgisfeier im Vogtland

Die Walpurgisfeier ist jedenfalls ein Überrest aus dem heidnischen Götzendienst, nur hat sie dadurch, daß auf den 1. Mai der Tag der vom Papst heilig gesprochenen Walpurga fiel, einen christlichen Anstrich erhalten. Die genannte Heilige war eine Tochter des Königs Richard von England, kam um das Jahr 748 mit ihren beiden Brüdern Wilibald und Wunnibald nach Deutschland, wurde Äbtissin des Klosters Heidenheim bei Eichstädt und galt nach ihrer Heiligsprechung als Beschützerin gegen Verzauberung aller Art. Der Glaube der alten Germanen nahm an, daß in der Nacht vom 30. April zum 1. Mai die Armen (weiße Frauen, die mit dem Priesteramte bekleidet waren, Kräuter zu kochen und allerlei Zauberei auszuüben verstanden) sich auf dem Hörsel- und Inselsberg in Thüringen, auf dem Staffelstein bei Bamberg, besonders aber auf dem Blocksberg im Harz versammelten, um daselbst Beratung mit ihrem Herrn und Meister zu pflegen.

Auf dem Hin- und Rückwege nach dem Orte der Versammlung trieben die Zauberinnen mancherlei Unfug, und die abergläubische Menge suchte sich durch verschiedene Zaubermittel gegen sie zu schützen. Drei Kreuze auf der Türschwelle waren für die Hexen ein unübersteigbares Hindernis, und darum findet man diese auch heute da und dort eingeschnitten. Auch Rasenstücke, an den Eingang zum Stall gelegt, oder frische Birkenreiser auf dem Düngerhaufen sind wohl geeignet, die Macht des Zaubers zu brechen. Würde es den bösen weiblichen Wesen gelingen, die Kühe zu behexen, so erhielte man von diesen Blut statt der Milch und wäre trotz aller Sorgfalt und Mühe nicht imstande, das Vieh fettzufüttern.

Sollen die Herren auf ihren nächtlichen Streifzügen von einem ganzen Ort abgehalten werden, so müssen kräftige Mittel in Anwendung kommen, denn wenn sie einmal am Hause sind, können sie auf leichte Weise ihren Gelüsten auf irgend eine Art Genüge leisten. Kräftige Bauernburschen müssen mit möglichst großen Peitschen die bösen Frauen auslatschen. In den Dörfern ist darum am Walpurgisabend ein solches Durcheinander von Peitschenknallen zu vernehmen, daß ein nervenschwacher Mensch dadurch zur Verzweiflung gebracht werden kann.

Schöner und poetischer ist das Anzünden von Walpurgisfeuern auf den Höhen. Wenn am 30. April abends Hunderte von Fackeln in die Täler herableuchten, so gewährt das einen ganz prachtvollen Anblick. Wie unsere heidnischen Ahnen auf ihren Opferplätzen in der Nacht vom 30. April zum 1. Mai ihre Feuer zur Ehre der Frühlingsgöttin Ostara anzündeten, so wird jetzt in derselben Nacht dem nahenden Mai ein Fackelzug dargebracht. Abergläubische Leute sind noch heute der Meinung, daß der Erntesegen dort, wo der Schein der Walpurgisfeuer geleuchtet hat, reichlicher sei als an anderen Orten.

Zu Walpurgis wie zu den heiligen Abenden wird in manchen Wirtschaften nichts weggegeben, damit nicht der Segen aus dem Hause komme. Ein wenig Kuhdünger oder selbst ein Hälmchen Stroh, das aus dem Stalle fortgetragen wird, kann demjenigen, der es mitnimmt, Segen bringen. Wer an dem Glück eines Nachbarn Anteil haben möchte, borgt von diesem zu Walpurgis eine Handvoll Salz oder sucht sein Licht an einem fremden Licht anzuzünden. Doch kommt er bei solchen Versuchen oft schief an, denn wer den Brauch kennt, geht nicht in die Falle und leuchtet dem Salz- oder Lichtbedürftigen gehörig heim.

Das Schießen, das am Walpurgisabend gehört wird, gilt weniger den Hexen des Hörsel- und Blocksberges als vielmehr dem Bilmschneider. Das ist eine auf den Erntesegen des Nachbarn neidische Person, die sich Sicheln an die Füße bindet und damit am frühen Morgen durch die Getreidefelder geht. Was der Bilmschneider abschneidet, geht dem Feldbesitzer verloren, kommt aber dem Schneidenden im nächsten Jahr zugute. Das abgeschnittene Getreide wird von ihm nicht mitgenommen. Trifft ihn ein Feldbesitzer bei seiner heimlichen Arbeit und grüßt ihn, so muß der Zauberer elendiglich umkommen, aber wenn der Bilmschneider den, welchen er durch sein Vorhaben schädigen wollte, zuerst erblickt, so tritt der umgekehrte Fall ein, also der Besitzer muß sterben.

Da der Bilmschneider zu Pfingsten die Winter-, zu Johannis aber die Sommersaat durchwandert, so muß man ihm beizeiten sein schauerliches Handwerk legen. Das geschieht eben dadurch, daß man zum Walpurgisabend kreuzweise über die Felder schießt. Wo diese Vorsichtsmaßregel getroffen wird, da hat der Bilmschneider keine Macht.

Der Vogtländer gehört zu denjenigen Volksstämmen, die mit Zähigkeit an den alten Bräuchen festhalten und selbst die Polizei zu überlisten suchen, wenn sie ihnen in den Weg treten will. Die Zeit der Aufklärung hat zwar manches Abergläubische gestürzt, aber im Herzen der Alten ist vieles, was uns lächerlich erscheint, noch ebenso fest verwurzelt wie der Glaube an Gott.

Die Sympathiekuren erscheinen heute noch vielen Vogtländern weit wichtiger als die Kunst der Ärzte, und der Glaube an Zauberei, deren Wirkungen ja durch die Walpurgisfeier gehoben werden sollen, geht damit Hand in Hand.

Günter Hummel, Neumark:

„In einem kühlen Grunde, da geht ein Mühlenrad"

Die nach heutigen Vorstellungen als „technische Denkmale" ausgewiesenen alten Wind- und Wassermühlen erfreuen sich großer Beliebtheit. Die Idylle, wie sie zum Beispiel in dem Volkslied „In einem stillen Grunde …" (Gedicht von Joseph von Eichendorff, Komponist: Friedrich Glück) gezeichnet wird, romantisiert das schwere Gewerbe des Getreidemahlens, die Verarbeitung der Baumstämme in den Schneidemühlen zu Brettern oder die anstrengenden Tätigkeiten in den Hammerwerken. Die vor allem in der ersten Hälfte des 19. Jahrhunderts entstandenen

Volkslieder beschreiben im verklärten Sinn den Beruf des Müllers, das Müllerleben, so in dem Volkslied „Es klappert die Mühle am rauschendem Bach" oder in Wilhelm Müllers volksliedhaften Zeilen „Das Wandern ist des Müllers Lust". Das zu Beginn erwähnte Lied beinhaltet eine innige Liebesgeschichte, deren tragischer Ausgang, durch die Treulosigkeit der Müllerstochter verursacht, mit einem zerbrochenen Ringlein symbolisiert wird.

An der Kienmühle im unwegsamen Tal des Kemnitzbaches, die hier vorgestellt wird, ereignete sich einst ein tragischer Un-

74

Zeichnung: Hermann Vogel

fall, an den bis heute ein Mal aus dem Jahr 1869 erinnert.

Die am Vorabend der industriellen Revolution vom Volksmund geradezu aufgesogene vertonte Müllerromantik, hier sei auch an Franz Schuberts „Schöne Müllerin" erinnert, mutet wie eine letzte Bestandsaufnahme an. Mit der Industrialisierung setzte bekanntlich das erste große Mühlensterben ein. Die in die Landschaft gestellten Kleinode, Wassermühlen an oft tief eingeschnittenen Bachläufen oder, wo es keine natürlichen Wasserläufe gab, Windmühlen an hoch gelegenen Orten, waren historisch überlebt. Weitaus effektiver arbeitende Dampfmaschinen und die bald folgende, sich durchsetzende Elektrifizierung veränderten den über viele Jahrhunderte bewährten, mit Wasser oder Wind angetriebenen Mühlenbetrieb. Der neuen Technik machte es nun nichts

mehr aus, wenn tagelang der Wind ausblieb bzw. Stürme und Unwetter die hochgelegenen Mahlstätten gefährdeten, wenn in Trockenperioden das notwendige angestaute Wasser zur Neige ging, wenn strenge Winter die künstlichen Kanäle samt Wasserrädern einfrieren ließ oder wenn Hochwasser die Mühlenareale gefährdete. Die ausgereiften, leistungsfähigeren neuen Mahl- und Schneidmühlen haben der alten Technik letztendlich den Garaus gemacht. Vorbei war es mit der traditionellen Müllerromantik. Menschen, denen sich dadurch neue Erwerbsmöglichkeiten eröffneten, wurden gleichzeitig auch die Opfer einer rücksichtslosen Industrialisierung. Das biedermeierlich anmutende Treiben, wie es Ludwig Richters Holzschnitt „Zur Mühle" von 1869 zeigt, gehörte bereits der Vergangenheit an.

Literarisch hatte das aber auch zur Folge, daß sich die um alte Mühlen bildende Kulturgeschichte verlor. Nixen und Zwerge, wie sie das Volksgemüt gern mit Mühlen in Verbindung brachte, waren in und an den neuen mechanisch nüchternen Fabrikgebäuden nicht mehr anzusiedeln.

Die heutige erneute Hinwendung zur Mühlenromantik, die ihren Höhepunkt in jedem Jahr am Pfingstmontag, dem landesweiten Mühlentag erfährt, läßt den einstigen Zauber wieder aufleben. Gerade hier im vogtländischen Gebiet sind es neben wenigen Windmühlen (Syrau, Blankenhain) vor allem die Wassermühlen, die sich großer Beliebtheit erfreuen. Dabei wird oft außer Acht gelassen, daß sie, gewöhnlich ihrer Technik beraubt, gar nicht mehr funktionstüchtig sind. Zumeist besitzen sie keine Wasserräder mehr, der Mühlgraben ist zudem ausgetrocknet oder gar verschüttet. Bereits zum Zeitpunkt, an dem ihr wirtschaftliches Leben endete, wurden manche Gebäude zu Gaststätten umgenutzt, die in der Regel einen hohen Zuspruch erfuhren. Noch immer geht von ihnen ein eigenartiger Zauber aus, wie bei der zwischen Irfersgrün und Hirschfeld liegenden „Lochmühle", der in Gospersgrün bei Neumark gelegenen Mühle oder beim „Rauner Hammer". Sie genießen sowohl als beliebte Wanderziele als auch als gastronomische Einrichtungen einen guten Ruf. Nicht zu vergessen sind auch die als Titelbild des Vogtland-Jahrbuches von 2007 und 2010 gezeigten Mühlen von Endschütz bei Weida und Wildenau bei Rodewisch.

Natürlich darf die hier im Bild vorgestellte Kienmühle bei Krebes, die einsam im romantisch tief eingeschnittenen Kemnitz-

bachtal liegt und erstmals 1683 urkundlich erwähnt wird, nicht fehlen. Sie wurde, obwohl auch sie ihre einstige Bedeutung längst verlor, ebenso wie die anderen genannten, liebevoll gepflegt, um sie nachfolgenden Generationen als Kultur- und Baudenkmal weiterzureichen.

Die Mühlenromantik, wie sie etwa Joseph von Eichendorff, der jung verstorbene Wilhelm Müller oder auch Franz Schubert aufscheinen lassen, kann man auch hier mit etwas Phantasie nachvollziehen. Beim genauen Hinsehen wird man an der Kienmühle noch den heute zugewachsenen und ausgetrockneten alten Mühlgraben mit einstigem Mühlenteich erkennen und sich den Aufwand vorstellen können, das notwendige Wasser heranzuleiten bzw. zu speichern. Unter den gegebenen Umständen muß man das aus heutiger Sicht als ingenieurtechnische Meisterleistung ansehen. Die Bauern aus den Nachbardörfern konnten bei damaligen Straßen- und Verkehrsbedingungen nur unter großen Mühen in das tief eingeschnittene Bachtal fahren, um hier ihr Getreide zu Mehl mahlen zu lassen oder Stämme zu Brettern schneiden zu lassen.

Im ausgehenden 19. bzw. beginnenden 20. Jahrhundert ist die Mühlenromantik um die Kienmühle eng mit einem Künstler verbunden, der in Sichtweite zum Burgstein lebte. Der naturverbundene Illustrator Hermann Vogel (1854 – 1921) ließ sich in dieser Nachbarschaft nieder (vgl. „Das Vogtland-Jahrbuch" von 2007 und 2010). Der von Heimweh getriebene gebürtige Plauener hatte Dresden verlassen und 1891/92 seinen Bruder, den Baumeister Richard Vogel, beauftragt, in Krebes ein Haus nach seinen Vorstellungen zu errichten. Dort lebte er dann bis zu seinem Tod. Heute dient diese Künstlerklause als Museum für den humorvollen Schwarz-Weiß-Maler, der als der letzte Romantiker gilt. Nach Vogels eigener Aussage war er hier im vogtländischen Fichtenwald wahrhaftig daheim. Es sei an seine Illustrationen für Märchenbücher erinnert, die alle im Gebiet um den Burgstein angesiedelt sind. Die Kienmühle, die sicher nach den hohen Kiefern benannt ist, die in ihrer Nähe wuchsen, wurde auch zum Gegenstand seiner naturverbundenen Zeichnungen. Das belegen die beiden hier vorgestellten Blätter „D. Waldmühle" oder auch sein „Mühlenzauber".

Ein Bild zeigt die Kienmühle bachaufwärts liegend. Die Mahl- und Schneidmühle, in der man noch bis 1962 arbeitete, führt darauf ein scheinbar vergessenes Dasein. Die Natur will wieder von dem Besitz ergreifen, was ihr einst Menschen abgerungen haben. Üppiges Strauchwerk und wilder Baumwuchs machen sich breit. Der Pfeife schmauchende Müller, der sich mit einem Jäger unterhält, ist bereits vom Alter gebeugt. Er wird die tägliche schwere körperliche Arbeit kaum noch bewältigen können. Da die ruinöse Wasserradkammer bereits ihres Bretterverschlages samt Dach beraubt ist, kann man durch das übrig gebliebene Gebälk das Wasserrad sehen. Am linken Bildrand ist die auch heute noch so malerisch wirkende gewölbte Steinbrücke auszumachen, durch die sich der Kemnitzbach schlängelt. Ein junges Mädchen, das dem alten Müller zur Hand geht, spült darin Wäsche. Sie hat bereits einige Stücke zum Bleichen auf der zum Bach hin abfallenden Wiese vor der Mühle ausgebreitet. Der humorige Zeichner, immer zu Streichen und Neckereien aufgelegt, läßt die Gänse des Hauses über die Wäsche spazieren.

Das andere Blatt, „Mühlenzauber" genannt, zeigt im Bezug auf die Kienmühle ein etwas verfremdetes Bild, das im Märchenhaften wurzelt. Die detailreiche Darstellung ist durchdrungen von scharfer Beobachtungsgabe ihres Schöpfers und wiederum auch von spitzbübischem Humor. Diesen hat Hermann Vogel selten abgelegt; man kann ihn vielleicht als dessen besondere Stärke ansehen. Auch bei dieser Zeichnung läßt er wieder die Gänse über die zur Bleiche in Gras gelegte Wäsche spazieren, und gerade hinzukommende Hühner werden dazu das ihrige verrichten. Im Bildhintergrund ist das mit einem Fachwerkaufbau versehene Mühlengebäude zu sehen, bei dem eine Katze verschmitzt aus dem einen sichtbaren Fenster schaut. Weiter rechts oben am Gebäude hat Hermann Vogel eine heute längst vergessene „Käsedarre" untergebracht, in der man einst selbstgemachten Käse an trockener Luft reifen ließ. Das einen Vogelkäfig nicht unähnliche Behältnis

sollte das kostbare Innere vor räuberischen Vögeln aber auch vor Mäusen schützen. Über dem Mühlenrad hat der zeichnende Schalk eine aus der heimatlichen Sagenwelt entstammende Nixe platziert, die sich im Mühlgraben verirrt hat und nun über das Wasserrad kopfüber in den Radschacht abtauchen muß. Das Federvieh, das über die Wäschestücke auf der Bleiche watschelt, verdreht aufgeregt die Hälse und schaut diesem nicht alltäglichen Treiben angespannt zu. Auf der Wiese im Bildvordergrund, die der eingeschnittene Bach von der Mühle trennt, hat der Zeichner drei alte Bienenbeuten, wie man sie heute nicht mehr kennt, auf einem dafür überdachten Regal untergebracht. Selbst auf dem noch nicht ausgetriebenen Obstbaum hat der jeden „Vogel" liebende Zeichner einen Starenkasten nicht vergessen, der an einem recht dünnen Ast befestigt, vom Wind hin und her geschaukelt wird.

Die Kienmühle wurde nicht nur von Hermann Vogel „konterfeit". Nachdem durch die innerdeutsche Teilung der Weg dorthin für die Allgemeinheit für nahezu 40 Jahre versperrt war, stellt sie heute ein beliebtes Fotomotiv zu den unterschiedlichsten Tages- und Jahreszeiten dar. In der heimatbezogenen vogtländischen Literatur und Geschichtsschreibung ist sie ebenso kaum wegzudenken. An erster Stelle sei hierbei an das zum Klassiker gewordene vogtländische Wanderbuch unter dem Titel: „Wo auf hohen Tannenspitzen" von Paul Apitzsch aus dem Jahr 1924 erinnert, dem mehrere erweiterte Neuauflagen folgten und als Reprint von 1932 im Jahr 1990 nochmals nachgedruckt wurde. In der dort enthaltenen Herbstwanderung „Marterln und Mordsteine" beschreibt der einstige Oberwegemeister des Verbandes Vogtländischer Gebirgsvereine stimmungsvoll eine Wanderung vom Burgstein zu dem bei der Kienmühle befindlichen Erinnerungsmal für einen 1869 tödlich Verunglückten. Obwohl alles den Tatsachen entspricht, erinnert die Schilderung von Paul Apitzsch an die der Romantiker des frühen 19. Jahr-

Malerisch wie aus einem Hermann-Vogel-Album zeigt sich die Kienmühle dem Besucher

Marterl bei der Kienmühle

Nicht weit von der Kienmühle entfernt befindet sich als Besuchermagnet die restaurierte Burgsteinruine

Fotos: Autor

hunderts. Daß das Erinnerungsmal heute der Forschungsrubrik der „Kleindenkmale" angehört, ist als eine geschichtsträchtige Fügung anzusehen. Zu den Kleindenkmalen zählen auch Steinkreuze. Ein solches befindet sich ebenfalls im Kemnitzbachtal.

„Von den Burgsteinruinen", schreibt Paul Apitzsch, „führt ein Pfad gegen Norden. Rasch senkt er sich zu Tale, wo eine alte, steingewölbte Brücke im ruhevollen Bogen das Glitzerwasser des glucksenden Kemnitzbaches überspannt. Und nun flußaufwärts den Weg nach der Kienmühle zu. Zur Linken gurgelt um moosbewachsenes Gestein, beschattet von Fichten und Erlen, die junge Kemnitz. Rechts starren graue Felsen, in deren Ritzen feingefiederte Farnblätter wedeln, blaue Glockenblumen gaukeln, blutrote Weidenröslein nicken; an deren Fuße im Lenze zartgrüner Sauerklee und im Hochsommer Waldwachtelweizen wuchert. Schon lugt Hermann Vogels Märchenmühle durchs Gezweig – da steht es, rechts am Wege, das scheinbare Marterl. Keine hochragende, weithin leuchtende Holztafel mit Bild und Vers, sondern einfache schwarze Buchstaben an grauer Felswand, umzogen von vier dunklen Strichen und als einziger Schmuck die Symbole der Liebe und des Glaubens: ein Kreuz in einem Herzen. Die Inschrift lautet:

Hier verunglückte
J. G. Reuschel
aus Schwand
am 23. März 1869.

Verunglückt? War's ein Sturz vom Felsen, vielleicht in lichtloser Nacht, als der irrende Fuß den Pfad da droben verlor? War's ein Blitz, ein Felsblock, ein Baumstamm, ein Hufschlag, der den Verunglückten zu Boden schlug? Und er selbst, war er ein Jüngling, ein Mann, ein Greis? Brach ein Mutterherz an seiner jungen Leiche? Standen Waisen weinend an des Ernährers früher Bahre? Oder trug man einen alten, weißhaarigen Erdenbürger hinauf zum Heimatdorfe? Stumm steht das Steinmal."

Paul Apitzsch sucht dann, literarisch ausgeschmückt, nach weiteren Zeugnissen des Verunglückten. Auf dem naheliegenden Schwander Friedhof findet er zwar Grabmale der Familie, aber das von J. G. Reuschel selbst nicht mehr. Erst die Kirchbücher in der dortigen Pfarre liefern ihm die gesuchten Informationen: Er erfährt, daß die Vornamen des Verunglückten Johann Gottlieb lauteten. Reuschel war nach diesen Angaben ein begüterter Einwohner, der am 23. März 1869 „früh ½10 Uhr" verunglückte und ein Alter von 66 Jahren erreichte. Er erlitt „einen Schädelbruch infolge Scheuwerdens seines Gespannes in der Nähe der Kienmühle, war verheiratet und hinterläßt eine Witwe, vier verheiratete und eine unverheiratete Tochter sowie zwei unverheiratete Söhne".

Im der Pfarre benachbarten Schulhaus wird dem forschenden Wanderer noch ein weiteres interessantes Schriftstück vorgelegt, das ein früherer Lehrer namens Karl Werner verfaßt hatte, der Lebensläufe seiner Mitbewohner aufzeichnete. In dem uns interessierenden Lebenslauf ist zu lesen: „Am Dienstag, den 23. März fuhr er vormittags 9 Uhr gesund vom Hause fort, um in der Kienmühle Mehl zu holen. Schon war er in der Nähe der Mühle angekommen, als plötzlich seine beiden Ochsen scheu wurden und ihn mit fortrissen. Seine beiden Söhne und einer seiner Schwiegersöhne, welche bei der Schneidemühle beschäftigt waren und sahen, daß der Vater in großer Lebensgefahr war, sprangen zur Hilfe herbei, waren aber nicht imstande, die scheuen Ochsen anzuhalten und ihren Vater zu retten. Als er gefallen und der vordere Teil über ihn weggegangen war, wurde er von den Seinigen in die Mühle getragen, wo er nach wenigen Minuten verschied. Der Arzt fand, daß die Hirnschale am Hinterkopfe einen Bruch bekommen hatte und dadurch das Gehirn verletzt war. Unbeschreiblich erschütternd war die Botschaft von dem plötzlichen Tode dieses geachteten und geliebten Mannes für seine Gattin, seine Kinder und seine vielen Freunde. Sein Lebensalter beträgt 66 Jahre, 19 Tage."

Zur Mühle   Zeichn. L. Richter / Repros: Autor

Mit einer Schilderung des vogtländischen Poeten und Mosen-Biographen Fritz Alfred Zimmer (1880–1954) soll unsere literarische und bildliche Betrachtung um das landschaftliche Kleinod der Kienmühle ausklingen. Seine Erzählung erschien im Vorläufer unseres Periodikums, im 3. Jahrgang des „Vogtländischen Jahrbuches" von 1925. Unter dem Titel „In einem kühlen Grunde" beschreibt Zimmer erste Liebesbande einer jungen Müllertochter. Seine gefühlvollen Naturschilderungen zu der nicht näher benannten Mühle könnte durchaus durch die romantische Lage der Kienmühle inspiriert sein:

„Jetzt lichteten sich die Stämme immer mehr, und bald lag vor mir im Waldtal ein grüner Wiesengrund, eine Wieseninsel inmitten dunkle Fichtenwald. Links schlief an dem lauschigen Plätzchen eine Mühle im Schutze der Baumriesen. Sie schlief. Tief, fast trutzig hatte sie ihr moosiges Dach über die alten Mauern gezogen; müde stand das große Rad, von dem schläfrig nur noch einzelne Tropfen glucksten. Weit kein Mensch. Die alte Mühle schlief im Grund und ließ sich auch von dem Mühlbach nicht wecken, dessen Wasser durch die Stille schwatzten. Die Mühle schlief … In den kleinen Fenstern lag rot der Abendschein.

So lag ich und lauschte dem dumpfen Rauschen des Wehres und dem gurgelnden Plätschern des Waldbachs. Da war mir, als wenn von der Mühle her eine dunkle Gestalt geschritten komme. Wie ein Schatten kroch sie langsam näher … und dann wußte ich, daß es die dunkle Seele des Gebäudes sei. – Jetzt fing sie an, sacht zu erzählen, und eine andere Zeit ward lebendig: Lustig klapperte die Mühle, die Wipfel des Waldes rauschten darein, und weit draußen über reifen Feldern, auf denen die Sonntagssonne lag, klangen ferne Kirchenglocken … Die Romantik, mag sie vielen verpönt sein und in Wirklichkeit auch etwas anders ausgesehen haben als wir meinen, faßt noch jeden von uns mit Sonntagsheimweh. Heute rauchen die rußigen Schlote und lärmen die Dampfsirenen einem anderen Geschlecht, und das ist vielfach zu harten Massen in kalte Winkel und dumpfige Städte gepfercht und kennt nicht Einfalt und Sonne, ja oft nicht einmal die Sehnsucht danach! – So sann ich, und meine Gedanken fingen an, sich ans uralte Problem und Rätsel Leben."

Peter Benz, Reichenbach:

Ein Bergwerk in der Brückenstadt Netzschkau

Ein Tipp für die Großen Ferien – Stippvisite im vogtländischen Bergbaumuseum von Michael Straub

Die SAG (Sowjetische Aktiengesellschaft) oder ab 1954 SDAG (Sowjetisch-Deutsche Aktiengesellschaft) Wismut war ein Bergbauunternehmen, welches sich zwischen 1946 und 1990 zum weltweit drittgrößten Produzenten von Uran entwickelte. Das an Standorten in Sachsen und Thüringen geförderte und aufbereitete Uran war die Rohstoffbasis der sowjetischen Atomindustrie. Im Zuge der politischen Veränderungen im damaligen Ostblock stellte die Sowjetunion 1990 schlagartig ihren Uranimport aus der DDR ein.

Eine gewisse Zeit wurde an verschiedenen Orten im Vogtland wie Zobes, Schneckenstein, Bergen und Gottesberg Uran abgebaut. Im benachbarten Zwickau war die Hochburg des Steinkohlenabbaus. Mit der Wende gab es immer weniger Zeitzeugen dieses Wirtschaftszweiges.

Gäbe es da nicht den heute 44jährigen Michael Straub im vogtländischen Netzschkau. Der gelernte Maschinen- und Anlagenmonteur ist gegenwärtig in einer vogtländischen Stahlbaufirma Vorarbeiter. In seiner Freizeit frönt er einem besonderen Hobby.

Er ist verheiratet und hat zwei Söhne im Alter von 17 und 13 Jahren. Diese zeigen auch Interesse für das Hobby des Vaters. Sie beteiligen sich unter anderem bei Umzügen zum „Tag der Sachsen" oder „Tag der Vogtländer".

Schon als Kind hatte er Mineralien gesammelt und wurde später bei den Auerbacher Mineralogen und Geologen Mitglied. Nach der Wende wurden nach und nach immer mehr Gruben stillgelegt. Das begann sein Interesse für den Vogtland-Bergbau zu wecken.

In der Anfangszeit der Wismut waren im Vogtland bis zu 20 000 Bergleute beschäftigt.

Viele Zeitzeugnisse verschwanden oder wurden von Kumpels gerettet. Michael Straub will vieles retten und der Nachwelt bewahren und zeigen. Eine alte Grubenlampe war der Anfang. Das Foto von einem „Golf" und das dazu gehörende RC - Kennzeichen wecken als erstes mein Interesse. Was haben diese Requisiten mit dem Bergbau zu tun. Damit transportierte er anfänglich die „Schätze" nach Netzschkau. Viele Unikate zeigt die umfangreiche Bergbau-Ausstellung. Eines ist zum Beispiel das Schild „VEB Wolframhütte Pechtelsgrün". Die Lagerstätte war schon 1965 ausgeerzt. Seit 2001 trägt sie zurecht die Bezeichnung Museum.

Die gestaltete Fläche beträgt derzeit 65 m². Die nächsten 60m² sind in Vorbereitung. In drei Meter Tiefe sind 60m² unterkellert.

Betritt man das Bergwerk der besonderen Art inmitten von Netzschkau, fühlen sich die Besucher wie bei einer echten Grubenbefahrung.

Wie in Wirklichkeit geht es in die Kaue zum Umkleiden. Die Sachen werden wie einst an die Decke hochgezogen. Anschließend rüsten sich die Bergmänner mit einem Retter aus. Das ist ein Gerät zum Filtern der Luft bei Gefahren. Bevor es unter Tage geht, hängt jeder Kumpel seine Marke an ein Brett, damit ersichtlich ist, wer sich unter Tage befindet. Seilfahrt und Steigerstube folgen mit der obligatorischen Belehrung.

Sein umfangreiches Wissen hat Michael Straub aus Fachbüchern und von Fachleu-

Eine Batterieladestation

Rettungszubehör

Ein Unikat aus Pechtelsgrün

Fotos: Autor

ten erworben. Die Ausstellungsstücke werden immer wieder ergänzt und aktualisiert. Gegenwärtig zeigt das Museum: Die Bergbautechnik in ihrer Entwicklung von 1945 bis 1990:
· Die Ausrüstung des Bergarbeiters, von der Kleidung über die Helme und Lampen bis zu Geräten der persönlichen Sicherheit.
· Die Arbeitsbedingungen, von der Waschkaue über die Lampenstube, die Förderkörbe bis zur Steigergrube.
· Die untertägigen Abbaugeräte, vom Pickhammer bis zu leistungsfähigen Bohrhämmern, von der Keilhaue und der Schaufel bis zum Hunt.

Michael Straub in der Kaue

· Rettungsgeräte der Grubenwehr, Plakate, Hinweistafeln und viele weitere Gegenstände der Arbeit des Bergmannes.
· Zahlreiche Fotografien von einstigen Schachtanlagen, von Arbeitern vor Ort und von der Förderung des Erzes sowie von modernen Abbaumaschinen ergänzen unsere beeindruckende Sammlung.
· Die Grundstrecke des Bergwerks, eine Kübelstation und das Unter-Tage-Magazin mit Werkzeugausgabe und Materiallager befinden sich neben der Steigerstube.

· Über eine Leiter geht es direkt „vor Ort", also zum Arbeitsort der Bergleute. Eine Schrapperbahn sorgt für die Beförderung des gesprengten Haufwerkes.

Viele Dinge sind modellhaft nachgebaut und mit originalen Schaustücken aus Bergwerken ergänzt.

Einige Requisiten lassen heute den Museumsbesucher nur schmunzeln. Da gibt es unter anderem Brigadetagebücher, in denen sich die Patenklasse zu mehr Disziplin und besseren Lernleistungen verpflichtete. Den Schacht zierte anno dazumal häufig ein riesiger roter Stern. An der Dusche kündete ein Schild an, wann der Kammerjäger das nächste mal kommt. Lebenswichtig war im Wismutbergbau der Geigerzähler zur Messung der Radioaktivität. Dieses Gerät fehlt in der Ausstellung von Michael Straub nicht. Der damals sehr beliebte Wismutschnaps alias Kumpeltod ergänzt das Ganze.

In der Steigerstube, sie bietet für zirka 25 Besucher Platz, werden auf Wunsch erlebnisreiche Stunden in einem entsprechenden Ambiente durchgeführt. Führungen im Museum der zeitgeschichtlichen Art werden nach Voranmeldung auch für Schulklassen und Gruppen durchgeführt. Voranmeldungen sind unter 03765/31647 möglich. Das Museum wird ständig erweitert.

Interessenten können auch gerne www.vogtlaendisches-bergbaumuseum.de anklicken. Das Museum befindet sich in unmittelbarer Nähe des Bahnhofes Netzschkau/V. (Strecke-Zwickau–Hof). Mit dem eigenen Fahrzeug kann das Museum über die B 173 Ortslage Netzschkau erreicht werden. Am Kreisel biegt man in Richtung Bahnhofstraße ein.

Peter-Joachim Hering, Herlasgrün:

Das Vogtland auf Briefmarken

Menschen haben schon immer etwas gesammelt. Bis heute steht weltweit das Sammeln von Briefmarken mit an der Spitze. Die Vielzahl der ausgegebenen Marken und teure Raritäten machen aber ein lückenloses Sammeln fast unmöglich. Somit liegt für den Hobby-Sammler der Reiz in der Beschränkung, in der Auswahl der Länder, des Zeitraumes, der abgebildeten Motive oder auch der Themen.

In einer meiner Sammlungen habe ich mich auf Briefmarken beschränkt, die mit dem Vogtland in Verbindung stehen. Dabei nimmt die Göltzschtalbrücke einen besonderen Platz ein. Dieses Wahrzeichen unserer Heimat wurde von den Postverwaltungen zweimal als Motiv für Briefmarken ausgewählt. So wurde die Brücke 1976 in einer DDR-Ausgabe und 1999 auf

Hier sieht man die Marke der DDR von 1976 und die Marke der Deutschen Post AG von 1999　　　*Fotos: Autor*

einer Marke der Deutschen Post AG gezeigt. Ein an mich adressierter Brief enthält beide Marken, obwohl die DDR-Marke zu diesem Zeitpunkt nicht mehr frankiergültig war. Eine weitere Besonderheit besteht darin, daß die eigentlich ungültige Marke

normal abgestempelt und die Marke von 1999 erst nachträglich entwertet wurde.

Neben der Göltzschtalbrücke sind noch weitere Bauten aus dem Vogtland auf Briefmarken verewigt. So bildet der 20-Pf-Wert im Fünfjahrplansatz von 1953 das Kurhaus (König-Albert-Bad) in Bad Elster ab. Das war die erste DDR-Marke mit einem Bezug zum Vogtland. 1981 wurden Fachwerkbauten aus Eschenbach und Zaulsdorf im damaligen Kreis Oelsnitz sowie aus Weckersdorf bei Zeulenroda als Motiv ausgewählt. 1968 zeigt ein Wert des Satzes über DDR-Talsperren die Sperrmauer in Pöhl. Bekanntlich wurde das Vogtland auch durch Plauener Spitzen und die Herstellung von Musikinstrumenten berühmt. Dies wurde ebenfalls durch DDR-Briefmarken gewürdigt. So wurden 1977 alte Musikinstrumente aus dem Vogtland (Akkordeon, Diskant-Gambe, Oboe, Klarinette, Querflöte, Konzertzither und Trompete) auf 5 Marken vorgestellt. Bereits 1971 wurde eine Lorenz-Violine aus Markneukirchen abgebildet. Weitere 5 Briefmarken dieses Satzes zeigen Schätze des Musikinstrumentenmuseums in Markneukirchen. Jeweils 4 Marken von 1966 und 1974 zeigen verschiedene Spitzenmotive. Zuvor bildet 1956 die 10-Pf-Marke zur Leipziger Herbstmesse ebenfalls ein Spitzenmuster ab. Es wäre wünschenswert, daß sich das Bundesfinanzministerium als die für die Ausgabe von amtlichen Postwertzeichen zuständige Behörde für eine Briefmarke aus echter Plauener Spitze entscheiden würde. Eine solche Marke wäre eine gute Werbung für die einheimische Spitzen- und Stickereiindustrie. Die Schweizer und Österreicher praktizieren dies schon seit Jahren. 2009 brachte auch Singapur eine gestickte Orchidee als Briefmarke heraus.

1978 gab es den ersten gemeinsamen Weltraumflug UdSSR-DDR. An Bord des Raumschiffes befand sich als erster deutscher Kosmonaut der aus Morgenröthe-Rautenkranz stammende Vogtländer Siegmund Jähn. Dieses Ereignis war Anlaß zur Ausgabe der 5 Briefmarken und eines Blockes. Auf der 20-Pf-Marke und dem Block ist ein Porträt von Siegmund Jähn zu sehen. Der Block zeigt ihn zusammen mit dem russischen Kommandanten Waleri Bykowski, wie auch in einer Ausgabe zum 25. Jahrestag bemannter Weltraumflüge sowie auf einem Wert der Ausgabe zum 40. Jahrestag der Befreiung vom Faschismus. Damit ist Siegmund Jähn der am meisten auf Briefmarken abgebildete Vogtländer. Ihm folgt die in Reichenbach geborene Friederike Caroline Neuber (Neuberin). Ihr wurde 1972 von der DDR im Rahmen berühmter Persönlichkeiten eine Marke gewidmet. 1976 ehrte die Deutsche Bundespost in einer Ausgabe für bedeutende Schauspielerinnen und Theaterleiterinnen die Neuberin. Darüber hinaus ist sie auf einer Marke des privaten Postdienstleiters post modern verewigt. Diese Briefmarke wurde zum Tag der Sachsen 2007 in Reichenbach ausgegeben. Übrigens zeigt eine Marke von post modern auch den Kfz-Pionier August Horch, welcher eine Zeit lang auch in Reichenbach wirkte. Andere berühmte Vogtländer haben es nur einmal auf Briefmarken geschafft. So ist Johann Schubert (geboren in Wernesgrün, Konstrukteur der Göltzschtalbrücke sowie der ersten deutschen Dampflok „Saxonia") auf einer DDR-Marke von 1985 zum Eisenbahnwesen zu sehen. Die Blockausgabe von 1982 zum 200. Geburtstag des in Schleiz geborenen (Mit-) Erfinders des europäischen Porzellans Johann Friedrich Böttger zeigt dessen Porträt. Aus gleichem Anlaß gab die Deutsche Bundespost eine Marke heraus, auf der eine De-

ckelvase abgebildet ist. Der als e. o. plauen bekannte Künstler Erich Ohser selbst ist nicht auf einer Briefmarke abgebildet, aber seine Zeichnungen von Vater und Sohn. Diese zieren einen Briefmarkenblock von 2003. Auch der im vogtländischen Marieney geborene Adam Friedrich Zürner schaffte es nicht auf eine Briefmarke. Allerdings sind die von ihm auf Anweisung des Kurfürsten „August der Starke" errichteten sächsischen Postmeilensäulen Gegenstand eines DDR-Briefmarkensatzes des Jahres 1984. Im weitesten Sinne sind mehrere Briefmarken mit Motiven des Berliner Tierparkes mit Prof. Dr. Heinrich Dathe verbunden. Er war der Gründer sowie bis 1999 Direktor des Tierparkes und ist einer der bekanntesten Reichenbacher.

Siegmund Jähn ist der Vogtländer, der am meisten auf Briefmarken abgebildet ist

Aber nicht nur vogtländische Bauten, Produkte oder Persönlichkeiten sind auf Briefmarken abgebildet. Auch Mineralien gehören dazu. So brachte die DDR Briefmarken mit entsprechenden Exponaten aus den Sammlungen der Bergakademie Freiberg heraus. Hier zeigt 1972 eine Marke einen Malachit aus Ullersreuth (thüringisches Vogtland). Ihm folgten 1974 ein Rauchquarz aus Pechtelsgrün, ein Topas vom Schneckenstein und ein Aquamarin aus Irfersgrün.

Nach dem 2. Weltkrieg wurde der Postverkehr zunächst örtlich wieder aufgenommen. Dabei wurden teilweise eigene Briefmarken geschaffen, teilweise alte Bestände überdruckt. Solche „Lokalausgaben" gab es auch in Plauen sowie in Netzschkau-Reichenbach. Mit Genehmigung der Oberpostdirektion gab die Plauener Postverwaltung im Dezember 1945 sieben Marken heraus. Sie wurden in Plauen und anderen vogtländischen Städten verkauft. Mit dem Zuschlag zum eigentlichen Porto sollte der Wiederaufbau Plauens gefördert werden. Diese Lokalbriefmarken wurden von Wolfgang Weidner im Vogtland-Jahrbuch 1995 (S. 187 ff.) vorgestellt. Bereits im Juli 1945 wurden in Netzschkau-Reichenbach lokale Briefmarken ausgegeben. Hierbei handelt es sich um 11 Werte der Hitlerkopf-Freimarken, welche mit einem schwarzen Aufdruck in verschiedenen Typen und Jahreszahl 1945 überdruckt wurden.

Meine Briefmarkensammlung über das Vogtland wird ergänzt durch entsprechende Ersttagsbriefe bzw. -blätter, gestaltete Postkarten und Sonderstempel. Sie könnte noch erweitert werden, wenn die Grenzen des Vogtlandes etwas „ausgedehnt" werden. Beispielsweise gibt es mehrere Briefmarken von Gera, der ehemaligen Residenzstadt des Fürstentums Reuß j. L. Eine Marke zeigt den Plauener Löwen als Geras Wappentier. Auch kann der Bezug zum Vogtland in einem sehr weiten Sinne hergestellt werden. Ein Beispiel ist die Sputnik-Marke (DDR, 1957).

Das weltweit erste Foto vom Sputnik in seiner Umlaufbahn gelang der Schulsternwarte Rodewisch. Zum 25. Jahrestag der Satellitenbeobachtung erinnern daran entsprechende Postkarten.

Leider dienen die Briefmarken immer weniger ihrem ursprünglichem Zweck, nämlich dem Bezahlen vom Porto. Briefe werden bedingt durch Telefonate, faxe und Mails mehr und mehr verdrängt. Und wenn schon ein Brief verschickt wird, kann er auch mittels Stempel von Frankiermaschinen, über das Internet bzw. über das Handy bezahlt werden. Ein Brief muß also nicht unbedingt mit einer Briefmarke versehen werden. „Echte" Briefmarken, die also dem Befördern eines Briefes dienten, werden immer rarer. Vielleicht ist das ein Grund mehr, sich dem Sammeln dieser bunten Bildchen zu widmen. Sie können auch zur Erweiterung des Wissens über unser Vogtland beitragen.

Aus dem Verlagsarchiv:

Blätter aus dem Voigtlande 1831–1832

Anekdote

In einem kleinen Städtchen sollen Repräsentanten und Ersatzmänner erwählt werden. Eine ziemliche Anzahl von Bürgern erklärte aber schon im voraus, daß sie keine Ersatzmänner werden würden.

Als man nach der Ursache fragte, entgegneten sie, es habe ihnen jemand im Vertrauen gesagt, daß die Ersatzmänner bloß dazu erwählt würden, um den von den Repräsentanten etwa verursacht werdenden Schaden zu ersetzen.

Schlafzimmer nach 10 Ehejahren

Aus dem Verlagsarchiv:

Moderne Liebeslieder von 1926

Bräutigam:
Du weiße Lilie, du schlanke,
o du mein täglicher Gedanke,
wie bist du schön, wie bist du nett!
Ich liebe dich, nur dich, du Eine,
du Holde, Sanfte, Weiße, Reine,
mein süßes himmlisches *Klosett.*

Gatte:
Du sinkst an meine Brust mit Beben.
Nun sind geeint wir für das Leben,
wir sind jetzt eins, wir waren zwei.
Nun laß mit liebendem Verlangen
dich glühend fassen und umfangen!
Das ist die große *Schweinerei.*

Vater:
Kehr ich des Abends heim, vom Sorgen
umdüstert seit dem frühen Morgen,
so glättet sich die Stirn mir bald.
Ich hab mein Weib, ich hab nicht minder
sechs allerliebste muntre Kinder,
Produkte der *Notzuchtsanstalt.*

87

Erstes Schreiersgrüner Schulgebäude, heute Fronweg 6

Dr. Lothar Trampau, Radebeul:

Reihenschank in Schreiersgrün

Wenn man sich über die Entstehung und Entwicklung der Gastronomie in Sachsen informieren will, stößt man unweigerlich auf den bis in das 19. Jahrhundert reichenden Reihenschank.

Beim Reihenschank erhielten die Einwohner eines Ortes auf Antrag die Genehmigung von der Gemeinde, Bier und andere alkoholische Getränke, für einen begrenzten Zeitraum, auszuschenken. Für die Genehmigung war eine Gebühr an die Gemeinde abzuführen. Die Ausschankgenehmigung wurde „der Reihe nach", immer einem anderen Antragsteller, für ein oder zwei Jahre übertragen. Der jeweilige Besitzer des Schankrechtes durfte das Schankzeichen aushängen. Das bestand meistens aus einem Krug, der an einer langen Stange angebracht war. Oft zeigte aber auch nur ein Strohwisch an der langen Stange den jeweiligen Inhaber der Schank-Lizenz an.

Man könnte den Reihenschank als Frühform des Gaststättenwesens einordnen, das wäre aber nicht ganz exakt formuliert.

Zwar gab es den Reihenschank in Sachsen schon seit dem 17. Jahrhundert, aber es wurden in dieser Zeit auch schon Gaststätten betrieben. Es existierten also in Sachsen im 18. und 19. Jahrhundert Gasthöfe und Reihenschank nebeneinander. Dabei war der im Nebenerwerb betriebene Reihenschank wohl im wesentlichen auf ländliche Gebiete beschränkt, wo sich das Bewirtschaften eines Gasthofes nicht lohnte oder wo dafür keine Konzession zu erlangen war.

In der Literatur gibt es viele Hinweise über den Reihenschank in Deutschland. In Boxdorf bei Dresden wurde zum Beispiel der Reihenschank meistbietend für jeweils zwei Jahre an Einwohner verpachtet. Das Geld kam in die Gemeindekasse.

Aber auch im Vogtland waren zu jener Zeit diese Frühformen des Gaststättenwesens bekannt. So wird für die Gemeinde Rotschau bei Reichenbach folgendes beschrieben: „Bis zirka 1860 bestand in Rotschau noch der Reihenschank und eine staatliche Kommission zum Salzverkauf. Wobei

*Wortlaut des Schreibens der Königlichen Kreisdirektion Zwickau
(Abb. 1, Teil 1 und 2)
an das Gerichtsamt Treuen und den Fleischermeister Steudel in*

Schreiersgrün

Die Königliche Kreis-Direktion hat auf den anderweiten Bericht des Gerichtsamts Treuen vom 5. Oktober dieses Jahres die Translation des der Gemeinde Schreiersgrün zeither zugestandenen Reihenschankbefugnisses mit dem Rechte zum Musik- und Tanz zu halten an den 2 Feiertagen der hohen Feste, am Erndte- und Kirchweihfeste in der Eigenschaft eines dinglichen Rechts auf das von dem Fleischermeister Ferdinand Steudel erkaufte alte Schulhaus unter der Bedingung genehmigt, daß Petent wegen dieser Befugnisse einen von dem Königlichen Finanzministerium auf einen Thaler jährlich festgesetzten und vom gegenwärtigen Monate an, an das Rentamt Auerbach zu entrichtenden Canon übernimmt und nicht nur in dessen Eintragung als einer dinglichen Oblast in das Grund- und Hypothekenbuch willigt, sondern auch wegen Übernahme dieses Canons mit dem hierzu beauftragten Vorstande des genannten Rentamts nach Maaßgabe der Bestimmung im § 28 des Gesetzes vom 15. Mai 1851 einen schriftlichen Vortrag, mit dessen unterschriftlicher Vollziehung die vorstehend ertheilte Concession erst in Wirksamkeit tritt, errichtet.
Hiernächst hat auch die Königliche Kreis-Direktion dem p. Steudel die ihm nach Bl. 15 der anbei zurückfolgenden Akten Lit. S. No 186. in Aussicht gestellte persönliche Concession zum Schänken an Fremde sowie zum Gästesetzen – jedoch mit Ausschluß des Beherbergens – ertheilt.
Das Gerichtsamt Treuen wird angewiesen, die Gemeinde Schreiersgrün sowie p. Steudel demgemäs zu bescheiden und auf diese Schankstätte sowie darüber, daß sich Steudel ein Mehres als ihm bewilligt worden, nicht anmaße, polizeiliche Aufsicht zu führen.

*Zwickau, dem 26. November 1859
Königliche Kreisdirektion*

Uhde

*an
das Gerichtsamt Treuen
Steudel in Schreiersgrün*

Concessionsgesuch betr.

ps. Den 28. Dezb. 1859

zu erwähnen sei, daß der Pächter stets ein trinkbares Bier zu halten hatte und auf die Ordnung nach dem Gesetz zu sehen war." Auch in der unmittelbaren Umgebung von Schreiersgrün wird der Reihenschank erwähnt. So wird am 14. Januar 1807 Johann Adam Weidemüller Besitzer einer Schänke in Rebesgrün, die nach seiner Aussage schon mehrere hundert Jahre bestehen soll. Einige Zeit nach der Übernahme beginnen einige Einwohner ebenfalls Bier auszuschenken. Das mindert natürlich seinen Umsatz und er zeigt vier Kleinhäusler, die Bier ausschenken, bei Gericht an.

Er bringt unter anderem das Argument vor, daß es seit 100 Jahren im Dorf keinen Reihenschank mehr gegeben habe. Im folgenden Prozeß jedoch unterliegt der Gastwirt Weidemüller. Am 25. November 1814 verordnete die Königlich-Sächsische Landesregierung in dieser Sache: „...daß außer obgedachten Weidemüller, für die Zukunft jedesmal nur einem Gemeinde-Gliede der Bier- und Branntweinschank und zwar der Reihe nach, doch so, daß der Nachfolgende, wenn er nicht schenken will oder kann, übergangen werde und der diesem Folgende den Schank übernehme, zu gestalten, jedoch das Music und Tanzhalten, auch das Beherbergen bei namhafter Strafe dem Schenken zu untersagen sey, wobey auch Obrigkeitswegen, daß dem nicht entgegengehandelt werden, zu invigitieren ist."

Damit war von Rechts wegen der Reihenschank für Rebesgrün wieder genehmigt und Gasthof und Reihenschank durften nebeneinander bestehen.

Es ist erfreulich, daß auch für die Gemeinde Schreiersgrün ein Beispiel für den Reihenschank gefunden werden konnte.

Im Stadtarchiv Treuen befindet sich unter der Aktennummer G22-77 ein Original-Dokument vom 26. November 1859. Es handelt sich um ein Schreiben (Abb. 1) der Königlich-Sächsischen Kreisdirektion Zwickau an das Gerichtsamt Treuen und an den Fleischermeister Ferdinand Steudel in Schreiersgrün, in dem sein Antrag auf Durchführung des Reihenschankes genehmigt wird und in dem die Bedingungen aufgeführt werden, zu denen Steudel den Reihenschank betreiben darf.

Es ist interessant zu erfahren, daß ein solcher amtlicher Vorgang auch bereits vor rund 150 Jahren offensichtlich mit einer umfangreichen Bürokratie verbunden war.

Interessant ist auch, daß der Reihenschank im „alten Schulhaus" von Schreiersgrün durchgeführt werden soll, das Ferdinand Steudel gekauft hat. In diesem „alten" und ersten Schulhaus von Schreiersgrün (Abb. 2), das sich auf dem jetzigen Grundstück Fronweg Nr. 6 befand, wurden vom November 1835 bis Ende 1840 die Schreiersgrüner Kinder unterrichtet, bis sie im Dezember 1840 das neue umgebaute und renovierte Schulhaus auf der alten Treuener Straße beziehen konnten.

Es war sicher eine der letzten Reihenschanklizenzen, die in Schreiersgrün vergeben wurden, denn ab 1861 herrschte in Sachsen Gewerbefreiheit und alle bestehenden Einschränkungen wie Zunftregeln oder Konzessionspflichten für das Gewerbe wurden aufgehoben. In der Folge entstanden dann auch im ländlichen Raum mehr Gaststätten. Auch in Schreiersgrün wurden in der Zeit von 1875 bis Ende 1878 das Gewerbe für vier Gaststätten angemeldet. Den Reihenschank gab es dann nicht mehr.

Quellennachweis:
S. Thomä:Betrachtungen zu Auswirkungen der ersten sächsischen Landesverfassung auf das Leben in den Dörfern, Vogtländische Heimatblätter 4/1981
D. Hahn: Dorfgaststätten der Jahrhundertwende Uni Hamburg, Institut für Volkskunde/Kulturantropologie, www.Gasthof Boxdorf.de
Wikipedia, Rotschau im Vogtland
Stadtarchiv Treuen: Königliche Kreisdirektion Zwickau: Übertragung der Reihenschank-Konzession an Ferdinand Steudel in Schreiersgrün vom 26. November 1859
Ewald Rannacher: Ortsgeschichte von Rebesgrün, Rempesgrün, Reumtengrün und Wernesgrün

Andreas Raithel, Lengenfeld:

Klimaveränderungen beeinflussen die Geschichte

Seit einigen Jahren schlagen Umweltaktivisten Alarm: Die Alpengletscher schmelzen, weil die Temperaturen in einem nie dagewesenen Ausmaß steigen. Man spricht von der globalen Erwärmung und der allein Schuldige wäre der Mensch. Wer nur die letzten 150 Jahre betrachtet, wird schnell die Industrie mit ihrer Umweltbelastung als Ursache ausmachen wollen. Doch wer in der Geschichte weiter zurückgeht, stellt fest, daß die Gletscher der Alpen wie sie aus dem 19. und dem frühen 20. Jahrhundert bekannt sind, erst im 17. und 18. Jahrhundert auf diese Größe gewachsen waren. Und auch vorher gab es ein periodisches Wachsen und Schmelzen der Gletscher. Es ist längst bekannt, daß seit dem Ende der letzten Eiszeit vor mehr als 11 000 Jahren das Klima niemals konstant geblieben ist. Zunehmend wird uns auch bewußt, daß die Klimaveränderungen den Lauf der Kulturgeschichte nicht nur beeinflußten, sondern auch oft maßgeblich mitbestimmten.

Das Holozän – ein Erdzeitalter von Klimaschwankungen
Die jüngste geologische Epoche der Erdgeschichte, das Holozän, begann vor etwa 11 700 Jahren. Sie folgte dem Eiszeitalter (Pleistozän), dessen letzte Eiszeit als Weichsel-Würm-Eiszeit bezeichnet wird. Die Eismassen schmolzen ab und es kam zu einer deutlichen Erwärmung. Das Holozän weist allerdings einen Rhythmus von kleineren Warm- und Kaltzeiten auf, der wahrscheinlich von der Aktivität der Sonne, speziell vom Sonnenfleckenzyklus, beeinflußt wird.

Je weiter man in die Geschichte zurückgeht, umso schwieriger wird es, anhand archäologischer Funde genaue Datierungen vorzunehmen. Deshalb ist eine zweifelsfreie Zuordnung der Funde zu den Klimaperioden problematisch. Dies trifft insbesondere auf die steinzeitlichen Funde des Vogtlandes zu, die der Mittel- und Jungsteinzeit zuzuordnen sind. Die Befunde aus dem Neolithikum ergeben keine sicheren Siedlungsnachweise, wenn auch die Fundkonzentration von Steingeräten um den Kuhberg bei Netzschkau auf eine zeitweise Besiedlung weist.

Nach dem Klimapessimum von 4100 – 2500 v.u.Z. kam es zu einer Warmzeit, die in den Hochkulturen der Ägypter und Mesopotamier zu Dürreperioden führte. In Mitteleuropa endete die Jungsteinzeit und ab etwa 1800 v.u.Z. (vielleicht auch schon 2200–2000 v.u.Z.) begann die Bronzezeit. Einzelne Fundstücke wie das Kupferbeil von Treuen und der mittelbronzezeitliche Armring von Oelsnitz belegen die Anwesenheit von Menschen.

Das Klimapessimum der Bronzezeit
Um 1200 v.u.Z. begann wieder eine Kaltzeit, das Klimapessimum der Bronzezeit. Es war die kälteste Periode seit dem Ende der Weichsel-Würm-Eiszeit vor etwa 11 700 Jahren. Sie hielt etwa bis Mitte des 1. Jahrtausends v.u.Z. an. In diese Zeit fällt auch der Beginn der Eisenzeit (um 800 v.u.Z.). Die Menschen der Bronzezeit durchsuchten die Mittelgebirgslandschaften nach geeigneten Erzen. Offensichtlich muß es in dem Zusammenhang im Vogtland zu einem Landesausbau gekommen sein. Der Siedlungsraum hatte entweder eine größere Ausdehnung als zu Beginn der deutschen Besiedlung um 1122 oder Wald und Rodungsland waren anders verteilt als im Mittelalter. Wichtigste Hinterlassenschaft ist die befestigte Höhensiedlung auf dem Eisenberg bei Jocketa (1000–500 v.u.Z.). Ihr Ende fand diese Siedlungspe-

Verschlackter Wall auf dem Eisenberg bei Pöhl, Hinweis auf eine bronzezeitliche Besiedlung des Vogtlandes

Zeich.: A. Teuscher 1910

riode mit dem keltischen Laténehügelgrab von Liebau (500–400 v.u.Z.). Es stellt sich die Frage, weshalb das Vogtland ausgerechnet während eines Klimapessimums, einer Zeit mit längeren Wintern und kürzeren Sommern, besiedelt wurde. Kamen die Siedler – es spricht vieles für eine keltische Landnahme – aus den Keltengebieten im süddeutschen Raum? Dann müßten sie den Mittelgebirgswall überquert haben und zwar in einer Zeit, in der die Klimaverschlechterung eine Verkehrsverbindung im Winter sehr erschwerte. Die Antwort muß möglicherweise im Norden gesucht werden. Der Klimasturz um 1200 v.u.Z. und eine riesige Flutkatastrophe in der Nordsee um 1220 v.u.Z. drängten die an der Nord- und Ostsee lebenden Völker immer mehr ins Landesinnere. Diese Bewegung erreichte um 500 v.u.Z. die Mittelgebirgsschwelle. Der Klimasturz würde für die von G. J. Richter vertretene und durch eine Fülle von keltischen Namensdeutungen gestützte These sprechen, wonach

sich die Kelten ursprünglich in einem viel größeren Raum in Europa, darunter auch im Nord- und Ostseeraum, ausgebreitet hatten. Erst danach finden sich die Kelten südlich der Mittelgebirgsschwelle, so daß das Gebiet zwischen Rhein, Main und Donau heute allgemein als keltisches Kerngebiet angesehen wird. Bekanntlich setzte sich die keltische Wanderung nach Spanien (um 500 v.u.Z.), Italien (Galliereinfall 387 v.u.Z.), nach dem Balkan (279 v.u.Z.) und Kleinasien (275 v.u.Z.) fort.

Anzumerken ist, daß es über die zeitliche Abfolge von Klimaoptimum und -minimum unter den Wissenschaftlern unterschiedliche Auffassungen gibt. So gehen einige Klimaforscher davon aus, dass es zwischen 1700–1300 v.u.Z. (auch: 1500 –1100 v.u.Z.) eine Kaltzeit gab, der kurzzeitig (um 1000 v.u.Z.) eine Warmzeit, das Klimaoptimum der Bronzezeit, folgte, was die Ansiedlung auf dem Eisenberg erklären würde. Um 500 v.u.Z. wurde dann wieder ein Klimapessimum erreicht, wodurch es zum einem Besiedlungsrückgang kam.

Mit Hilfe der Pollenanalyse konnte ermittelt werden, daß die Siedlungsanzeiger im Vogtland von etwa 800 v.u.Z. bis etwa 700 / 800 rückläufig waren, so daß sich der Wald regenerieren konnte. Allerdings dürfte das Vogtland in dieser Zeit, die auch als archäologische Fundlücke angesprochen wird, nicht völlig menschenleer gewesen sein, da vorhandene vorslawische Toponyme eine mündliche Tradierung voraussetzen. Eine keltisch bestimmte Restbevölkerung muß vorhanden gewesen sein.

Das Klimaoptimum der Römerzeit
Dem Klimapessimum folgte ein Klimaoptimum, das mit dem Aufstieg des Römischen Reiches in Verbindung zu bringen ist und für die Zeit von 150 v.u.Z. (oder auch schon früher) bis 350 u.Z. angesetzt wird. In dieser Zeit zogen sich die Alpengletscher zurück und so konnten sich die Römer – die Soldaten trugen Sandalen – auch nördlich der Alpen ausdehnen. Auch der Zug Hannibals über die Alpen im Jahre

Rodungsarbeit, Pariser Miniatur aus dem 11. Jahrhundert

216 v.u.Z. ist vor diesem Hintergrund zu sehen. Für die Siedeltätigkeit im Vogtland hatte das Klimaoptimum allerdings keine Bedeutung, wenn auch das Gebiet bis zur Elbe zwischen 12 v.u.Z. und 9 u.Z. formal zum Römischen Reich gehörte. Wenige römische Münzfunde im Vogtland können nicht als Siedlungsanzeiger gelten. Auch germanische Stämme sind im Vogtland nicht nachzuweisen. Dem Klimaoptimum der Römer folgte eine Klimaverschlechterung. Es ist die Zeit der Völkerwanderung (etwa 370–570). Völker aus dem unwirtlich gewordenen Norden drangen in den wärmeren Süden vor. Für die Siedlungsgeschichte des Vogtlandes dürfte auch diese Zeit keine Auswirkungen gehabt haben.

Die mittelalterliche Warmzeit

Für die Zeit von 800 bis 1300 spricht man allgemein von einem Klimaoptimum, der mittelalterlichen Warmzeit. Daß es sich hierbei um die Zeit der Besiedlung und des Landesausbaus des Vogtlandes handelt, ist kein Zufall. Für Sachsen allgemein gilt, daßß um 600 Sorben aus dem böhmischen Raum in das heutige sächsische Elbtal bei Dresden einwanderten und von dort aus, entlang der Flüsse, allmählich das ganze Territorium östlich der Saale besiedelten. Die am Ober- und Mittellauf der Saale, der Weißen Elster und der Mulde gelegenen Gebiete wurden dabei später erreicht. Erst nachdem sich auch

dort eine Klimaverbesserung abzeichnete, drangen sorbische Siedler hierher vor. Die Sorben besiedelten nicht das gesamte Vogtland, sondern nur das Kernvogtland um Plauen und das untere Göltzschgebiet, wobei sie sich nicht in waldfreiem Gebiet niederließen. Auf dasslawische Siedlungsgebiet weisen auch die archäologischen Fundstellen, die sich im Raum Plauen-Oelsnitz, nahe der Elster, erstrecken. Die wenigen Funde, die vor allem aus der mittelslawischen Zeit (800–1000) stammen, und die Tatsache, daß in der Urkunde von 1122 nur drei Orte genannt werden, weisen darauf hin, dass Besiedlung und Landesausbau erst am Anfang standen. Die von den Sorben besiedelten Landschaften bildeten mehr oder weniger große Siedlungsinseln in einem weiten und unerschlossenen Waldland.

Dem Weg der Slawen, von Norden her über die Elster, folgten deutsche Siedler. Die deutsche Landnahme muß 1122

Bauern legen ein Dorf an. Nach einer Miniatur aus der Heidelberger Bilderhandschrift des Sachsenspiegels, Anfang 14. Jahrhundert

schon im Gange gewesen sein, denn in der Grenzbeschreibung der Gründungsurkunde für die Johanniskirche in Plauen werden u. a. auch Flußläufe auf „-bach" genannt. Der erst 1440 bezeugte Ortsname „Foschenroda", ein slawisch-deutscher

Weinbau im Mittelalter, Holzschnitt aus Aesop-Buch, Ulm 1476

Mischname, belegt nicht nur eine zeitweise gemeinsame Besiedlung durch Sorben und Deutsche, sondern auch, daß die deutschen Siedler aus dem Thüringischen („-roda") kamen. Der weitaus größte Teil der deutschen Siedler wanderte jedoch aus dem mainfränkischen Raum ein. Ursache für die Kolonisation war ein in den Altsiedelgebieten herrschender Bevölkerungsüberschuß. Er resultierte aus der Klimaverbesserung, die zu höheren Ernteerträgen führte und äußerte sich vor allem in einem Männerüberschuß, der zunächst zu einer massenhaften Gründung von Mönchsklostern führte. Da jedoch die Bevölkerung weiter wuchs, drängte der Überschuß zu einer Entladung und so wurden jetzt auch Mittelgebirgsregionen besiedelt, die wegen ihres unwirtlichen Klimas lange Zeit als Wohnplätze gemieden worden waren.

In das Klima-Optimum fällt auch die Gründung der meisten Städte in Mitteleuropa, die ihren Höhepunkt zwischen 1150 und 1200 erreichte. Auch die ersten Städte des Vogtlandes, Weida, Gera, Plauen und Hof, reichen in ihren Anfängen noch bis ins 12. Jahrhundert zurück. Die Vögte waren hier die großen Förderer der Stadtentwicklung. Im 13. Jahrhundert folgten Ronneburg, Reichenbach, Schleiz und Adorf.

Auch die Gründungen der vogtländischen Klöster und Ordensniederlassungen erfolgten vorrangig vor 1300: Mildenfurth 1193, Triptis (später Eisenberg) vor 1200, Cronschwitz 1238, die beiden Klöster in Weida Mitte des 13. Jahrhunderts, Plauen 1266, die beiden Klöster in Hof vor Ende des 13. Jahrhunderts. In das 13. Jahrhundert fallen die Gründungen der Niederlassungen des Deutschen Ordens in Plauen (1224), Reichenbach (1264), Asch (1270), Tanna (1279) und Schleiz (1284). Als letzte Deutschordensniederlassung wird Adorf spätestens 1319 faßbar.

Flurnamen wie „Weinleite" (Burgk, Kobitzschwalde, Mylau, Pöhl), „Weinberg" (Hohenleuben, Zeulenroda, Reusa), „Weinhübel (Oberböhmsdorf) usw. belegen, daß im Mittelalter an einigen sonnigen bzw. nach Süden exponierten Standorten der Anbau von Wein betrieben worden sein muß. Für Schleiz gibt es sogar einen schriftlichen Beleg aus

Saturn als Herr des Jahres 1492 bringt Hagel und Überschwemmungen

zeitgenössischer Holzschnitt

94

dem Jahre 1451. Der Weinbau spielte im Hochmittelalter eine weitaus größere Rolle als später. Bayern war ein Weinland, ehe die Kälte die Biertradition begründete. Mediterrane Temperaturen ließen in Köln sogar die Feigen wachsen und reifen.

Das „finstere Mittelalter" – der Beginn der Kleinen Eiszeit

Nach 1300 veränderte sich das Klima. Es begann die sog. Kleine Eiszeit, die im 17. Jahrhundert ihren Tiefpunkt erlebte und bis etwa in die Mitte des 19. Jahrhunderts

Die Heuschreckenplage
Lübecker Bibel 1494

Holzschnitt aus der

anhielt. Erst nach 1300 kann man vom „finsteren" Mittelalter sprechen: Mit dem 14. Jahrhundert kamen Hungersnöte, hervorgerufen durch kürzere Vegetationsperioden. Winklers Reichenbacher Chronik spricht von einem großen Sterben im Jahre 1312 und von einer von Mai bis November andauernden Regenzeit 1314. Die nassen und kalten Sommer ließen die Feldfrüchte faulen. Im Juli 1342 führten überall die Flüsse Hochwasser. So berichtet die Zwickauer Chronik von Überschwemmungen der Mulde, bei denen Brücken und Stege zerstört wurden. In den Mittelgebirgen wurden vielfach fruchtbare Böden weggeschwemmt, was Veränderungen in der landwirtschaftlichen Nutzung nach sich zog. Die Flutkatastrophe von 1342 verschärfte den Nahrungsmangel.

1347–50 kam die große Pestepidemie, die zu einer großen Entvölkerung Euro-

pas führte – man spricht von über einem Drittel Bevölkerungsverlust – und Anlaß zu den großangelegten Judenverfolgungen gab. Die rasante Verbreitung der Pest knüpft sich an die wärmeliebenden Hausratten, die sich in den jetzt kälteren Wintern von den Abfallhalden vor den Städten in die Gewölbe und Keller der Häuser zurückzogen. Da hier und nicht mehr auf den Böden die Lebensmittel aufbewahrt wurden, rückten die Ratten näher an die Menschen. Hinzu kam wärmere Kleidung, die als Nistplätze für Ungeziefer dienten. Die sich verschlechternden hygienischen Bedingungen waren die Ursache dafür, daß die Pest auch in der Folgezeit immer wieder auftrat.

Für das Anfertigen warmer Kleidung fanden nicht nur Felle Verwendung. Auch Wolle war unentbehrlich. Unter den sich verschlechternden klimatischen Bedingungen boten die kargen Böden des Vogtlandes immer weniger Möglichkeiten für den Ackerbau. Deshalb wurden die Flächen zunehmend als Viehweiden, insbesondere für Schafe, genutzt. Die Wollverarbeitung führte zur Herausbildung eines besonderen Handwerkerstandes, der im Vogtland überproportional schnell wuchs. Als erste im Vogtland erhielten 1464 die Reichenbacher Tuchmacher eine Satzung. Die im 19. Jahrhundert zur Weltgeltung aufgestiegene vogtländische Textilindustrie nahm hier ihren Anfang.

Wenige Jahre vor Auftreten der Pest, von 1337 bis 1339, überfluteten gewaltige Massen von Wanderheuschrecken weite Teile Ost- und Mitteleuropas. Der Reichenbacher Chronist Winkler spricht 1338 von Heuschrecken, die in „Wolken gleichen, etliche Meilen langen Zügen" kamen. Während des Klimaoptimums hatte es solche Heuschreckenzüge nicht gegeben. Ihre Einflüge knüpfen sich immer an die Zeiten verstärkter Niederschläge.

Der Bevölkerungsverlust im 14. und 15. Jahrhundert führte zum Veröden von

Fluren und zur Aufgabe von Dörfern, zu Wüstungen. Die Chroniken nennen immer mehr kalte Winter: 1363, 1399, 1407 ... Mißernten und Hungersnöte nahmen zu. Der klimatische Wandel zog gewaltige wirtschaftliche Veränderungen nach sich. Die Abgaben und Zinsen der Bauern sanken im Wert gegen die von den Städten diktierten steigenden Preise. Das schmälerte die Einnahmen des Adels und begünstigte oft den Abstieg ins Raubrittertum. Das 14. Jahrhundert wurde das große Zeitalter des vogtländischen Raub- und Fehdewesens. Was die Natur nicht verweigert hatte, zerstörten jetzt Fehden und kleinere Kriege bis hin zum grausamen Sächsischen Bruderkrieg 1446–51, bei dem nach der Belagerung Geras 1450 auch zahlreiche Orte des Vogtlandes verheert wurden. Die häufigen Agrarkrisen, die zu Teuerungen, Mangelernährungen und Seuchen führten, verschärften die sozialen Spannungen in der Bevölkerung. Die Menschen, die nicht verstanden, was sich ereignete, flüchteten sich in Schuldbekenntnisse. Die Kirche, die das Bild vom Jüngsten Gericht be-

Spätmittelalterliche Apokalypse-Darstellung: Albrecht Dürer: Tod, Hunger, Krieg und Pest

schwor, verstand es, das Volk zur Buße zu bewegen, und nicht zufällig bemühten sich die Künstler des Spätmittelalters das Thema der Apokalypse. Vor dem Hintergrund der Klimaverschlechterung sind deshalb auch die Hexenverfolgungen und die spätmittelalterlichen Bauernerhebungen zu sehen. Längere Winter, trockene Sommer, Hochwasser und Seuchen, Heuschreckenschwärme und andere katastrophale Bedingungen ließen die Ernteerträge zurückgehen. Auf der anderen Seite verlangte der Adel unter dem Druck der Städte und dann auch durch seine kostspieligen Kriege immer mehr nach Geld. Die Reichenbacher Chronik meldet für 1524 einen nassen und kalten Sommer, der zu einer Teuerung führte. Dies alles mußte zu einer Entladung führen. Die klimatischen Veränderungen erzeugten soziale Spannungen. Das geistige Rüstzeug lieferte die Reformation. 1525 kam es zum Bauernkrieg. Ähnlich resultierte die ökonomische Krise, die in den 1780er Jahren zur Französischen Revoluti-

Winterliche Spinnstube um 1700

on führte, zu einem großen Teil aus einer Häufung klimatischer Extreme.

Kalte Winter

Ein Kennzeichen der Kleinen Eiszeit sind die extrem kalten Winter. Im 15. Jahrhundert fror die Ostsee mindestens zweimal vollständig zu und im 17. Jahrhundert

In den Bergen wurde Holz für die Winterfeuerung auch mit dem Schlitten herangeholt Repros: Autor

drangen die Alpengletscher zweimal vor, zerstörten Gehöfte und Dörfer. Die Kanäle in den Niederlanden waren im Winter ständig zugefroren, wovon die Winterbilder der holländischen Maler berichten, und selbst über die Lagune von Venedig zog sich im 18. Jahrhundert eine Eisschicht – Antonio Vivaldi läßt in seinen „Vier Jahreszeiten" („Der Winter") nicht zufällig Schlittschuhläufer übers Eis tanzen. Auch der Erzgebirgschronist Christian Lehmann (1611-1688) wußte von vielen sehr langen und harten Wintern zu berichten.

Daß die kälteren Winter Einfluß auf Heizung und Bekleidung hatten, versteht sich von selbst. Die dicken Mauern der Burgen, die im Hochmittelalter noch eine gewisse Wärmeisolierung und -speicherung ermöglichten, reichten im Spätmittelalter nicht mehr aus, den Wärmebedarf der Burgbewohner zu befriedigen. Die romanischen und gotischen Fenster erhielten

jetzt Läden oder Verglasungen. Auch die künstlichen Wärmequellen werden zugenommen haben. Zu den Öfen, die für das Kochen und Backen oder das Schmieden schon immer notwendig waren, gesellten sich mit Beginn der Kleinen Eiszeit je nach Bedarf immer mehr leistungsfähigere Heizmöglichkeiten wie Kamine und Warmluftbeheizungen. Vor allem die Kachelöfen wurden im Spätmittelalter immer mehr perfektioniert. Man verwendete serienmäßig gefertigte Kacheln, gegen Ende des 15. Jahrhunderts auch gußeiserne Platten. Als Brennmaterial wurde fast durchweg Holz, aber auch Holzkohle genutzt. Da durch das Heizen während des gesamten Winters nicht nur in den Burgen und Herrensitzen, sondern in allen Wohnhäusern der Städte und Dörfer der Holzbedarf enorm gestiegen war, veränderte sich die Waldnutzung erheblich. Als mit dem Industriezeitalter die leistungsfähigen Dampfmaschinen zum Einsatz kamen und der enorme Brennstoffbedarf durch die Wälder nicht

Die nach der Eisfahrt vom 27. Februar 1784 erbaute Holzbrücke in Wünschendorf. Notgeldschein von 1921

mehr erbracht werden konnte, gewann der Kohle-Bergbau an Bedeutung. Die erste Dampfmaschine des Vogtlandes wurde 1836 in der Baumwollspinnerei Brückner in Mylau aufgestellt und mit Zwickauer Steinkohle geheizt. Später griffen auch die Haushalte zunehmend auf Kohle zurück. Wie kalt es im 17. Jahrhundert gewesen sein muß, verdeutlicht ein Beispiel: Als am 12. Januar 1657 der Erb- Lehn- und Gerichtsherr auf Netzschkau, Elsterberg und Mylau, der Amtshauptmann zu Zwickau, Werdau und Stollberg, Carl Bose, in Schweinsburg starb, dauerte es noch vier Monate bis zu seinem Begräbnis. Erst am 5. Mai 1657 wurde Bose von Schloß Schweinsburg zu seinem Erbbegräbnis in die Zwickauer Marienkirche überführt. Dauerte die Vorbereitung für die pompöse Trauerfeier – Bose wurde wie ein Fürst zu Grabe getragen – wirklich vier

Das im Hungerjahr 1817 erbaute Brücknerhaus in Mylau

Zeichn.: A. Raithel

Monate? Eher scheint es dafür einen anderen Grund gegeben zu haben: einen strengen Winter. Tatsächlich gab es im 17. Jahrhundert, wie es in Lehmanns 1699 erschienener Chronik heißt, „42 harte, ungestüme, ungewöhnliche und kalte fast unerträgliche Winter", allein acht in dem Dezennium, in dem Bose starb: 1651, 1652, 1654, 1655, 1657, 1658, 1659, 1660. Der Reichenbacher Chronist Winkler bestätigt, daß es „1657 strenge Kälte zu Anfang des Jahres" gab. Allgemein wird der Zeitraum

zwischen 1645 und 1715 als Höhepunkt der Abkühlung innerhalb der Kleinen Eiszeit angesehen.

Während der langen Winter hielt der tiefe Frost die reichlichen Massen an Schnee und Eis immer zurück, so daß die Flüsse im Winter nur wenig Wasser führten. Mit der Schneeschmelze und dem Eisaufbruch kam es dann im Frühjahr zu Überschwemmungen. In der Zeit zwischen 1500 und 1900 gab es viele schwere „Winterhochwasser". Immer wieder berichten die vogtländischen Chroniken von Reparaturen an Brücken, Wehren und Mühlen, die infolge Hochwasser und Eisgang erfolgen mußten. 1601 und 1677 wurden durch Eisfahrten an der Elster bei Greiz große Schäden angerichtet. 1784 zerstörte das Eis die Elsterbrücke in Wünschendorf. 1799 gab es eine starke Eisfahrt an der Elster und Göltzsch, 1827 riß das Eis die Göltzschbrücke in Mylau weg und 1830 verursachte der Eisgang der Mulde in Zwickau großen Schaden. 1839 beschädigte eine Eisfahrt die Elsterbrücke in Elsterberg schwer. Ende März 1889 stieg die Elster unerwartet schnell aus den Ufern und überflutete in Plauen ganze Straßen.

Die kalten und schneereichen Winter haben auch unsere Vorstellungen vom Weihnachtsfest stark mit geprägt. Das Zusammenrücken der einfachen Leute in der warmen Stube während der kalten Jahreszeit, auf dem Dorf als Rocken- oder Hutzenstube bezeichnet, hat das Bedürfnis nach Erzählen, Scherzen und Singen in einer kleinen Gesellschaft sicher befördert. Daß dabei auch Handarbeiten wie das Spinnen, Klöppeln und Schnitzen gepflegt wurden, beförderte eine lebendige Volkskultur, die heute mit

Weihnachten im Mittelgebirge schlechthin identifiziert wird. Die in Mundart verfaßten Schilderungen, die Max Schmerler (1873–1960) von Weihnachten während seiner Kindheit im Musikwinkel gibt, sind ohne glitzernden Schnee, verschneite Wälder und klirrende Kälte nicht denkbar. Das Fest der Geburt Christi hat aber eigentlich gar nichts mit dem Klima zu tun! Dennoch war es die Vorstellung von Schnee und Kälte, die das Brauchtum maßgeblich beeinflußte: Nikolaus, Ruprecht oder Weihnachtsmann tragen einen langen und mit Pelz besetzten Wintermantel und bringen ihre Gaben mit dem Schlitten. Auch die Christmette muß mit dicker Winterkleidung besucht werden.

Einfluß der Vulkane

Als Ursache der Kleinen Eiszeit wird nicht nur eine verringerte Aktivität der Sonne angesehen. Auch ein verstärkter Vulkanismus dürfte das Klima mit verändert haben. Eine Reihe von starken Vulkanausbrüchen, bei denen Staub und Gase, darunter Schwefeldioxid, in die Erdatmosphäre geschleudert wurden, sind zu nennen.

1452 oder 1453 brach der Kuwae, ein unterseeischer Vulkan auf Vanuatu in Melanesien, aus. Seine Auswirkungen waren verheerend. Durch den überraschenden Schneefall erfroren 1453 und 1454 zehntausende Menschen in China. In Konstantinopel, das gerade von den Türken belagert wurde, meinten die Einwohner im Mai 1453 überall Feuer des Feindes zu sehen, doch sie unterlagen einer optischen Täuschung, die von rot leuchtenden Wolken der vulkanischen Asche erzeugt wurde. In Schweden gab es keine Ernte, im übrigen Europa blieb das Wachstum der Bäume aus.

Für das Jahr 1783 vermeldet der Reichenbacher Chronist Winkler von einem über ganz Europa befindlichen Höhenrauch, der vom 19. Juni bis zum 18. Juli zu sehen war. Er war so groß, „daß man nur die Sonne beim Auf- und Niedergang blutroth sehen konnte". Der Winter begann im November mit großer Kälte und viel Schnee und dauerte bis Ende Februar. Selbst am 10. August 1784 kam noch ein starker Frost vor. Der noch viel kältere und schneereichere Winter 1784/85 begann im November „mit großer Kälte, daß die Fische in den Teichen erfroren und die Röhrwasser wegblieben und dauerte bis Ende Februar in dieser Heftigkeit". Er galt als der kälteste des Jahrhunderts. Der nasse Sommer führte zu einer Mißernte und zu Teuerungen. Was war geschehen? Am 8. Juni 1783 brach der Vulkan Laki auf Island aus. In den 8 Monaten des Ausbruchs produzierten etwa 130 Krater ein Gesamtvolumen von 12–15 Kubikkilometern Lava. Dazu kamen Gas- und Aschewolken. Durch die Reaktion des Schwefeldioxids mit den Wolken entstanden schweflige Säure und Schwefelsäure. Infolge der Vergiftungen siechte das Vieh in Island dahin und ein Fünftel der Bevölkerung starb an Hunger. An Vergiftungen starben auch 25000 Bewohner der britischen Inseln und Benjamin Franklin in Philadelphia berichtete von einem extrem kalten Winter. Das für 1784 in der Plauener Chronik genannte Elster-Hochwasser, das große Schäden anrichtete, und die in der Zwickauer Chronik genannte Mulde-Eisfahrt, die Brücken und Wehre zerstörte, sind nur zwei Beispiele einer Vielzahl von Hochwasserereignissen in Mitteleuropa. Köln und Heidelberg erlebten die schlimmste Überflutung. Im Elbtal wurden großflächig Städte und Dörfer unter Wasser gesetzt. Das Hochwasser vom Februar 1784 gilt als eine der größten Umweltkatastrophen der Neuzeit.

1817 veranlaßte der Mylauer Spinnereibesitzer und Bankier Christian Gotthelf Brückner den Bau eines neuen Wohn- und Geschäftshauses. Er ließ jedoch das Baumaterial nicht mit Pferdefuhrwerken heranschaffen, sondern durch möglichst viele Arbeiter per Handwagen oder Schubkarren. Der aus armen Verhältnissen zu beachtlichem Wohlstand aufgestiegene Brückner wollte möglichst viele Arbeitskräfte beschäftigen, um den vielen Notleidenden in seiner Stadt Lohn und Brot zu geben. 1817 war ein Hungerjahr, nicht nur in Sachsen, sondern in ganz Europa. Die Ursache? Im April 1815 brach auf der indonesischen Insel Sumbawa der Vulkan Tambora mit der höchsten Stärke von 7 auf dem Vulkanexplosivitätsindex aus. Neben Staub und Asche wurden auch Schwefelverbindungen in die Atmosphäre geschleudert, die ein Abkühlung des Weltklimas bis 1819 bewirkten. Im Sommer 1816 gab es im Nordosten der USA noch Nachtfröste, während im Osten Kanadas und in Neuengland Schnee fiel. Nördlich der Alpen kam es zu schweren Unwettern. Niedrige Temperaturen und anhaltende Regenfälle sorgten in weiten Teilen Europas für katastrophale Ernten. Hungersnöte brachen aus. Die Getreidepreise stiegen. Man sprach vom „Jahr ohne Sommer".

Gegenwärtiges Klimaoptimum

Nach 1850, so wird allgemein angegeben, begann wieder ein Klimaoptimum, das sich durch das Abschmelzen der Alpengletscher bemerkbar macht. Doch in den Jahren des aufkommenden Tourismus im Vogtland nach 1880 gab es schneereiche Winter, die den Mundartdichter Louis Riedel (1847–1919) dazu veranlaßten, sich in seiner Geschichte „Wie huch der Schnie leit" über Autoren lustig zu machen, die das Vogtland wegen der Schneemassen als sächsisches Sibirien bezeichneten. Bemerkenswert ist, daß 1890 eine Serie sehr kalter Winter einsetzte, die noch weit ins 20. Jahrhundert hinein reichte: 1890/91, 1894/95, 1928/29, 1941/42, 1946/47, 1962/63. Daß der russische Winter 1941/42 Hitlers Armeen mächtig gebremst und damit den weltpolitischen Verlauf maßgeblich mitbestimmte, sei nur am Rande vermerkt. Selbst nach dem letzten Extremwinter 1962/63 gab es 1978 noch einmal richtig viel Schnee. Die Trends sprechen also nicht eindeutig für eine Klimaerwärmung. Erst nach dem Winter 1962/63 steigen die Globaltemperaturen relativ schnell an, wobei diskutiert wird, ob es natürliche oder anthropogene Ursachen gibt.

Sind im allgemeinen solare Einflüsse für dieses Klimaoptimum verantwortlich, so gibt es auch Umweltveränderungen, die ganz klar auf die Tätigkeit des Menschen zurückgehen. So hat die Zunahme von extremen Hochwassern an den großen Flüssen ihre Ursache nicht im Klimawandel, sondern in der Regulierung von Flüssen und Bächen. Die Einengung der Fließgewässer auf ein gefaßtes Bett und die Bebauung der Flußauen führte vielfach zum Verlust von notwendigen Überschwemmungsgebieten, wodurch die Flüsse in Zeiten reichen Wassers zu unkontrollierbaren Hochwasserfluten anschwellen. Bemerkenswert ist, daß es im Vogtland seit den großen Hochwassern von 1954 und 1955 keine wirklich nennenswerten Überflutungen mehr gegeben hat, offensichtlich weil hier die Fließgewässer noch genügend Überschwemmungsflächen finden. Dagegen wurden die vogtländischen Bäche und Flüsse während des Industriezeitalters stark mit Schadstoffen belastet – das unvergleichlich weiche und kalkarme Wasser hatte, konzentriert wie kaum in einer anderen Landschaft, mehrere Färbereien und Appreturanstalten entstehen lassen. Die Schadstoffbelastung gibt es auch heute noch, allerdings in weitaus größerem Maße durch die Landwirtschaft mit ihrer Überdüngung der Nutzflächen. Weil deren Abwässer ungeklärt in die Bäche und Flüsse geleitet werden, kommt es zu einem massiven Artensterben vor allem von Klein- und Kleinstlebewesen. Durch die verbesserte Wasserqualität bei der Trinkwasserversorgung der Bevölkerung und die immer perfekter organisierte Abwasserentsorgung – welch ein Widerspruch zur Landwirtschaft! – werden den Fließgewässern wichtige Nährstoffe für Klein- und Kleinstlebewesen genommen, was den Reichtum an Fischen, Krebsen, Muscheln und Insekten erheblich schmälert. Ein Beispiel dafür ist die nur in wenigen obervogtländischen Bächen vorhandene Flußperlmuschel, die durch das Einleiten von Industrieabwässern, Düngemitteln und Kalk zurückging. Trotz inzwischen sauberen Wassers ist es bisher nicht gelungen, die letzten Populationen der Flußperlmuschel wieder zu vermehren.

Vor irgendwelchen voreiligen Prognosen über mögliche Auswirkungen einer gegenwärtigen Klimaveränderung sollte man sich hüten. Es gibt zu viele Faktoren, die es zu berücksichtigen gilt, und Aussagen über die Zukunft lassen sich nur treffen, je länger der betrachtete Zeitraum der Klimaentwicklung ist. Die Klimageschichte lehrt jedoch eines: Das Klima ist ständigen Schwankungen unterworfen. Die Kulturgeschichte ist eng mit der Naturgeschichte verbunden. Auch wenn der Mensch der Gegenwart, vor allem in den Großstädten, oft glaubt, den Unbilden der Natur viel weniger ausgeliefert zu sein als seine Vorfahren, weil moderner Komfort ihn davor bewahrt, so wird sich auch in Zukunft bestätigen, was der Naturforscher und Professor an der Forstakademie Tharandt Emil Adolf Roßmäßler (1806–1867) – seine Ideen spielten bei der Gründung des ersten vogtländischen Naturkundevereins 1859 in Reichenbach eine maßgebliche Rolle – gesagt hatte: „Die Natur ist unser aller gemeinsame Heimat."

Literatur:
Billig, Gerhard: Ur- und Frühgeschichte des Vogtlandes, Plauen 1954
Burgen in Mitteleuropa. Ein Handbuch, 2 Bände, Stuttgart 1999
Czok, Karl (hg.): Geschichte Sachsens, Weimar 1989
Eichler, Ernst / Hellfritzsch, Volkmar / Richter, Johannes: Die Ortsnamen des sächsischen Vogtlandes, Bd. 1 und 2, Plauen 1983 und 1985
Friedel, Werner: Betrachtungen zum neuzeitlichen Klima im mittleren Vogtland, in: Mitteilungen des Vereins für vogtländische Geschichte, Volks- und Landeskunde (15), Plauen 2009
Joseph/Porada (Hg.): Das nördliche Vogtland um Greiz, Köln-Weimar-Wien 2006
Lehmann, Christian: Historischer Schauplatz derer natürlichen Merckwürdigkeiten in dem Meißnischen Ober-Ertzgebirge, Leipzig 1699
Raithel, Andreas: Das Bankhaus Christian Gotthelf Brückner-Mylau, in: Reichenbacher Kalender 1999
Reichholf, Josef H.: Eine kurze Naturgeschichte des letzten Jahrtausends, Frankfurt a. M. 2007
Richter, Gerhard Joachim: Keltische Wurzeln in europäischen Sprachen, Leipzig 2005
Vogtland-Atlas, Chemnitz 2003
Weber, Rolf: Gab es im Vogtland Weinberge?, in: Auerbacher Kulturspiegel 11/1977
Wild, Erich: Geschichte und Volksleben des Vogtlandes in Quellen aus 700 Jahren, Plauen 1936
Chroniken von Elsterberg, Greiz, Lengenfeld, Plauen, Reichenbach, Zwickau
Internet: Schlierbach-on: Klimawandel; Wikipedia: Klimageschichte, Holozän, Kleine Eiszeit, Kuwae, Winter 1783/84, Jahr ohne Sommer; oekosys.tu-berlin. Klimageschichte

Erinnerungen an alte Originale

Wer kennt noch weitere vogtländische Originale?   *Der Herausgeber*

Ida Kunis aus Leubnitz, Siebenhitz Nr. 2, geb. 31.7.1868, gest. 8.8.1966. Sie hatte die Gabe Krankheiten zu besprechen. Das Wissen hierzu bekam sie von ihrer Großmutter. Sie hatte regen Zuspruch aus den Dörfern im Umfeld, selbst aus Pausa kamen Patienten.   Foto: Wolf

Klaus Heckel, Plauen:

Auf den Weltmeeren zu Hause – Teil 2

Ein Vogtländer schildert seine Erinnerungen an den Beginn seiner Fahrenszeit

Für einen normalen DDR-Bürger war die DDR und das sozialistische Lager die „Welt", die er bereisen konnte. Aber es gab auch Ausnahmen, hier schildert im 2. Teil unserer Dokumentation ein Plauener als Matrose seine Erinnerung. Nach dem Teil 1, der im Jahrbuch 2010 erschienen ist, folgen wir nun weiter seinen Erlebnissen. Ein Hinweis sei noch gestattet, der Autor blieb der Seefahrt treu und fuhr bis zum Jahre 2007 auf wirklich großen „Pötten" auf allen Weltmeeren, zuletzt als Chief.

Nach der Einklarierung des Schiffes durch die Landesbehörden, konnte ich in der Freizeit, nach Abmeldung beim Bereichsleiter und Wachoffizier bis zum nächsten Wach- oder Arbeitsdienst, an Land gehen. An der Gangway oder am Hafentor erfolgte meistens noch die Paßkontrolle, des Seefahrtsbuches oder eines Landgangstickets, welches die Hafenbehörden ausstellten.

In Leningrad (St. Petersburg) war der Landgang bis 24 Uhr begrenzt. Zu bestimmten Zeiten wurde vom Seemannsclub für Landgänger ein Autobus eingesetzt, welcher vor allen Schiffen, die im Hafen lagen, hielt, die Landgänger aufsammelte und diese bis zum Seemannsclub im Zentrum der Stadt mitnahm. Das Gebäude des Seemannsclubs, ein früherer Fürstenpalast, war an der Außenfassade und in den Zimmern und Treppenaufgängen reichlich mit viel Stuck geschmückt. Von hier aus wurden Kultur- und Sportveranstaltungen für Seeleute organisiert und teilweise auch im Club durchgeführt. Im Club befinden sich auch ein Kinosaal, eine Bar und eineBibliothek.

Da ich als Landgänger immer etwas Taschengeld benötigte, war es hier mög-lich, Mark gegen Rubel umzutauschen. Als damaliger DDR-Seemann bekam ich zum Vorzugskurs von 30 Mark 10 Rubel. Der Kurs war sonst 1 : 1 zum US-Dollar [Rubel/DM = 1 : 4,5].

Gegen 23.30 Uhr fuhr der letzte Bus vom Club zum Seehafen. Diesen durfte man nicht verpassen, da nach 24 Uhr das Hafentor verschlossen war. Hinter dem Zaun hatte man Hunde angeleint.

Nach drei Tagen war das Schiff beladen, wofür damals viel Zeit aufzuwenden war. Damit Kisten, Kartons und Fässer leichter und vor allem schneller wieder gelöscht werden konnten, war dazu in den Laderäumen Garnier zu legen. Mit Lkw, Gabelstapler, Eisenbahnwaggons oder auch mit Sackkarren wurde die Ladung bis an das Schiff gebracht, auf Paletten oder Netzbrook umgesetzt und an Bord in die Laderäume gehievt. Auch zwischen die Fässer wurden Bretter gepackt, damit diese sich beim Seegang nicht gegenseitig beschädigten. Oben auf die Fässer kam nochmals Garnier, welches mit Stahlseilen und Netzbrooken überspannt wurde. Es verblieb dann immer ein größerer Freiraum, der auf Grund des Gewichts der Fässer nicht genutzt werden konnte. Der menschliche Arbeitseinsatz war dabei entsprechend hoch.

Nachdem das Schiff beladen und zum Auslaufen von der Besatzung wieder seeklar gemacht war, ging die Reise zunächst zurück nach Warnemünde, um auf Reede zu ankern und die restlichen Besatzungsmitglieder von einem Hafenschlepper zu übernehmen.

Als die Besatzung vollzählig an Bord war, ist von der Brücke aus über akustische und optische Signalanlagen ein Feuerlösch-

und danach ein Bootsmanöver ausgelöst worden. Die Besatzung hatte zur Anwesenheitsfeststellung auf den dafür vorgesehenen Stellplätzen in entsprechender Manöver-Ausrüstung zu erscheinen. Hier bekam auch ich meine Anweisung, wo, was wie bei der Brandbekämpfung zu tun ist, z. B. Aufstellung vom Feuerlöschtrupps, Branderkundung, Brandbekämpfung, etc. Auf Schiffen müssen alle Offiziere für den Feuerlösch- und Rettungsbootsbereich entsprechend ausgebildet sein.

Um die Manöver auszuwerten und den Reiseauftrag vom Reeder durch den Kapitän bekanntzugeben, wurde noch am gleichen Tag eine Bordversammlung durchgeführt. Damit auch die gesellschaftlichen Organisationen (viele ältere DDR-Bürger werden dieses Prozedere noch aus ihren früheren Betrieben kennen) die Forderungen lt. Reiseauftrag durchführen können, mußten Kollegen von Leitungen dieser Organisationen, SED, FDJ, DSF, Konfliktkommission, Neuerer, Reservistenkollektiv, auch DFD – wenn min. 3 Frauen an Bord – nachgewählt werden, sofern Kollegen nach der letzten Reise abgemustert hatten. Da ich noch als neues Besatzungsmitglied an Bord war, hatte ich noch keinen Posten in einer dieser oben genannten Organisationen zugewiesen bekommen. Die monatliche Arbeitsschutzbelehrung erfolgte ebenfalls durch den II. Nautischen und II. Technischen Offizier und wurde anschließend im Arbeitsschutzheft durch die Unterschrift bestätigt.

Die Reise ging durch Belt, Kattegat, Skagerak zu den Azoren (Sao Miguel/Punta Delgata), über den Atlantischen Ozean bis zum Providence Channel und die Straße von Florida zum ersten Hafen, nach Havanna. Nach den Azoren bekamen wir schlechtes Wetter. Die Schiffsgeschwindigkeit mußte auf Grund des starken Stampfens reduziert werden, so daß die Überfahrt bis Havanna 12 Tage dauerte. An zwei Tagen rollte das Schiff so stark, daß in den Messen die Stühle an den Tischen festgebunden werden mußten. Als die Besatzung beim Mittagessen war, rissen in der Mannschaftsmesse plötzlich die Tischbefestigungen aus dem Deck. Die Tische und alles, was darauf stand, Stühle und Menschen rutschten jetzt bei dem Durcheinander von einer Seite auf die andere. Zweimal mußte der Koch außerhalb des Speiseplanes Eintopf zubereiten. Schüsseln mit Kelle wurden in der Messe an Deckenhaken gehängt. Um überhaupt etwas Warmes essen zu können, suchte man sich an diesen beiden Tagen irgendwo einen Platz, wo man mit Hilfe von Rücken, Beinen und Füßen stabil sitzen und nicht wegrutschen konnte, denn mit den Händen war ja auch der Teller auszubalancieren. Einige Besatzungsmitglieder litten an diesen Tagen unter der Seekrankheit. Ich selbst war

davon nicht betroffen und kann diesen Zustand deshalb hier nicht beschreiben.

Donnerstags und Sonntags, 14 und 19.30 Uhr, wurden wöchentlich auf See Kinoveranstaltungen durchgeführt. Da nur ein Vorführapparat, den der Elektriker bediente, zur Verfügung stand, mußte zu jedem Filmrollenwechsel der Film unterbrochen werden. Nach dem Ende des Filmes auf der Rolle, wurde dieser im Schnelldurchlauf wieder zum Anfang, rückwärts laufen lassen, was oft recht lustig war. Bücher waren zum Ausleihen an Bord ebenfalls vorrätig. Bücher und Filme konnten mit anderen DSR-Schiffen in den Häfen getauscht werden.

Abends täglich nach 18 Uhr wurde von einem Kühlmaschinisten für jeden, der es mochte, Eis zur Getränkekühlung ausgegeben. Das Eis, von einer Stangeneiskühlmaschine hergestellt, wurde zerschlagen und die Eisbrocken im mitgebrachten Plastikeimer abtransportiert. Die Getränkeflaschen (Bier, Cola etc.) wurden zum Kühlen zwischen das Eis gelegt, einige taten Eisstücke auch in die Getränke. Weil aber die Getränkeausgabe meistens nur einmal wöchentlich stattfand, besorgte man sich die Getränke auch zur besseren Stauung im Kasten zu je 30 Flaschen.

Transitwaren wie Tabakwaren und Alkohol, (Whisky, Cognac, Wodka etc.) gab es auch nur einmal pro Woche und wurde vom Bursar (Zahlmeister/Finanzverwalter) ausgegeben. Musikinstrumente, meistens Akkordeon und Gitarre, waren ebenfalls an Bord, und es waren auch immer Kollegen unter der Besatzung, die die Instrumente spielten konnten, was in der heutigen Zeit nur noch selten vorkommt.

Die Speisen wurden täglich – da hat sich bis heute noch nichts geändert – zu folgenden Zeiten eingenommen: 7.30–8.30 Uhr Frühstück; 11.30–12.30 Uhr Mittagessen und Abendbrot von 18.00 –18.30 Uhr. Die 16.00–20.00 Uhr Wachgänger werden zur Abendbrotzeit von Kollegen abgelöst.

Zum Frühstück gibt es Kaffee, Tee, Milch, verschiedenes Brot, Butter, Marmelade, Wurst, Dienstag, Donnerstag und Sonntag auch Brötchen, Eier nach Wahl und manchmal auch Hackepeter oder Tatar.

Sonnabendmittag wird immer Eintopf, Freitag Fisch, Sonntag und Donnerstag (Seemannssonntag) meistens Steak oder Geflügel mit Kartoffeln und Gemüse serviert. Auch eine Suppe ist außer Sonnabends immer dabei. Täglich gibt es als Nachspeise Obst oder Kompott. Am Donnerstag und Sonntag ist gegen 15 Uhr Coffeetime, wobei zum Kaffee auch Kuchen angeboten wird.

Zum Abendbrot wird außer am Donnerstag und am Sonntag auch warmes Essen serviert.

Je weiter das Schiff den südlicheren Breitengraden kam, desto wärmer wurde es. Besonders lästig waren dann die hohen Temperaturen im Maschinenraum, welche 50 °C erreichen konnten. Mechanisch-elektrische Maschinenraum-Lüfter waren nicht vorhanden. Die Köpfe der natürlichen Lüfter konnte man mit der Öffnung in Richtung des Windes drehen. Sie förderten oftmals aber nur wenig oder keine Frischluft. Frische Luft wurde über die natürlichen Lüfter meistens nur so viel zugeführt, wie die Diesel zur Verbrennung von Kraftstoff benötigten. Besonders lästig war die Hitze während der Hafenliegezeit. Infolge des vielen Schwitzens bei der Arbeit im Maschinenraum konnte ich das vom Körper ausgeschwitzte Wasser nach acht Stunden aus der Arbeitskleidung auswinden. Damit die Arbeitskleidung durch das ausgeschwitzte Salz nicht steif wird und auch der Geruch in Grenzen blieb, stellte ich mich in voller Montur unter die Dusche und seifte die Kleidung gleich am Körper ein. Anschließend hängte ich die Kleidung im Maschinenschacht über einen Handlauf, wo diese in kurzer Zeit trocknete.

Infolge der großen Wärme im Maschinenraum verspürte man Durst und mußte viel trinken. Der Koch stellte deshalb Eiswasser mit Fruchtsirup oder kaltem ungesüßten Tee bereit. Weiterhin waren auch Salztabletten immer vorrätig.

Im Decksbereich wird auf See die meiste Zeit mit Entrostungs- und Konservierungsarbeiten verbracht. Auf der weißen Farbe kann man auch schon auf größere Entfernungen kleinste Roststellen erkennen. Die verrosteten Flächen wurden mit dem Kesselsteinhammer oder dem pneumatischen

104

MS „Fritz Reuter" an der Bananen-Pier in Kanty/Guinea, ein Matrose bei Malarbeiten auf einer Stellage außenbords Foto: Autor

Ein- bis Fünffinger-Entrostungshammer, Drahtbürste, Besen, Rostumwandler, Bleimennige und Vorstreich- und Lackfarbe beseitigt. Besonders lästig ist es, wenn man in der Sonne auf einem Bierkasten sitzend das Deck zu entrosten hatte. Eine schmutzige Arbeit war auch die Reinigung und Neukonservierung [labsalben] des stehenden und laufenden Gutes (Drahtseile etc.) vom Ladegeschirr.

Waschmaschinen, die heute jeder kennt, gab es damals nicht. Alle Kleidungsstücke wurden im Eimer eingeweicht, danach mit dem Gummistampfer bearbeitet, gespült und an Deck oder im Waschraum über eine Leine gehängt. Arbeitssachen wurden im Wasser mit Industriewaschmittel P3 eingeweicht und dann auf Fliesen im Waschraum oder Deck geschruppt. Der Chief verlangte von jedem Besatzungsmitglied, daß man montags in gewaschenen Arbeitssachen zum Dienst erscheint.

Da auf dem MS „Fritz Reuter", die Kammern und Messen gekühlt werden konnten, brauchte man nicht an Deck, sondern konnte bei normalen Temperaturen (22–24 °C) in der Kammer schlafen. Die Kakerlakenplage wurde infolge der klimatisierten Kammern ebenfalls in Grenzen gehalten.

Schäden, Aggregateausfälle und Störungen gehörten im Bordbetrieb zum Er-

leben. Sie wurden zur Kenntnis genommen, repariert bzw. in Ordnung gebracht. Trat einmal ein ähnlicher Schaden auf, hieß es: „Das hatten wir doch schon mal!"

Die Kühlanlage wurde mit Ammoniak (NH3) betrieben, welches ein stark giftiges, stechend riechendes und in Wasser lösliches Gas ist; 0,05 % Anteil in der Luft sind bei Einatmung tödlich. Wenn die Laderäume gekühlt wurden, mußte eine Gasmaske mit in den Maschinenraum genommen werden, welche am Arbeitsplatz sofort erreichbar zu sein hatte. Bei Ammoniak-Alarm wurden die Hauptantriebsdiesel gestoppt, der Maschinenraum mußte dann sofort verlassen werden.

Auf der Fahrt durch die Floridastraße wurde das Schiff von einem Flugzeug der US-Coastguard von verschiedenen Seiten aus angeflogen, um zu fotografieren und um Namen und Heimathafen festzustellen.

Als das Schiff vor der Hafeneinfahrt Havanna ankam, war auch schon der Lotse mit einem Boot vor Ort. Auf der Brücke angekommen, wurde weiter zur Innenreede gefahren, um dort zu ankern. Der Liegeplatz an der Pier war noch von einem Schiff besetzt. Einige Zeit später kamen die Behörden und der Lokalagent zur Einklarierung an Bord, und am nächsten Tag gegen 9 Uhr verholte das Schiff dann an die Pier.

Als die Maschinenanlage auf Hafenbetrieb umgestellt war, wurde umgehend mit den Wartungsarbeiten am Bb-Hauptmotor begonnen. Es wurden zwei Kolben demontiert, die Kolben und Zylinderlaufbuchsen vermessen, Kolbenringe ausgewechselt, das Triebwerk kontrolliert, die Wangenatmung der Kurbelwelle gemessen, der Spülluftkanal gereinigt, sowie die Spülluft- und Abgasschlitze der Zylinder-Laufbuchsen gereinigt, die Einspritzdüsen ausgebaut und überprüft etc. – Alles in allen waren es sehr schmutzige und schweißtreibende Arbeiten.

Nach dem Abendbrot holte ich mir beim Bursar etwas Handgeld (Peso) und ging gleich danach zusammen mit einem anderen Besatzungsmitglied an Land. Ein Peso entsprach damals einem US-Dollar. Da ein Mannschaftsmitglied nur max. 50 Deutsche Mark als Handgeld ausgezahlt bekam und der Wechselkurs DM/$ 4,5 : 1 entsprach, mußte man es sich genau überlegen, wieviel Geld man ausgeben wollte, denn es sollten noch zwei andere Häfen angelaufen werden.

Auf Vorschlag der örtlichen Agentur wurde uns geraten, immer in kleinen Gruppen an Land zu gehen, da es in den Abendstunden schon verschiedentlich zu körperlichen Überfällen gekommen war.

Als ich mit dem Kollegen das Hafentor passieren wollte, wurden wir dort von einem Posten in ein Wachzimmer geleitet. Hier mußten wir die Taschen ausleeren und alle Kleidung ausziehen mit erhobenen Händen an die Wand stellen und die Beine auseinander nehmen. Nach dieser Prozedur durften wir uns dann wieder anziehen und den Raum verlassen. Kaum auf der Straße, wurden wir von Kindern angesprochen, welche um Kaugummi und Bonbons baten. Männer verschiedenen Alters wollten amerikanische Zigaretten kaufen. Pro Schachtel wurden bis zu 3,5 Peso gezahlt. Über die Straße gegangen und noch 100 Meter weiter war man schon mitten drin im Rotlichtviertel, eine Bar neben der anderen. In den meisten Bars war es so dunkel, so daß man seinen Nachbarn auf dem nebenstehenden Barhocker kaum erkennen konnte. Aschenbecher konnte ich nirgends sehen. Aller Abfall wurde auf den Boden entsorgt. Auf Grund von Geldknappheit als DDR-Seemann konnte man sich hier nicht lange aufhalten. Ein Drink,

wie z. B. Cuba Libre, kostete einen Peso. Auch andere Getränke waren nicht billiger. Für nachfolgende Landgänge mußte man, um an Geld zu kommen, sich etwas einfallen lassen.

Nach einem Jahr wieder mal in Havanna gab es in der Hafengegend kein Rotlichtviertel und keine Bars mehr – Castro hatte alles schließen lassen. Die Damen sollen auf die Zuckerrohrplantagen verteilt worden sein.

Zwei Tage später wurde für einen Teil der Besatzung eine Stadtrundfahrt in und um Havanna herum organisiert und sollte 9 Uhr beginnen. Dazu wurde vom Seemannsclub ein Autobus am Hafentor bereitgestellt. Was jedoch nicht da war, war der Bus. Dieser kam aber erst gegen 10.30 Uhr zum Hafentor vorgefahren. Es war ein alter klappriger Kasten mit natürlicher Klimaanlage. Außer den beiden Glasscheiben vor dem Fahrer, hatte dieser keine weiteren. Als der Fahrer gefragt wurde, ob es Probleme gegeben habe, weil er so spät komme, antwortete er, daß er doch pünktlich wäre.

In Havanna sah ich in einzigartiger Weise Baustile vieler Epochen vergangener Jahrhunderte vereint: Von der imposanten Festungsanlage El Morro über die Kolossale des Capitolo und Häuser im Kolonialstil. Karibische Lebensfreude mischt sich hier mit dem morbiden Charme einer Stadt, deren Bewohner sich in dem Grau der Gemäuer eingerichtet haben.

Da ist das Capitolo, eine Kopie des Kapitols in Washington. Es wurde in den zwanziger Jahren errichtet. Das Hotel Nacional, hier gaben sich bedeutende Persönlichkeiten, welche Havanna besuchten, die Klinke in die Hand. Zu den Sehenswürdigkeiten Havannas zählt natürlich auch die Altstadt. Hier kann man auch den Spuren des amerikanischen Schriftstellers und Literatur-Nobelpreisträgers Ernest Hemingway folgen. Neben seiner Villa am Stadtrand sind seine Stammkneipen, die La Bodeguita del Medio und die Bar El Floridita einen Besuch wert. Hier

106

trank der Autor seine Mojito-Cocktails und Daiquiris. Am authentischsten ist Havanna aber wohl an der kilometerlangen Strandpromenade, dem Malecon. Hier sah ich Angler, die unter großer Zuschauerbeteiligung am Strand fischten, sorgten so für Unterhaltung. Im Tropicana, einem Revuetheater mit hinreißender Musik, tanzen die Mädchen in aufwendig bunten Kostümen zu Salsa, Rumba und Son. Große amerikanische Autos sah man fast in jeder Straße. Auch Verfall und Armut, gleich um die Ecke, und weibliche Polizistinnen mit Sporen an Stiefeln, auf Harley Davidson fahrend, waren zu sehen.

Zigarren gab es in verschiedenen Sorten und Preislagen zu kaufen aber für Ausländer leider keine Streichhölzer.Nach dem Löschen der Ladung wurden die Kartons und Fässer mit Paletten auf Lkw verladen oder mit dem Gabelstapler in den Schuppen gefahren. Jeder Karton bzw. jedes Faß wurde vom Zoll gezählt.

Nach 6 Tagen war das Schiff gelöscht. Geladen wurde nichts. Die Reise ging weiter nach Nuevitas. Auf der Überfahrt waren die Laderäume schnellstens zu reinigen und ladebereit zu machen.

Die Besatzung hatte für diese Arbeiten einen Tag Zeit.

In Nuevitas wurde Rohzucker in Säcken, Zitrusfrüchte (Grapefruit, Limetten, Orangen) und Ananas in Kartons sowie Fruchtkonzentrate und Spirituosen in Fässern geladen.

In den Laderäumen hatte die Raumwache die Fässer auf Beschädigung zu kontrollieren. Manche waren defekt, was zu großer Verschmutzung durch den dickflüssigen Sirup führte. Es wurden auch leere Fässer geladen, die natürlich wieder zurückgewiesen wurden. Die Ladung ist meistens aus Eisenbahnwaggons übernommen worden, welche bis vor das Schiff rangiert waren. Ware kam aber auch mit Lkw von kleinen Plantagen. Sogenannte staatliche Kontrolleure nahmen nach der Anlieferung die Lieferpapiere der Lkw-Fahrer entgegen und mit der anderen Hand einige Pesoscheine. Hierbei war, wenn man genau hinschaute, ein geübter Blick zu erkennen und es entschied sich, ob die Ware exporttauglich war. War die Geldsumme zu gering, wurden bei diesem Fahrer die Kartons gewogen, ausgeschüttet und nach nicht normgerechten Früchten gesucht und natürlich auch immer gefunden. Auch beim Laden zählte der Zoll Fässer und Kartons.

In der Freizeit ging ich zum Baden an den Strand. Und man durfte damals noch nach Seesternen und Muscheln tauchen. Damit man die Muscheln aus ihren Gehäusen entfernen konnte, wurden diese in einen Eimer mit Frischwasser gelegt. Nach ca. zwei Tagen war die Muschel tot und ließ sich aus ihrem Gehäuse ziehen. Seesterne impfte ich mit Formalin und legte diese zum Trocknen an einen schattigen Platz an Deck.

Nach fünf Tagen war die Ladung im Schiff. Zur Ladungskomplettierung ging die Fahrt weiter zum Hafen „Nueva Gerona". Der Hafen liegt auf der kleinen Insel De la Juventud westlich von Kuba, um hier Zitrusfrüchte zu übernehmen. Weil im Hafen die Wassertiefe nicht ausreichte, mußte das Schiff auf der Reede ankern. Die Ladung wurde auf Pontons, an welchen seitlich ein Schlepper befestigt war, oder kleinen Lastkähnen zum Schiff transportiert. Weil an diesem Tag der Wind stark wehte, schaukelten Pontons und Lastkähne heftig, was die Ladungsübernahme verzögerte. Nach zwei Tagen war die Ladung im Schiff verstaut, und es begann die Heimreise nach Rostock.

Nach elftägiger Überfahrt hatte das Schiff im Seehafen Rostock wieder festgemacht. Es standen auch jetzt wieder die Behörden zur Einklarierung an der Pier bereit. Nach der Klarierung durften dann die Besucher und Arbeiter zum Löschen der Ladung das Schiff betreten.

Ein Mitarbeiter der Lohnbuchhaltung der Deutschen Seereederei brachte die Heuer der Besatzung für die letzte Reise in Papiertüten an Bord, welche der Bursar danach auszahlte. Auf einem dazu gehörenden Lohnstreifen war zu ersehen, aus welchen Teilen – Zu- und Abschläge, Spesen, etc. – sich die Heuer zusammensetzte. Ein Girokonto gab es zu dieser Zeit noch nicht.

Nicht ausgegebene Valuten, man bekam 1,70 DM/Tag, konnte man sich in Valutaberechtigungsscheinen auszahlen lassen. Mit diesen Scheinen, auch Basarscheine genannt, konnte man in den bestehenden Internationalen Basaren des VEB Deutsche Schiffsmaklerei in den DDR-Seehäfen gegen Ware einlösen. Ihr Gegenwert war zusätzlich im Mark der DDR zu zahlen.

Einige Kollegen musterten ab, um in Urlaub zu gehen und nach der nächsten Reise an Bord oder auf einem anderen Schiff wieder anzumustern. Für diese wurden andere Besatzungsmitglieder an Bord gemustert, wie es nach einem Schiffsstellen-Besetzungsplan zu erfolgen hat.

Ich wurde vom Motorenhelfer zum Maschinenassistenten umgemustert, was auch mit einer kleinen Heuererhöhung verbunden war.

Zur Umrüstung und Modernisierung wurde das Schiff in die Neptunwerft Rostock verholt und fuhr anschließend nach Kopenhagen zur Werft Burmeister & Wain, um hier weitere Umbauten durchzuführen.

Bis zum Jahr 2007, nach Abzug meiner Studienzeit in Warnemünde und Arbeitslosenzeit nach der Wende, sind 37 Jahre bei der Kauffahrtei-Schiffahrt vergangen. In dieser Zeit fuhr ich 28 Jahre auf vielen verschiedenen Schiffen, als Leitender Technischer Offizier (Chief Engineer), wie z. B. Stückgut-, Bulk- (Schüttgut) Semi- und Vollcontainerschiffen.

Heute, im 21. Jahrhundert werden keine Kühl- und Schiffe für General Cargo mehr gebaut. Kühlgut und der größte Teil von General Cargo wird mit Container-

schiffen transportiert. Vorteil: Kaum eine Unterbrechung der Kühlkette und Zeitersparnis beim Transport der Ware zum Empfänger. Um die Kosten der Ware auf dem Seetransport so gering wie möglich zu halten, werden die Schiffe immer größer. Containerschiffe mit > 320 m Länge, 54 m Breite > 150 000 Tonnen Tragfähigkeit, mit Stellplatzkapazitäten > 13 000 Containern, davon > 500 Kühlcontainer, Geschwindigkeiten von 24 – 27 kn (kn = 1852 m) bei einem Tiefgang > 11 m, sind heute keine Seltenheit mehr. Dieselmaschinen mit Antriebsleistungen von > 100 000 kW und Zylinderleistungen > 8000 kW, sowie Generatordiesel > 3500 kW sind schon in Schiffen installiert. Wo früher die Schiffe wochen- und später tagelang im Hafen lagen, sind es heute Stunden; und wo früher noch > 50 Personen an Bord beschäftigt waren, sind es heute, je nach Schiffsgröße, Schiffstyp und Fahrtgebiet – große Fahrt vorausgesetzt – 14 bis 23 Personen, Die Mannschaft ist in Einzelkammern mit Sanitäranlagen untergebracht. Die Bord-

An der Pier im Hafen von Conakry/Guinea, zwei Besatzungsmitglieder kommen vom Landgang auf das Schiff zurück.

sprache ist auch auf deutschen Schiffen die englische.

Es gibt keinen Wachbetrieb mehr. Nach den täglichen acht Stunden Arbeitszeit, 8.00 bis 17.00 Uhr, ist der Maschinenraum unbesetzt; lediglich ein technischer Offizier ist in Bereitschaft und hat Störungen an der Maschinenanlage zu lokalisieren und diese nach Möglichkeit zu beseitigen. Störungen werden in den Kammern der Technischen Offiziere, der Brücke, Messen etc. auf einem Tableau akustisch und optisch angezeigt. Die Ingenieure stehen bei der Revierfahrt nicht mehr am Diesel. Die Fahrt-Kommandos erfolgen über den Telegrafen auf der Brücke und werden elektrisch (elektronisch), pneumatisch und hydraulisch zur Antriebsanlage übertragen. Die Kontrolle der Maschinenanlage, die An- und Abschaltung von Aggregaten, Bewegen von Armaturen etc. erfolgt hauptsächlich vom klimatisierten Maschinenleitstand aus, über Masken auf Computerbildschirmen.

Auf Grund der kurzen Hafenliegezeiten der Schiffe ist ein Spaziergang kaum mehr möglich, denn Wartungsarbeiten sind in der Hafenzeit von der Besatzung immer noch durchzuführen. Die Schiffe werden von der Besatzung nicht mehr angemalt. Es werden nur Farbausbesserungsarbeiten durchgeführt.

Manfred Peter, Büsum:

Aus der Sicht eines Plaueners vom Ende des 2. Weltkrieges bis zur Gegenwart

Am Ende des Krieges zerschlugen die Siegermächte das Deutsche Reich. Der Osten Deutschlands bis zur Oder-Neiße-Linie wurde unter polnische Verwaltung gestellt bei gleichzeitiger Vertreibung der bisher dort Ansässigen, aus der Mitte Deutschlands bildete sich die sowjetische Besatzungszone (SBZ) und den Westen teilten die Amerikaner, Engländer und Franzosen untereinander auf. Ausgenommen wurde Berlin, das innerhalb der Stadtgrenze sich in vier Zonen aufgliederte. Wenn auch in den ersten Nachkriegsjahren Hunger und Not das Denken und Handeln der meisten Deutschen bestimmten und das politische Interesse hintenanstand, die Sehnsucht nach einem einheitlichen Deutschland ließ die Menschen nicht los. Es dauerte fast ein halbes Jahrhundert, bis dieser Wunsch wahr wurde. Das geschah dann sozusagen von heute auf morgen, nichts wieß ernsthaft darauf hin, kaum jemand hatte mit solch einer geradezu überstürzten Wiedervereinigung gerechnet. Es war zu schön, vor allem für die, denen die Trennung Nachteile und seelischen Schmerz bereitet hatte. Zu ihnen gehörte ich.

Im Folgenden werde ich schildern, wie ich mit den Gegebenheiten der Teilung fertig geworden bin. Eingangs sei gesagt, daß ich als einziger meiner Gesamtfamilie mich für ein Verbleiben im Westen entschieden hatte. Wann die Verbindung 1945 zu meinen Eltern abgerissen ist, kann ich nur schätzen. Der letzte an meine Eltern gerichtete und von ihnen aufbewahrte Feldpostbrief trägt das Datum 13.1.1945. Ich weiß, daß ich auch danach regelmäßig meinen Eltern geschrieben habe, bis Anfang April, als ich von der Marine zum Heer befohlen wurde. Weder mein letzter Brief – es war ein Abschiedsbrief kurz vor meiner Abstellung an die Front – noch ein abgeschicktes Paket mit persönlichen Dingen, die bei der Marine leicht aufbewahrt werden konnten, nicht aber im infanterisierten Einsatz, erreichten meine Eltern. Mitte Oktober nahm ich das Schreiben wieder auf. Ein Brief vom 28. 10.45 ist angekommen und noch vorhanden. Ihm entnehme ich, daß ich mindestens seit März ohne Nachricht von meinen Eltern war. Im März nämlich wurde mein Elternhaus von Bomben zu einem Drittel zerstört, wovon ich im Oktober noch nichts wußte. Es war die Restauration „Zur Bleibe", Oberer Graben Nr. 1,eine beliebte und bekannte Gaststätte bei Plauenern. Bestimmt hatten mir meine Eltern davon geschrieben. Der schnelle Vormarsch der Alliierten in Deutschland legte den Postverkehr lahm. In den Monaten März bis Oktober 1945 stand ich mit meinen Eltern in keinerlei Kontakt. Wie tröstlich, beruhigend und ermutigend war es für sie, daß sie indirekt ohne mein Wissen erfahren hatten, daß ich mit heiler Haut in englische Gefangenschaft geraten war und anschließend in der Landwirtschaft arbeitete. Unser im Herbst 45 wieder aufgenommener Briefwechsel währte fort bis zum September 93, als ich meine Mutter nach Büsum holte. Geschrieben wurde regelmäßig wöchentlich, in den letzten Jahren tat ich es mindestens zweimal in der Woche. Ein Telefon hatten meine Eltern seit der Verpachtung der ehemaligen Gasträume nicht mehr. Das Telefonieren in die DDR war erst in den 80er Jahren möglich, wenn man Glück hatte und durchkam, was meist nicht der Fall war. Die Briefe brauchten im allgemeinen eine Woche, die Pakete noch länger. Der Postverkehr mit dem Westen unterlag auf DDR-Seite einer strengen Überwachung und Kontrolle. Die postalische Verbindung mit meinen Eltern klappte gut, sie gewann in der betrüblichen Nachkriegszeit neben der ideellen eine gewichtige materielle Bedeutung. Gemeint ist der Tauschhandel. Meine Eltern schickten Textilien aller Art, die ich gegen Fettigkeiten vertauschte. Am meisten setzte ich qualitativ gute Oberhemden ab, das Stück für 1,5 kg Fett, fast immer Speck. In meiner Heimat, im Vogtland, war die Textilindustrie zu Hause. Die dort ansässigen Bauern betrieben Ackerbau auf mageren Böden, in der Wesermarsch, wo ich tätig war, gab der Boden viel mehr her, der Viehbestand war weit größer. Die besseren Voraussetzungen für günstiges Tauschen boten sich im Norden an. Hierzu kam noch, daß dieses illegale Geschäftemachen Schwarzschlachten voraussetzte und dies in der SBZ ganz hart geahndet wurde. Ich habe meinen Eltern, die in meinem ganzen Leben mir immer geholfen haben, in dieser an Lebensmitteln überaus entbehrungsreichen Nachkriegszeit helfen können. Bei der damals herrschenden Not – die Menschen hungerten – überraschte es nicht, daß einige Päckchen (der Versand von Paketen wurde erst ein paar Jahre später erlaubt) abhanden kamen.

1945 machten sich oder haben sich Millionen Deutsche im Osten des Reiches auf den Weg gen Westen machen müssen. Sie fanden in Mitteldeutschland (der sowjetischen Besatzungszone, ab 1949 Deutsche Demokratische Republik – DDR) oder in Westdeutschland, den amerikanischen, englischen und französischen Besatzungszonen, ab 1949 Bundesrepublik Deutschland, eine neue oder auch nur vorübergehende Heimat. Hinzu kamen die Millionen entlassener Soldaten. Über Jahre dauerte die Suche nach Familienangehörigen und Freunden. Weit langsamer als der Postverkehr normalisierte sich der Bahnverkehr. Wenig Züge, wenig Waggons auf der einen und an Menschen überquellende Bahnsteige auf der anderen Seite machten das Reisen mit der Bahn unvorstellbar beschwerlich. Das Ein- und Aussteigen durch die Fenster und das Benutzen offener Güterwagen blieben keine Ausnahmeerscheinungen. Dieser eingeschränkten Möglichkeit des gegenseitigen Besuches standen an der Demarkationslinie zwischen Ost und West, dem späteren Eisernen Vorhang, sich kontinuierlich vergrößernde Hindernisse entgegen, die Bewachung der innerdeutschen Grenze und die Überwachung des grenzüberschreitenden Reiseverkehrs. Ohne Einreisepapiere – am Anfang war es der Interzonenpaß, dann das Visum mit Aufenthaltsgenehmigung, in den letzten Jahren vor der Wende kam ein Geld-Pflichtumtausch hinzu – war einem die Einreise in das von den Russen besetzte Deutschland verwehrt. Die Gegebenheiten im Nachkriegsdeutschland gaben mir wenig Hoffnung, meine Eltern bald wiederzusehen. Es war genau an meinem 21. Geburtstag, am 10. Mai 1944, als ich ganz überraschend kurz vor Mitternacht an unsere Haustür klopfte. Ich war von Königsberg nach Chemnitz geschickt worden, um ein Ersatzteil für den Schiffsdiesel zu holen. Die Fahrt nutzte ich zu einem genehmigten Abstecher nach Plauen (ca. 80 km). Zweieinhalb Jahre vergingen bis zu meinem nächsten Wiedersehen mit meinen Eltern im Dezember 1946, und zum übernächsten dann noch mal drei Jahre bis Weihnachten 1949. Den Anstoß zu meiner ersten Plauen-Fahrt nach dem Krieg gab mein Vater. Das war so: Im Oktober 1946 kriegte ich Bescheid, daß mein Vater auf dem Weg nach Augustgroden (ca. 80 km), wo ich in der Landwirtschaft tätig war, und darum bitte, vom Bahnhof abgeholt zu werden. Zutiefst überrascht fuhr ich zutiefst glücklich zum Bahnhof, wo ich zutiefst ergriffen meinem Vater im Arm lag. Mein Bauer brachte uns mit Pferd und Wagen zum Hof. Um der Möglichkeit, an der innerdeutschen Grenze ohne die notwendigen Papiere zurückgewiesen zu werden, aus dem Weg zu gehen, hatte mein Vater die damals noch mögliche Umsiedlung nach dem Westen beantragt und zugestanden bekommen. Eine Woche später kehrte mein Vater nach Plauen zurück, diesmal illegal über die grüne Grenze. Zu Hause widerrief er seine Übersiedlung. Die problemlose Grenzüberschreitung meines Vaters im Südharz machte mir Mut, den Weg in die sowjetische Zone zu wagen. Als Zeitpunkt hatte ich mit meinem Vater den Dezember in Aussicht genommen, am

15. 12. 1946 begingen meine Eltern ihr 25 jähriges Ehejubiläum. Anfang Dezember brach ich mit einem Arbeitskollegen auf. Die Bahn brachte uns bis Walkenried (Südharz). In der Nacht überschritten wir im Wald die Grenze und wurden von einem russischen Soldaten gestellt. Wir erzählten ihm, wir wollten zur Mama. Ohne Erfolg, wir mußten zurück. Da wir nun wußten, wo er wacht, umgingen wir ihn und gelangten nach Ellrich. Von dort liefen wir gut 15 km auf der Straße bis nach Nordhausen. Die uns begegnenden Russen ließen uns in Ruhe. Ich nutzte diese Zeit, um mit Hilfe meines Kollegen den Text des neuesten Schlagers (Capri-Fischer) zu erlernen. In Nordhausen trennten wir uns. Mein Zug fuhr erst am nächsten Morgen. Die Zeit bis dahin wollte ich im Warteraum verbringen. Nach ein paar Stunden betrat eine russische Streife den Wartesaal, zwei Soldaten ließen niemanden herein- oder herausgehen, zwei Soldaten liefen herum und ließen sich von einigen die Papiere zeigen. Mich packte die Angst. Ich verzog mich in die Küche, wo man Mitleid mit mir hatte und mich an einen älteren Mann weiterleitete. Er sorgte dafür, daß ich bis zur Abfahrt des Zuges die Öffentlichkeit meiden konnte. Bezahlt habe ich mit amerikanischen Zigaretten. Wie lange ich insgesamt nach Plauen unterwegs war, weiß ich nicht mehr. Am frühen Abend war ich zu Hause. Ich benutzte nicht die Gaststubentür, ich öffnete, ohne anzuklopfen die Küchentür. Meine Mutter war beim Abendbrot. Ihr fiel im wahrsten Sinne des Wortes der Bissen aus dem Mund. Mein Vater hatte Wort gehalten und nichts von meinem beabsichtigten Kommen erzählt. Die Menschen von heute können kaum nachempfinden, was in einer Mutter vor sich geht, wenn sie ihr einziges Kind nach zweieinhalb Jahren so ganz plötzlich vor sich hat. Mir bleibt dieses Wiedersehen so unvergessen wie das mit meinem Vater zwei Monate zuvor. Zum erstenmal nach dem unseligen Krieg verlebte ich mit meinen Eltern schöne Tage in meiner Heimatstadt. Dankbar und glück-

lich begingen wir zu dritt die Silberhochzeit meiner Eltern. Es gab keine Feier. Gästen hatte man nichts anbieten können, da es nur auf Lebenmittelmarken Zugeteiltes gab, und das war wenig. Nicht unerwähnt bleiben soll in diesem Zusammenhang das Geschenk unseres Bäckers: zwei Brote. Ich hatte auch einige Naturalien mitgebracht, ein Huhn war dabei. Noch vor Weihnachten machte ich mich auf die Rückreise. Ich mußte wieder schwarz über die Grenze, diesmal zum nahen Bayern. Im Bus fuhr ich mit meinem Vater bis nach Mißlareuth. Über Gebersreuth gelangten wir in die Gegend östlich von Mödlareuth – dieser Ort war geteilt, später nannte man ihn Klein-Berlin. Ich band mir eine blaue Arbeitsschürze um, um mir das Aussehen eines Bauernknechtes zu geben, der mit dem Frühstück in der Hand übers Feld geht. Mein Vater beobachtete mich aus einem Versteck, bis ich den Westen erreicht hatte. Nicht gesehen hat er, daß ich bald nach dem Grenzübertritt einem bayrischen Zollbeamten in die Hände lief. Das war harmlos. Er registrierte mich und gab mir Auskunft über meinen weiteren Weg. Ich erfreute ihn mit zwei Zigaretten. Münchenreuth erreichte ich als ersten Ort in Bayern. Wie es weiter ging und wie lange ich unterwegs war, weiß ich nicht mehr. Eine Erinnerung habe ich. Es war auf einem kleineren Bauernhof, es war Mitternacht, es war sehr kalt. Der diensthabende Beamte holte mich und die wenigen anderen in seinen Dienstraum, wo wir uns um den Ofen herum lagerten. Eine solche ungewöhnliche menschliche Geste in solch einer ungewöhnlichen schweren Zeit empfindet man tief und dankbar.

Ich bedauere es, ganz unsicher zu sein, ob ich im Oktober 1947 im Anschluß an meinen Schulbesuch in Hannover noch einmal illegal bei meinen Eltern war. Ich möchte eher ein nein sagen. Aber war

in Hof (Bayern) bei einem alten Freund meiner Eltern, der viele, viele Jahre im KZ Dachau verleben mußte. Ich hielt mich bei ihm, der mich von Kindesbeinen an kannte und jetzt fürsorglich betreute, ein paar Tage auf, bis ein guter Gast meiner

Das Geburtshaus des Autors in Plauen am Oberen Graben 1. Sein Vater war der Wirt der Gaststätte „Zur Bleibe". Das Foto ist aus den 30er Jahren.   Foto: Autor

Eltern, der als Handelsreisender damals noch legal die Zonengrenze überschreiten durfte, kam und mir von meinen Eltern Kleidungsstücke und anderes überbrachte. So war es wohl.

Mit den vorgeschriebenen Reisepapieren fuhr ich zum erstenmal zu Weihnachten 1949 nach Plauen. Diese Reise begann mit einer Panne. Wie meinem Kieler Kollegen Rudolf Speck aus Halle versprochen, war ich sehr zeitig auf dem Bahnhof, bestieg einen Wagen in der Mitte des Zuges und hielt einen Platz frei. Rudolf kam und machte mich aufmerksam, daß ich im verkehrten Wagen säße. Der Zug fahre nach Lüneburg, nur der letzte Wagen werde in Büchen abgehängt und an den Interzonenzug von Hamburg angehängt. Ich muß mir vorwerfen, nicht auf die Wagenschilder mit den Zielbahnhöfen geguckt zu haben. Nun mußten wir uns beide im letzten, überfüllten Wagen mit Stehplätzen begnügen. Dieses Wiedersehen mit meinen Eltern ist statistisch bemerkenswert. Zum letzten Mal hatten wir gemeinsam 1940 unterm Tannenbaum gesessen. Acht Weihnachten hintereinander mußten meine Eltern dieses schönste Familienfest ohne ihr einziges Kind feiern.

Während meines Studiums (Oktober 1949–April 1955) verbrachte ich die Semesterferien und Weihnachten meist bei meinen Eltern. Zusammengenommen waren das jährlich fünf Monate. An Schwierigkeiten bei der Verlängerung der nur vier Wochen gültigen Aufenthaltsgenehmigung kann ich mich nicht erinnern. Bei all den Reisen in die DDR kam mir zugute, daß ich kein Republikflüchtling war, also nicht zu den Abertausenden gehörte, die die DDR illegal verlassen hatten. Daß die Aufenthalte bei meinen Eltern mein Leben im Westen spürbar und offensichtlich erleichterten und viele, viele DM eingespart haben, verdeutlicht unter anderem dieser Ausspruch meiner Mutter: „Du kommst als Ostler und fährst als Westler." In Kiel war ich ein armer Student, in Plauen ein reicher. In tiefer Dankbarkeit bleibe ich meinen Eltern verbunden.

Das regelmäßige Hin und Her zwischen West und Ost beschränkte gezielte Prüfungsvorbereitungen oder einmal für kurze Zeit die Folgen des 17. Junis 1953, des Aufstandes gegen das DDR-Regime. Dieses Geschehen erlebte ich in Kiel so: Gegen Mitternacht des 16. Junis kam ich von der Uni nach Hause. Ich hatte den üblichen Tagesablauf so eingerichtet, daß ich vorm Schlafengehen noch die Nachrichtensendung anhörte – ein anspruchs-

loses Radio hatte ich mir von Plauen mitgebracht. Mir verschlug es den Atem. Da wurde von Bauarbeitern der Stalin-Allee gesprochen, die sich formiert hatten und zur Durchsetzung gewerkschaftlicher Forderungen zum Regierungsviertel marschiert waren. Am folgenden Tag, dem 17. Juni, eskalierten die Vorhaben der Arbeiter zu einem Aufstand in Berlin und anderen Städten der DDR gegen die kommunistischen Machthaber. Die sowjetische Armee bereitete der Erhebung ein schnelles Ende. 36 Jahre später wiederholte diese Armee ihr Eingreifen nicht bei den wöchentlichen gewaltfreien Demonstrationen der DDR-Bürger. Das war der Anfang vom Ende der DDR.

Je problematischer sich das wirtschaftliche Leben in der DDR entwickelte, um so strenger und verordnungsreicher wurde das Passieren der innerdeutschen Grenze, was die Aus- und Einfuhr in gleicher Weise betraf. In den letzten Jahren mußte sogar ein bestimmter Betrag Geld pro Tag umgetauscht werden, ein überaus gewinnbringendes Geschäft für die DDR, deren Währung höchstens 20 % der westdeutschen wert war. Die familiären und freundschaftlichen Bande zwischen den Menschen der beiden deutschen Staaten waren zu fest und zu zahlreich, um durch diese Maßnahmen zu zerreißen. Irgend etwas Verbotenes hatte man bei den Grenzübertritten meist bei sich, eine Garnitur Unterwäsche zählte auch schon zu dem Verbotenen. Bange Augenblicke begleiteten die manchmal schikanös ausgedehnten Kontrollen der zahlreichen Zöllner. Einmal hat es uns ganz hart getroffen. Wir – meine Frau, ich, unser fünfeinhalbjähriger Kai-Uwe und unser noch nicht ganz einjähriger Hajo – weilten bei meiner Schwiegermutter und meinen Eltern in Plauen. Es war abgesprochen, daß meine Frau ihren Pelzmantel an der Grenze in ihre Einreisepapiere eintragen ließ. Meine Mutter hatte ihrer Schwiegertochter einen wunderschönen, federleichten Indisch-Lamm-Mantel gekauft, den meine Frau im Tausch gegen

113

ihren auf der Rückreise trug, die wir am 6. April 1964 antraten. Obisfelde – östlich von Wolfsburg – hatten wir die Kontrollen bereits überstanden und uns der Versorgung Hajos gewidmet, als eine ordengeschmückte Zöllnerin vom Gang aus in die Abteile sah, dabei unseren pelzmantel entdeckte und sich geben ließ. Wir bestritten, daß er in der DDR gekauft sei, und mußten deshalb den Zug verlassen. Es gab noch mehr Betroffene. Die Verhöre zogen sich in die Länge. Als das Innenfutter des Mantels gelöst wurde und auf der Innenseite der Felle VEB (Volkseigener Betrieb) – Rauchwaren – Stempel sichtbar wurden, war das Bestreiten nicht mehr fortsetzbar, zumal die Möglichkeit des Elternbesuches nicht gefährdet werden durfte. Der schöne Pelzmantel blieb entschädigungslos in Oebisfelde, wo wir zwölf Stunden auf den nächsten Zug warten mußten. Entgegen der Zusicherung von Straffreiheit kriegte meine Mutter eine Geldstrafe auferlegt.

Der Innerdeutsche Grenzverkehr verlief nach dem 13. August 1961 (Mauerbau) sehr einseitig. Nur den Rentnern der DDR war es erlaubt, besuchsweise in den Westen zu fahren. Die Interzonenzüge waren durchweg voll besetzt. Die Alten fuhren in die DDR, um ihre Kinder und Enkel zu sehen, die Jungen, um ihre Eltern, Großeltern und Verwandten zu sehen. Ich nannte diese Züge Schicksalszüge, wir waren eine Schicksalsgemeinschaft. Rücksichtnahme, Hilfe und Toleranz waren Selbstverständlichkeiten. Die Begrüßungen und Verabschiedungen auf den Bahnhöfen gingen zu Herzen.

Solange ich im Beruf stand, besuchte ich einmal im Jahr (über Ostern) meine Eltern, im Sommer machten sie – nach dem Tod meines Vaters (1967) meine Mutter allein bis 1984 – einen Gegenbesuch. Mehrmals hatte ich meinen Kai-Uwe oder Hajo dabei, nicht gegen ihren Willen, es gefiel ihnen jedesmal gut. Ab 1978 machte ich meine Besuchsreisen mit dem Auto. Das war bequemer. Ich konnte mehr mitnehmen, vor allem Konserven (voran

Ananas). Gegen Ende der DDR breiteten sich die Intershops aus, in denen man nur gegen harte Währung Westware kaufen konnte. Jetzt stand der Einfuhr von Westmark nichts mehr im Wege, während man früher über jeden Westpfennig Rechenschaft ablegen mußte.

Um in die DDR einreisen zu können, mußten die Angehörigen Anträge im Polizei-Präsidium einreichen. Die Abfertigung dort ging meist sehr schleppend voran, der Verdacht unterschwelliger Schikane war dabei nicht auszuschließen, was auch bisweilen für die Grenzabfertigung gegolten hat. Dem mußte man psychologisch begegnen, um nicht gewollte Kontrollen möglichst zu umgehen. Die Ausstellung der Einreisepapiere dauerte vier bis sechs Wochen. In Todesfällen, wie beim plötzlichen Tod meines Vaters im März 1967, genügte das Telegram bis zur Grenze, wo man, weil man keine ordnungsgemäßen Einreisepapiere hatte, damit versehen wurde.

Ich schätze, ich habe in vierzig Jahren (1949–1989) die innerdeutsche Grenze mehr als 60-mal überschritten. Von der oben erwähnten Beschlagnahme des Pelzmantels abgesehen, geschah das ohne Verdruß, obwohl ein Gepäck nicht immer den Bestimmungen des Zolls entsprach. Manchmal drückten die Zöllner ein Auge zu. – Im Rentenalter bekam man die Visumgebühren, die die DDR abverlangte, von der Bundesrepublik zurückerstattet. Auch die Pakete, die vor allem in der Weihnachtszeit sehr zahlreich in die DDR geschickt wurden, fanden beim Steuerjahresausgleich pauschal Berücksichtigung.

Die häufigen Besuche meiner alten Heimat machten es mir leicht, die politische und wirtschaftliche Entwicklung der beiden deutschen Staaten zu vergleichen. Wären nicht meine Verwandten und die vielen Bekannten gewesen, wäre mein DDR-Bild eher realitätsfremd geworden. Als Gast fehlte es mir an nichts. Für die Dauer meines Aufenthaltes gab es für mich keinen Bedarf an üblichen, geschweige denn an speziellen Gebrauchsartikeln. Ich, der ich mich anspruchslos nenne, kriegte ausreichend zu essen und konnte mich zufriedenstellend einkleiden. Das heißt, ich brauchte keine Papiertaschentücher, keine bestimmten Ersatzteile oder gar Heimwerkermaschinen. Die Läden waren voll, das Warenangebot allerdings weit weniger vielfältig als im Westen. Die Versorgung mit Obst und Gemüse bezeichne ich als mangelhaft. Am Anfang der DDR gab es mehr zu kaufen als an ihrem Ende. Die übernommene Substanz schmolz dahin. Die Preise stiegen, die Löhne aber kaum. Eine durch großzügige Subventionen mögliche preisgünstige Versorgung der Bevölkerung mit den Grundnahrungsmitteln, einer Wohnung und einem festen Arbeitsplatz und dazu die staatliche Betreuung und Lenkung von der Wiege bis zur Bahre kamen denen entgegen, die ein bescheidener und blind ergebener, aber auch gesicherter und sorgloser Lebenslauf zufriedenstellte. Für Menschen, die leistungsgerecht in der Lage waren, etwas aus sich zu machen, fehlte im Sozialismus sowjetischer Prägung das entsprechende Betätigungsfeld. Die Zahl der Unzufriedenen stieg stetig. Bei den unfreien Wahlen konnten diejenigen, die vorrangig auf ihre persönliche Freiheit pochten, ihre politische Einstellung nicht bekunden. Bis zum Mauerbau, der hermetischen Abriegelung zum Westen, am 13. August 1961 stimmten sie mit ihren Füßen ab, sie kehrten ihrer Heimat den Rücken. Die auf Ausgleich bedachte Politik der Bundesrepublik gegen die Potentaten der DDR lehnte die Bevölkerung Mitteldeutschlands eher ab. Sie sah in den gewährten finanziellen Stützungen nichts anderes als Überlebenshilfen für das zumindest abgelehnte Regime. Im Oktober 1989 begann die Arbeiterklasse des ersten deutschen Arbeiter- und Bauernstaates, voran die im Sozialismus Großgewordenen, hör- und sichtbar zu rumoren. In vorderster Front dieser in der deutschen Geschichte einmaligen gewaltlosen und erfolgreichen Revolution stand meine Heimatstadt Plauen, wo es schon am 7. Oktober, dem 40.

Jahrestag der DDR-Gründung, also vor den Montagsdemonstrationen in Leipzig zu einem wirksamen Aufbegehren kam. Ich war noch am 1. Oktober in Plauen und kriegte die Vorbereitungen für den Gründungstag mit. Ich konnte nicht ahnen, daß schon eine Woche später der Todestag eingeläutet wurde. Das pausenlose Absetzen unzähliger junger DDR-Bürger in den westdeutschen Botschaften in Prag und Budapest erregte die Gemüter über Europa hinaus. Dann kam der denkwürdige 9. November 1989. Vorm Fernseher sitzend, erlebte ich die sofortige Öffnung der Grenzen der DDR für ihre Bürger. Das war unfaßbar. Die bald folgenden Bilder von den ersten Grenzüberschreitungen überglücklicher, tief ergriffener Landsleute gingen mir sehr zu Herzen. Ich weinte. In keinem Moment meines Lebens habe ich so viele Tränen der Freude und Betroffenheit vergossen wie im November 1989. Kurz nach der Grenzöffnung, am 11. November, fuhr ich nach Plauen, um am 90. Geburtstag meiner Mutter zugegen zu sein. Es war ein Sonnabend, der Himmel schaute heiter drein. Wie immer fuhr ich über Bad-Sooden-Allendorf zur Grenze bei Herleshausen. Ungefähr 30 km davor verdichtete sich der Gegenverkehr kontinuierlich. 15 km auf der Westseite fuhr ich allein entlang einer engen Kette aus Wartburgs und Trabis, den bekannten DDR-Autos. Es wurde gehupt und geblinkt. Ich drehte das Seitenfenster herunter und streckte den linken Arm mit dem Siegeszeichen hinaus und weinte. Die westdeutsche Bevölkerung stand zur freudigen und herzlichen Begrüßung an der Straße. Helfende Polizisten wurden umarmt. Die Grenzstelle Eisenach war total verstopft. Total verblüfft war ich über die verständnisvolle, aber keineswegs erwartete Aussage eines hohen Grenzoffiziers: „Die durften 28 Jahre nicht raus." Gemeint war die Zeit seit dem 13. August 1961. Meine Einreise verlief ohne Stau und reibungslos, aber nicht bis ans Ziel. Am Hermsdorfer Kreuz verließ ich die A4, um auf der A9 gen Süden zu fahren. Gen

Süden heißt Richtung Bayern, wohin unzählige DDR-Autos unterwegs waren. Eingeflochten werden muß der Hinweis, daß jeden DDR-Bürger in der Bundesrepublik ein Begrüßungsgeld in Höhe von 100 DM erwartete neben anderen Spenden und Hilfen von kommunaler oder privater Seite. Bald stak ich als Einreisender im Stau der Ausreisenden. Ich verließ vorzeitig die Autobahn und fuhr über Nebenstraßen nach Plauen. In diesen ersten Tagen der Grenzöffnung dauerte das Passieren viele Stunden. Jeder wollte so bald wie möglich die so plötzlich und unerwartete Gelegenheit nutzen, das andere Deutschland zu besehen. Straßen, die dorthin führten, gab es der Überwachung wegen wenige. Sie waren jetzt dem Ansturm nicht gewachsen. Bei meiner Ausreise kamen mir die Ortskenntnisse meiner Heimat, des an Bayern angrenzenden Vogtlandes zugute. Sozusagen über die Dörfer gelangte ich ohne jede Verzögerung an die Grenzstelle Hirschberg der Autobahn A9, wo ich mich problemlos in die Autoschlange einreihte und ganz schnell abgefertigt wurde. Wie erwähnt, beging meine Mutter in diesen Tagen ihren 90. Geburtstag. In unbeschreiblicher Freude und Dankbarkeit saß ich mit ihr zusammen. Wir waren der festen Überzeugung, daß die Wiedervereinigung unseres Vaterlandes nur noch eine Frage der Zeit sein wird. Das Geschehen der letzten Tage sprach meine Mutter auf ein Band, wie sie es von ihrer Wohnung aus erlebt hatte.

In den folgenden Monaten erlangte Bundeskanzler Kohl die Zustimmung der Großmächte, die deutsche Einheit zu vollenden. Am 3. Oktober 1990 waren wir wieder ein Deutschland. Hätte man mich bis zu diesem Tag gefragt, welches politische Geschehen der mich begleitenden Geschichte am nachdrücklichsten berührt habe, so hätte ich, ohne nachzudenken die Aussöhnung der ehemaligen Erzfeinde Deutschland und Frankreich genannt. Dieses lobenswerte und gewichtige Ereignis verliert keineswegs an historischer Bedeutung, wenn ich ihm unsere Wiedervereinigung voranstelle, zumal ich Mitteldeutscher bin und unter der Trennung litt. Mit dem unerwarteten Aufgehen der ehemaligen DDR in der Bundesrepublik löste sich eine Aufgabe, die sich meiner Mutter und mir von Jahr zu Jahr zunehmend schwieriger und bedrückender stellte, geradezu spielend von selbst, der Verkauf meines Elternhauses. Diejenigen, denen wir es wiederholt zum Einheitswert (ca. 15 000 Ostmark) erfolglos angeboten hatten, mußten jetzt 110 000 Westmark (DM) berappen, weil ein ernsthafter Interessent eine hohe Summe (100 000) geboten hatte. Zum Nutznießer dieses Geldsegens wurden die Enkel beziehungsweise Urenkel meiner Mutter.

Mit der deutschen Wiedervereinigung ging die Befriedung Mitteleuropas einher. Der Ost-West-Gegensatz hat hoffentlich für immer seine fast kompromißlose Schärfe verloren.

Möge diese unvorhersehbare politische Entwicklung den übrigen streitenden Staaten und Völkerschaften einen Ausweg aus ihren Verblendungen zeigen.

Ferdinand Mohr, Plauen (1834–1929):

Unterirdische Gänge und Bergwerke in und um Plauen – eine Betrachtung um 1916

Die Stadt Plauen gehört zu den 21 Orten im Regierungsbezirk Chemnitz, in denen im größeren Maße Gangsysteme nachweisbar sind. Bei den Standortlagen ist zu unterscheiden: Gänge, Keller oder Höhlen unter Häusern der Stadtkerne sowie unter Burganlagen und Schlössern. Bergkeller oft am Rande oder außerhalb der Stadt gehören ebenfalls dazu.

Zum Autor: Ferdinand Mohr, gebürtiger Plauener, war in seiner Jugend viele Jahre als Seemann unterwegs. 1860 nach einer schweren Erkrankung kam er wieder in sein Vogtland zurück. Er lernte in der Schweiz die Stickerei. Nach seiner Aussage ist er der eigentliche Erfinder der Ätzspitze, er hatte nur kein Geld, um die Patentrechte zu erwerben, so schmückten sich andere mit seinem Wissen.

In drei kleinen Bändchen und mehreren Zeitungsbeiträgen schilderte er seine Kindheit und Jugend in der Stadt Plauen. Aber auch die Entdeckung der Ringwallanlage auf dem Eisenberg bei Jocketa und die Bedeutung der Mauerreste auf dem Dobenaufelsen in Plauen gehen auf seine Erkenntnisse zurück. Der Herausgeber

Wohl nur wenige Einwohner der Stadt Plauen wissen noch etwas von unterirdischen Gängen in und um die Stadt Plauen. Mit gläubiger Andacht, wohl mit heimlichem Gruseln mögen sie als Kinder gelauscht haben, wenn ihnen erzählt worden ist von einem Gang, der vom Neundorfer Tor unter dem Syratal hindurch nach dem alten Schlosse auf der Dobenau geführt haben soll. Oder von einem anderen Gang, der vom Nonnenturm ausgehend in das Schloß der Vögte mündete.

Wie gesagt, heutigen Tages ist die Kunde von diesen unheimlichen unterirdischen Schlupfwegen unter den Einwohnern so ziemlich verschollen, da die große Mehrheit von ihnen von auswärts zugezogen ist und wenig Anteil an den hiesigen Überlieferungen hat. Ja, es gibt heute noch unterirdische Gänge vom Innern der Stadt nach außen zu, teilweise noch gut erkenntlich, während Spuren anderer vor gar nicht langer Zeit verschüttet und zerstört worden sind, so beim Fundamentgraben für das Gebäude der Sparkasse und des Rathauses. Darum habe ich mich bemüht, zweifellos festzustellen, was man heutigen Tages noch erkennt.

Da sind als größte Anlage zu nennen die Kellereien unter der nordwestlichen Ecke der Sparkasse, die sich in mehreren Ausbuchtungen und Erweiterungen unter die angrenzende Neundorfer Straße hinziehen, aber auch in gekrümmten, stollenartigen Gängen fortsetzen. Längere Zeit als Bierkeller genutzt, dienten sie um die Jahrhundertwende der Firma Gustav Albig als Lager für Rotweine. Sie sind in Felsen gehauen, dem dort anstehenden Tonschiefer, der viel Feuchtigkeit durchläßt und der bergbaumännischen Bearbeitung keine großen Schwierigkeiten entgegenstellt. Ganz am Ende eines längeren, erweiterten Ganges ist eine enge Fortsetzung erkennbar, deren Eingang jetzt vermauert ist, weil der Gang weiter hinein zusammengebrochen ist.

Ein unterirdischer Gang, von welchem der Volksmund früher erzählt hat, daß er nach dem Schlosse auf der Dobenau geführt hat, von dessen einstigem Vorhandensein jedermann felsenfest überzeugt gewesen ist. Die Ritter auf der Dobenau sollen durch den Gang für Zeiten der Gefahr eine Verbindung mit der Stadt ermöglicht haben. Zwar stimmt die erkennbare Richtung des Ganges so ziemlich. Das ist aber auch alles, was für die Erzählung spricht. Eine wirklich gangbare Verbindung zwischen der Stadt und der Dobenau kann der Gang zu keiner Zeit gewesen sein, und zwar aus mehreren Gründen. Bekanntlich hat man erst im 16. Jhd. gelernt, zu Felssprengungen Schießpulver zu verwenden. So müßte die Herstellung des Ganges nur mit Schlegel und Eisen sehr langwierig und kostspielig gewesen sein, da weiterhin Grünstein auftritt.

Beide Gesteinsarten, Tonschiefer sowie auch Grünstein, werden von zahlreichen, wasserführenden Spalten durchsetzt.

Es würde der Gang darum an seinen tieferen Stellen beständig unter Wasser, nach bergmännischem Ausdruck ersoffen, also ganz ungangbar gewesen sein, zumal im Syratal. Nur durch Pumpwerke würde eine Entwässerung ausführbar gewesen sein. Dann aber würde es mit der Heimlichkeit vorbei gewesen sein, die doch eine Grundbedingung für unterirdische Schlupfwege bildet. Diese gleichen Gründe sprechen auch gegen die Möglichkeit eines Ganges vom Nonnenturm nach dem Schlosse, da auch dieser beständig unter Wasser gestanden haben müßte. Von ihm ist jetzt nur eine Vertiefung, wenig über 1 Meter tief, im Grundgeschoß des Nonnenturms vorhanden, die keine Fortsetzung, keine Erweiterung erkennen läßt.

Aber welchen anderen Zwecken können die unterirdischen Gänge gedient haben? Meine Vermutung, daß sie Überreste von Bergbauten sein können, wird durch verschiedene Umstände zur Gewißheit erhärtet, da auch von den Kellern mehrerer Häuser der Marktstraße und der Königstraße stollenartige Gänge bekannt geworden sind.

Bei Schleusenbauten sind mehrere aufgedeckt worden. Sie können recht wohl mit den Kellern unter der Sparkasse in Verbindung gestanden haben. Von den verfallenen Gängen, die bei Fundamentgrabungen für das Rathaus angeschürft worden sind, ist nichts Sicheres erkennbar gewesen. Aber weiter hinten in der Dobenaustraße habe ich einen Gang von ansehnlicher Länge feststellen können. Hinter dem Gebäude der Wirtschaft „Zum Felsenkeller" zieht sich wohl 80 bis 100 Meter ein übermannshoher Gang in den Berghang hinein in der Richtung nach der katholischen Kirche. In seinem vorderen Teil ist er zum Bierkeller ausgebaut. Bei der spärlichen Beleuchtung habe ich das anstehende Gestein für Tonschiefer gehalten. Eine etwaige Verbindung mit dem Stollen, welcher beim Bau der Friedrich-August-Brücke aufgefunden worden ist, also ganz in der Nähe, ist nichts zu bemerken gewesen, auch keine Spuren von Erzen.

Außer diesen Gängen in Tonschiefer ist mir noch einer bekannt. Dieser mündet in die untere Reichsstraße, gegenüber der Plauener Bank, und ist dort mit Steinplatten zugedeckt. Immer ist etwas Wasser da herausgequollen. Um womöglich mehr Wasser zu gewinnen, ist der Gang vor der Erbauung unserer Meßbacher Wasserlei-

Das Foto einer damals gefundenen Lampe, sie stammt vermutlich aus dem 12. u. 14. Jhd. Der Verbleib der Lampe ist dem Herausgeber unbekannt. Foto: Archiv Verlag

tung weiter in den Berg hinein getrieben worden, aber mit wenig Erfolg. Daß in der Nähe dieses Stollens sich Spuren von Schwefelkies befunden haben, ist mir sicher bekannt.

Unterwegs auf Ferdinand Mohrs Spuren

Nach 1989 nutzten viele Plauener die Möglichkeit, sich in ihrer Stadt unter Tage umzusehen. Hier ein Blick auf das Team der ersten Stunde, der „Bergknappenverein e. V. Plauen" auf der Treppe zum Fluchtgang an der Sparkasse, den auch Ferdinand Mohr beschreibt.

Fotos: Verlag

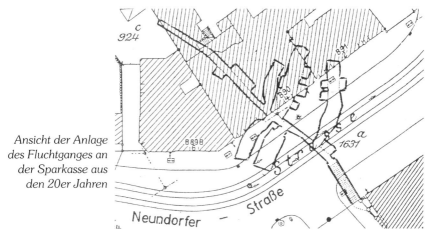

Ansicht der Anlage des Fluchtganges an der Sparkasse aus den 20er Jahren

Vor Ort gewinnt man Achtung vor den Leistungen unserer Vorfahren, alle Arbeiten wurden mit Hand, Hammer und Schlegel ausgeführt. Curt Röder beim „Befahren" eines Altbergbaues (nicht in Plauen).

119

Außer den angeführten Gängen, wohl richtig Stollen zu nennen, die in Tonschiefer gearbeitet sind, der hier im Volksmund Leberfels heißt, sind mir in unmittelbarer Nähe der Stadt 3 Anlagen bekannt, die zweifellos von früher betriebenen Bergwerken herrühren, aber in hartem Grünstein verlaufen. Die ersten sind die Stollen, auf welche die Arbeiter bei Gründung der großen Brücke gestoßen sind. In mehrfachen Verzweigungen gehen sie in den Berghang hinein und sind so mit großen Kosten sorgfältig ausgemauert worden. Spuren von Kupfererzen sind darin noch erkennbar gewesen, wie ich selbst gesehen habe. Aber auch kleine Lampen aus Ton sollen darin gefunden worden sein. Doch kann ich dies nicht verbürgen, da ich keine davon gesehen habe. Dieser Umstand würde auf ein sehr hohes Alter dieser Stollen hinweisen.

Weiterhin ist noch bis vor ungefähr 40 Jahren hinter den Kellern der Aktienbrauerei nach Kupfererzen gegraben worden unter Leitung des damaligen Bergmeisters Heubner. Die Ausbeute hat jedoch die Kosten nicht gedeckt. Bis ungefähr zu derselben Zeit ist noch ein Schacht sichtbar gewesen, der auf dem anderen Ufer der Syra senkrecht im hohen Grünstein abgeteuft gewesen ist, dort, wo der andere Teil von Hartensteins Fabrik dicht an den Felsen herantritt.

Der Schachtmund ist früher ganz offen gewesen zur Freude der Kinder, die gern Steine hineingeworfen haben. Er muß auch ziemlich tief gewesen sein, nach dem Aufschlag der Steine zu urteilen. Von Aufspritzen von Wasser ist nichts zu hören gewesen. Später ist er dann erst zugedeckt worden. In unmittelbarer Nachbarschaft hat das kleine städtische Pulverhaus an den Felsen angeschmiegt gestanden.

Daß die drei zuletzt angeführten Bergbauten zur Kupfergewinnung gedient haben, erscheint also außer allem Zweifel, während bei den Gängen bzw. Stollen im Tonschiefer auch andere Erze gefördert worden sein können.

Zu welcher Zeit und von wem können die verschiedenen angelegt worden sein? Für höchstwahrscheinlich halte ich, daß sie zu verschiedenen Zeiten und von verschiedenen Völkerschaften, die im Laufe der Zeit unsere Landschaft bevölkert haben, ursprünglich angelegt, von anderen weiter betrieben sein können.

Der Umstand, daß in der Aufzeichnung der sächsischen Bergämter der Bergbauten in nächster Nähe der Stadt keine Erwähnung geschieht, scheint zu beweisen, daß sie mindestens 350 Jahre alt sein müssen. Die St. Wolfgang Brüderschaft, welche im Jahre 1470 die St. Wolfgang Kapelle erbaut hat, dürfte sich zur Wiederaufnahme der alten Bergbauten gebildet haben (bestätigt worden). Hinter diesem Zeitraum zurück hat man einen gewissen Spielraum, sich die alten Bergleute vorzustellen. Es können unsere deutschen Vorfahren gewesen sein, die nach Überwindung der Sorben/Wenden das Vogtland vom Frankenwald und vom Egertal aus bevölkert haben. Vielleicht haben sie vorgefundene Bergbauten nur wieder in Besitz genommen. Die Sorben/Wenden vor dieser deutschen Einwanderung werden kaum mit den Bergwerken in Verbindung zu bringen sein. Als Viehzucht und Ackerbau treibendes Bauernvolk sind sie aus dem Osten gekommen und werden als zurückgebliebene in anderen Zweigen der Lebensführung geschildert. Dagegen wissen wir von den Kelten, welche nach jetzt geltender Ansicht der Gelehrten zufolge vor Beginn unserer Zeitrechnung mehrere Jahrhunderte lang im Vogtland angesiedelt gewesen sein sollen, daß sie sich trefflich auf Bergbau verstanden haben.

In seinem Buch über den Gallischen Krieg erzählt Julius Cäsar wiederholt von keltischen Bergleuten, wie sie ihn bei Einschließung ihrer Städte durch Anlage von unterirdischen Gängen die Belagerungsarbeiten vielfach empfindlich gestört haben. Also schon vor 2000 Jahren Minenkrieg wie heute, nur ohne Sprengmittel. Daß sich die Kelten diese bergmännische Geschicklichkeit in ihren zahlreichen Erzbergwerken nach und nach erworben haben, bezeugt Cäsar ausdrücklich. Nach Eisen und Kupfer, nach Gold und Silber haben die Kelten gegraben, wenigstens in Gallien. Werden ihre Stammesvettern nicht auch in Mitteldeutschland nach Erz gegraben haben? Können nicht die Anfänge unserer Bergbauten von ihnen herrühren?

Den nach Vertreiben der Kelten eingewanderten deutschen Stämmen sind wohl ebensowenig bergmännische Kenntnisse zuzutrauen wie den Sorben/Wenden. Damit können nach meiner Anschauung nur die Deutschen nach Vertreibung der Sorben oder Kelten als Begründer des heutigen Bergbaus unterirdische Gänge angelegt haben.

Beim Hammer an der Straße nach Chrieschwitz sind Spuren von Bergbau nicht erkennbar. Nach Überlieferung ist dort Kupfer bearbeitet worden, also wohl die Erze der anderen Gruben. Über den Tagebau auf Alaunschiefer im heute noch teilweise sichtbaren Alaungraben kann hier hingewiesen werden, da er der neueren Zeit angehört und ziemlich genau bekannt ist. Dasselbe gilt von der kleinen Grube oberhalb des „weißen Stein" an der Elster. Auch diese ist wohl neueren Ursprungs. Das sogenannte „Tröster-Loch", welches dort als stollenartiger Gang in den Berghang hineingeht, ist sicher nur durch Auswaschung einer Kalkreinader entstanden, nicht aber der Stollenausgang des kleinen Bergwerkes.

Über Eisenhammer im Vogtland wäre auch einiges zu sagen, vielleicht ein anderes Mal.

Nachdem ich von geschätzter Seite erfahren hatte, daß auch der verstorbene Oberkirchenrat Sup. Lischke von einem unterirdischen Gang gesprochen hatte, erbat ich von seinem Nachfolger Superintendent Glänzel die Erlaubnis, die nach der Kirche zu gelegenen Hauskeller der Superintendentur besichtigen und untersuchen zu dürfen. Bereitwilligst wurde die Genehmigung dazu erteilt, wurden auch die Schlüssel zu den jetzt verschließbaren Gebäuden ausgehändigt. Mit Oberamtsrichter Dr. Otto, dem 2. Vorsitzenden des Altertumsvereins, den ich um seine Begleitung gebeten hatte, wurde am 29. März die Untersuchung der Kellerräume ausgeführt. Die Sache war durchaus nicht so einfach. Auf Stein- und Holztreppen, über allerlei Gerümpel und Geröll ging's abwärts bei spärlicher Beleuchtung. Alle Gewölbe, bucklige Mauern, erkennbare Ausbesserungen, ein sorgfältig gelegtes Ziegelpflaster aus Formsteinen erregte unsere Aufmerksamkeit. Aber nirgendwo wollte sich der gesuchte Eingang zum sagenhaften unterirdischen Gang zeigen. Endlich, unter einem Haufen Geröll und Abfall aller Artfinden wir den vermauerten Eingang zu einem abwärts führenden Kellerhals. Nur hier kann die Mündung des unterirdischen Ganges liegen. An keiner anderen Stelle haben wir beim sorgfältigen Absuchen der Wände und Mauern die Spur einer Öffnung entdecken können.

Mit Genehmigung der Behörden, die es angeht, gedenken wir in nächster Zeit, die Vermauerung öffnen zu lassen und den Gang weiter zu untersuchen.

Andere Meinungen, andere Ansichten über verschiedene Möglichkeiten, vielleicht auf Quellen beruhend, welche mir nicht bekannt sind, bringen am Ende Sicherheit über zweifelhafte Einzelheiten meiner Darstellung

Plauen, 15. März 1916

Die Notlage im Vogtland, insbesondere in der Stadt Plauen um 1926

Die Notlage im Vogtland, besonders der Stadt Plauen haben wir in Verbindung mit der Wirkung des bisherigen Finanzausgleichs auf Grund von Unterlagen, wie sie den Mitgliedern der städtischen Kollegien durch Oberbürgermeister Lehmann zugegangen sind, eingehender behandelt.

Nachstehend machen wir es uns zur Aufgabe, unterstützt durch graphische Tafeln, darzutun, wie wechselvoll sich in den letzten Jahren die wirtschaftlichen Verhältnisse in Plauen und dem Vogtland gestaltet halben, und wie vor allem die Arbeitslosigkeit zeitweilig ganz erschreckende Ziffern aufweist. Wir stützen uns dabei auf eine Denkschrift, die vom Rat der Stadt Plauen an die Reichs- und Landesregierung gesandt ist, und in der die Notlage im Vogtlande und besonders in der Stadt Plauen eingehend dargelegt und klar begründet ist. Außerdem werden Wege der Abhilfe gewiesen, denen Berücksichtigung zu schenken unabweisbare Pflicht der maßgebenden Stellen ist. Die rechte Erkenntnis der bestehenden Verhältnisse allein genügt noch nicht, es muß dem bedrängten Vogtland tatkräftige Hilfe werden, und wenn die Feststellungen der Denkschrift dazu beitragen, daß zweckentsprechende Maßnahmen getroffen werden, ist ihr Zweck erfüllt.

In der Denkschrift heißt es u. a.: Wenn auch, wie wir gern anerkennen, die zuständigen Stellen versucht haben, dem vogtländischen Kreis durch einzelne zeitweilige Sondermaßnahmen zu helfen: eine wirklich durchgreifende Besserung hat sich leider bisher noch nicht erzielen lassen. Im Gegenteil, die Wirtschaftsverhältnisse haben vielfach noch eine weitere bedenkliche Verschärfung erfahren.

Zwar ist in dem neuen Handelsvertrag mit der Schweiz der Stickerei-Veredelungsverkehr, der sich für unsere Hauptindustriezweige bisher so verhängnisvoll ausgewirkt hat, beseitigt worden. Auf der anderen Seite haben aber in diesem Vertrag gleichzeitig – trotz ernstester Vorstellungen der berufenen Wirtschaftskreise und Hinweise auf die bedenklichen Folgen – die Zölle auf ausländische Spitzen und Stickereien eine Neuregelung erfahren, die für die meisten dieser Waren gegenüber den bisherigen Sätzen eine starke Herabsetzung bringt und in ihren neuen, die wesentlich geringeren Herstellungskosten in der Schweiz auch nicht annähernd ausgleichenden Zollsätzen eine neue schwere Konkurrenz für die vogtländische Spitzen- und Stickereiindustrie heraufbeschwört, ja ihr baldiges Wiederingangkommen in dem Umfang, der der Notwendigkeit der jetzt weitgehende zur Untätigkeit verurteilten Bevölkerung des Vogtlandes auch nur einigermaßen angemessen wäre, schwer gefährdet.

Das Wirtschaftsleben der Stadt Plauen wird seit Jahrzehnten in überwiegendem Maße beherrscht und beeinflußt von dem Geschäftsgang der Spitzen- und Stickereiindustrie.

Im Oktober 1912 trat nun in dieser – bis dahin gut beschäftigten und vielen Tausenden von Arbeitskräften Verdienstmöglichkeit gebenden – Industrie durch den Umschlag der Mode ein starker Rückgang ein, der auch das ganze folgende Jahr anhielt. Ausgang des Jahres 1914 schien sich die Lage zu bessern, ausländische Einkäufer stellten sich wieder ein, und man konnte auf einen neuen Aufschwung unserer Industrie hoffen. Der Krieg zerschlug diese

Hoffnungen: die Spitzen- und Stickereiindustrie, deren Erzeugnisse bis dahin zu weit über 60 v. H. ins feindliche Ausland gegangen waren, verlor das Auslandsgeschäft; und als sie dann gar bald auch noch mit der Beschlagnahme der Rohstoffe als „Luxusindustrie" erklärt und damit auch noch das Inlandsgeschäft zerschlagen wurde, kam sie fast völlig zum Erliegen. Und damit zog Arbeitslosigkeit ein.

Anderwärts war es der Industrie während des Krieges möglich, sich umzustellen und durch Heereslieferungen sich und ihrer Arbeiterschaft gutbezahlte Beschäftigung, den Gemeinden erhöhte Einnahmen zu schaffen. In Plauen war das ausgeschlossen; die

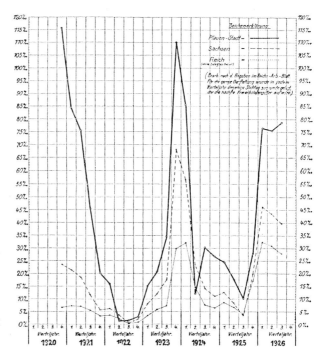

Erwerbslosenfürsorgestelle Plauen. Die Zahlen geben an, wieviel Haupterwerbslose U.-Empfänger (ohne Familien Zuschlagsempfänger) pro Tausend der Einwohner entfallen

Eigenart der Spezialmaschinen der Plauener Industrie ließ sie für andere Zwecke nicht gebrauchen. Die Folge war schon damals eine Arbeitslosigkeit, wie man sie während des Krieges in anderen Gebieten gar nicht gekannt hat. Die Stadt mußte sehen, wie das Einkommen immer weiterer Kreise der Bevölkerung, – die zum Teil unmittelbar, zum anderen Teile, als Gewerbetreibende, Kleinhändler usw., mittelbar von der Arbeitslosigkeit getroffen wurde – und damit zugleich die Einnahmen der Stadt selbst und insbesondere ihre Steuereingänge immer mehr sanken, während auf der anderen Seite ihre Unterstützungslasten stiegen.

Die Hoffnung, nach Abschluß des Krieges würde sich die schwergetroffene Textilindustrie des Vogtlandes und damit die Wirtschaftslage der Stadt und ihrer Bevölkerung wieder wesentlicher beleben, verwirklichte sich nicht. Lange noch lähmten Einfuhrverbote für das Rohmaterial, das im Inlande nicht zu beschaffen ist, die immer noch als „Luxusindustrie" angesehenen Betriebe. Als aber endlich die Beschaffung von Rohstoffen wieder möglich wurde, hatte sich inzwischen die weltwirtschaftliche Lage gänzlich geändert. Weithin im Ausland waren seit dem Kriege Konkurrenzindustrien entstanden, die, mit den neuesten, leistungsfähigsten Maschinen ausgerüstet und durch Einfuhrzölle geschützt, viel billiger produzieren konnten. Der Inlandsabsatz aber wurde durch die mangelnde Kaufkraft der Bevölkerung noch weiter eingeschränkt. Dazu litt die Industrie – neben der Unmöglichkeit, sich zu annehmbaren Bedingungen das nötige Betriebskapital zu schaffen, nachdem frühere Reserven der Inflation zum Opfer gefallen waren – schwer unter der Ungunst der Mode, die eine Verwendung von Spitzen und Stickereien in dem früheren Maße hindert.

Eine weitere Verschärfung der Wirtschaftslage brachte der Umstand, daß in den letzten Jahren auch die Beschäftigung in der Metallindustrie, die neben der Textilindustrie in Plauen eine gewisse Rolle spielt, zurückging.

Im übrigen ist selbstverständlich, daß durch die Notlage der Plauen beherrschenden Textilindustrie auch alle anderen Gewerbe, die, ohne selbst Textilbetriebe zu sein, diesen als Hilfsgewerbe dienen, ebenso wie weite Kreise der Handeltreibenden stark in Mitleidenschaft gezogen werden. So ist es gekommen, daß Plauen jahrelang prozentual die weitaus größte Arbeitslosenziffer unter allen deutschen Städten aufzuweisen hatte und auch heute noch nur von einigen wenigen Städten vorübergehend darin übertroffen wird.

Die Bedeutung, die die Textilindustrie für Plauen hat, geht aus folgenden Ziffern hervor: Nach der Arbeiterzählung von 1924 gab es im Reiche 15 913 Betriebe der Textilindustrie mit 920 560 Arbeitern. Davon entfielen auf Sachsen 5898 Betriebe mit 284 494 Arbeitern. Das bedeutet also, daß rund ein Drittel der gesamten deutschen Textilindustrie in Sachsen beheimatet ist.

Von 100 Arbeitern waren nach der gleichen Statistik in der Textilindustrie beschäftigt: im Reich 12,7, in Sachsen 28,9, in Württemberg 18,9, in Thüringen 17,6, in Baden 12, in Preußen 9,7, in Bayern 9,6, in Hessen 2,6.

Steht danach Sachsen unter den deutschen Ländern in bezug auf die Textilindustrie an erster Stelle, so nimmt unter den sächsischen Städten wiederum Plauen mit seinen 112 816 Einwohnern in dieser Hinsicht den ersten Platz ein mit 431 Betrieben der Textilindustrie und 13 601 Arbeitern, bei denen überdies die Heimarbeiter, die gerade für die vogtländische Industrie

eine sehr große Rolle spielen, nicht mitgezählt sind. Der Zahl, aber nicht dem Verhältnis nach nahe kommt Plauen nur das fast dreimal so große Chemnitz mit 401 Textilbetrieben; in weitem Abstande folgen dann Dresden mit 77 und Leipzig mit 63 Betrieben. Auch diese Ziffern entstammen der Arbeiterzählung von 1924. Nach einer späteren Feststellung von August 1926 sind von der Gesamtbevölkerung Plauens 42,7 v. H., mit der Heimindustrie sogar 48,4 v. H., der Textilindustrie zugehörig.

Ein wichtiger Maßstab für die wirtschaftliche Lage Plauens ist die gewaltige Ziffer der Arbeitsuchenden, die nach den monatlichen Statistiken im Jahre 1926 (bis 31. Oktober) mit 36 116 ihren höchsten Stand erreichte, wobei der einzelne Erwerbslose, wenn er mehrmals im Jahre arbeitslos war, auch mehrmals gezählt wurde.

Die beigefügte graphische Darstellung über die Zahl der unterstützten Erwerbslosen der Stadt Plauen seit dem Jahre 1916 veranschaulicht die Schwierigkeiten, unter denen der Arbeitsmarkt seit 1916 leidet. Noch augenfälliger ist die schlechte Arbeitsmarkt- und Wirtschaftslage in der Stadt Plauen aus der zweiten graphischen Darstellung ersichtlich, in der die Zahl der Erwerbslosen-Hauptunterstützungsempfänger, ohne Familienangehörige, in Plauen zu den Durchschnittszahlen der Hauptunterstützungsempfänger des Reiches und des Landes in Vergleich gestellt ist.

Es liegt für jeden Denkenden offenbar, daß solche Zustände auf die Dauer untragbar sind und daß schleunigst und durchgreifend Abhilfe geschaffen werden muß.

Aber wie soll, wie kann wirksam geholfen werden?

Nur die Beschaffung von Arbeit und die Wiederingangbringung unserer Wirtschaft kann Besserung bringen. Gemeinde, Industrie und Handel tun darin ihr Möglichstes; aber für sich allein sind sie dazu nicht mächtig genug, Reich und Land müssen, im wohlverstandenen eigenen Interesse, mit ihrer Macht, mit ihren Mitteln helfend mit eingreifen.

124

Zunächst ist, als das schnellst Wirksame, dringend erforderlich, daß Plauen und das vogtländische Textilgebiet von Reich und Land als ausnehmendes Sondernotstandsgebiet anerkannt werden, und auf Grund dessen alle nur mögliche Berücksichtigung und besondere Unterstützung von Reich und Land erfahren, die einem solchen Gebiet gegenüber geboten sind.

Die dringendste Frage des Tages ist die Arbeitsbeschaffung. Die Arbeitslosigkeit könnte zwar nicht behoben, aber doch nicht unwesentlich gemildert werden, wenn sich Reich und Land entschlössen, Notstandsarbeiten, die einer möglichst großen Zahl von Erwerbslosen Beschäftigung bieten, in Angriff zu nehmen. Bisher sind aber Plauen und das obere Vogtland bei der Verteilung von staatlichen Notstandsarbeiten noch völlig übergangen worden.

Plauen hat zwar selbst in großem Umfang und fast über seine Kräfte hinaus gemeindliche Notstandsarbeiten in Angriff genommen; sie finden aber zwangsläufig ihre Grenze in der – durch die lange Not so schon stark in Anspruch genommenen – finanziellen Leistungsfähigkeit der Stadt. Können Reich und Land nicht eigene Notstandsarbeiten im Vogtland bereitstellen, dann muß in solchen Ausnahmenotstandsgebieten durch Ausnahmemaßnahmen geholfen werden, dann müssen an Stelle fehlender Staatsarbeiten Arbeiten, die nicht unmittelbar Reich und Land unterstehen, wie beispielsweise solche der Reichseisenbahn (die in unserem Gebiet reichlich Arbeit zu Verfügung stellen

könnte) und gesteigerte gemeindliche Notstandsarbeiten (für die wir ebenfalls reichlich Gelegenheit noch haben), ohne Rücksicht auf die Richtlinien des Reiches und darüber hinaus, mehr als bisher gefördert und unterstützt werden durch wesentlich erhöhte Zuschüsse aus der produktiven Erwerbslosenfürsorge und durch darlehnsweise Hingabe größerer staatlicher Mittel zu besonders niedrigem Zinsfuß.

Freilich bedeuten Notstandsarbeiten noch lange keine durchgreifende Hilfe und sind zunächst nur ein Notbehelf, da sie nur vorübergehende Hilfe bringen.

Eine wirkliche und endgültige Besserung kann nur eine Wiederbelebung der Industrie bringen. Hierzu ist aber die volle Hilfe von Reich und Land unentbehrlich. Schon dadurch, daß unsere Industrie, soweit irgend möglich, bei der Vergebung von unmittelbaren und mittelbaren Reichs- und Landesaufträgen bevorzugt berücksichtigt würde, könnte die Beschäftigung der Plauener Betriebe gesteigert werden. Die Hauptsache ist jedoch, daß das Reich in seiner ganzen Wirtschafts- und Zollpolitik auf unsere Industrie und ihre nun schon seit 14 Jahren bestehende Notlage die gebotene weitestgehende Rücksicht nimmt und sich fernerhin für die Lebensnotwendigkeiten unserer Industrie und des ganzen Kreises in verstärktem Maße und mit all seinem Gewicht einsetzt. Dazu gehört im besonderen, daß das Reich – nach dem Vorbild der Schweiz, die das nun seit Jahren schon so ausgiebig und mit so reichen Zuschüssen getan hat und noch tut – ebenfalls unter Einsetzung all seiner Macht und

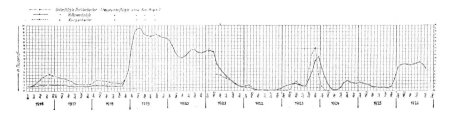

Unterstützte Erwerbslose Plauen-Stadt

seiner Mittel unsere Spitzen- und Stickereiindustrie wiederbeleben hilft und dazu eine mit dem Ausland Schritt haltende Modernisierung der vorhandenen Industrie und die von der Industrie selbst schon eingeleitete Propaganda für unsere Spitzen und Stickereien im In- und Ausland, sachlich wie geldlich mit fördert – wobei es dankenswert wäre, wenn auch die Auslandsvertretungen des Reiches angewiesen würden, die Bestrebungen unserer Exporteure, die verlorenen Absatzgebiete wieder zu gewinnen, mit allen Mitteln zu stützen – sowie, daß es, wo im einzelnen Falle nötig, ihre Umstellung auf andere lohnende Industriezweige und die Einführung neuer arbeitversprechender Industrien in das Vogtland nach Kräften und insbesondere auch durch Überlassung entsprechender Mittel unterstützt.

Der Beitrag entstand ca.1926

Max Schmerler, Dresden (1873–1960):

s Lebn

Tröst dich!

Hots Uhglück dich mol ahgepackt,
du waßt net aus ond ei,
dei ganzer Himmel is versackt,
kaa Feesel[1] Sonnenschei,

Onds will ond will net annerscht[2] wer'n,
mußt ja net gleich verzogn[3]
ond aa net zornig aufbegährn,
naa, schie geduldig trogn!

Je länger dir'sch schu drecket geht,
je neechter[4] ruckt de Zeit,
wo sich der Wönd zen Bessern dreht –
wer waß, amend nuch heut!

An jeder Haustür müsset steh
su groß, als wie mr'sch bräch't:
„An' Menschen kahs[5] net gut stets geh,
doch aa net eechal[6] schlecht."

[1] Fäserchen, [2] anders, [3] verzagen, [4] näher, [5] kann's, [6] egal

126

Aus dem Verlagsarchiv:

E reicher Mah

In der Luft flieng muntre Schwälble
unn e Lerch, die gubelt laut;
aff der Lind, do singt e Amsel,
drieber hie der Himmel blaut.
Ach wie schee is do unn friedlich,
wu kaa Grußschtadtlärm ann schtärt …
Unn iech dank ne Herr in Himmel,
weil des alles mei gehärt!

Driem an Holz, do is mei Acker,
glei derneem de Wies tutt lieng.
Dodrauf groost mei ganzes Viehzeig –
e gunges Schof, drei alte Zieng.
's is net viel, doch mir tutts lange,
hoo miech aa noch net beschwert …
Immer frei iech miech vun neie,
weil des alles mei gehärt!

Unn mei Heisel klebbt an Berghang,
's is scha alt unn winzig klaa,
aber drinne schafft mei gute,
liebe, lust'ge, gunge Fraa;
e klaans Bübel hinnewidder
in der Schtub rimm nunner fährt …
Ach, wie bie iech fruh unn glicklich,
weil des alles mei gehärt!

Meine Nachbern sei su gute,
unn gewissenhafte Leit,
leem mit uns schtets schee in Frieden,
do gibbs niemolls Zank unn Schtreit.
Haß unn Neid kaan Buden finne,
die su mannichs Glick zerschtärt.
Iech bie wärklich ze beneiden,
weil des alles mei gehärt!

Affen Berg schtett unner Kärchel
unn der Friedhuf liegt derneem.
Schpeter schlofen mir dort alle,
wenn ze End is unner Leem.
Schlofen när – weil jede gute
Seel zer Haamet widderkehrt …
Lieber Gott, iech bie dir dankbor,
weil des alles mei gehärt!

August Schnell, 1929

Aus dem Verlagsarchiv:

Die Erwerbslosigkeit im Bezirk Auerbach 1927

Sie ist, wie aus einer vom Bezirksverband der Amtshauptmannschaft herausgegebenen, durch graphische Tafeln erläuterten Denkschrift hervorgeht, nicht minder bedrohlich wie die im Plauener Bezirk. Die Höchstzahl wurde unmittelbar vor der Stabilisierung im Herbst 1913 mit 192 Unterstützten auf 1000 Einwohner erreicht. Nach dem Stande vom 1. Januar 1927 betrug die Zahl der Hauptunterstützungsempfänger 89 389 = 71,1 auf 1000 Einwohner, die sämtliche Unterstützer (einschließlich der Zuschlagsempfänger) 20 519 = 162,6 auf 1000 Einwohner. Gibt es doch im Bezirksverband der Amtshauptmannschaft Auerbach zwei Gemeinden, in denen weit die Hälfte der gesamten Bevölkerung auf Erwerbslosen Unterstützung angewiesen ist, und neun Gemeinden, in denen mehr als ein Drittel der Bevölkerung Erwerbslosenunterstüt-zung bezieht. „Längere Erwerbslosenperioden dieses Ausmaßes", so heißt es in der Denkschrift, „müssen wirtschaftlich und finanziell den Zusammenbruch der Gemeinden zur notwendigen Folge haben, denn sie bedeuten nicht nur einen radikalen Rückgang der Steuereinkünfte, die ja nur aus dem laufenden Wirtschaftsleben fließen können, sondern legen überdies den Gemeinden noch Lasten auf, die selbst für normale Steuereinkünfte kaum erträglich, für eine verminderte Steuerkraft geradezu vernichtend sind."

Kennzeichnend sind auch die Zahlen der Denkschrift über die Stickmaschinen. Im Bezirksverband ist seit 1912 ein Rückgang von 413 Handstickmaschinen zu verzeichnen, das sind 48,5 v. H., und ein Rückgang von 1884 Schiffchenstickmaschinen und Automatenmaschinen, was 436 v. H. bedeutet.

*Mit Kind und Kegel im Göltzschtal unterwegs,
Mitte der 20er Jahre*   Foto: Archiv Verlag

Mühltroffer Schloß Foto: Verlag

Aus dem Verlagsarchiv:

Bevölkerungszahlen vom Vogtland aus dem Jahre 1933

Verschiedene Anfragen lassen erkennen, daß über die Einwohnerzahlen im Vogtland besonderes Interesse vorhanden ist. Hierzu sei mitgeteilt: Am 16. Juni 1933, dem letzten Tag der Volkszählung, wohnten im Gebiet des Vogtlandes 414 357 Menschen, während die Zahl der Haushaltungen 126 580 betrug. Die landwirtschaftliche Bevölkerung betrug damals 30 585, wovon 1230 auf Plauen, 7760 auf die Amtshauptmannschaft Oelsnitz, 11 127 auf die Amtshauptmannschaft Plauen und 462 auf die Stadt Reichenbach entfielen. Daraus geht hervor, daß die übergroße Zahl der Vogtländer in Handwerks-, Industrie- und Fabrikbetrieben tätig ist und unsere engere Heimat als ausgesprochenes Industriegebiet bezeichnet werden muß.

Die Hauptstadt des Vogtlandes, Plauen, zählte 113 861 Einwohner und 35 778 Haushaltungen, sodann folgt Reichenbach mit 32 276 Einwohnern und 10 308 Haushaltungen. Unter Einschluß dieser beiden Städte wohnten im Gebiet der Amtshauptmannschaft Plauen damals 212 605

Menschen, während sich die Bevölkerungszahl ohne diese beiden Städte auf 66 468 und die Zahl der Haushaltungen auf 19 879 stellte. In der Amtshauptmannschaft Auerbach wurden unter Einschluß der Städte 128 792 Einwohner und 38 793 Haushaltungen gezählt, und in der Amtshauptmannschaft Oelsnitz wurden 72 966 Einwohner und 21 824 Haushaltungen ermittelt. Die drittgrößte Stadt des Vogtlandes ist Auerbach mit 19 597 Einwohnern. Sodann folgen Oelsnitz mit 16 337, Falkenstein mit 15 679, Rodewisch mit 10 986, Markneukirchen mit 8794, Treuen mit 8773, Lengenfeld mit 8241, Adorf mit 7896, Mylau mit 7375, Netzschkau mit 7274, Klingenthal mit 6491, Elsterberg mit 5196, Schöneck mit 4474, Pausa mit 4113, Bad Elster, die jüngste Stadt des Vogtlandes, mit 3395 und an letzter Stelle marschiert Mühltroff mit 2034 Einwohnern.

Wie verlautet, ist für Mai 1938 wieder eine Volkszählung, verbunden mit einer Berufs- und Betriebszählung geplant.

Die Bürgerinitiative „Rollstuhlwohnblock"
für das Bendelsteingebiet in Auerbach

1. Das Bendelsteingebiet

Es handelt sich um ein sogenanntes Neubaugebiet der Stadt Auerbach im Vogtland, das 1984 fertiggestellt wurde. In der Nähe befindet sich ein kleiner Felsen, genannt der Bendelstein.

Beim Baubeginn befand sich die DDR im stetigen Niedergang, der sich hier beispielsweise wie folgt auswirkte: Aus offensichtlicher Geldnot wurde auf den Anbau von Balkons teilweise verzichtet und durch die bekannten „Engpässe" der Planwirtschaft fehlte es praktisch an allem für den Bau, vom Zement für die Betonteile angefangen bis hin zur Dachpappe. Um es deutlich zu machen, sei folgendes beispielgebend berichtet: Vor dem Einbau waren Metallrohre innen stark „verrostet", sie wurden an einen Kran gebunden und ein- oder zweimal auf einer festen Unterlage aufgestoßen. Wenn der Meister dann bei einem Blick durch das Rohr am anderen Ende wieder Licht sah, erfolgte die Freigabe zum Einbau.

Eines war damals jedoch ganz hervorragend gebaut worden: Ein Block für Rollstuhlfahrer im Erdgeschoß mit ebenerdiger Barrierefreiheit und sonniger Südlage.

Das Gebiet umfaßte (und umfaßt) etwa 2000 Einwohner. Die bauliche Substanz bestand überwiegend aus 5geschossigen Betonneubaublöcken ohne Fahrstuhl, etwa je zur Hälfte betrieben durch eine Genossenschaft und durch die Stadt Auerbach selbst. Vereinzelt existieren Ein- und Mehrfamilienhäuser, eine Schrebergartensiedlung und auch einige wenige Betriebe und Vereine hatten sich angesiedelt.

2. Beginn des Wohnungsleerstandes nach der friedlichen Revolution 1989

Die Entwicklung begann schleichend, dafür ohne Zeitverzug und folgerichtig.

Bei den Ursachen für den Leerstand stand im Vordergrund die Abnahme der Einwohnerzahl der Stadt Auerbach, die sowohl durch Wegzug insbesondere jüngerer Bürger, die vornehmlich durch die Nähe des Freistaates Bayern bedingt, dort Arbeit nahmen und in der Folge später auch umsiedelten. Auch war ein Geburtenrückgang mit gleichgebliebener Sterberate zu verzeichnen.

Durch den direkten Vergleich mit dem westlichen Teil unseres Vaterlandes ergab sich die Notwendigkeit zur Erhöhung der Wohnqualität zwingend.

3. Reaktionen der Verantwortungsträger

Die Leitung der Wohnbaugenossenschaft sorgte mit einem vernünftigen, den neuen Erfordernissen der Marktwirtschaft angepassten Sanierungskonzept der Neubaublöcke insgesamt dafür, daß dort der Leerstand von Beginn bis heute erstaunlich kleingehalten wurde.

Anders bei der Wohnbaugesellschaft, hier waren von Beginn an mehrere gravierende Managementfehler zu verzeichnen, die schließlich nach 2000 zu einer erdrückenden Schuldenlast bei den Banken führten. In der Folge nahm der Leerstand bedrohliche Folgen an. Als vermeintlicher „Rettungsanker" trat dann der durch die Sächsische Staatsregierung geförderte Abriß der leerstehenden Wohnblöcke scheinbar auf. Jedoch das Herangehen der Verantwortlichen, die rein ökonomisch scheuklappenähnlich die billigste Variante im Auge hatten: Abriß möglichst ganzer Gebiete, zumindest Reihen der Wohnblöcke und dann von „außen nach innen". (Ein Verantwortlicher aus einer Nachbarstadt in der dortigen Stadtverwaltung sagte etwa wörtlich: „So macht Abriß richtig Spaß".)

Das erzeugte großen Unmut bei den Mietern insgesamt, denn für uns war das Wohnumfeld eben ein Stück Heimat.

In unserem Gebiet entzündete sich das Ganze am geplanten Abriß des Rollstuhlwohnblocks. Die Rollstuhlfahrer sollten in eilig hergerichtete Ersatzwohnungen umziehen. Wer sich weigerte, dem drohte Klage vor Gericht. Folgerichtig führte das Vorgehen so zur Gründung der BI „Rollstuhlwohnblock".

4. Die Struktur der BI

Die Zusammensetzung war sehr differenziert: Bewohner und Gewerbetreibende des Bendelsteingebiets aller Altersstufen. Die Initiatorin und damit Vorsitzende saß selbst im Rollstuhl und war Mieterin im Rollstuhlwohnblock. Eine weitere Struktur

Rollstuhlwohnblock heute

der BI im engeren Sinne gab es nicht, als Versammlungsleiter wurde ein Mitglied mit den meisten einschlägigen Erfahrungen bestimmt.

Irgendwie ergab sich die Art und Weise des Tätigwerdens aus der „Demokratie an sich", also den Hochzeiten im alten Athen so etwa zur Zeit des Sokrates. Wie im „Scherbengericht" konnte jeder reden, jeder hatte eine Stimme.

Einer politischen Partei haben wir uns nicht angeschlossen.

Wichtig war, daß wir die weit überwiegende Mehrheit der Bewohner und Gewerbetreibenden hinter uns hatten.

Schon kurz nach der Gründung der BI trat der Konflikt zutage: Der eine Vermieter und die Stadtverwaltung waren für flächendeckenden Abriß, die BI für punktuelle Beseitigung des Leerstandes. Der Graben zwischen den beiden Lagern war tief, das Problem war heftig umkämpft, es gab auch seitens unserer Gegner Aktivitäten „unter der Gürtellinie". Das war nicht nachvollziehbar, auch wenn eine Wohnungsgesellschaft regelrecht ums Überleben kämpfte. Wichtig war für uns, daß wir überall unsere Mitstreiter hatten, auch z. B. in der Stadtverwaltung, auch beim o. g. Vermieter u. a.

Nach dem Zusammenbruch eines Vermieters wurde praktisch die gesamte Leitung ausgetauscht. Die neuen Partner waren vom ersten Tag an auf unserer Seite, der Rollstuhlwohnblock wurde nach Skizzen der BI verkleinert umgebaut (Bild 1).

5. Die Ausdehnung der BI auf das gesamte Bendelsteingebiet

Auch als Mahnung der während des Kampfes verstorbenen Vorsitzenden Brigitte Möckel (s. auch Bild 2) erschien es nötig, die Aktivitäten der BI auf das gesamte Bendelsteingebiet zu erweitern. Es war und ist erklärtes Ziel, daß in nun enger Kooperation zur Stadt Auerbach sämtliche Entscheidungen zu unserem Gebiet behandelt werden.

Nach unserem Sieg ist unser Wohnbereich regelrecht wieder aufgeblüht. Ein Abriß von Wohnungen ist seitdem nicht mehr geschehen. Gewerke siedelten sich wieder an. Es gibt keine leerstehenden Gebäude mehr. Beispielgebend ist dabei zu nennen: Zwei Kaufhallen sind unter anderen Mietern nahezu vollständig wieder belegt, die Kindereinrichtungen haben sogar ange-

Gedenktafel für die Gründungsvorsitzende Brigitte Möckel Fotos: Autoren

6. Die Zukunft der BI

Angesichts der Tatsache, daß die BI alles erreicht hat, was sie sich vorgenommen hatte, haben wir den Beschluß gefaßt, die BI weiterbestehen zu lassen.

Heute ist die BI für das Bendelsteingebiet ein gern aufgesuchter Partner der Stadtverwaltung Auerbach, von Gewerben und anderen Trägern.

Die BI hat mit Hilfe des Sozialverbands VdK, der Diakonie, des Arbeitersamariterbundes und der Lebenshilfe Auerbach weiter Behinderte im Wohnbereich und im Kindergarten integriert.

Auch haben andere Bürgerinitiativen im Vogtland uns um Rat gefragt, wir haben dem gern entsprochen.

Für den Text verantwortlich zeichnen: Dr. med. Dietmar Eckstein, Ingeburg Schübl, Norbert Gerhold, Auerbach

baut. Neu angesiedelt ist der Familienverband und vieles andere mehr.

Irene Kasselmann, Auerbach:

Steig aus!

Wie grausam ist die heut'ge Zeit,
so lieblos, herzlos und so kalt.
Es regiert und macht sich breit
Gefühlsarmut – sprich's aus: Gewalt.

Ist Bitterkeit in deinem Herzen?
Spürst du die Angst in dunkler Nacht?
Mit was betäubst du deine Schmerzen?
Steig aus, wenn Drogen schon die Macht!

Laß andre nicht darunter leiden,
die du oft quälst, tyrannisierst.
Du mußt nur Negatives meiden,
weil du dein Glück zerstörst, verlierst.

Mach Inventur in deinem Leben.
Sei für den Neuanfang bereit.
Handeln! Und nach vorne streben!
Die Kraft dazu heißt: Herzlichkeit.

Aus dem Verlagsarchiv:

Gedankensplitter 1896

Versuche nicht, dich auf deinem
Steckenpferd durch das Leben zu schlagen,
es wird nie etwas abwerfen – außer dich selber.

Höflichkeit ist Nachsicht in kleinen Dingen.

Sauber ist mehr als geputzt.

Auch die „Ehre" wechselt mit der Mode.

Einem Egoisten gegenüber ist der
Egoismus Notwehr.

Alte Liebe rostet nicht – aber die liebe Alte.

Mancher ist gegen alle Unbill des
Lebens mit seiner – Dummheit gewappnet.

Louis Riedel, Meßbach (1847–1919):

Se trösten schlecht, er werd wieder

An'n alten Lump, er war sinst Wächter,
mußt itze de Gemaa dernährn.
„Wenn när dös alte Luder stürbet!"
Su kunnt m'r oft in' Wertshaus härn.

Amol do hots ne hiegestrichen
afs Loger, er wur ordntlich krank,
und alle hatten Fraad när drüber:
„Er wer scha starm!" Na, Gott sei Dank!

Der Vurstand ließ ne Dokter kumme
– er maant, er könnt gestroft sinst wer'n,
und wie der wieder fort war gange,
kam alles, wott de Nachricht härn.

„Wie is's?" su hieß's. Der Vurstand schüttelt
ne Kopf: „Der Doktor tröst' fei schlecht!
's is net gefährlich, er werd wieder!"
Wie machts der liebe Gott nu recht?

Peter Benz, Reichenbach:

Ein Stück Schmalspurbahngeschichte

Es war einmal beim „Forstmeister" in Schönheide/Erzgeb.

Am 16. Oktober 1881 wurde die erste Schmalspurbahnstrecke Sachsens, mit der Spurweite 750 mm, von Wilkau–Kirchberg bei Zwickau eröffnet. Fast ein Jahr später wurde Abschnitt nach Saupersdorf in Betrieb genommen. Eine Verlängerung nach Wernesgrün/V. und Stützengrün, Schönheide/Erzgeb. (239 m Höhenlage) sollte die Bahn an die Normalspurbahn Chemnitz – Adorf anschließen. Schließlich wurde am 14.12.1893 das 24 Kilometer lange Teilstück Saupersdorf – Wiltzschhaus in Betrieb genommen. Das letzte Teilstück nach Carlsfeld wurde am 21.6. 1897 in Betrieb genommen.

In Schönheide hatte diese Strecke fünf Bahnhöfe aufzuweisen. Von den Anfangsjahren abgesehen, in welchen Loks der Gattung I K und III K zum Einsatz kamen, wurde diese Strecke ausschließlich von der legendären sächsischen IV K befahren.

Beginnend ab 1967 wurden Teilstrecken eingestellt. Am 30.4.1977 um 13.55 Uhr fuhr der letzte planmäßige Güterzug 67984 geführt von der Lok 99 568 im Bahnhof Schönheide Mitte ein.

Nach der Wende wurde damit begonnen, ein Teil der stillgelegten Bahn als Museumsbahn mit der Bezeichnung Bimm wieder aufzubauen. Gegenwärtig findet an mehreren Wochenenden im Jahr Dampfbetrieb nach einem festgelegten Jahresfahrplan statt.

Eine Erhebung im Terrain ist der 795 m hohe Kuhberg. Etwa 3,5 km entfernt befindet sich aus Richtung Auerbach/V. kommend am Ortseingang von Schönheide das Flairhotel „Zum Forstmeister". Im Terrain der Hotelanlage hatte eine Gartenbahn ihr Domizil. Mit dem Bau wurde gleich nach der Eröffnung vom „Forstmei-

ster" begonnen. In all den Jahren wurde dieses Kleinod ständig erweitert und modernisiert. Sie war von Mai bis Oktober an den Wochenenden für Hotelgäste und anderen Besuchern zugänglich. Ein Signal vom ehemaligen Bahnhof Schönheide-West kündet von weitem an, wenn es auf „Freie Fahrt" steht, daß geöffnet ist.

Zahlreiche Motive der ehemaligen Schmalspurbahnstrecke fanden die Besucher im Modell wieder. Dazu gehören der Lokschuppen Schönheide-West, Kuhbergturm, das Rathaus in Schönheide, das inzwischen abgerissene Feuerwehrhaus, Forstmeisterhotel, der Museumsbahn Lok-

Ein Zug fährt unterhalb des Hotels „Forstmeister" vorbei.

schuppen und Sägewerk Wiltzschmühle bei Carlsfeld. Eine auf dem Modell vorhandene Sprungschanze fand der Gartenbahnfreund in der Natur auch nicht mehr wieder.

Bei der Landschaftsgestaltung wurde auf größtmögliche Authentizität Wert gelegt mit Zuhilfenahme natürlicher Gehölze. Das waren kleine Koniferen, Stauden und Steine.

Drei Züge befuhren verschiedene Abschnitte der ehemaligen Schmalspurbahn. Die Dampflok 99 568 gehört auch zu den Spuren der Vergangenheit, führt aber heute auch bei der Museumsbahn regelmäßigen Fahrverkehr durch.

Die Reinigungslok 2067 hatte an den Vorderrädern Sandpapier und sorgt somit für einen störungsfreien Zugverkehr. Geräusche gehören heute einfach zu einer Modellbahnanlage dieser Art. Ob Dampf- oder Diesellok, beide klangen richtig echt, mittels Module versteht sich, und versetzen die Bewunderer der Anlage in längst vergangene Zeiten zurück. Bei Regen, Schnee oder gar Gewitter wurde das rollende Material in Sicherheit gebracht. Im Winter werden die Aufbauten auch entfernt. Dann befand sich das Signal in der Stellung „Halt". Im Winter kann man im Foyer den Dampfzug bewundern, wie er inmitten einer Schneelandschaft seine Runden dreht. Zeitweise befand sich auf der Gartenbahnanlage auch eine Schwebebahn.

2008 wurde die Anlage abgebaut. Der zeitliche Aufwand war zu groß. Die Häuser der ehemaligen Bahn können jetzt im Bürsten- und Heimatmuseum Schönheide/Erzgeb. besichtigt werden.

Nachfolgend einige Fotos, als die Anlage noch bewundert werden konnte.

Ein Güterzug mit einer Diesellokomotive und eine Dampflok mit Personenwagen begegnen sich in einer Kurve.

Alt und neu treffen sich hier am Bahnhof.

Der Kuhbergturm wurde 1894 als Prinz-Georg-Turm errichtet. Hier im Modell der Gartenbahnanlage.

Ein Mitarbeiter des Hotels pflegt die Anlage und entfernt regelmäßig Laub von den Gleisen. Fotos: Autor

Herbert Feustel, Wilkau-Haßlau:

Die Geisterschlacht bei Hermannsdorf

Die Nacht zum 20. Oktober 1706 war still und klar. Benjamin Müller aus Hermannsdorf bei Annaberg machte sich von Dörfel auf den Weg nach Hause. Da zeigte sich am klaren Nachthimmel ein schwarzer Streif, er sah aus wie ein Sarg. Dieser teilte sich in zwei Stücke. Die beiden Wolkenbälle stritten miteinander, dann wurde es still. Da kam von Böhmen her ein Reiter gesprengt, ein zweiter und dritter folgte. Dann erschienen drei Trupps Reiter sowie ein großer Heereshaufen, rund tausend Mann. Die ersten drei Reiter waren groß und ritten auf starken Pferden. Das Kriegsvolk war kohlschwarz und nahm Aufstellung zum Kampf. Nun begann die Schlacht. Der linke Haufen unter-

lag und verschwand. Der rechte Haufen stand noch. Zwei Stunden lang tobte die Schlacht. Zum Schluß verwandelte sich die siegreiche Kriegsschar in eine dunkle Wolke. Der Ort des Streites war am Himmel blutrot geworden. Diese Erscheinung gab Benjamin Müller unter Eid am 28. Oktober 1706 dem Gerichtsamt zu Grünhain bekannt. Auch andere Leute sahen die Schlacht am Himmel. Der Fleischermeister Hans Bock aus Elterlein, der auch in dieser Nacht unterwegs war, konnte ebenfalls seine Aussage am gleichen Tag auf dem Gericht zu Grünhain zu Protokoll geben.

Anmerkung: Die Aussagen der beiden Bürger wurden im Königlichen Hauptarchiv Sachsens, Lokat 10690 ... Wunderzeichen 1693–1735 niedergeschrieben.

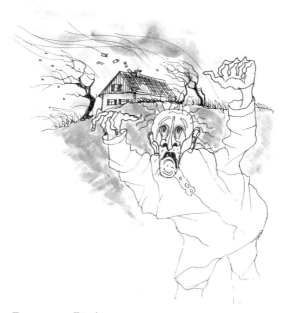

Es war zum Fürchten   Zeichn.: M. Seybold

136

Bevor die „Erdachsenschmiere" in Pausa erfunden wurde, hatte der Pausaer Emil Pinks seine Geburtsstadt durch sein Wirken bekannt gemacht.   Foto: Verlag

Peter Benz, Reichenbach:

Sprungbrett für eine große Karriere

In Pausa kam Sänger und Gesangslehrer Emil Pinks zur Welt

Zahlreiche berühmte Persönlichkeiten wurden im Vogtland geboren, starben dort oder verbrachten viele Jahre in dieser Region. Andere benutzten diese Region als Sprungbrett für eine Karriere in deutschen Großstädten wie Berlin, Leipzig, Dresden, Heidelberg oder anderswo. In der ehemaligen DDR gehörte Pausa zu Thüringen.

So wurde am 23.11.1866 der damals weit über die Reichsgrenzen hinaus bekannte Konzert-Oratorien- und Oratoriensänger sowie Gesangslehrer Emil Pinks als Sohn des Faktors Pinks in Pausa geboren. Er wohnte in der heutigen Paul–Scharf–Straße 28. Dieses Haus steht heute noch und ist im Besitz der Familie Starke (Nachfahren von Emil Pinks). Er besuchte in Pausa die Bürgerschule. Die Bürgerschule steht nicht mehr; das Gebäude wurde 1993 nach verschiedenen Nutzungsarten abgerissen, teils auch wegen des Fundamentes, welches aus einem Eichenstämmenrost bestand, der im ehemaligen Brauteich das Schulgebäude trug und nun die Feuchtigkeit in das Gebäude saugte.

Nach Absolvierung des vogtländischen Gymnasiums in Plauen besuchte er dort das Seminar, um sich auf die praktische Lehrertätigkeit vorzubereiten. Schließlich war er von 1887 bis 1890 in Reichenbach/V. als Lehrer tätig. Dann aber kam seine musikalische Ader zum Vorschein. Er nahm an mehreren Kursen des Königlichen

137

Das Geburtshaus von Emil Pinks in Pausa

Conservatoriums der Musik zu Leipzig teil.

„Am 2.4.1843 gründete der Komponist und Gewandhaus-Kapellmeister in Leipzig F. Mendelssohn Bartholdy (1809–1847) ein Conservatorium der Musik. Es hatte seinen Sitz zunächst im Gewandhaus (Gewandhausgäßchen). Im Jahr 1876 erhielt die Einrichtung die Erlaubnis, künftig den Namen Königliches Konservatorium der Musik zu Leipzig zu führen.

Am 05.12.1887 wurde das neue Gebäude des Konservatoriums in der Grassistraße 8 eingeweiht, das 1885 bis 1887 nach einem Entwurf des Leipziger Architekten H. Licht (1841–1923) errichtet wurde."

Seine Lehrer waren Salomon Jadassohn (Theorie), Paul Homeyer (Orgel) und Herr Proft (Deklamation). Emil Pinks bestand sein musikalisches Fachlehrerexamen erfolgreich.

Anschließend bekam er eine Anstellung als Seminarlehrer in Nossen.

Pinks wollte aber seinem ursprünglichen Beruf als Sänger nachgehen. Obwohl er eine sichere Lebensstellung in Aussicht hatte, verließ er das Schulamt, um erneut das Leipziger Konservatorium zu besuchen. Er studierte beim bekannten Gesangslehrer Friedrich Rebling. Schließlich

durfte Emil Pinks in einem der berühmten Gewandhauskonzerte auftreten. Er wurde berühmt. Pinks bekam Engagements in Deutschland, Österreich, Rußland, Holland und in der Schweiz. Er vervollkommnete seine Gesangskunst bei Professor Julius Stockhausen in Frankfurt/Main.

Nach dem Tod von Friedrich Rebling in Leipzig wurde Emil Pinks sein Nachfolger. Um seinen Schülern ein Vorbild zu sein, trat er noch nebenbei als Sänger auf.

Pinks wurde zu einem hervorragenden modernen Sänger seiner Zeit.

Im Juli 1910 erschien von Emil Pinks das Werk „Atem-Sprech-Singtechnik" bei P. Pabst, Leipzig.

Ein Foto von Emil Pinks im Jahre 1902. Fotos: Autor

In der Folge erschien die vollständig umgearbeitete Singschule von Peter von Winter.

Er starb im Jahre 1913.

Wo ist Emil Pinks beigesetzt worden und welches ist sein genaues Sterbedatum?

Prof. E. Kaiser, Plauen (†):

Zwölf Feuersteinfundstationen im Vogtland

Erst in jüngster Zeit hat man im Vogtland dem Vorkommen von Feuersteinmaterial in den Kies- und Sandlagern größere Aufmerksamkeit gewidmet, nachdem seit dem Jahre 1922 eine ganze Reihe von vorzüglichen Feuersteinwerkzeugen in Zwoschwitz (U. Schaller), Plauen, Niederreuth, Dehles, Reichenbach und Greiz entdeckt wurden. Das Vorhandensein von Feuersteinmaterial bildet das ausschlaggebende Merkmal, nach welchem die betreffenden Ablagerungen als eiszeitlich (diluvial) zu bezeichnen sind. Dies gilt nicht nur für die Schotterlager und Lößlehmbildungen des Niederlandes in der Leipziger Bucht, sondern auch für höher gelegene Lehm-, Sand- und Kieslager, wie im Vogtland im Bereich des Elstertales von Oelsnitz abwärts bis Elsterberg und Greiz im Göltzschtal, z. B. bei Weißensand, vorkommen. Vor der diluvialen Bereisung gab es keine Feuersteine in diesen Landstrichen, erst das aus Norden vorstoßende Inlandeis brachte diesen Feuerstein in verschiedenster Größe aus dem Gebiet der baltischen Kreide mit nach Süden, so nach Leipzig, nach Mittelsachsen, in das Elbtal, in die Lausitz und im Elstertal aufwärts in das Vogtland. Unter den bisher im Vogtland gesammelten Feuersteinstücken befinden sich Exemplare von Walnuß- und Haselnußgröße bis zur Größe eines Daumens, einzelne Stücke erreichen die Größe eines Hühnereies und das bisher umfangreichste Feuersteinstück ist faustgroß. Vom Kieslager Plauen (Ost) stammende Feuersteine zeigen die Form von kleineren und größeren Splittern sowie von Kernstücken in Daumengröße, es sind nordische Feuersteine in allen Farben von Weiß über Gelb bis zum dunklen Braun und Schwarz, es fanden sich auch Bruchstücke von verkieselten, in Feuerstein umgewandelten Orthoceras-

Muscheln (Geradhorn). Feuersteinmaterial entdeckte man ferner in den Kieslagern von Oberjößnitz, Jocketa, Elsterberg sowie im Lehmlager von Greiz gegenüber der Mündung der Göltzsch. Aus Reichenbach stammt ein 5¼ cm langer, abgerollter Feuerstein von dunkelgrauer Farbe, allem Anschein nach ein verkieselter Seeigel. Das größte Stück Feuerstein aus unserer Landschaft in den Maßen 8 x 10 cm und im Gewicht von über 500 Gramm, dunkelgrau von Farbe fand ein Landwirt beim Roden von Fichtenwurzeln in Dehles bei Schönlind. Diese zahlreichen Nachweise von Feursteinvorkommen im Vogtland bezeugen hinreichend die diluviale Entstehung der alten Ablagerungen der Elster und ihrer Zuflüsse, während man sie früher noch zum Tertiär (Braunkohlenzeit) rechnete.

Aber nicht nur für die diluviale Geologie sind diese Feuersteinfunde von Belang. Noch viel höheres Interesse hat daran die Urgeschichtsforschung des Vogtlandes, der es in überraschend kurzer Zeit gelang, den Werkzeugbestand des eiszeitlichen Jägers in Plauen, Zwoschwitz, Reichenbach, Greiz und Niederreuth an der Elsterquelle zu entdecken. Als das erste vogtländische Feuersteinartefakt im Jahre 1922 in Zwoschwitz gefunden war, konnte man noch immer den Einwand erheben, daß von Natur Feuerstein im Vogtland nicht vorhanden sei und daß ein derart bearbeitetes Werkzeug daher vielleicht von außerhalb, etwa von Thüringen herübergebracht wurde. Heute wagen die Zweifler nicht mehr, derartige kindliche Bedenken zu äußern, angesichts der Fülle des nachgewiesenen Feuerstein-Materials müssen sie verstummen. Die im Vogtland entdeckten altsteinzeitlichen Werkzeuge sind als zum zweiten Formenkreis (Ehringsdorf) gehörig anerkannt, an der ehemaligen Anwesenheit des eiszeitlichen Jägers im Vogtland ist somit nicht mehr zu zweifeln, zumal auch noch andere gewichtige Gründe dafür ausschlaggebend sind (Bearbeitung von Mammutknochen und von bodenständigem Gesteinsmaterial, Tierfund von Untermarxgrün bei Oelsnitz). Daß noch manches schöne Stück Feuerstein im Boden des Vogtlandes vorhanden sein mag, beweisen zwei neue Funde in einer Oelsnitzer Gärtnerei (R. Bahmann-Plauen) und in einem Schrebergarten in Syrau (Oberl. H. Fritsche-Plauen), das erstere Stück ähnelt in Form und Bearbeitung dem seinerzeit in Zwoschwitz entdeckten ersten Feuersteinwerkzeug des Vogtlandes, während das Syrauer Fundstück, von aschgrauer Farbe und 25 x 17 mm groß, die Gestalt einer halben Daumenkuppe besitzt. Angesichts der Bedeutung, welche die Altertumsforschung gerade dem Feuersteinmaterial beizumessen pflegt, ist es sehr erfreulich, daß mit diesen beiden neuen Funden die Zahl der Feuersteinfundstätten im Vogtland sich nun auf zwölf erhöht hat. Diese Fundstationen liegen sämtlich verhältnismäßig hoch über dem heutigen Talgrund der Elster und der Göltzsch, nur auf diese Weise konnten die Fundstücke vor dem Schicksal bewahrt werden, daß sie die Wasserfluten der Elster und ihrer Zuflüsse mit hinab in das Leipziger Tiefland entführten.

ca. 1928

Karl Schubert, Rodewisch (1930–2008):

Dreimal Feuer und trotzdem Glück

Am Sonntag, dem 12. Februar 1928, gegen 19.30 Uhr brach in Hundshübel im Wohnhaus des Händlers E. Schubert Feuer aus und äscherte dasselbe vollständig ein. Die Feuerwehren waren noch mit dem Ablöschen des Brandes beschäftigt, als auf der entgegengesetzten Seite des Ortes, gegen 22.15 Uhr schon wieder Feuerrufe ertönten. Jetzt brannte das Gut der Anna verw. Schmidt. Auf die Meldung Großfeuer hin rückten die Freiwilligen Feuerwehren und Motorspritzen der Orte Lichtenau, Oberstützgrün, Kirchberg, Bärenwalde, Schneeberg, Eibenstock und Sosa an und bekämpften gemeinsam mit den Ortswehren den neuen Brandherd. Trotz großer Bemühungen wurde das gesamte Anwesen einschließlich aller Nebengebäude ein Raub der Flammen. Während das Vieh gerettet werden konnte, sind die landwirtschaftlichen Maschinen und Geräte dem gefräßigen Element zum Opfer gefallen. Die aufgeregten Gemüter des Ortes sollten aber noch nicht zur Ruhe kommen. Kaum daß dieses Feuer als lokalisiert betrachtet werden konnte, war in unmittelbarer Nähe des Brandherdes schon wieder ein dritter Brand ausgebrochen, und zwar brannte die zum Anwesen der Wirtschaftsbesitzerin Eismann gehörige Scheune und äscherte auch diese vollkommen ein. Das Wohnhaus konnte durch die Feuerwehren gerettet werden.

Als Glück ist anzusehen, daß der an den Vortagen herrschende Sturm sich gelegt hatte, sonst wäre wohl der größte Teil des Ortes der Brandkatastrophe zum Opfer gefallen.

Gero Fehlhauer, Reichenbach:

Als Friesen noch ein Freibad hatte

Friesen, das kleine vogtländische Dorf zwischen Reichenbach und Thüringer Grenze, war einstmals ein beliebter Ausflugsort. Ein Freibad, am Mühlberg gelegen, nannte der heutige Ortsteil von Reichenbach genauso sein eigen wie einen im Ort befindlichen Gondelteich mit Freitanzdiele. Freibad und Gondelteich gehören indes schon lange der Vergangenheit an.

Dem Friesener Freibad war nur eine kurze Dauer gegeben, es existierte nur von 1926 bis etwa 1943/44. Quasi als

Ansicht des Bades von Fotograf Adolf Weiss 1926

Folge des Ersten Weltkrieges gründeten sich vielerorts Vereine, denn die Menschen suchten Geselligkeit nach dem verheerenden Krieg. So wurde auch 1923 in Friesen der Naturverein ins Leben gerufen. Schon bald reifte der Gedanke, ein Naturbad anzulegen. Durch verschiedene Geldstiftungen war es möglich, mit Eifer ans Werk zu gehen. Ende 1924 waren die Erdarbeiten abgeschlossen. Im Folgejahr begannen die Betonierarbeiten des 32 mal 12 Meter großen Beckens mit einer drei Meter tiefen Sprunggrube.

Im Herbst 1925 erfolgte die Probefüllung, was die Erbauer und deren Fami-

lien zu einem „Probebaden" nutzten. Am 4. Mai 1926 verkündete die Tagespresse: „Aufgezogene Flaggen verkünden die Eröffnung unseres Bades, das weit oberhalb des Waltersdorfer Weges am Waldrand liegt ..." Am 20. Juni 1926 erfolgte unter großer Anteilnahme der Bevölkerung die Weihefeier. Einnahmen wurden zur weiteren Gestaltung des Umfeldes genutzt. Für die zahlreichen Besucher ließ der Verein beim Reichenbacher Fotograf Adolf Weiss 1000 Postkarten herstellen, um das Bad weithin bekannt zu machen.

Mit Machtübernahme durch die Nationalsozialisten 1933 wurde der Verein aufgelöst und das Vermögen beschlagnahmt. Die Schwimmabteilung wurde vom Reichsbund für Leibesübungen übernommen. 1940 wechselte dann auch noch der langjährige Bademeister Max Kraus seine Arbeitsstelle. Per Anzeige bemühte sich die Gemeinde um Ersatz. Der Niedergang hatte begonnen. Im Jahre 1944 verzeichnete das Freibad schon keinerlei Einnahmen mehr. Der Grund dürften Winterschäden am Becken gewesen sein, die kriegsbedingt nicht mehr ausgebessert werden konnten.

Am 18. Januar 1945 wurde ein Eintrag ins Kassenbuch vorgenommen, der auf Einnahmen aus Holzverkäufen aus dem Bad verweist. Das 1939 zugunsten des Landes Sachsen eingezogene Land wurde 1947 an die Alteigentümer zurückgegeben. Der Gedanke eines Wiederaufbaus des verfallenen Bades kam nicht auf, so daß heute nur noch der einstige Sprungbereich als Speicherbecken genutzt wird, sowie das fundamentierte Gebäude des Bademeisters zu sehen ist.

Im Sommer war es ein beliebter Anziehungspunkt für Jung und Alt, das Foto entstand 1938

Der Bereich Sprungbecken, er ist heute noch in Privathand vorhanden und wird als Wasserreservoir genutzt. Im Hintergrund die ersten Häuser von Reichenbach

-Fotos: Autor

Carl Parucker, (†) Brasilien:

Vogtländischer Aberglaube

Eine vogtländische Betrachtung aus dem Jahre 1896

Man schreibt es namentlich der Einwirkung Eisenbahn und des durch sie vermittelten riesigen Verkehrs zu, daß sich die Anschauungen nivellieren und allmählich die alten örtlichen Sitten, Gebräuche und namentlich der alte Volksglaube, der sich zum Aberglauben umgestaltet hat, mehr und mehr verschwinden. Umso gebotener erscheint es, die Überbleibsel zu sammeln und sie völliger Vergessenheit, sei es aus Pietät für die Vorfahren, sei es im Interesse der Kulturgeschichte, zu entreißen. Wenn ich in Nachstehendem über den vogtländischen Aberglauben, welcher teils im germanischen, teils im sorben-wendischen Altertum wurzelt, einen Beitrag zu geben versuche, so möge man dessen Unvollständigkeit damit entschuldigen, daß ich lange und weit von der Heimat entfernt lebe und so bei dem vollständigen Mangel aller Quellen und jeden Verkehrs mit dem Volke des Vogtlandes nur aus dem Gedächtnisschatze meiner Jugendzeit schöpfe. Es ist auch möglich, daß manches, was ich als noch vorhanden angebe, heutigen Tages schon ganz vergessen ist.

> „Am Kreuzweg wird begraben,
> wer selbst sich brachte um,
> es blüht auf seinem Grabe
> die Armesünderblum'."

Selbstmörder sind von jeher dem Volke ein Abscheu gewesen, und bei jedem Selbstmord glaubte man den Teufel im Spiel, der sich der armen Seele des Unseligen und für ewig Verlorenen bemächtigte. Daher begrub man den Selbstmörder nicht in der geweihten Erde des Kirchhofes, sondern entweder am Ort der Tat oder an den Kreuzwegen, wo sich die bösen Geister gute Nacht sagen und wo nun auch der Tote selbst umgeht. Die Leiche eines Selbstmörders zu berühren, galt für gefährlich, da der Teufel leicht dabei einen Haken einschlagen konnte. Als in meiner Jugend einmal ein alter Mann, der auf dem Auszug lebte und keinen Verkehr mit den Nachbarn unterhielt, sondern immer einsam und verschlossen seines Weges ging, beim Wasserschöpfen in den Dorfteich rutschte und ertrank, meinte man allgemein, er habe sich selbst ertränkt, er sei „Freimaurer" gewesen und als solcher nun dem Teufel verfallen. Von den zahlreich zugeströmten Dorfbewohnern war keiner zu bewegen, den am Ufer liegenden Leichnam aus dem Wasser zu ziehen, bis endlich der Pfarrer die erste Hand anlegte, dann erst wurde Hilfe geleistet, denn dem geistlichen Herrn konnte der Teufel doch nichts anhaben. Der Selbstmörder hat im Tode keine Ruhe, er gesellt sich den Gespenstern bei und fährt mit dem wilden Heere, an dessen Spitze ein Reiter ohne Kopf (der germanische Gott Wotan) auf einem halben Pferde jagt, und das unter Eulengeschrei, Rüdengebell und unheimlichem Getöse durch Wälder, Heiden, ja auch öfters durch Dörfer seinen Weg nimmt. Gespenster in den verschiedensten Gestalten gingen an einsamen Orten um, man scheute sich, bei dem Kirchhof nachts vorbeizugehen, weil um Mitternacht die Toten aus den Gräbern steigen. Den Teufel witterte früher das Volk bei jedem sonderbaren Ereignis. Wenn ein loser Bursche bei Nacht durchs Dorf strich und mit Steinen gegen Türen und Läden warf, gruselten sich die Bewohner in ihren Betten und meinten zitternd: Der Böse geht durchs Dorf! Nur die vorurteilsfreien Hunde machten dem Unfug ein jähes Ende. Man vermied es, den Teufel bei seinem wahren

Namen zu nennen, und verwandelte daher „Teufel" in „Teixel" oder gab ihm die einfache Benennung „der Böse". Als man im Dorfe Kr. vor etwa achtzig Jahren die Wirtschaftsgebäude des Ritterguts umbaute, fand man im alten Gemäuer ein Zauberbuch: „Fausts Höllenzwang", das man einem früheren Besitzer, Haberland, zuschrieb, der zur Zeit des Dreißigjährigen Kriegs dort schwarze Kunst getrieben haben soll. Man legte das Buch einstweilen auf die Seite, als man es aber wieder nehmen wollte, war es verschwunden, und das ganze Dorf meinte nur: der Böse hat es sich wiedergeholt. In dem gedachten Rittergut befand sich eine große Bodenkammer, welche derart von Gespenstern verunreinigt wurde, daß die beherztesten Knechte nicht darin zu schlafen wagten. Es erschien dort nachts unter Kettengerassel eine weiße Frau, und wenn die Schläfer sich dadurch noch nicht schrecken ließen, so wurden sie durch eine unsichtbare Gewalt kurzer Hand aus dem Bett geworfen. Bei diesem wahrscheinlich noch hier und da vorhandenen Gespensterglauben muß ich mich immer der Worte meines achtzigjährigen Großvaters erinnern. Der sagte: „In meiner Jugend gab es noch Gespenster, seit aber die Welt nicht mehr daran glaubt, gibt es auch keine mehr."

Aberglaube und Sage sind eng miteinander verwachsen, und das eine verdankt dem anderen häufig seinen Ursprung. An dem Ort, wo ein Mord verübt wurde, wächst eine Trauerfichte, eine Fichte mit verdrehten Ästen, empor, oder ein Wunderbaum wie in der Nähe Plauens an der Chaussee nach Reichenbach, ein Schäfer beweist seine Unschuld durch seinen in die Erde gesteckten Stab, der sofort zu grünen anfängt, wie dies vom Stelzenbaum erzählt wird. Die obengedachte blaue Armesünderblume, ebenso wie die fabelhafte, nur in der Johannisstadt blühende Johannisblume eröffnen die geheimen, mit Gold und Edelgestein gefüllten Schatzkammern, welche z. B. unter der alten Wendenburg Magwitz, unter dem Landeckhause im Elstertal und im Teixelgebirge (Teufelsberg) bei Kröstau sich befinden sollen und entweder von einem grauen Männlein oder einem schwarzen Hunde mit tellergroßen feurigen Augen oder wie Teufelsberge durch eine Schlange mit einem goldenen Krönchen auf dem Kopfe gehütet werden. – Mythologischen Bezug hat das wendische Götzenbild (Ezernebog?) in der Götzenmühle zu Plauen, das nicht vom Platze gerückt werden durfte, wenn nicht die ganze Mühle überschwemmt werden sollte. Dasselbe gilt von den nächtlichen Tänzen der Wald- und Wasserweiblein, deren Spur am Morgen weiße Ringe im Grase kenntlich machen. Kommt unversehens ein Mensch zu diesen Tänzen, so muß er in den Reigen und tanzt sich zu Tode oder wird wahnsinnig. Den alten Göttern entstammt auch der neckische Kobold Bilts, der über Nacht schmale Zickzackwege durch das reife Getreide schneidet, sowie ein unheimisches Wesen (Ballkat in Pommern, der speziell vogtländische Name ist mir entfallen), welches das baldige Ableben eines Menschen anzeigt. Dasselbe winselt und miaut als schwarzer Kater am Hause, wo ein Todkranker liegt, und wächst bei Annäherung eines Neugierigen plötzlich zu riesenhafter Höhe empor. Die Voraussicht eines baldigen Todesfalls schreibt man auch Hunden und anderen Haustieren zu, und ein am Hause heulender Hund, der trotz Steinwürfen nicht weicht und zu heulen aufhört, gilt als ein sehr schlechtes Anzeichen.

Allgemein verbreitet war früher und ist an manchen Orten wohl heute noch der Glaube an Hexen und weiße Frauen. Die Hexen und Hexenmeister, denn es gibt auch männliche Teufelsbraten, sind die Vertreter der sogenannten schwarzen Magie, der auf das Böse gerichteten Zauberkunst oder der schwarzen Kunst. Sie haben sich dem Teufel verschrieben, und was sie tun, geschieht unter Beihilfe des Teufels, der ihnen öfters einen dienstbaren Geist, den Drachen, zur Verfügung stellt. Sie verhexen das Vieh, daß es mager

144

Auf dem Hexentanzplatz

und hinfällig wird, entziehn als Milchhexen den Kühen die Milch, welche ihnen selbst durch den im Schornstein einfahrenden Drachen zugeschleppt wird, sie haben den bösen Blick, und ihr Absehen ist immer darauf gerichtet, anderen Schaden zu tun und sich dadurch zu bereichern. Sind sie in der Kunst hoch gestiegen, so vermögen sie als Wetterhexen sogar schlechtes Wetter mit Blitz, Donner und Hagelschlag herbeizuzaubern. Ihre Sprüche geschehen in Teufels Namen, und zu Walpurgis feiern sie mit ihren Oberherrn auf einer von Menschen fernen Anhöhe ein großes und greuliches Fest und werden wie billig zuletzt vom Teufel geholt. Lobende Aussprüche von fremden Personen über ein Stück Vieh hört der Dorfbewohner nicht gern, man fürchtet das Beschreien, und zur Abwehr eines etwaigen Zaubers murmelt man entweder einen Fluch oder spuckt dreimal nach rückwärts aus. – Den Hexen entgegen stehen die weißen Frauen, denen sich auch Mannsleute, meist alte Schäfer, anschließen. Sie sind die Vertreter der sogenannten weißen Magie, der auf das Gute gerichteten Zauberkunst. Ihre Sprüche sagen sie im Namen Gottes oder vielmehr der Dreifaltigkeit. Die weißen Frauen entreißen den Hexen ihren Raub und machen deren böse Anschläge zunichte, sie heilen Krankheiten von Menschen und Vieh durch Versprechen (Sympathie) d. h. durch das Murmeln von Zauberformeln, sie wissen das einer Wunde entströmende Blut zum Stillstand zu bringen, wobei sie mit einem in das Blut getauchten Span drei Kreuze an die Stirn des Verwundeten malen. Häufig ist das sogenannte Vernageln von Krankheiten, indem ein Nagel oder ein Pflock, der mit dem kranken Körperteil in Berührung gebracht wurde, in einen einsamen Baum geschlagen wird. Wer freilich den Nagel oder Pflock herauszieht, ladet sich die vernagelte Krankheit selbst auf, so daß es scheint, als ob diese Art der Krankheitsheilung mehr in das Bereich Hexerei gehört. Der Kuriosität halber fügen wir noch ein Sprüchlein bei, womit die weiße Frauen die Rose (Rotlauf besprechen.

„Die Rose und der Drach
gingen miteinander zu Bach,
der Drach ertrank
und die Rose verschwand.
Im Namen Gottes des Vaters,
des Sohnes und des heiligen Geistes."

Dabei dreimaliges kreuzweises Blasen der kranken Stelle. Probatum est. Übrigens verlangt der Besprechende unbedingten Glauben an die Heilkraft seiner Besprechung, wer diesen nicht hat, dem ist eben nicht zu helfen.

Ich schließe hiermit meine Mitteilungen. Wenn die Ährenlese etwas kläglich ausgefallen ist, so bitte ich, mich mit den eingangs erwähnten Gründen zu entschuldigen.

Aus dem Verlagsarchiv:

Der Schwarzseher

Ein Mensch denkt jäh erschüttert dran,
was alles ihm geschehen kann
an Krankheits- oder Unglücksfällen,
um ihm das Leben zu vergällen.
Hirn, Auge, Ohr, Zahn, Nase, Hals,
Herz, Magen, Leber ebenfalls,
Darm, Niere, Blase, Blutkreislauf
zählt er bei sich mit Schaudern auf,
bezieht auch Lunge, Arm und Bein
nebst allen Möglichkeiten ein.
Jedoch, sogar den Fall gesetzt,
er bliebe heil und unverletzt,
ja, bis ins Kleinste kerngesund,
wär doch zum Frohsinn noch kein Grund,
da an den Tod doch stündlich mahnen
Kraftfahrer, Straßen-, Eisenbahnen,
selbst Radler, die geräuschlos schleichen,
sie können tückisch dich erreichen.
Ein Unglücksfall, ein Mord, ein Sturz,
ein Blitz, ein Sturm, ein Weltkrieg – kurz,
was Erde, Wasser, Luft und Feuer
in sich birgt, ist nie geheuer.
Der Mensch, der so des Schicksals Macht
ganz haargenau bei sich durchdacht,
lebt lange noch in Furcht und Wahn
und stirbt – und niemand weiß, woran.

Dr. Pietsch (†):

Von einem bei Breitenfeld 1631 gefallenen Plauener

Am 7. September des Jahres 1631 gedenken wir jener Schlacht, in der Gustav Adolf bei Breitenfeld Tilly geschlagen hat. Mit Gustav Adolf seit dem 1. September verbündet, hatte Kurfürst Johann Georg I. von Sachsen sein Heer dem Schwedenkönig zugeführt. Gemeinsam rückten sie gegen Leipzig vor, das sich am 5. September den Kaiserlichen hatte ergeben müssen. Nördlich Leipzig, zwischen Podelwitz und Wiederitzsch, östlich vom Rittergut Breitenfeld, kam es dann am 7. September zur Schlacht. Die Sachsen, meist frisch geworbene Leute, erlagen bekanntlich dem heftigen Ansturm der Kaiserlichen, erlitten schwere Verluste und flohen Eilenburg zu. Nur dem Umstand, daß der schwedische General Horn den linken schwedischen Flügel im heftigsten Feuer durch eine kühne Schwenkung zurücknahm und Gustav Adolf Reserven heranbringen konnte, ist es zu danken, daß der Angriff Tillys nicht nur zum Stehen kam, sondern auch abgeschlagen wurde und die Schlacht mit einem vollständigen Sieg der Schweden endete.

Herr Hermann Leippert, Plauen, hat mich auf einige Einträge, die im Taufbuch 1585 bis 1609 der Plauener Sankt Johanniskirche zu lesen sind, aufmerksam gemacht, die am Gedenktage der Breitenfelder Schlacht für uns in Plauen von besonderem Interesse sind und daher im folgenden mitgeteilt werden sollen.

In diesem Taufbuch steht verzeichnet, daß am 9. November 1597 Martinus Muskulus als Sohn des Christoph Muskulus und dessen Frau Lena geb. Keil in der Johanniskirche getauft worden ist. Eine spätere Hand hat dazu geschrieben: „Blieb in der Leipziger Schlacht, den 7. September anno 1631, schwedischer und churfürstlicher Rittmeister aetatis 34 weniger 9 Wochen, liegt in Eilenburg begraben." Von dem Vater des Gefallenen, Christoph Muskulus, meldet das Taufbuch, daß er 20 Jahre hindurch Organist zu Plauen, dann 8 Jahre Organist in Zwickau gewesen ist. Wie wir bei Vollhardt, Geschichte der Cantoren und Organisten in Sachsen, lesen, hat Christoph Muskulus seit etwa 1590 das Amt eines Organisten in Plauen, von 1610 bis 1617 zu Sankt Marien in Zwickau bekleidet. Am 22. Juli 1617 ist er in Zwickau verstorben. Der am 10. Oktober 1594 in der Johanniskirche getaufte ältere Bruder des Gefallenen, Christoph Muskulus, wurde auch ein Opfer des großen Krieges. Das Taufbuch vermerkt, daß dieser am 7. Januar 1632 als churfürstlich-sächsischer Musterschreiber im Alter von 37½ Jahren zu Leitmeritz in Böhmen gestorben sei und auch dort begraben liege. Nach der Schlacht bei Breitenfeld waren die Sachsen unter Arnim in Böhmen eingerückt, hatten Prag besetzt, um allerdings bereits im Frühjahr 1632, vor Wallenstein zurückweichend, das Land wieder zu räumen.

Außer den beiden genannten Söhnen sind dem Organisten Muskulus in Plauen noch zwei Söhne: Andreas (1604), Sigmund (1607) und drei Töchter: Katharina (1599), Maria (1602), Magdalene (1609) geboren worden.

Hans Herold, Falkenstein (†):

Im Jahre 1958 – Aus dem Museum geplaudert

Viele Tausend Besucher sehen alljährlich unser Falkensteiner Heimatmuseum. Es sind Kinder und Erwachsene, sie kommen einzeln oder in Gruppen. Jeder bringt andere Vorstellungen mit, jeder verknüpft mit der Besichtigung andere Erwartungen. Führungen und Erklärungen sollen helfen, die Schausammlung richtig einzuschätzen, zu einem getreuen Abbild der gesellschaftlich-historischen Entwicklung unserer Heimat und ihrer Menschen zu gelangen. Gilt es doch endlich einzusehen, daß es keine „gute alte Zeit" gegeben hat, dafür aber Armut, Sorge und Not, Unterdrückung und Ausbeutung. Der Weg zu diesem Ziel ist offenbar beschwerlich, so sehr sich das Museum auch bemüht, die Steine beiseite zuräumen. Ein paar heitere kleine Erlebnisse mögen das veranschaulichen.

Raritäten, die unsere geschichtliche Vergangenheit nicht kennzeichnen, sind in die Magazine verbannt. Aber an einigen ungewöhnlichen Sachen, die noch gezeigt werden, verhaken sich unweigerlich die Gedanken der Betrachter. Die lange Tabakspfeife auf dem Tisch in der Bauernstube beschäftigt die Kleinen und die Großen. Da werden Vermutungen angestellt, wieviel Tabak der große Kopf wohl faßt, ob gar ein ganzes Päckel hineinpaßt. Neulich ging einem Jungen die Phantasie durch. Treuherzig-frech meinte er zu seinem Lehrer: „Wenn sie die Pfeif' hätten, Herr Wunderlich, da könnten sie aber zutschen!"

Eine Klasse kam aus Treuen. Darunter war ein Schüler, der das Museum schon „kannte". Er tat sich vor den anderen mächtig dicke. Eigentlich war mir seine vorlaute Art sogar ärgerlich. Aber schließlich richtete er sich selbst, wenn auch nicht gerade in den Augen seiner Mitschüler, die seine Bemerkung kaum lächerlich fanden.

Vor der Kunstuhr von Paul Fetzer stand er wieder als erster. Wie schon so oft, sollte auch diesmal die geschickte Schnitz- und Bastelarbeit ihr Kunststück vollführen. Die zwölf Apostel warteten bereits darauf, an

Astronomische Kunstuhr

Christus vorbeizuziehen. Der Tod, das Gerippe mit der Sense, ruckte schon an seinen Drähten, um den würdigen Abschluß des Schauspiels zu bieten. Goldbronziert glänzte die Unterschrift „momento mori".

148

(Gedenke des Todes!) Da platzte, um seine Sachkenntnis zu beweisen, der Wichtigtuer heraus: „Paßt nur mal auf, da kommt der Momento raus!"

Unter den jungen Museumsfreunden kenne ich meine Pappenheimer. Wenn ich sie auch beim zweiten oder dritten Besuch allein durch die Räume streifen lasse, so bleiben sie doch nicht ohne Aufsicht. Das mußten auch jene zwei Burschen erfahren, die sich nichts Geringeres in den Kopf gesetzt hatten, als den Säbel von 1813 fortzuschaffen. Als ich sie ertappte, war das französische Seitengewehr schon abmontiert und zum Mitnehmen in einer Ecke verstaut. – Da gefiel mir der Zehnjährige schon besser, der seinem Begleiter, einem Jungen von sieben Jahren, alles schön erklärte. Vor einem alten Steindruck, der die Erschießung Trützschlers 1849 vor Mannheim darstellt, belauschte ich folgenden ungezwungenen Dialog. Der Große ingrimmig: „Das ist der Trützschler, den haben die Preußen erschossen – die Kriebel!" Darauf tröstete der Kleine: „Na, was'n, heute tät er ja doch nimmer leben …"

Manchmal gibt man sich große Mühe um eine Kleinigkeit in der Ausstellung, die dann vielleicht überhaupt nicht beachtet oder ganz und gar verkannt wird. Das war zum Glück nicht der Fall beim Heiligabendstroh, welches zur Weihnachtsschau den Boden der vogtländischen Bauernstube bedeckte. Viele ältere Besucher konnten sich der heimischen Gepflogenheit noch ganz gut erinnern. Einen Betrachter allerdings brachte das Stroh auf ganz andere Gedanken. „Sieht aus wie in einem Flüchtlingslager", meinte er.

Selbst Allerkleinste aus dem Kindergarten folgten mir schon nett und aufgeschlossen eine Stunde lang durch die Ausstellung. Wir unterhielten uns ganz prächtig. Wir rieten gemeinsam, zu welchem Zweck die einzelnen Gegenstände früher dienten, fuhren zusammen ins „Buckelbergwerk" ein oder besprachen den Vogelschutz. Der Verdacht, das Meißner Notgeld aus der Inflationszeit könnte Schokolade sein, ließ sich zerstreuen. Vor der alten Kastenuhr in der Bauernstube wurde schließlich das Märchen vom Wolf und den sieben Geißlein lebendig. Ich freute mich wirklich,

Alte bäuerliche Kunstgegenstände   Repro: Archiv Verlag

als beim Abschied von der kleinen Schar eine Kinderhand meinen Jackenzipfel erwischte, ein Mädchenkopf sich weit in den Nacken legte, um zu mir emporschauen zu können, und ein Stimmchen, in dem ehrliche Bewunderung schwang, fragte: „Onkel, wo hast du bloß die schönen Sachen alle her!" Da mußte ich auch noch von Ihnen erzählen, liebe Heimatfreunde, die Sie in dankenswerter Weise ständig zur Bereicherung unserer Sammlungen beitragen.

Dr. Frank Reinhold, Obergeißendorf:

Zeitgemäße Betrachtungen Nr. 3

Ich nehme mal an, das kennen auch Sie:
Was man vom Leben erwartet,
ist etwas Ruhe und Harmonie.
Doch schon, wenn der Tag morgens startet,
da bringt das Radio Verwirrung und Frust.
Nur Hektik – es klingelt die Leitung.
Und dann noch nimmt einem die letzte Lust
ein Blick in die taufrische Zeitung.
Die Katze kratzt, und der Hund beißt ins Bein.
Der Vogel im Käfig schreit: „Diebe!"
Man fühlt sich umzingelt und ist doch allein.
Nur Angriff – kein Zeichen von Liebe …
Das Zwitschern der Vögel am Morgen vorm Haus
wird nur als störend empfunden.
Man kommt aus dem hektischen Trott nicht mehr raus
und leckt, sich bedauernd, die Wunden
(symbolisch natürlich – man ist doch kein Hund).
„Halt ein!" spricht der Pfarrer im Äther.
„Sich aufzureiben, das ist nicht gesund.
Bedächtiger lebten die Väter.
Die Gier nach stets mehr ist das Übel der Welt."
Ich finde, der Mann hat gut reden.
Er glaubt an den Vater im Himmelszelt –
das gilt ja durchaus nicht für jeden.
Wer nicht mit tanzt um das goldene Kalb
kommt ziemlich schnell unter die Räder.
Da ruft eine Stimme in mir: „Mach mal halb
und zieh nicht so heftig vom Leder!
In Wirklichkeit hast du's gut wie noch nie."
Ich sag mir: „Das ist nicht ganz ohne!
Ich lebe in einer Demokratie.
Zum Nörgeln ist Grund nicht die Bohne …"
Bei Bohne, da fällt mir die Lösung ein:
Kaffee am Morgen wirkt Wunder.
Steigt dessen Duft in die Nase dir rein,
dann wirst du gleich glücklich und munter.
Genieße Melitta* – entfliehe dem Wahn
und spüre: Das Leben geht weiter!
Es grüßt voller Freude und neuem Elan
Ihr Lebensberater

Ernst Heiter

* Der Autor hofft dank dieser Verse auf einen Werbevertrag

Ruth Wolff, Plauen:

Rückblick zur 65. Wiederkehr der Schulentlassung

Am 6. September 2008 fand im „Hotel Wettin" in Treuen die Feier der 65. Wiederkehr unserer Schulentlassung statt.

Wir, das waren die dreiundvierzig Schulabgängerinnen einer Mädchenklasse der „Roten Schule" (roter Ziegelbau) in Treuen. Man schrieb das Kriegsjahr 1943, und bedingt durch den Krieg herrschte überall Lehrermangel. So kam es, daß der Schuldirektor, Herr Kunath, gleichzeitig unser Klassenlehrer war. Herr Kunath war bekennender Nationalsozialist, anläßlich politischer Ereignisse kam er stets in SA-Uniform zum Schulunterricht. Seine faschistische Einstellung war sicher ein Grund, weshalb er nach Kriegsende einige Jahre in einem Internierungslager der Alliierten verbrachte. Er starb 1949 an den Folgen einer Gelbsucht.

Den Achtklassenabschluß haben wir Mädchen alle geschafft. Danach wurden wir, kaum vierzehnjährig, zu den Erwachsenen gezählt.

Für die meisten von uns begann das Arbeitsleben mit dem damals obligatorischen Pflicht- bzw. Landjahr. Meine Arbeitszeit für diese Tätigkeit betrug zwölf Stunden täglich, und einmal im Monat hatte ich einen arbeitsfreien Sonntag. Der Lohn pro Monat 12 Mark.

Nur ein kleiner Teil unserer Schulkameradinnen, deren Eltern das Schulgeld aufbrachten, konnte die Haushaltschule in Falkenstein besuchen. Ich war leider nicht dabei. Wir anderen, die bereits arbeiteten, besuchten zwei Jahre lang zweimal wöchentlich eine Berufsschule. Dieser Unterricht hat mir übrigens viel Spaß gemacht,

Meine 8. Klasse 1943, ich selbst stehe 3. Reihe Mitte mit Brille.

Nochmals wir nunmehr im Jahre 2008, ich selbst 2. Reihe Mitte mit Brille. Kinder, wie die Zeit vergeht

Fotos: Wolf

unser Lehrer Herr Fischer behandelte uns mit Respekt.

Bei Kriegsende waren wir sechzehn Jahre alt, aber keine unserer Schulkameradinnen hatte eine abgeschlossene Berufsausbildung. Eine Lehrstelle zu bekommen war ein Glückstreffer. Ich selbst war bereits zwanzig Jahre alt, als ich endlich eine Lehrstelle zur Ausbildung einer Sprechstundenhelferin bekam. Natürlich war ich überglücklich. Da damals auch sonnabends gearbeitet wurde, belief sich meine wöchentliche Arbeitszeit auf mindestens achtundvierzig Stunden. Das Lehrlingsentgelt pro Monat betrug 35 Mark brutto. Aus heutiger Sicht für viele Jugendliche nicht nachvollziehbar.

Das alles war für uns aber kein Grund traurig oder unglücklich zu sein. Der Krieg war vorbei, wir waren jung und wir fühlten, es konnte ja eigentlich nur besser werden.

1949, nach Gründung der DDR muß man zu den positiven Dingen den „Frauenförderungsplan" zählen. Endlich konnten Frauen lernen, auch studieren und danach Berufe ergreifen, die bis dahin fast ausschließlich Männern vorbehalten waren. Ich denke, unsere Generation war die erste, die davon profitierte. Die Möglichkeit zu haben, das erworbene Wissen an einem sicheren Arbeitsplatz auch anwenden zu können, machte uns Frauen stolz, selbstbewußt und finanziell unabhängig. Mag sein, daß das „starke Geschlecht" von dieser Entwicklung nicht begeistert war, aber aufhalten konnten sie sie nicht.

Als im Herbst 1989 die Mauer fiel, hatte das auf unsere berufliche Entwicklung keinen Einfluß mehr. Wir waren mittlerweile alle sechzig Jahre alt und unser Berufsleben fand in den vierzig Jahren DDR statt.

Sehe ich mir heute Fotos unserer Schulentlassungsfeier an, so kann ich nur sagen, aus allen Schulfreunden sind „gestandene Leute" geworden, die ihr Leben in diesen manchmal schwierigen Zeiten hervorragend gemeistert haben.

Ich denke, wir können stolz auf uns sein.

Der fünfte von links ist Thomas Roßbach mit seiner Schwalbe.   Foto: Privat

Mit meiner Schwalbe nach Leipzig 2010

Für verrückte Aktionen ist der Jocketaer Thomas Roßbach zu haben: Mit seinem Schwalbe-Moped ist er nach Leipzig geknattert und hat teilgenommen an der vielleicht kuriosesten Demo des Jahres: Der Radiosender PSR hatte sich des Sprichworts entsonnen, daß eine Schwalbe noch keinen Sommer macht. „Deshalb brauchen wir einfach ein paar mehr Schwalben", sagte Moderator Steffen Lukas – und seinem Aufruf folgten acht Schwalbe-Fahrer.

„Sieben kamen aus dem Leipziger Raum. Und ich bin aus dem Vogtland dazugestoßen", berichtet Roßbach, der mit großem Hallo an der Leipziger Thomas-Kirche begrüßt wurde. „Früh um 6 bin ich in Jocketa gestartet. 10.30 Uhr war ich endlich in Leipzig. Zum Glück wurde ich von meinem Kumpel Lothar Baumgärtner im Auto begleitet. So konnte ich mich auf der Hinfahrt dreimal umziehen und auf der Rückfahrt zweimal, weil ich durch den Regen klitschnaß war."

Die Schwalbe-Fahrer knatterten zum Deutschen Wetterdienst in Leipzig. Dort machten sie ordentlich Alarm und demonstrierten gegen das Sauwetter. „Mal sehen, ob das was bringt", sagt der 35-jährige Roßbach, der als Trockenbauer sein Geld verdient.

Roßbachs Schwalbe ist Baujahr 1984 und heute noch in Betrieb. „Die größte Tour habe ich damit 1992 gemacht, als ich mit zwei Kumpels nach München und zurück gedüst bin." Damals wurde Roßbach vom Kult-Film „Go, Trabi, go" angeregt. Darin fuhr Wolfgang „Stumpi" Stumph mit dem Trabant bis Italien. Aber vermutlich die meiste Zeit auf einem Tieflader, vermutet Roßbach. „Im Gegensatz dazu sind wir damals richtig gefahren.

Mit freundlicher Genehmigung des Vogtland Anzeigers vom 27.5.2010

Radio hören in den 20er Jahren

Karl Ettlinger:

O Gott, Papas am Radio

Eine bekümmerte Feststellung

Der nachfolgende Beitrag ist ein Rückblick auf die 20er Jahre, als das Radio begann „Allgemeingut" zu werden. Mit den Computern heutzutage ist es genauso wie damals, die Jugend hat die Nase vorn. Es wiederholt sich also alles.

Der Herausgeber

Man hat's nicht leicht mit seinem Papa – darüber sind sich alle beinahe-erwachsenen Männer und Fräuleins einig. Ich will hier gar nicht von den Ansichten reden, mit denen Papas behaftet sind, und die mit dem Worte „vorsintflutlich" viel zu weit vordatiert sind, es liegt mir auch fern, einem Papa etwa die Auf- und Abgeklärtheit eines Quartaners beibringen zu wollen, nein, ich bin ja kein Dinosaurier-Dresseur, ich will hier einfach das Thema Papa in streng wissenschaftlicher Weise behandeln – vielleicht liest's ein Papa und kommt zur Selbsterkenntnis! Zeit wär's! Papas halten sich nämlich für riesig aufgeweckt.

Haben Sie einmal einen Papa am Radio beobachtet? Zum Kugeln! Vor dem Radio sitzt ein Greis, der sich nicht zu helfen weiß. Jeder Quintaner kann heute sein Rundfunkgerät selbst basteln, Papas sitzen da wie … na, sagen wir einmal schonend: wie das Mammut vorm Eisberg. Bei jeder Störung schrauben sie den Kasten auf, starren in das Netz von Drähten, zupfen auf gut Glück irgendwo, drehen ein bissel, blasen den Staub heraus und erklären schließlich: „Ich weiß nicht, woran es liegt!" Der Sohn steht grinsend dabei und denkt: „Was wissen Papas überhaupt?" Wenn du einmal Tränen lachen willst, dann versuche, einem Papa die Technik des Radios klarzumachen. Nie wird er begreifen, was ein Blockkondensator ist, nie wird er einen Gitterwiderstand von einer Drosselspule unterscheiden lernen, du kannst ihm den klarsten dreistündigen Vortrag halten – zum Schluß deutet er auf die Anodenbatterie und sagt: „Ist das der Niederfrequenzdetektor oder der Rückkopplungstransformator?" Ein Säugling hätte dich verstanden, ein Papa nie und nimmer. „Riesengroß, hoffnungslos" heißt es in der Glocke.

Papas am Radio, ein unübertrefflicher Sketch!

(1928)

154

Aus dem Verlagsarchiv:

„Gedankenspäne" von 1896

Die Zeit flieht,
weil sie fürchtet totgeschlagen zu werden.

Sentimentale Naturen beklagen
das Schlechte, starke verachten es.

Nur das Streben macht auf Erden
glücklich. Regt euch drum und ringt!
Oft ist's eine Lust, zu werden,
was zu sein nur Unlust bringt.
Du bist jung, so lang du noch
kindlich sein kannst, du bist alt,
wenn du kindisch wirst.

Durch eig'ne Vorzüg' nicht allein,
sieht man die Klugen mächtig sein,
auch dadurch, weil sie es versteh'n,
der andern Fehler zu erspäh'n.

Viele Menschen suchen das Verlorene
im Werte herabzusetzen, um sich über den
Verlust leichter hinwegzutäuschen.

Manchen nennen wir ein Original, der
nur ein – auffallend großer Egoist.

Ach wie sie entfliehen so geschwind,
all die Freuden, die wir wahrhaft laben!
Es ist schlimm für's arme Menschenkind,
daß die Engel Flügel haben.

Wer sich nicht um die Welt kümmert,
um den kümmert sich die Welt am meisten.

Zur rechten Zeit blind, taub und stumm,
bringt dich um manche Klipp' herum.

Zeichnung: Hoffmann

Wer die Fehler der anderen nicht bemerkt,
der kennt seine eigenen.

Es gibt Gedanken, die Taten sind,
weil sie wirken.

RAUTENKRANZ i.v.

Hermann Rudolph:

Das Vogtland

Am 29. November 1975 gab ein Redakteur der Frankfurter Allgemeinen Zeitung eine Schilderung des Vogtlandes, die leicht gekürzt hier nicht fehlen soll:

Der Großvater, so weiß es die Familienfama, war stolz darauf, aus dem Vogtland zu stammen. Er war aus Adorf gebürtig, einer Kleinstadt ziemlich genau am Rande des Zipfels, den das Sächsische an seiner südwestlichen Ecke ins Tschechische hineinhängen läßt (und das zu seiner Zeit noch das Böhmische war). Er hielt seine Herkunftslandschaft für lieblicher und heiterer als das karge Erzgebirge, an dessen Fuß er später lebte. Uns, in Fühlung mit dem Erzgebirge groß geworden, ging der Sinn für solche Unterscheidungen ab. Zwar umgab das Vogtland auch in unseren Augen eine gewisse besondere Anmut. Aber das verdankte es wohl vor allem der Verbindung mit dem „Musikwinkel", dem Bereich der Instrumentenfertigung um Markneukirchen und Klingenthal, und vielleicht noch den berühmten Plauener Spitzen. Ansonsten war für uns das Vogtland jene Ecke des engeren Vaterlandes, in der die Dörfer auf eine sonst im Sächsischen

nirgendwo aufzufindenden -grün endet und, noch prosaischer, aus der die grünen Klöße kamen.

Geben wir lieber dem Großvater recht, wenigstens zum Teil: das Vogtland ist lieblich, und anders als das Erzgebirge ist es auch.

Dahinter steckt natürlich eines der Jahrtausend-Dramen, von denen die Geologen so verwirrend zu berichten wissen. Sehen wir ab von den Einzelheiten, den stürmischen Schicksalen von Granit, Gneis und Schiefer mitsamt Verwerfungen und Brüchen, so bleibt als Ereignis für das Vogtland ein leicht abgesenkter Sattel zwischen Erzgebirge, Fichtelgebirge und Thüringer Wald. In ihm läuft gleichsam die Bewegung aller drei Gebirge aus oder, wenn man so will zusammen. Das versammelt im Vogtland, hübsch unübersichtlich und ohne dominierende Linie, eine Vielfalt von Landschaften: Höhenrücken, die grün, blau und weitgedehnt sind wie die des Erzgebirges, tief eingegrabene Täler, die zu kühnen Brückenkonstruktionen wie der Göltzschtalbrücke – noch immer der größten Ziegelbrücke der Welt – herausgefordert haben, gewellte Hochflächen, Mulden und Kuppen, und dann ein Stück so harmonisch-abwechslungsreicher Hügelei, daß man auf der Autobahn darüberset-

Original Kartenskizze aus dem Jahr 1975

zend, sich urplötzlich fast in der Heiterkeit Oberbayerns fühlt. Es liegt nur ein paar Kilometer hinter Plauen, der Hauptstadt des Vogtlandes, nennt sich natürlich „vogtländische Schweiz" und ist Anfang der sechziger Jahre durch einen glitzernd sich windenden Talsperrenwurm bereichert worden, der nun, wie sonst, „Vogtländisches Meer" geheißen wird.

Aber vor allem steht dahinter auch ein Stück besonders gerichteter Geschichte. Das, was wir Vogtland nennen, die südwestliche Ecke Sachsens, ist ja nur ein Teil dessen, was ursprünglich so hieß, nämlich das von Vögten – daher der Name – regierte Reichsland an der oberen Saale und Elster, terra advocatorum mit dem mittelalterlichen Namen. Dazu gehören außerdem thüringisches, oberfränkisches und böhmisches Gebiet. Was den Namen heute noch weiterträgt, ist nur jenes Teil, das am Ende von allerlei herrschaftlichen Umwidmungen an Kursachsen fiel und dort als Vogtländischer Kreis verwaltet wurde.

Mindestens ebensosehr wie nach Sachsen blickte das Vogtland deshalb immer auch auf Franken, Bayern und Böhmen, nach Hof, Bayreuth und Eger. Die Geschichte füllte aus, was die Topographie nahelegte. Durchs Vogtland gingen die alten Straßen nach Süddeutschland und, am schwer zu passierenden Erzgebirge vorbei über das flache Elstergebirge, nach dem westlichen Böhmen. Es folgten später die Eisenbahnen. Seiner Lage und seinem Charakter nach war dies immer ein Durchgangsland, eine Übergangslandschaft, die fränkisch-bayrisch gefärbte Brücke von Ober- nach Mitteldeutschland, mit vielfachen historischen, sprachlichen und wirtschaftlichen Strängen zurückgebunden.

Sieht man das Vogtland sozusagen mit innersächsischen Augen, so nimmt es sich deshalb – und um so deutlicher, je genauer, je historisch tiefer man hinsieht – fast aus wie ein süddeutscher Spritzer ins Mitteldeutsche. Dann da sind nur die auf -grün (oder -reuth) endenden Namen, die auf die Herkunft der ersten Siedler aus Oberfranken und Bayern verweisen. Unter der sächsischen Überwucherung ist dieser Ursprung auch noch unüberhörbar im Dialekt gegenwärtig: wo das Sächsische ins Vogtländische übergeht, beginnt das Zungen-R wieder zu rollen, füllen sich die Worte mit klingenden Vokalen, wird aus Frau Fraa, aus Sonntag Sunntig und aus den erzgebirgischen Erdäppeln – für Kartoffeln – werden Erdepfel. In die gleiche Richtung weist die Geschichte. Als wir in der Markneukirchner Stadtkirche nach dem Ur-Ur-Großvater suchen, der dort Pfarrer war (und tatsächlich in der Sakristei brav von der Wand sieht), stoßen wir in der Geschichte der Kirche mit einemmal auf das Bistum Regensburg, zu dem sie einst gehörte.

Und selbst der Instrumentenbau, auf den das Vogtland so stolz ist, legt eine solche grenzüberschreitende Spur: gegründet worden ist er von Exulanten aus dem benachbarten Böhmen.

Die reitende Kaufmannschaft

Der weiße Salomo mit seinem allbekannten „es geschiehet nichts Neues unter der Sonne" behält doch immer Recht. Wer da z. B. etwa meinte, unser Reitklub, der vor kurzem von der in der Pfaffenfeldstraße erbauten Reithalle Besitz genommen, sei etwas Neues, ganz Neues in Plauen, der würde sich sehr irren. Denn schon in der zweiten Hälfte des vorigen Jahrhunderts gab es allhier eine für die damalige Bevölkerung der Stadt (zwischen 4000 bis 5000 Einwohner) beträchtliche, zu einem Verein oder einem Korps zusammengetretene Anzahl von Freunden der edeln Reitkunst – und zwar desselben Standes und Berufes, dem auch die Mitglieder des jetzigen Reitklubs angehörten. Von diesen ihren Vorgängern, oder richtiger Vorreitern, etwas zu erfahren, wird vielleicht denen nicht unwillkommen sein, die bei der Einweihung der Reithalle in das auf das „Gedeihen und Aufblühen der Reitkunst in Plauen" ausgebrachte Hoch freudig eingestimmt, dann aber auch allen denen, die gerne von den vergangenen Zeiten erzählen hören.

Die Entstehung des ersten Reitclubs, über welchen hier kurz berichtet werden soll, hing wohl zunächst mit dem Umstand zusammen, daß, wie bekannt, in früheren Zeiten und noch in den ersten Jahrzehnten dieses Jahrhunderts die Geschäftsreisen der Kaufleute, in Ermangelung jeglichen anderen besseren Fortkommens, zu Pferde gemacht wurden. Aber noch mehr trug dazu jedenfalls der gewaltige Aufschwung bei, den Gewerbe, Handel und Wandel in unserem Plauen noch vor der Mitte der 70er Jahre des vorigen Jahrhunderts genommen und den meisten hiesigen „Manufacturies" oder Nachfolgern der alten Schleierherrn gar schnell reichen Gewinn gebracht hatte. In dieser Zeit bildete sich ein Verein, den eine chronikalische Niederschrift die reitende Kaufmannschaft nennt, (schon im Jahre 1762 wird in einer handschriftlichen Nachricht der „allhiesigen jungen Kaufmannschaft" gedacht, die am 29. Januar d. J. dem noch vor dem Ende des siebenjährigen Krieges aus München nach Dresden zurückkehrenden Kurprinzen Friedrich Christian entgegenritt und ihn früh ½4 Uhr hier „mit Fackeln einbrachte") und der bereits im Jahre 1775 eine „Allerhöchsten Orts concedierte Standarte führte, wo er auch vermuthlich gleich von seinem Entstehen an eine Uniform trug, die in folgenden Stücken bestand: grüner Reitrock, Weste und Beinkleid von strohgelber (paille) Farbe, beides mit Gold bordiert, dazu goldbortierter Hut mit blau und gelber, die Stadtfarben repräsentirender Cocarde, die Pferde – gewißlich nicht Mieth- sondern eigene Pferde – hatten rothe, ebenfalls goldbordierte Schabracken". In dieser überaus stattlichen Equipierung hatte Plauens „reitende Kaufmannschaft" eine glänzende Rolle zu spielen ganz besondere Gelegenheit, als am 20. Oktober 1785 die Braut des damaligen Prinzen Anton (nachherigen Königs von 1827–1836) die sardinische Prinzessin Marie Caroline (des Prinzen erste, früh verstorbene Gemahlin) ihren feierlichen Einzug in Plauen hielt und hier zum ersten Mal im neuen sächsischen Heimatland übernachtete. An diesem festlichen Tage rückte, wie die schon erwähnte Niederschrift uns erzählt, das 29 Mann starke Korps unter Führung des Kaufmanns Karl Heinr. Höfer schon früh 8 Uhr auf dem Markt vor das Rathaus, um seine dort aufbewahrte Standarte aus den Händen des Vizebürgermeisters Paul in Empfang zu nehmen und in Gegenwart der churfürstlichen Beamten und Offiziere, sowie unter Trompeten- und Paukenschall die Weihe der Reitfahne „durch übliche Einschlagung dreier Nägel" zu vollziehen. Nach diesem wichtigen Akt machten sich die Reiter, wiederum unter Trompeten- und Paukenschall und von der auf dem Markt aufmarschierten Miliz (die hiesige Garnison war durch 100 Mann Grenadiere vom Regiment Riedesel aus Zwickau verstärkt worden) und der städtischen Schützengesellschaft gebührend salutiert, auf den Weg nach Meßbach, wo sie samt „dem häufigen Landvolke", das hier eine Ehrenpforte errichtet hatte, und vielen zur ersten Begrüßung vorausgegangenen Standespersonen die Prinzessin erwarteten. Diese langte endlich um 2 Uhr an und unterließ es nicht, der in Parade aufgestellten reitenden Kaufmannschaft „viel Verbindliches zu sagen" (worin es bestanden, verschweigt unser Reporter und sagt uns auch nicht, ob die Prinzessin deutsch oder italienisch gesprochen – im letzten Fall wäre sie wenigstens von dem Führer der Reiterschaar, dem vielseitig gebildeten und sprachkundigen Höfer, verstanden worden). Auf dem Zug, der nun nach Plauen zu ging, hatten die neunundzwanzig ihren Platz gleich hinter den zwei vorreitenden Feldjägern und vor den „blasenden Postillonen," auf welchen „die Jägerei" (die churfürstlichen Forstbeamten) und die Herren Offiziers und Kavaliers folgten. Nach dem Einzug in die Stadt (wobei es natürlich an dem Donner der Böller, sowie an Musik, Gesang, Anrede usw. nicht fehlte) nahmen unsere Reiter zunächst Stellung an der auf dem Markt errichten Ehrenpforte und paradierten schließlich noch vor der durch Procuration bereits vermählten Prinzessin Braut, die an einem Fenster ihres Absteigequartiers (des Trampel'schen Hauses am Markt) stand und dreimal sich dankend verneigte. Auch am folgenden Tag ließen

sich's die Reiter nicht nehmen, der Prinzessin bei ihrer Abreise das Geleit zu geben, sie ritten bis über Möschwitz hinaus vor (bis Pöhl mochten sie wohl wegen des steilen gefährlichen Kunzenbergs um ihrer schönen Pferde, wie um ihrer eigenen werten Personen willen keine Lust verspüren) und beurlaubten sich dann durch ihren Anführer Kaufmann Höfer, einen, beiläufig bemerkt, um unser Plauen durch seine industrielle Tätigkeit, wie durch seine Stiftungen sehr verdienten Mann, gest. 1793 im 61. Lebensjahre, vergl. histor. Skizze der Stadt Plauen i. V. 1874 S. 46,47,48.

Wie oft nach dieser Haupt- und Staatsaktion im Jahr 1785 unsere reitende Kaufmannschaft noch Gelegenheit zu solch einem außerordentlichen und glanzvollen Auftreten gefunden und ob sie nicht bloß paradiert, sondern auch fleißig exerziert hat, um recht sattelfest zu werden, davon kann der Verfasser ebensowenig berichten, als er im Stande ist, die Frage, wie lange dieses uniformierte Reiterkorps noch zusammengehalten und in welchem Jahre sich's aufgelöst, mit Bestimmtheit zu beantworten. Indes ist es wohl mehr als wahrscheinlich, daß, wie zur Zeit des schnellen Aufschwungs von Handel und Wandel in Plauen jener antike Reitklub entstanden, derselbe auch mit dem seit Ende des vorigen Jahrhunderts eingetretenen eben so schnellen Rückgange aller industriellen Geschäfte wieder eingegangen ist. Sobald Plauens „goldene Zeit" vorüber war, werden wohl auch die goldbordierten Uniformen und Schabracken vom Schauplatz der Geschichte verschwunden sein.

Dagegen wünschen wir, daß unserem modernen Reitklub ein um so längeres Leben und Wirken, wenn auch ohne Uniformen und ohne Standarte, beschieden sein möge.

(ca. 1930)

159

Ein Fremdling in Falkenstein ca. 1960

Ihr wollt wissen wie ich heiße und woher ich komme, wo ich jetzt wohne und wie ich aussehe? Oh, ihr Neugierigen, das werdet ihr alles erfahren, wenn ihr diese wahre Geschichte genau lest.

Als ich noch ganz klein war, lebte ich mit meinen Eltern weit weg von hier, dort, wo das große Meer rauscht. Die Menschen nennen es die Ostsee. Wir wohnten nicht in einem Haus wie ihr, sondern auf einem hohen Schornstein, der allerdings schon seit vielen Jahren keinen Rauch mehr gesehen hatte. Da oben hatten meine Eltern aus Ästen und etwas Stroh und Schilf eine Wohnung gebaut. In ihr gab es nur ein Zimmer, nicht einmal eine Tür war darin. Ein Dach hatten wir auch nicht über dem Kopf. Schien die Sonne, so konnten wir uns schön aufwärmen, regnete es aber, so wurden wir pudelnaß. Meine Eltern waren im ganzen Dorf beliebt. Die Leute schauten immer zu uns herauf und lachten dabei, besonders aber die Kinder. Ich hatte noch einen Bruder. Unsere Eltern waren ganz stolz auf uns. Sie spielten mit uns, brachten uns Futter, zum Beispiel Frösche, Eidechsen, Würmer oder Mäuse. Manchmal erzählten sie auch von ihren Erlebnissen und Reisen.

Jedes Jahr im Herbst zogen sie weit nach Süden, dorthin, wo es so warm ist, daß die Menschen jahraus, jahrein barfuß gehen können. In jedem Frühjahr kamen sie heim auf ihren Schornstein.

In diesem Jahr sollten auch wir mit wegziehen, und wir freuten uns schon darauf. Ich sah mir meine Eltern genau an, weil ich sie auf der langen Reise nicht verlieren wollte. Sie glichen sich nämlich wie ein Ei dem anderen. Beide hatten ein weißes Kleid aus Federn mit ein paar schwarzen Stellen darin, einen ganz langen Schnabel und ein paar recht lange, rote Beine.

Wir lebten so von einem Tag zum anderen, bis mir ein Unglück zustieß. Ich wollte gerade wieder einmal aus unserer Wohnung hinuntersehen und den Kindern beim Spielen aufpassen, da erfaßte mich ein Windstoß, und ich fiel in die Tiefe. Wenn nicht ein großer Birnbaum dagestanden hätte, in dem ich hängenblieb, wäre ich damals nicht lebend davongekommen. Doch hatte ich meinen rechten Flügel gebrochen, und das tat sehr weh. Da kam ein Junge auf den Baum geklettert, faßte mich behutsam an und trug mich heim zu seinen Eltern ins warme Zimmer. Er brachte mir Futter, und sein Vater verband mir den Flügel, so daß dieser heute wieder ganz

Ciconia alba

heil ist.

Es kam der Herbst, aber ich konnte die weite Reise nach dem Süden nicht mitmachen. Meine Eltern schienen mich vergessen zu haben, doch kam ich gar nicht dazu traurig zu sein. Eines Tages wurde ich nämlich in eine Kiste gesteckt, zur Eisenbahn gebracht und in einen Wagen gestellt. Dann ging ein endloses Rattern los. Das hörte erst auf, als draußen jemand laut rief: „Falkenstein!" Männer, die die Kiste, in welche ich eingesperrt war, auf ein Auto luden und in die Station Junger Naturforscher brachten. Dort wohne ich auch heute noch. Ich kann euch sagen, da habe ich eine Heimat gefunden, wie ich sie mir nicht besser wünschen kann. Jeden Tag bekomme ich mein Futter, die Leute sind sehr gut zu mir, und – was mir am meisten gefällt – dorthin kommen viele Kinder, die mich ansehen und sich über mich freuen. Ich glaube, ich habe auch von euch schon einige gesehen.

In der Station Junger Naturforscher wohne ich natürlich nicht auf einem Schornstein, sondern für mich wurde ein Käfig gebaut, in dem auch Wasser ist. Dort lebe ich mit einigen Enten, Gänsen und Möwen zusammen. Freilich, nach dem Süden kann ich nun nicht mehr ziehen. Aber ich bin darüber nicht traurig. Im Winter werde ich in ein warmes Haus gebracht. Dort wachsen fast dieselben Pflanzen um meinen Käfig herum, die es nach Schilderungen meines Vaters auch im Süden

gibt: Bananen, Zitronen, Apfelsinen und Feigen. Aber im Sommer bin ich wieder draußen.

Besonders freue ich mich, wenn ich die anderen Tiere in der Station zu sehen bekomme. Da sind zum Beispiel die niedlichen Ponys oder die fetten Schweine, die ich oft betrachte, weil ich zu ihnen in den Stall schauen kann. Abends, wenn die Männer aus der Station schon zu Hause bei ihren Familien sind und es schön ruhig im Garten ist, erzählen wir Tiere uns immer Geschichten, die wir erlebt haben. Die Waschbären berichten vom Leben im Dresdener Zoo, die Singvögel schwätzen von fetten Maden und Würmern, und das Reh weiß über böse Kinder zu klagen, die es angegriffen haben, als es noch ein Kitzchen war, so daß es von seiner Mutter nicht mehr mitgenommen wurde. Nur das Kälbchen kann nichts berichten, weil es nämlich in der Station geboren wurde. Wenn ich an der Reihe bin, erzähle ich die Geschichte, die ihr eben gelesen habt. Ach so, ihr wollt doch meinen Namen wissen! Kommt einmal, an meinen Käfig in der Station Junger Naturforscher! Da werdet ihr auf einer kleinen Tafel lesen: Ciconia alba Weißer Storch.

Renate Schlott, Plauen:

Dichterseele

Ich bin eine Dichterseele,
manchmal ist sie wund,
zum Schreiben ich die Zeit mir stehle,
dann fühl' ich mich gesund.

Brigitte Reyer, Schöneck: (1945–1998)

Das kann nur Stille sein

Das kann nur Stille sein,
was diese Welt verhöhnt.
Es kann nicht heilend weinen,
was sich so tief gesehnt.

Es kann nur schweigend sinnen
in brauner Augen Glanz,
was verwund't dort innen
für ein Leben ganz.

Hans Langhammer, Plauen:

Barfuß

durch Pfützen, wie als Kind,
die Sonne im Nacken.
Mit dem Wind wirbelnde Blätter jagen –
tausend Fragen – wieso und warum
auf der Zunge,
um den Mund verschmiert
Beerensaft.
Kraft in den Beinen,
auf dem Kopf Schorf von Prügeleien
mit den Jungs aus dem Nachbardorf.

Ruhige Zuflucht der Wald.
Geruch von Harz und Farn –
silbernen Spinnwebs Garn
schmücken gläserne Perlen aus Tau …
Lau wird der Wind
und müde der Tag.
Mit dem neunten Glockenschlag der
Kirchuhr
geht er zur Ruh
und du
liegst unterm warmen, schützenden Dach
mit hellen Sinnen
wach,
geborgen und wartest auf morgen
und hörst dem Klopfen des
Regens zu.

Zeichnung: R. Zenker

162

Manfred Zill, Willitzgrün:

Griene Frösch u Pappegei

Be uns schrech nieber, de Pezed Anna, hatt meitooch en klaan, grien Laabfruesch, en Wetterfruesch, der, wen 's drausn schie war, sei gehle Latter nauf klettert is, sich be garschtign Wetter lieber untn nei sei Glos ghockt hot mit ren Gsicht wie drei Tooch Regnwetter. Sue en gscheitn Wetterpropheten wott ich als fümpf- sechsgähricher Buh aa gern hom, ober alles Bettln u Nörchln hot nix gnutzt. Meine Leit hattn echal e annere Ausred. Aamol warn's de Fliegn, die er fressn müsst u ne ner lewendich schmeckn. Wer sell die zam fange? Is nächste Mol hot's ghaaßn, mer hättn doch e Wetterglos, des sich grod e sue auskenne tät wie dr Anna ihr Fruesch. U nooch ging's wieder net wegn dr Katz, die sich wumiechlich den grien Quaker aus san Glos angeln kennt.

Daß sue e Wetterfruesch, wenn e Hoch auf dr Wetterkart is, untn drinne schlecht Luft griegt u ner derwegn nei de Höh steicht, sich ober be ren Tief aa untn wuehl fühlt, des Ganze also eher e Tierquälerei is, ham meine Leit net gweßt, de Anna net u ich erscht recht net.

Wenn alles Drängeln net hilft, ho ich mer gsogt, wer ich mich halt selber drim kümmern. E Wetterfruesch muß her!

An ren Sunntichvormittich war ich mit man Vater drin Gartn, ho noochguckt, ob

ebber scho e Erdbeer ruet wird. Do laaft doch ewos ganz langsam durch des Beet, blabt kurz stieh, guckt e bissl u stiefelt watter. Des Vieh war scho e weng grösser wie dr Nachbare ihr Fruesch aa net sue grie u glänzed eher brau u runzlich, ober auf's Aussehe kams mer aa net ue. De Hauptsach war, ich drfahr, wie's Wetter wird.

Drinnen Lusthaisl hat ich e leere Tüt entdeckt, mit dere dr Vater ruete Radiesle oder lange weiße Eiszapfn miet ham nemme wott. Do ho ich mein vermeintlichn Wetterprophetn neigsteckt. Dr Vater, der mit de Gedankn ner ben Hiehnergscherrich zwischn Kohlrabi- u Ruetkrautpfänzln war, hot sich gwunnert, warum ich auf emol sue nuetwendich hatt u mich ellaa zugieh lossn.

Ganz fraadich bie ich zer Küch neigstürmt: „Mutti rot e mol, wos ich uns schess mietbracht ho!" – „No wirst halt paar Radiesle hom." – „Naa!" – „Du kost fei kaane Erdbeer nei die Guck steckn, die zermatschste doch alle!" Erdbeer warn's aa net.

„Komm halt raus!" ho ich mei Tüt ugred u se nauf ne Küchntiesch glegt. „Is des e wos Lewendichs? Du wirst doch net ebber e Haaschneck oder en Käfer nauf ne Essenstiesch setzn!"

„Naa setts Gviehlich breng ich net ham", ho ich mei Mutter beruhing kenne u drbaa de Tüt ausgschütt. Do loch mei Fang auf ne Buckl, hot mit ne Baanen in dr Luft rimgwaablt u net gweßt, wie er sich druem dere glattn Wachstuchdeck auf de Fieß drehe sott.

In meiner Rahsche, endlich aa en Wetterfruesch ze hom, ho ich gar net gmerkt, dass dr Mutter ganz derhost sämtliche Haar ze Berch gstand sen. Bis se de Sproch wiedergfunne hat, war aa mei Ersatzwetterfruesch aufn Baanen u hot e weng blinzlt, weil er sich do net auskennt hot.

„Des is e Erdkriet! Schaff se ner wieder hie, wue de se her host! Wos sell no die auf unnern Tiesch?"

„Die will iech behaltn, damit se mer is Wetter verrät".

De Mutter wott mer mit aller Geduld erklärn, daß des net geht: „E Kriet versteht fei gar nix vorn Wetter."

„Mer kenntn's wengstns mol probiern, warum sell se denn dümmer saa wie dr Anna ihr griener Fruesch?"

„Krietn fressn Würmer u Schneckn. Die wist de doch net aa gar uschlaapfn – oder?"

Naa, schmieriche Schneckn konnt iech net drleidn, ober e paar Rengwürmer hätt iech scho ruschaffn kenne.

„Die will aa gar net be uns wuhne, vill lieber drin Gartn aufpassn, daß uns de Schneckn net ne Solat oder gar de Erdbeer wegfressn. Alle Viecher ham in dr Natur ihr Aufgob. Do derf mer nix fange u eisperrn." Iech ho selln Tooch vill glernt über Naturschutz u über des, wos mir heit Biologisches Gleichgwicht nenne, u ho versprochn, nooch ne Essn man falschen Wetterfruesch wieder nei ne Gartn ze trogn.

Eh de Mutter is Mittoochessn auftrogn hot, hot se ne Tiesch e paar mol öfter ogwischt wie sist.

Vill Gahr speter, iech war längst aus dr Schul, ho iech auf ne Weech nei de Apothek, wue iech dr Mutter e Arzenei hulln wott, in rer Hundsruesenstaud drinne de Anlagn e wos wackln seh. Muesgrie – war des e Vuechl? Sue e Grie hot kaa Grienitz, kaa Griefink u aa kaa Griener Specht. Eh iech recht drkenne konnt, wos des itze war, hatt sich des Vieh scho zwischn ne Ästln versteckt. Dere Sach mußt iech noochgieh! Sachte bie iech im de Staud rimgschlichn. Irgndwue mußt der Vuechl noch sitzn. Fortfluegn konnt er net saa. Do war

er wieder, grie wie is Laab mit ruesa Kuepf wie de Blühe ver dere Hundsrues. De Staud war wie gschaffn fer den Kerl. Iech ho de stachledn Äst auf de Seit bueng, ho mer de Händ zerkrahlt, im den Dingrich genauer sehe ze kenne. Zwaa dunkle, weiß eigsaamte Augn ham mich ugstarrt drzwischn e kräfticher krummer Schnobl. Iech hatt en Pappegei in freier Wildbuh gseh u des ohne ze verraasn mittn in Schenneck!

Dr Mutter ihr Red, daß alle Viecher in dr Natur ihr Aufgob ham, u mer nix fange u eisperrn derf, hatt iech nuet vergessn. Hot ober e afrikanischer Pappegei in unnerer vuchtländischen Natur e Aufgob? Iech mußt den grien Afrikaner fange. Drham druem Buedn hatt mer noch en altn Kanarignkäfich. Is Einemmich aus dr Apothek konnt wartn. En Pappegei drwischt mer net alle Tooch!

Iech ho zuglangt, hatt noch e paar Krahler mehr druen Arm u drfür ne Pappegei drin Händn. Grueß war er net, kaum grösser wie e Sperk – halt e Zwerchpappegei. Mei Käfich war ja aa net grueß.

Bläkt u gstrampflt hot des Sauluder wie e Sau, wenn's zen Schlachtn geht, u drbaa man Daume traktiert, daß iech am liebstn mit ne im de Wett quiekt hätt.

De Plärrerei gung aa drham drinne Käfich watter. „In dr Küch kenne mer den Schreihals net lossn", ham meine Leit gmaant. Do tät dr Wellnsittich seine Sprüchle vergessn u aa miet schreie. De Plärrgusch mußt nei de gute Stubn. Fernseh ham mer nimmer aufdrehe brauchn, be den Spuk war suewiesue nix ze verstieh.

Erscht mußt iech mich e Mol schlau machen, wos iech do fer en Staudngatzer eigfange hatt. Iech ho noochglesn, 's war e Ruesenköpfl. Hätt iech mer denkn kenne, war's doch drinne dr Hundsrues gsteckt. Is gitt aa Erdbeer-, Pfirsich-, Ruß- u annere Köpf, alle grie ner druen Köpflen kennt mer se unterscheiden. Se haaßn aa Unzertrennliche, weil mer se ner drin Schwarm oder wengstns zewanner halten sell. Aanzeln sen se uleidlich. Des ham mer aa laut u deitlich ghört.

Zengstrim ho iech gfregt, wer sette Zwerchpappegei hält, wue meiner ausgrissn saa kennt. Rausgfunne ho iech nix.

E Freind hot sich drbarmt: „Wenn de ne lueshom mechst, iech kaaf dir ne o. Wos wistn drfür?"

Iech wott nix, ner mei Ruh, daß der Spuk e End hot u mei Dickkuepf, oder wie der ghaaßn hot, e neis Unterkomme find.

Acht Tooch drauf hot mer mei Freind drzehlt, dr Pappegei hätt sue lang druen Käfichtürle rimgnittlt, bis er's auf hatt u is zen Stubnfenster nausgfluegn.

Is war halt e Unzertrennlicher, der san Schwarm gsucht hot. De Freiheit war ne lieber wie dr Käfich, aa wenn er sich ims Futter selber kümmern mußt.

Das Schloß Falkenstein um 1900   Repro: Verlag

Friedegard und Joachim Jahn, Auerbach:

Der Schloßfelsen in Falkenstein

Inmitten der Stadt Falkenstein erhebt sich gegenüber der Kirche ein Felsen, der „Falkenstein", seit dem Ende des 18. Jahrhunderts im Volksmund auch Schloßfelsen genannt.

Er gehört zu einem fast sieben km langen Zug aus sehr hartem und vielfachen Felsklippen bildenden Grauwackerquarzit, der vom Wendelstein bei Grünbach bis zum Katzenstein bei Auerbach reicht.

Auf dem Territorium der Stadt Falkenstein gehören noch der oberhalb der Bahnlinie nach Grünbach gelegene Lochstein, der nur wenige Meter unterhalb des Schloßfelsens gelegene Schulfelsen, der Felsen am Alten Krankenhaus sowie die etwas abseits im Wald gelegene Felsen Schwarzer Stein, der Basteifelsen, der Luisenstein, die beiden Lohbergfelsen und zwei kleine Felsen am Mühlberg dazu.

Schloß und Schloßfelsen im 18. Jahrhundert, im Vordergrund Ritter Maximilian von Trützschler mit Knappen.

Repro eines Bildes aus der Sammlung des Heimatmuseums Falkenstein.   Foto: A. Rössler

Wie eine natürliche Trutzburg ragt der Schloßfelsen aus dem Häusermeer der Stadt. Dieser Eindruck muss vor vielen Jahrhunderten noch vollkommener gewesen sein, als ihn nur Wildnis umgab. Der Schlossfelsen gilt als das charakteristische Wahrzeichen der Stadt Falkenstein.

Die Sage berichtet uns, daß ein adliger Jägersmann sich in die unwirtlichen Vogtlandwälder verirrt habe, wo er von einem Rudel Wölfe angefallen wurde. Nachdem er seine Waffen verschossen und seinen Jagdspieß zerbrochen hatte, konnte er sich ihrer nicht mehr erwehren, er flüchtete sich an einen mitten im Wald gelegenen Felsen, den er als Rückendeckung nahm. Da kam ihm eine Schar Falken zu Hilfe. Sie waren von einem Artgenossen herbeigerufen, dem der fremde Jägersmann einst seinen gebrochenen Flügel geheilt hatte. Die Falken fielen mit ihrer spitzen Wehr über die

Wölfe her und trieben diese in die Flucht. Als der Jägersmann nach seiner wundersamen Rettung seine Jagdgefährten wieder erreicht hatte, gelobte er, auf dem Felsen seine Burg zu bauen und nannte diese aus Dankbarkeit gegen seine Retter den Falkenstein. Soweit die Sage. Die historischen Fakten hören sich nüchterner an.

Auf den Schloßfelsen ließ wahrscheinlich um die Wende vom 12. zum 13. Jahrhundert der erste Lehnsherr, ein Ritter, der dem fränkischen Geschlecht der Vasman angehörte oder eng mit diesem verwandt war, eine kleine Wehranlage erbauen und gab dieser seinen Namen. Da die bebaubare Fläche auf dem Felsen aber sehr klein war, bestand der Rittersitz vermutlich nur aus einem mit einer Mauer umgebenen Wehrturm. Wie alle ähnlichen mittelalterlichen Wehrtürme diente bestimmt auch der Falkensteiner seinen einstigen Besitzern nicht als Wohnung, sondern nur als letzte Zuflucht in Zeiten höchster Gefahr. Sicherlich entstand schon in sehr früher Zeit am Fuße des Felsens ein Wirtschaftshof mit einem kleinen Herrenhaus.

Am 20. Januar 1400 erwarben die Trützschler die Vogtei Falkenstein pfandweise für 900 Rheinische Gulden, aus der Hand des Markgrafen Wilhelm von Meißen.

Die kleine Burg auf dem Felsen muß aber schon bald nach dem Besitzerwechsel ihre Bedeutung verloren haben. Von dieser Burg spricht der Pirnaische Mönch bereits im Jahre 1530 als von einem „verwüst Slos", also war der Rittersitz damals schon eine Ruine.

Im Jahre 1566 wird zwar erstmalig die alte „forwergks und hofstat unterm Schlosse" erwähnt, es steht aber außer Zweifel, daß ein Herrenhaus schon lange vorher vorhanden war, in dem die damaligen Besitzer in friedlichen Zeiten lebten.

Der Bergfried war zwar 1730 noch vorhanden, wurde aber dann abgebrochen.

Im Jahre 1745 ließen die damaligen Besitzer der Herrschaft Falkenstein auf der höchsten Stelle des Felsens ein kleines „Lusthaus", heute würde man sagen einen

166

Pavillon, erbauen. Dieser Pavillon diente fast 200 Jahre als Aussichtspunkt über die Stadt und ihre reizvolle Umgebung.

Am 24. Juni 1926 verkauften die Trützschlerischen Erben das Rittergut Falkenstein für 223.675,00 Reichsmark und damit auch den Schloßfelsen an die Stadt Falkenstein.

In den ersten Märztagen des Jahres 1938 wurde der Pavillon auf dem Schloßfelsen abgetragen.

An seiner Stelle wurden im Auftrag der Stadt Falkenstein und auf Anregung des damaligen Ortsgruppenleiters der NSDAP Meichsner, durch das Stadtbauamt, auf dem Schloßfelsen vier Fahnenmasten errichtet. Diese waren aus Stahl und in einer Höhe von 16 Metern krönten die Stahlmasten je ein Hoheitszeichen ebenfalls aus Stahl, was vergoldet war und einen Durchmesser von je 1 Meter hatte. Die Masten und Hoheitszeichen, die von der Kunstschlosserei Hermann Glaubitz in Chemnitz hergestellt wurden, waren 1,80 Meter tief in ein Betonfundament im Felsen eingesetzt. Aber bereits nach nur sieben Jahren wurden diese wieder entfernt.

Besucht man in unseren Tagen den Falkensteiner Schloßfelsen, so erreichen wir die Aussichtsplattform über 61 Stufen. Aber bereits nach 30 Stufen finden wir rechts des Aufgangs den mit Betonplatten abgedeckten 13 Meter tiefen Brunnen der alten Burg Falkenstein. Er ist noch das einzig vorhandene Zeugnis aus grauer Vorzeit auf dem Felsen und erinnert an die alte Wehranlage, die sich einst auf dem Felsen befand, mit der die Geschichte Falkensteins begann.

Alte Falkensteiner wußten mir in meiner Kindheit noch so manche sagenhafte Geschichte um den Schloßfelsen zu erzählen. Am alten Pavillon auf der Plattform des Felsens soll zu mitternächtlicher Stunde oft eine weiße Frau zu sehen gewesen sein, die den unterhalb des Felsens vorübergehenden Leuten zu gewinkt hat. Auch wurde erzählt, im Burgbrunnen würde ein toter Ritter in voller Rüstung liegen. Außerdem wurde berichtet, vom Schloßfelsen aus würde ein unterirdischer Gang bis hinunter zum Mühlberg führen.

All diese etwas unheimlichen Geschichten, die sich die einfachen Menschen unserer vogtländischen Heimat in früherer Zeit oft und gern erzählten und die sie glaubten, sind heute fast vergessen.

Quellen: Aufzeichnungen von Fritz Groh, ehemaliger Stadtarchivar

Schloßfelsen mit Pavillon   Repro: Jahn

P. R. Beierlein (†), Dresden:

Notzeit im Vogtland vor 300 Jahren

Seit 1618 wütete in Deutschland der Krieg. Sachsen blieb als neutrales Land anfangs davon verschont. Im Jahr 1631 gab es seine Neutralität auf und schloß sich den Schweden an. In der Schlacht bei Breitenfeld trat dieses Bündnis zum ersten Mal

in Erscheinung. Gustav Adolf besiegte zwar den katholischen Feldherrn Tilly, die Sachsen aber hatten sich wenig ruhmreich geschlagen, und zwar vielleicht aus dem Grunde, weil trotz der 1613 eingeführten neuen Defensionsordnung die Kriegsbereitschaft der kurfürstlichen Truppen nicht groß war und weil vor allem den Soldaten der Kriegsgeist fehlte. Die schwedisch-sächsischen Operationen nach der Breitenfelder Schlacht verliefen günstig – u. a. wurden Prag und große Teile Süddeutschlands erobert –, bald jedoch regte sich stärkster Widerstand auf feindlicher Seite. Der gefürchtete Wallenstein, der seit seiner 1630 erfolgten Absetzung grollend auf seinen Besitzungen lebte, erschien wieder auf der Bildfläche und stand bald mit einem wohlausgerüsteten und gutdisziplinierten Heer an Sachsens Grenze.

Da galt es, in Sachsen alle Kräfte mobil zu machen. Deshalb erging am 7. März 1632 ein kurfürstlicher Befehl, nach dem in allen Ämtern die nach der

Defensionsordnung vorgesehenen Heerfahrtswagen „ehistens" auszurüsten und zu bespannen waren. Das Vogtland hatte insgesamt 26 Heerfahrtswagen zu stellen, wovon auf das Amt Voigtsberg 8, auf das Amt Plauen 17 und auf das Amt Pausa 1 Heerfahrtswagen entfielen. Dieser Befehl löste bei allen Betroffenen schwerste Besorgnisse aus, vor allem im Südwesten des Sachsenlandes. Denn seit der Schlacht bei Breitenfeld gab es hier ununterbrochen Einquartierungen und Durchzüge. Es waren zwar die eigenen oder befreundete Truppen, mit denen die Bewohner des Vogtlandes Bekanntschaft machten, da aber auch bei ihnen der Grundsatz galt: Der

Krieg muß den Krieg ernähren – so fühlten sie die Härte der damaligen Kriegsführung im vollsten Maße. Sie vermochten deshalb den Befehl des Kurfürsten einfach nicht auszuführen. Adel und Städte wandten sich in Bittschreiben nach Dresden und schilderten ihre Not. Von den Schreiben, die damals nach Dresden gingen, sind zwei besonders beachtenswert, nämlich das, was „Sämbtliche des Ambtes Plauen Underthanen" am 23. März 1632 und das, was „Vierundtzwanzigk Dorffschafften des Ambts Voigtsbergk, welche sechs Heerfartswägen zu halten schuldigk", abschickten. Da beide inhaltlich sich stark gleichen, kann an

dieser Stelle nur das eine, das Voigtsberger, in seinen Hauptpunkten mitgeteilt werden. Aus der Plauenschen Eingabe sei nur erwähnt, daß im März 1632 ein Fürstl. Anhaltisches Regiment mit tausend Pferden und die 5. Kompanie des Steinauischen Regiments zu ernähren waren, außerdem dauernd durchkommende Truppen, von denen die Starschedelschen und die des Eustafius Löser genannt werden.

Das Voigtsberger Schreiben stammt vom 1. Mai 1632. Es weist einleitend darauf hin, daß die Unterzeichneten ihre Heerfahrtswagen nebst Pferden und Zubehör vor einem Jahr, 1631, unter Schulden beschafft hätten. Diese Wagen seien damals an das kurfürstliche Heer abgegangen. Niemals aber habe man von Menschen und Wagen seit dieser Zeit wieder etwas gehört! Nun sollten sie andere Wagen und Pferde stellen, was über ihre Kräfte ginge! Zur näheren Begründung ihres Notstandes führten sie an:

Wir haben nichts mehr!   Repros: Verlag

„Wir haben erstlichen undt vor dießem etzliche Jahr nach einandter große Wetterschadten undt Mißwachs, darneben auch viel große Beschwerungen undt Auflagen gehabt, daruber wier so tief in schuldten gerathen, das unßer viel nun etzliche Jahr allbereit unßere Guttere gantz öd undt wust liegen laßen, (1) Wier die Andern, so sich folgents bißhero mit sorgen undt borgen, undt also mit Hunger undt kummer darauf gefristet, haben den gantzen nechst vergangenen Winter undt noch bißhero, mit höchster Beschwernuß die Grentzwache versehen, (2) eine Compagnia Reutter oder Fueßvolck nach der andtern in unßern Häußern quartierenn, (3) auch einmal uber das Ander von allerhandt Vivers (Lebensmittel undt Futterage an andere

ortt in die Commißcontribniren, (4) das Eß- undt Sommergedreit, welches wier in Herbst auf den Anschlagk teuer geborget, auch alles Viehe, groß undt klein, auch die letzte Henne hingeben müßen, (5) darvor seindt wier unbarmhertzig geschlagen, viel Dörffer vonn der Soldatenseuche inficirt, viel Haußvatter und Haußmütter sambt den Kindtern davon gestorben, undt also allenthalben viel arme elendte wayßen gemacht wordten, (6) uber das haben sie unnß allen beweglichen Vorrath undt Farnuß an Kleydung, Bettgewant, undt andere aus unßern kisten und kästen, so unnß aufgeschlagen wordten, geraubet undt hingenommen, (7)  auch unßer Hütten undt Häußere an Offen, Fenstere, Thüren undt andtern zerstümblet undt verwüstet, (8) den lieben Wintersaamen auf dem Feldtrin den vielfeltigen marchen undt remarchen gantz muthwillig verderbet, (9) Täglich haben wier deme hin- undt wieder reyßanten Kriegsvolck vorspannen mußen, uber welcher Vorspanne sie viel Pferdte undt Ochßen, sambt den wägen, zurückbehalten, undt noch mehr auff den feldte uber den Ackern außgespannt undt sambt den saamen abgenommen, das also fast in dießem gantzen Umbkreyße keine Pferdte mehr vorhandten, damit eine rechte Vorspann zu bestellen oder die zu verkauffen weren. Undt wann gleich in andtern Ämbtern Pferdte feil sein mögen, so wirdt unnß doch, weil unßer groß Verderben undt höchste Armuth landkundig, keines geborget, vielweniger vermögen wier eines bahr zu bezalenn, dieweil wie abgedacht, aller Vorrath undt farnuß gantz hinwegk, das wier wedter den Samen von Neuen zu schaffen, die feldtere zu besähen, unßere Zerbrochene Hütten wieder anzurichtenn, noch auch nur ein viertell Korn in brodt zu kauffen nicht vermögen, undt also aus hungersnoth (dieweiln wier künfftig nichts zu erndten undt eine Zubueß zu Steuern undt andern Contributionibus vonn unßern Guttern zu nehmen hoffen können), von den Häußern entlauffen, undt selbsten auch den Kriegsweßenn nachziehen müßenn. In Summe, es ist ohne höchstschmertzliche Wehmuth nicht zu erzelen, wie jämmerlich und erbärmlich wier durch solche vielfältige Contributiones, beharrliche einquartierung undt continnirliche preßuren undt Plackereyen affligieret,

graviret undt beengstiget, undt also ohne feindte verderbet, biß auf das Bradt (brat (mhd.) = Fleisch, Weichteile) ausgesogen, anervirt undt ruiniret werdten, das wier unnß menschlicher Vernunfft nach, sonderlich in dießen armen Haberlandt, des erliddenen Schadtens nimmer mehr wiedter erhohlen odter aufraffen können …"
Es folgt nun die Bitte, die verlangten Heerfahrtswagen erst nach der Ernte liefern zu dürfen. Sie wurden jedoch niemals geliefert, da der schwere Einfall der Kaiserlichen im August 1632 die Bewohner des oberen Vogtlandes völlig verarmen ließ.

(1934)

Herbert Feustel, Wilkau-Haßlau:

Eine Manövergeschichte

Im Vogtland war Herbstmanöver. Die zur Kirche befohlenen Soldaten waren auf die zweite Empore kommandiert und hatten diese eingenommen. Der Geistliche hielt eine feierliche, zu Herzen gehende Rede, in der die Worte vorkamen: „Ja, die Wege des Herrn sind gar wunderlich!" Begeistert

wiederholte er mit gesteigerter Stimme: „Ja, wunderlich!" Da richtet sich oben auf der Brüstung stramm ein Soldat empor, nimmt Haltung an und ruft: „Hier!" Der arme Teufel war eingeduselt und glaubte, er werde verlesen: sein Name war Wunderlich.

(Kirchberger Tageblatt, 16.10.1897)

Aus dem Verlagsarchiv:

Ein Apotheker ist:
Komplize des Arztes, Wohltäter des
Bestatters und Ernährer der Würmer.

Folklore-Programm

Iech bie e Vogtlänner, e lustiger Bu,
iech ho e schös Schätzl, mei Liesl, ei ju,
un sei mir beisamme, mr sei e schös Paar,
heiroten wölln mir uns nächst's Gahr, nächst's Gahr.

Bing, bing, bing, bing, – bing, bing, bing, bing,
Liesl mei Liesl kumm, – sing, sing, sing, sing,
Bing, bing, bing, bing, – bing, bing, bing, bing,
Liesl mei Liesl kumm sing, kumm sing.

Wenns Ärdöpf'l tut göm, noch hammr ze leb'n,
ja nooch is net bös, do gibts doch a Klös,
schee Röstele nei, die schmeckn uns fei,
do hau'n mr noch a tüchtig ei, ja ei.

Miene bind's Schärzel na, wölln e wing geh,
heit geigt d'r Zipfelsgörg, do werds fei schee,
do rammelt alles hie, do werds fei voll,
wenn der en Walzer geigt, werd alles toll.

Alles tut singe, tanzen und schbringe,
Zipfelsgörg, duli, dulije, geigst halt a gar zu schee,
alles tut singe, tanzen und schbringe,
Zipfelsgörg, duli, dulije, geigst gar so schee.

Un dr Tanzbud'n hot e Loch, ow'r tanzt werd halt doch,
un dr Tanzbud'n hot e Loch, ow'r tanzt werd halt doch.
Seht när den Bauer a, wie der schee tanzen kaa,
wie der sei Mad'l hält, des se net fällt.

Mei Fraa kocht Lud'ln, kocht Lud'ln, kocht Lud'ln,
mei Fraa kocht Lud'ln, kocht Lud'ln in Topp.

Wos giehtn do driem fer e Madl vorbei?
Holdrije . . .
Dös muß doch, verdäckslein, mei Bärbele sei,
Holdrije . . .
Mei Bärbele kenn iech gu gleich an ihrn Schritt,
Holdrije . . .
He Bärbele wart, iech gieh gleich e weng miet,
Holdrije . . .
Mei Bärbel hot Kräftn, 's scha ball nimmer schö,
Holdrije . . .
Die hebt eich, wenns sei muß, e Pfer in de Höh,
Holdrije . . .
Ne Mistwong, den zieht se ella naus aufs Feld,
Holdrije . . .
Dr Bauer drweng sich en Ochs wenger hält,
Holdrije . . .

Wenn Kärmes is, do is schee, drim tu iech gern hiegeh,
wo när e Kärmes is, bie iech gewiß.

(1974)

Gänsbroten miet Sellerie, den Teller voller Brieh,
erscht sauer un noch süß, Kärmes, Kärmes.

Vogtländische Hutzenstum

Otto Schüler, Ellefeld (1901–1974):

De Hutzenleit

Heit sei mer wieder mol besamm
und rucken bil enanner zamm.
Der Dav, der hullt ner Zarrwans rei.
De ganze Hutz stimmt ei.
Do schallern fei de Hutzenleit
und luebn sich de Gemütlichkeit.
De Ricke leßt sich do net stern,
laahnt drubn dr Uefenbank, macht Zwörn!

Am libbsten tunne se derzehln
vrn Wilbern und vrn Vuegelstelln.
Do wern se gamper din klann Haus
und kröhe ost grodnaus.
Sue hehauf sei de Hutzenleit
und luebn sich de Gemütlichkeit.
De Ricke leßt sich do net stern,
laahnt druebn dr Uefenbank, macht Zwörn!

De Grünen Kließ wern aufgetrogn.
Braung net erscht „Setzt eich oa!" ze sogn.
Se hamm fei aa wos din dr Pfann.
Und nu giehets tüchtig ran.
Do haue ei de Hutzenleit
und luebn sich de Gemütlichkeit.
De Ricke leßt sich do net stern,
laahnt druebn dr Uefenbank, macht Zwörn!

Ne Leiten falln de Aagn miet zu
vr Qualm din dere Hutzenstu.
Se heifeln dort, kaans sitzt meh grod
und hamms nu sachte soot.
Still Leihe zenne zamm de Leit.
S'is aus mit der Gemütlichkeit.
De Ricke leßt sich do net stern,
laahnt druebn dr Uefenbank, macht Zwörn!

Louis Riedel, Meßbach (1847–1919):

De gnädige Fraa Madam

De Herrnfraa vun Preuschdorf war a Gnädge, se war vun grußen Adel. Se stammt vun Bayern rei. Ihr Voter, der dorte aa a gruß' Gut gehatten hatt, war a Ganz-grußer ben Saldaten geweesen, a Gerneral oder a Leitnannt oder aa baads z'samm, döß waß iech nimmer orntlich.

Der gnäding Fraa Madam ihr Fuß hot nei jeden Stiefel gepaßt, wie m'r su sogt. Se hot siech nei jede Log schicken kön-ne. Se hot zen Kasinobahl in Plaue mit ne Herrn Amtshauptmann oder ne Herrn Gerichtspresedenten eemasu zierlich ihrn Kunter getanzt, wie se zen Erntfest mit ihrn Kutscher an'n Strupfer oder Rutscher rohgerissen hot; se hot mit der Fraa Huf-marschälle in Dräsen – ihr Mah war Frei-und Kammerher und mußt dereweeng oft amol a paar Wochen hie – eemasu vun Muzart und Humperdink geschwärmt, wie se mit der aafachsten Bauerschfraa sich über de Hühnerzucht und's Keesmachen unnerhalten kunnt.

In ihrer Wertschaft war sche vorne und hinten wie's Hemm. Wenn se aa net gerod Küh selber miet gemolken hot, su stund se doch derneem, und ne Millichverkaaf hot se siech aa net nemme loßen. Doze-mol wur de Millich nahmig wie heit viele Stunne weit nei der Stoodt geschafft, do wur eem derham gebuttert, und de klan'n Leit, die net selber Viehlich hatten, ham siech jeden Morng je noong'e Bedarf aa oder zwaa Kannel Millich huln loßen. Und eem den Millichverkaaf hot se net aus der Hand geem.

Denn wenn se aa net gerod geizig war und ihrsch af a Tröpfel Millich fei net ah-kam, do hot se doch geweßt, aß se su der-miet watter kam, als wenn se's durch de Mamsell machen ließ.

Se war aa durchaus net eigebildt und hot kaa Feesel Stolz gehatten. Und doch – se hätt sinst net a Weiberschvolk sei müssen – doch hot se's gern geseh, wenn se aa vun gewöhnling Leiten a weng beflattiert wur. Die Leit, dies „gnädge" vur der Madam net vergessen ham sei in allen Stücken besser be ihr gefahrn, als wie die, die's net wuß-ten, oder net acht drauf hatten.

A Meirerschfraa hots geweßt und ihrn Bübel, a' Gunge vun zeh oder elf Gahrne, jedsmol eigepredigt, wenn er a paar Aaer oder a Weckel Butter oder früh de Millich huln mußt: „He, Osser, vergiß fei net, aß de ‚guten Morng!' sogst und aß de m'r gu aa 's ‚gnädige Madam' net vergißt, wenn se diech nooch wos fregt."

Und wenn der Gung ham kam, do hot se nei's Krügel geschaut und hots ganz genau geseh, aß er gefolligt hot oder net. Wenn's Moß gestimmt hot, do hot er'sch verges-sen gehatten, wenn er ober recht hüflich geweesen war, noochert war reichlicher gewessen, war, je noochdem, a Nächtele oder zwaae zugeem.

Amol kimmt er ham und hot's Krügel voller, aß ersch in zwaa Hänchen troong muß, wenn er nix verschwettern will.

„Ober heit is gutgemessen!" sogt de Mutter, „hoste wuhl a paarmol ‚gnädge' gesogt?" – „Hah", sogt der Gung.

„Su! Nu, wie gobs denn de Red?" fregt de Mutter neigierig.

„'s hahng a Zwernsfoden drah ihrn Rock, den ho iech weggezupft und ho ge-sogt: ‚Drah der gnäding Fraa Madam ihrn gnäding Rock hängt a gnädiger Foden.'"

Do hot de Mutter übersch ganze Gesicht weg gelacht und hot gesogt: „Su warsch recht, kriegste aa noochert, wenn se ge-kocht is, a Köppel voller dervah."

„Frauen am Heiligen Brunnen um 1910"

Fotoarchiv: Stadtarchiv Auerbach

Friedegard u. Joachim Jahn, Auerbach:

Geschichten um den „Heiligen Brunnen" in Auerbach

Im Jahre 1876 erhielt die Stadt Auerbach eine Wasserleitung. Damit war für die Einwohner ein großer Fortschritt erreicht. Bevor es diese Einrichtung gab, entnahmen die Bewohner der Stadt Auerbach ihr Trink- und Waschwasser aus den in der Stadt aufgestellten öffentlichen Wasserbehältern, in die das Quellwasser aus den umliegenden Wiesen und Wäldern durch hölzerne Röhren geleitet wurde, aus alten Brunnen und aus dem Stadtteich, der sich an Stelle des jetzigen Neumarktes befand. Neben den städtischen Wasserbehältern innerhalb der Stadtmauern haben noch Brunnen eine große Bedeutung gehabt, die mit dem ehemaligen Bergbau zusammenhingen und aus dem Felsgestein in

unmittelbarer Nähe der Stadt links der Göltzsch hervorsprudelten. Einer davon war der „Heilige Brunnen", am Ausgang der sogenannten „Hohle", dem noch heute von der Kaiserstraße durch den Goethepark nach der Göltzsch herabführenden Weg, gelegen. Nach alten Überlieferungen heißt es, daß das Wasser des „Heiligen Brunnens" niemals versiegte und die Auerbacher auch in trockensten Zeiten von ihm nicht im Stich gelassen wurden. Vielleicht war dies der Grund, daß man den Brunnen vor Zeiten als „heilig" bezeichnete, oder aber der Name rührt von dem alten vogtländischen Brauch her, daß die Jugend hier am heiligen Ostermorgen das begehrte Osterwasser holte. Welcher

174

Brunnen hätte sich dazu besser geeignet als eben gerade dieser vor den Mauern der Stadt gelegene „Heilige Brunnen"?

Eine Sage verlegt das Alter des Brunnens in die heidnische Zeit. Schon damals soll er als „heilig" gegolten haben. Das ist aber nur eine Sage und wenn man ihr auch eine gewisse Berechtigung nicht absprechen kann, so ist doch zu bedenken, daß der Brunnen auf dem ehemals an dieser Stelle ausgeübten Bergbau zurückzuführen ist, indem man beim Graben des hier befindlichen Stollens die Grundwassersohle anschnitt. Dies ist frühestens im 14., wahrscheinlich aber erst im 15. Jahrhundert geschehen. Älter wäre in diesem Falle der Brunnen somit nicht. Es wird berichtet, das der „Heilige Brunnen" noch bis Anfang des 20. Jahrhunderts von den Hausfrauen der umliegenden Häuser genutzt wurde, daß sein Wasser infolge des Wohlgeschmackes und der Frische vor allem zum Kochen des Bohnenkaffees verwendet worden sei.

Beim Bau der neuen Straße (heute Göltzschtalstraße) und der Regulierung der Göltzsch vor ca. 80 Jahren (1929–1934), wurde das Brunnenbecken vom linken Ufer zum rechten Ufer der Göltzsch umgesetzt. Das Brunnenbecken wurde am Treppenaufgang zur Göltzschbrücke, die vom Neumarkt zur heutigen Göltzschtalstraße führt, aufgestellt. Die Quelle wurde damals versiegelt und ihr Wasser durch ein Rohr an den neuen Standort des „Heiligen Brunnens" umgeleitet. Leider ist das Verbindungsrohr von der Quelle zum Brunnen sehr anfällig, dies hat zur Folge, daß der Brunnen nicht wie ehedem mit einem starken Strahl Quellwasser hervorsprudelt, sondern die meiste Zeit des Jahres nur noch tröpfelt bzw. gar kein Wasser mehr spendet.

Vor einigen Jahren wurde das in die Jahre gekommene Brunnenbecken neu gefaßt.

Diesen Brunnen bringt eine alte Sage auch mit der Gründung der Stadt Auerbach in Verbindung.

In einem trockenen heißen Sommer vor ca. 900 Jahren kam ein Pilger auf seinem Weg vom heiligen Land in seine Heimat durch die dichten Wälder des Vogtlandes auch in unser Tal. Er war sich an Leib und Seele und konnte vor Durst fast nicht mehr laufen. Eine sprudelnde Quelle in der Nähe des durch die Hitze ausgetrockneten Göltzschbettes rettete ihm das Leben und gab ihm nach mehrtägiger Rast die Gesundheit wieder. Aus Dankbarkeit für seine Errettung durch das Quellwasser gelobte

„Heiliger Brunnen um 1908"

Foto: Stadtarchiv Auerbach

der Genesende, für seine Rettung neben der Quelle eine kleine Kapelle zu errichten. Er reiste heim in sein Heimatland und verschenkte dort all sein Hab und Gut an die Armen. In das Vogtland zurückgekehrt, erfüllte er sein Gelübde mit dem Bau einer hölzernen Kapelle. Fortan lebte er hier als Eremit.

Bald kam das Wasser der Quelle sowie der Eremit in den Ruf der Heiligkeit, da die Kranken, denen er das Wasser verabreichte, ihre Gesundheit zurückerhielten.

Bauern, die sich in der Nähe der Quelle ansiedelten, bezeichneten den Ort „Am Heiligen Brunnen". Später errichtete ein Ritter auf einer nahen Anhöhe eine Burg, in deren Schutz sich weitere Familien ansiedelten.

Sie nannten ihre neue Heimat „Urbach".

Quellen:
Nachlaß E. Rannacher im Archiv des Vogtlandkreises
Zehrer, Dr. Adalbert, Die Wasserversorgung im Alten Auerbach (in „Völkische Tageszeitung – Das Göltzschtal", 3. Jg., Nr. 233, 05.10.1935)

„Heiliger Brunnen"

Foto: J. Jahn

Angela Illing, Reichenbach:

Vorfraad

Tu diech ner net sue amaschgriern,
mr genne ner e weng spaziern.
Naun Wald do bist de alleweil schie,
welln ner bill naus de Rängle gie.
Ne Schwitzer nimmst de ober miet,
mr wäß net, ob e Liftl gieht.
Ich steck e grueßes Schnupftuch ei,
emmende pack mr Schwamme nei.

Da'n Waldrand oder in der Wies,
do stenne welche, ganz gewieß.
Un wenn mr paar gefunne han,
kummse omst gleich nei der Pfann.
Mit Kümmel, Spack un Zwiebeln draa
dodrauf frei iech miech itze scha.

Beim Schneckenstein auf dem Gelände des Deutsch-Tschechischen Mineralienzentrums im Jahre 2010. Aus der Luft wird der angelegte Irrgarten für den Betrachter begreifbar. *Foto: Schneider*

Das Besucherbergwerk in Tannenbergsthal-Schneckenstein, Sehenswert ist der Hohlraum mit dem unterirdischen See im hinteren Teil der Grube. *Foto: Schneider*

177

Der größte Mensch war 2010 etwas über 2,50 m groß. Selbst für ihn dürfte diese Violine eine Nummer zu groß gewesen sein. Das Foto zeigt die Werkstatt der Firma Hunger in Breitenfeld.   Foto: Schneider

Auch das einfache Leben hatte früher seine Reize, wie dieser Schnappschuß aus Raun zeigt.   Foto: Hummel

178

Ein Tagpfauenauge bei einer flüchtigen Rast. Das Auftreten und seine Anzahl ist witterungsabhängig.

Foto: Hummel

Auf den Vietnamesenmärkten in Tschechien ist Ruhe und Beschaulichkeit einge-kehrt. Es fehlen vielfach die deutschen Käufer. Hier der Markt in Vojtanov.

Foto: Röder

September 2010, die ehemalige Grenzabfertigung auf tschechischer Seite bei Schirnding. Heute schmunzelt man beim Vorbeifahren, sie ist ein Relikt aus einer hoffentlich vergangenen Zeit. *Foto: Röder*

2010. Kaum noch betrachtet, steht einsam ein Holzkreuz zwischen Nentschau und Posseck. Es will an die Jahrzehnte der Trennung unserer Heimat und dem damit verbundenen Leid der Menschen erinnern. *Foto: Röder*

Der Plauener Kunstmaler Manfred Feiler (85) 2010 im Gespräch mit dem Verlag bei der Eröffnung seiner Werkschau. Von offiziellen Stellen „salbungsvoll" immer als „Botschafter des Vogtlandes" tituliert, könnte ich mir vorstellen, daß sein größter Wunsch nach einer eigenen Galerie in Plauen auch eine Ausstrahlung auf Plauen und das Vogtland hätte. Aber von offizieller Seite zeigt man ihm hier die kalte Schulter, vermutlich nach dem Motto: „Alle großen Künstler sind tot …" (siehe E. O. Plauen?) Da kann Feiler also noch ein ganzes Stück warten, er lebt ja noch.   Foto: Verlag

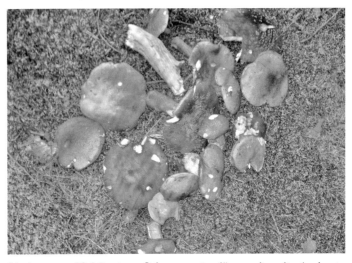

Nach genau 10 Minuten „Schwammejagd" war dies die Ausbeute. Wenn man den richtigen Fleck hatte, gab es nach 2 bis 3 Stunden Probleme mit dem Abtransport der Beute.   Foto: Röder

181

Sonnenaufgang mit Blick von dem Haus, Martin-Luther-Straße 32, in Plauen Richtung Möschwitz   Foto: Heckel

Ein Grabkreuz auf dem Friedhof in Geilsdorf. Früher war der Mensch auch noch nach dem Tode ein Individuum. In der heutigen Zeit tendieren die Bestattungsriten zur Anonymität. Man ist ein Konsument, von dem nichts mehr zu erwarten ist, auch fehlende Familienbande lassen manchen einsam von dieser Welt gehen.   Foto: Hummel

182

Winter 2009 in Plauen. Ob der Eigentümer sein Auto auf Anhieb erkannt hat? Wie hat er es heraus bekommen?
Foto: Vogtland Anzeiger

Seit 7 Jahren pflegt man im Freilichtmuseum Eubabrunn und Luby eine grenzü-berschreitende Stollenbäckerei. Im Foto von links: Die Museumsmitarbeiterinnen Forkel und Herold bei der Verarbeitung des fertigen Stollenteiges, 7,5 m sollte der Stollen 2009 werden.
Foto: Schneider

Nach dem täglichen Trubel der Vorweihnachtszeit kehrt gegen Abend wieder beschauliche Ruhe in das kleine Bergstädtchen Schöneck ein.
Foto: Schneider

Ein stimmungsvoller Blick vom Körnerberg in Klingenthal auf die Markneukirchner Straße nach Richtung Zwota und Stadtzentrum von Klingenthal. Es sind noch genau 5 Tage, und das Jahr 2009 wird Vergangenheit sein.
Foto: Schneider

Du bist min,
ih bin din.

Lisa Goette:

Als ich jung war

Wie waren die Tage mit Märchen gefüllt
und mit Sonne –
als ich jung war!
Wie waren die Nächte in duftende Schleier gehüllt
und voll Wonne –
als ich jung war!

Wie strahlte das Leben in leuchtenden Farben
und funkelndem Golde –
als ich jung war!
Nun ist's vorbei und all die Lichter starben
und all das Holde –
Silber schimmert im Haar.

Will abendlich Frieden sich leise nun breiten
über die wilde See –
nun ich alt werde?
Lern' lächelnd ich noch durch das Dunkel schreiten
und durch das Weh –
nun ich alt werde?

De Bäckermiene

As enn aafachen Leem

Se hotts ihr ganz Leem lang net leicht gehabbt, de alte gute Fraa. Orweit unn nischt wie Orweit. Minna Tuchert hott se gehissen, aber de Leit vun Grußenreith, Zöbischhausen unn Schweigelsdorf hamm se net annerschtersch wie „Bäckermiene" genennt, weil se die drei Därfer mit Brut unn Semmeln, oh unn zu aa mit annerer Bäckerschwar versorgt hott. Jeden dritten Tog kam se mit ihrn Handwong, oftemoll hatt se segor noch en vulln Trogkorb afn Buckel. Naa, leicht hott ses fei net gehabbt, unn ihr Verdienst war recht klaa.

Wenn se afn erschten Bauernhuf kam, hatt se scha en weiten Weg hinter sich unn war fruh, daß se moll en Aangblick ausruhe kunnt. Noochert hulet se tief Luft unn soget zer Bauerschfraa: „Nu, mei gute Lind, itze muß iech erscht widder ze Oden kumme!"

„Setz diech när, Miene", soget die drauf, „iech hoo aa noch e Taß haaßen Kaffee fer diech."

Unn noochert is de Bäckermiene in der Kich gesessen unn hot siech ihre schteifen, schrumpling Händ drah der haaßen Taß gewärmt.

Hott e Bauerschfraa moll e Ahling gehabbt, der Bäckermiene kunnt ses getrust ahvertraue. Die hott alles schee fer siech behalten, se war kaa Klatschgusch. Manche gunge Bauerschfraa hott en guten Rot vun ihr kricht. Wenn se aa in ihrm Leem nahnt ieber die drei Dörfer uns 's nächste Schteedtel nauskumme is, dumm warsche trutzdäm net, se wußt gor viel, wos annere net gewißt hamm. wenn ihr moll e Fraa geklogt hott: „'s is net su, wies sei sell, 's künnt viel besser geh!" do soget se: „Hah, mei liebe, gute Olga, du mußt net immer noochen Grußen lange. De klaan Fraaden

vun Leem muß mer mietnemme. Guck, iech fraa miech scha, wenn iech be meiner Kundschaft e wing ausruhe kah."

Hah, viel gruße Fraaden hott de Bäckermiene in ihrn Leem net gehabbt. Ihr Mah is gung geschtorm unn hott se mit en Gung unn en Maadel ellaa in dere Welt gelossen. Aber dr Gung is als Maurerschlehrbuh vun Neibau roh ze Tud geschtärzt, unn 's Madel – ach, du liber Himmel! – der Bäckermiene ihr scheß feins Maadel is in der Schtoodt drinne verdorm unn geschtorm. Domolls hott de uhglickliche Mutter ihr horts Schicksol verflucht unn is e Zeitlang ganz verbittert geweesen. Aber des is verbeigange: se hott ihrn Glaam widdergefunne unn is schtiller worn.

Emoll hoo iech se de Landschtrooß herfohrn säh. Do bie iech hinter en Busch geschprunge, weil iech se erschrecken wott. Aber wie se watter rahkimmt, sieh iech doch, daß se greint unn su verlurn grodaus guckt. Iech laaf ze ihr hie unn freeg, ob iech ihr ne Wong miet schiem helfen sell. „Du host ja noch kaa Forsche, klaaner Kerl!" sogt se unn lacht miech dorch ihre Träne ah. Iech freeg nu in meiner Dummhaat: „Verwos greinsten, Bäckermiene?" – „Iech grein doch gor net, Klaaner", antwurt se unn schtreicht mer samft iebern Kopf, „des macht när der schorfe Wind." Sent bie iech ganz schtiller haamgange, iech hoo ja noch nischt gewißt vun Menschensorng unn -laad. Aber heit waaß iech, verwos se gegrinne hott. Af der ruhing Landschtrooß is des viele Herzlaad unn ihr Aaasamkaat ieberche kumme. Unn de mußt se siech emoll ausgreine.

Mit der Zeit is se immer wackliger worn. Gor manches Kind hott ihr ne Wong gezung, wenns de Alte getroffen hott, nooch is se derneem hergange. „Ho när aa recht schenn Dank, mei guts Kind! Do hoste poor Zuckerschtaanle!" soget se do. Unn die mußt mer nemme, ob mer wott oder net. Unn se hott aa net eher Ruh gelosse, bis mersche genuhtscht hott.

Emoll derzehlet se be Kandlersch in Grußenreith: „Denkt när bluß emoll, wos mer gestern gearreviert is! Gestern vürmittig geh iech mit mein Trogkorb af Zöbischhausen, mein Handwong hatt iech do moll net

Zeichn.: B. Zwiener

miet. Do kimmt af aamoll hinter mir su e neimudisches Uhtier, e Auto, ahgefaucht. (Vur uhgefähr värzig Gohrne kam ganz selten emoll e Auto geprasselt). Ach, bie iech derschrocken. Be mir hälts ah, der gunge Herr Barum vun Zöbischhausen schteigt vaus unn sogt: „Nu, Bäckermiene, ihr sellt aa emoll Auto fohrn – iech bräng Eich nooch Zöbischhausen." Iech wott ja erscht net recht, aber der gunge Herr nimmt mer mein Trogkorb oh unn setzt ne nei ne Woong, noochert hebbt er miech nei, unn mit en Husch warn mer scha in Zöbischhausen. 's war recht schee, aber iech war doch fruh, wie iech widder rauskunnt. Unn nu guckt emoll, wos mer der gunge Herr noch geem hott!" Dodermiet hult se ewos as ihrn Trogkorb raus, wos dreimoll in Zeitungspapier eigewickelt war unn sich zerletzt als e goldens Zwanzigmorkschtickel rausgeschtellt hott. „Ach", sogt se, „'s gibbt doch noch gute Leit af der Welt!" Unn 's Wasser schtett ihr in Aange.

„Wos net alles gemacht wärd!" derzehlt se watter. „Iech waaß noch, wie zen erschten Moll e Rodfohrer dorch unner Dorf kumme is. Do hott mei seelige Mutter gerieft: „Kinner, guckt när moll naus. Do is e Scheernschlaafer olwer worn unn fuhrwerkt af sein Schlaafrod wie dumm dorch's Dorf!" Ach hah, unn wos wern se noch alles ahschtelln, wenn iech scha langk nimmer leeb?" E poor Wochen dernooch finne se de Bäckermiene frieh af der Landstrooß. 's war su e schtrenger Winter unn Glatteis geweesen. De Miene war ausgerutscht unn hatt sich ihrn Kopf vernannergeschlong. Se war uhne Bewußtsei, wie se nei ihr klaans Heisel gebracht worn is. Zwee Tog schpeeter warsche tut. Af dreiesechzig Gohr hatt se s gebracht: se is „in Sieln geschtorm", wie mer do sogt.

Alle Leit, die wos ohkumme kunnten, sei be ihrn Begräbnis derbeigeweesen unn hamm ihr de letzte Ehr ahgetah! Unn der alt Grußenreither Pfarrer hott sei Predigt eigeschtellt afs Thema: „… und wenn es köstlich gewesen ist …"

Unn wies widder Friehling unn Summer worn is, do kame oftemoll klaane Buhm unn Maadle. Die hamm aafache Kränzle as Feldblume af ihr Grab gelegt. Wenn des de alt Bäckermiene hätt säh känne, do hätt sie sicher gesogt: „Hah, mei guts Kind, de klaan Fraaden sei de besten, die muß mer mietnemme!"

187

Reinhard Rother:

Vogtländisches Bienenmärchen

Im Vogtlande leben gar rührige Leute, die den Boden auch in schon rauhen Lagen immer etwas abzugewinnen wissen. Allenthalben haben fleißige Menschenhände blumige Wiesen, üppige Felder und lachende Gärten angelegt, und selbst noch 500 bis 700 m über dem Meeresspiegel hat man sich die saftigen Blüten des Kirschbaumes und den würzigen Duft der Linde gesichert. Jedes Geschöpf hat zu essen und zu trinken, ja das fleißige Bienchen ist sogar um Lieferung süßen Honigs besorgt. Wo es aber lieblich grünt und blüht, wo schöner Friede und reine Freude wohnten, allda kommt es einem vor, als sei man dem lieben Gott so nahe, daß man ihn bei der Hand fassen und mit ihm sprechen könne, wie man zu einem irdischen Herrn spricht. So muß es wohl auch dort im Dörfchen Ranspach bei Pausa gewesen sein, wo man heute noch meint, die Anmut der Flur lasse es gewißlich erscheinen, daß „der Mittelpunkt der Welt" nicht ferne sei. Und fürwahr! Der liebe Herrgott ist dort wirklich gern zu sprechen, sonst könnte auch das Märlein, das uns die Wirtin zum Lindenbaum erzählt hat, niemals wahr sein. Die sinnige Erzählung also:

In alter Zeit, als die Tierlein noch selber reden konnten und auch die Rede anderer verstanden, war einmal goldig heller Sonntag. Alles hatte, wie es das heilige Gottesgebot vorschrieb, die Wochenarbeit weggelegt und hielt Sonntagsruhe und genoß Sonntagsfreude. Die Menschenkinder zogen in feierlichem Anputz zur Kirche hin und sangen fromme Lieder, und nachmittags ging's wieder mit Sang und Klang hinaus in die schöne Welt. Auch die Vögel hielten Feiertag und stimmten draußen in Wald und Feld ihre schönsten Lieder an. Selbst die unansehnlichsten und kleinsten

Geschöpfe wollten Sonntag feiern, im Sonnenschein gaukelten die Spinnen, und über den Wassern tanzten die Mücken. Nur die Bienen allein mußten daheim in der dunklen Kammer weilen. Sie durften ja nicht arbeiten und darum auch nicht fliegen über die blumige Aue, sie sollten nicht sammeln und ihre Höschen nicht tauchen in samtenen Kelch, so konnten sie auch nicht singen und summen in lauschiger Luft.

Ach, wie war es doch so einsam und bänglich im düstern Gemach! – Da hielten sie Rat, wie sie eine Änderung herbeiführen möchten, und sie sandten Boten zum Herrgott, die mußten sagen: „Lieber Vater, du bist so gut und gibst jedem Wesen einen schönen Sonntag zum Lobe und zur Freude, nur wir allein sind ohne Sonntagsfeier, denn wir haben wohl Ruhe, aber kein Licht, keine Farbe, keine Luft, keinen Sang, keine Bahn! Lieber Vater, sei so gütig und laß uns doch am Sonntag hinausziehen unter die festlichen Scharen! Wir wollen uns gern dafür einen harten Zwang auflegen und künftig nie mehr den vollen, roten Klee berühren!" Wie das die Boten recht fein und sittsam gesagt hatten, lächelte der Herrgott und sprach mit freundlichem Ernst: „Zieht hin und haltet Sonntag nach eurem Begehr, aber seid auf der Hut, und laßt vom roten Klee euch alle Zeit mahnen, daß ihr die Freiheit nützen sollt ohne volle Becher."

Fröhlich zogen die Bienen heim und verkündeten den göttlichen Ausspruch. – Aus dem roten Klee hat nachher keine Biene mehr getrunken, und wer nach dem Vogtland kommt oder auch anderswo acht gibt auf das kleine, fleißige Volk, kann sehen, daß die Bienen noch heute ihr gegebenes Wort halten.

(um 1930)

188

Langenbuch

Walter Lukas, Plauen:

Ein streitbarer Geistlicher aus Plauen

Der namhafte lutherische Theologe Wolfgang Franz wurde im Oktober 1564 in Plauen geboren.

Fast ein halbes Jahrhundert zuvor hatte der Professor für Moralphilosophie, Dr. Martin Luther (1483–1546), seine berühmten 95 Thesen an die Tür der Schloßkirche zu Wittenberg angeschlagen. Diese Hammerschläge hallten wir ein Donner durch Europa. Sie lösten eine religiöse, geistesgeschichtliche und politische Reformationsbewegung aus, welche die feudale Welt aus den Fugen geraten ließ.

In dieser stürmischen Zeit, die durch heftige Religionskämpfe gekennzeichnet war, entschloß sich der junge Plauener Wolfgang Franz nach dem Besuch der Lateinschule in seiner Heimatstadt zum Studium der Theologie, zunächst in Frankfurt an der Oder, später an der Universität Wittenberg, die 1502 von Friedrich dem Weisen gegründet worden war und im 16. Jahrhundert große Bedeutung als Wirkungsstätte bedeutender Reformatoren gewann. Sie entwickelte sich in dieser Zeit zur meistbesuchten Universität im deutschen Sprachraum.

Der antischolastische und zugleich humanistische Geist, der an der „Alma mater Vitenbergiensis" herrschte, zog Studenten aus ganz Europa an. Auch Hamlet zum Beispiel, der Prinz von Dänemark, hat hier studiert, wie William Shakespeare, dessen Zeitgenosse Wolfgang Franz war, in der 2. Szene des 1. Aufzugs in seinem gleichnamigen Drama ausdrücklich betont.

Nach dem erfolgreichen Abschluß seiner Studien lehrte der Plauener Wolfgang Franz ab 1598 an dieser Universität als Professor für Geschichte und promovierte auch zum Doktor der Theologie. Da aber sein Gehalt zu gering war, übernahm er von 1601–1604 in dem kleinen nur 13 km von Wittenberg entfernt liegenden Ort Kemberg das Amt des Propstes.

Hier in Kemberg hatte der Lutherfreund Bartholomäus Bernhardi (1487–1551) achtzig Jahre zuvor seine Wende zur Reformation mit der ersten „Priesterehe"(1521) besiegelt. Luther selbst hat von der Kemberger Kanzel 13 Predigten gehalten. Auf dem von Lucas Cranach dem Jüngeren (1515–1586) gemalten Altar in der Kemberger Kirche, der leider 1994 einem Brand zum Opfer fiel, waren die beiden ersten evangelischen Prediger von Kemberg, nämlich der schon erwähnte Bartholomäus Bernhardi und sein Amtsbruder Matthias Wanckel, im Kreise der vier Großen aus Wittenberg abgebildet: Luther, Melanchthon (1497–1560), Bugenhagen (1485–1558) und Jonas (1493–1555).

1605 kehrte Wolfgang Franz nach Wittenberg zurück und wirkte als Professor der Theologie und Propst der Schloßkirche. Während seiner Tätigkeit verfaßte er zahlreiche Kommentare zur Bibelauslegung. In seinen Streitschriften wandte sich der Professor und lutherische Geistliche gegen die katholische Kirche und das Papsttum und griff so aktiv in die religiösen Auseinandersetzungen seiner Zeit ein. Seine Kritik richtete sich aber auch gegen die Calvinisten, obwohl er selbst einmal calvinistische Neigungen verspürt hatte, aber dann reuevoll zur reinen Lehre Luthers zurückgekehrt war.

Calvinisten wurden die Anhänger von Johannes Calvin genannt, der 1509 in Paris geboren wurde und 1564 in der Schweiz starb. Mit der 1536 erschienenen Erstausgabe seines Werkes „Unterricht in der christlichen Religion" erwarb sich Calvin den Ruf eines Vordenkers der Reformationsbewegung. Calvin stimmte mit Luther darin überein, daß die Bibel die Grundlage des rechten Glaubens sei. Jedoch distanzierte er sich von der Ansicht Luthers, daß sich der Staat der Kirche unterwerfen müsse. So kam dem Calvinismus eine bedeutende Rolle bei der Schwächung des Feudalsystems und beim Übergang zum Kapitalismus zu.

Noch eine andere Glaubensgruppe wurde von dem streitbaren Theologen Wolfgang Franz attackiert: die Sozinianer. So nannte sich eine protestantische Gemeinschaft, die sich im 16. Jahrhundert besonders in Polen formiert hatte. Sie vereinte die Anhänger des Italieners Fausto Sozini, der 1539 in Siena geboren wurde und 1604 in Luslawice/Polen starb. Sozini war das Haupt der antitrinitarischen Bewegung, d. h., er vertrat eine theologische Richtung, welche die kirchliche Lehre von der Dreieinigkeit Gottes ablehnte. Sein Ziel war ein rational geprägtes und undogmatisches Christentum. Dadurch haben Sozinis Schriften auch die frühe Aufklärung in Europa beeinflußt.

Wolfgang Franz widmete sich neben seinen theologischen Arbeiten auch eifrig dem Studium der Zoologie. 1613 erschien sein Werk „Historia animalium sacra", das für „Studierende der Theologie und Diener des Wortes" bestimmt war, damit sie bei ihren Arbeiten einzelne Züge aus dem Leben der Tiere gleichnishaft benutzen könnten. Der wissenschaftliche Wert dieses Buches bestand darin, daß es den in jener Zeit vorhandenen Kenntnisstand in der Zoologie zusammenfaßte. Es wurde bis 1712 wiederholt neu aufgelegt.

Wolfgang Franz galt auch als ein Schriftsteller, dessen Werke große Bedeutung für seine Zeit besaßen. Er starb am 26. Oktober 1628 in Wittenberg.

(Literatur: Zschommler, Max, Interessante und berühmte Vogtländer – ein Ehrenbuch des Vogtlandes, 1913)

Alte vogtländische Liebesgeschichte

Eine Brautnacht von 1860 – 25. Juni

*Maadel, heier miech! Iech bie e Zimmer-
mah.*
*Will dr e Heisel baue und e Schipfel nah,
will dr e Wiegel schnitzen und e Kinnel nei.*
Maadel, heier miech, nooch bist de mei!
Sie hatten geheiert, dr Lui und de Alwine. Heit am 25. Juni, en Tog nooch Jo-
hanne, war Hochzig – und de Schwiegermutter, de Rieke, hatt' sich fei net lumpen
lossn. 's gob alles, was ze re richting Bau-
ernhochzig g'hört: Kuhng und Wickelkließ,
e klaas Stierle hatten se g'schlacht und e
Sau vun zwaa Zentnern, und zwaa Staa
Kalbflaasch nuch exter gekaaft. Do kunnt
mer mit 'n grueßen Löffel ess'n. Und se
woarn aa alle kumme zer Hochzig: de ganz
bucklig' Freindschaft, vun Hermesgrie, vun
Görnitz, vun Mogitz, wue vun dr Mutter
ihrn Bruder san Maadel dr Gungf woar,
dr Vetter Anton und de Mumm Marie, und
aa nuch e Hauf'n weitlaafige Freindschaft.
Dinne dr Nehmstumm woarn de Hausröt
alle aufgstellt. Gob's do Sachen: Zwaa
Riebeisen zen Erdöpfelreim, e Poar Trän-
kaamer, e Poar messing'ne Sternblööter
fer de Ochsen, Schissln und Töpf, e zien-
nerne Wörmflasch, en ganzen Satz: Pfeffer,
Salz, neie Wärz', Kimmel, Fenchel mit set-
ten schen porzelinern Bichsen, e Hänge-
lamp nei de Stuhm, e Kaffeemiehl, en Lö-
chertopf zen Uarbsbrei, und wos mer ner
in Haushalt hoom mußt. Und de Alwine,
woar dös erscht e schiene Hochzigsdock!
Dös schiene schwarzseidene Klaad, die
schen neie Glänzstiefel und 's Märthen-
kränzel – se woar nuch e richtige Gumpfer
– duehm 'n Kopf übern schen gebrennten
und gekreiselten Hoarne af ihrn Flachs-
kopf – und gestrohlt hoot se ver lauter
Hochzigglick und Fraad, wie se sich mit
ihrn Lui nei de Hochzigkutsch gsetzt hoot,

und wie er sche schie gfiehrt hoot, er hett
aa e klaans Märthenstreisel vorn drah 'n
schwoarzn Rock stecken und 'n Zylinder
auf und aa schwarze Händschich ah: 's
woar aans schenner wie's annere. Und gelacht hoot dr Lui! Und wißt ihr, wos er gedacht hoot, wie se afs Standesamt und nei
de Kerch gfoahrn sen? „Ho iech se doch!
Gott sei Dankl – dös schiene, reiche Bauer-
schmaadel"! Dös hoot er sue in Gedanken
hunnertmol gsogt!
Und dr Paster hoot dinne dr Kerch e
Traured g'halten! Sue schie hoot er sche
nuch nanig zammgebracht. Se ham ball allezamm e weng greine missen! Ner aa Satz
hoot dr Alwine net gefalln, den dr Paster
zwaamol fürgebracht hoot: „Er soll dein
Herr sein!"
Dodermiet woar de Alwine net eiver-
standen! Ober se hoot noochert doch,
wie ihne dr Paster de Ring nah de Finger
gsteckt und Sie gfregt hoot: „Willst du Alwine Ida Mehlhorn, diesen Lui Anton Gro-
schopf als deinen Ehemann allezeit lieben,
achten und ehren? – da hatte de Alwine
gern „ja" gsogt – ner dös wott er net nein
'n Kopf: „Er soll dein Herr sein!"
Wie schie woar de Hochzig verloffen!
Aamol ims annere hot de Alwine ihrn Lui
gstueßen: er sell net e sue viel Bier trinken,
lieber e weng Sauerbrooten mehr essen!
Nochmittag woarn de Hochzigleit und 's
gunge Poar e weng 'naus de Feller gange
und hatten sich 's Getraa und de Erdöpfel
und 'n Klie ahgeguckt und de Wiesen und
aa e weng hinter der Loh und hinter zen
altn Bargwark woarn se gange und hinter
de Staudten, wue 's e sue schie is. Und
dr Lui hoot de Alwine egal emol eweng,
wenn's kaa Mensch gseh hoot gsogt: „Bist
de mei gute Alwine?" Ober allemol dacht'

se an 'n Paster sei red: „Er soll dein Herr sein!" und hoot 's Maul nimmerwarts gehalten und gesogt: „Itze net!"

Sue woar dr schiene Tog vergange. De Hochziggäst sen ohmst meistens fort – wieder haam. Die sue weit her woarn, sen dogebliem und ham nuch lang gedischkeriert, gesproocht, geolbert, e weng dumm geta, derziehlt, gessen, getrunke und geraacht – bis spöt in de Nacht nei.

Sue im zwölfe rim sogt dr Lui zer Alwine: „Wölln mer ze Bett gieh, iech bie e sue mieh (müde), und morng frieh missen mer e weng eher aufstieh, mer welln ja nei de Kerch gieh!" – „Gieh ner e waalle nauf", sogt de Alwine, „iech muß miech erscht e weng ausziehe, 's Brautklaad rohta und 'n Schleier und maan neie Schnierleib – und will miech aa nuch e weng ohwaschen." Do gahng dr Lui ganz stueckstiller ze Bett. Sei Bett stand hinten 'n Stuhmbueden dinne dr Eck, und dr gung Fraa ihrsch vorn be der Tür, wue mer zer Buedentrepp raufkimmt. Sue im aans rim kimmt de Alwine ganz sachte de Trepp 'nauf g'schlichn, hie zen Lui saan' Bett, wue sei Stuhl stand und seine Huesen, sei West und de Unterhuesen und de Huesentrohng drauf logn und legt ihrn Unterrock und ihrn Schnierleib und ihr Leibel uehm af 'n Lui sei Sach drauf und denkt: „Wart iech will sehe, ob er dein Herr sein soll!" gieht vür ze ihrn Bett – und pumps – log se dinne und hoot noch e weng gelauscht – noochert hoot se siech nimm gedreht und woar eigschlofn mit den Gedanken: Er sell dein Harr net sein!

Ober se hatt siech verrechnet. Dr Lui hatt 's weißkriegt, wie de Alwine ihre Klaa-

der af seine drauf gelegt hatt, und er denkt: Naa, sue weit därfs net kumme: iech bleib Harr in Haus! Wie 's sue imm halb zwaa woar, und de Alwine sue schie schlöft, und aa e weng ganz sachte miet schnarcht, macht er ganz pumaale as saan Bett 'raus und legt seine Huesen und de West und de Unterhuesen und seine Huesentrohng wieder nehm af dr Alwine ihr Zeig nauf. Wart! „Er soll dein Herr sein!" Frieh im e dreie, 's woar scho ball Tog, wacht de Alwine auf und guckt hinter af 'n Stuhl. Ei, verdökkes! Do lieg'n ja seine Klaader af ihrne duehm! „Ner 's erschtemol net verseh!" Se macht in Hemm (Hemd) as 'n Bett raus, hinter zen Stuhl, und ihre Sachen kamen nehm nauf, af 'n Lui seine nehm drauf! Dr Lui hoot ruhig geschlofn, ganz fest. Er traamt, sei Alwine wär scho dunten Stall und töt melken. E Stickel drauf – 's woar halb fimfe, wacht er auf, zwinkert e weng mit 'n Aagne, guck hie zen Stuhl: Ei, verdiemjahn! Do log de Bescherung: Sei Zeig unten und dr Alwine ihrsch uehm drauf! Naa, denkt er, nu zen letztenmol, mei's kimmt uehm drauf! „Er soll dein Herr sein!" und will seine Huesen und de Unterhuesen und de West und seine Huesentrohng uehm nauf leg'n. Do fängt de Alwine grod 'naus a ze lachen und sogt:

„Du mei alter guter Hämel, 's blaabt drbei, dr Paster sell recht hom: „Er soll dein Herr sein!" Und sie über ihn! Kumm, well'n mer aufstiehe, mer ham uns de ganz Nacht soot verolbert! Du bist mei alter guter Lui und iech dei Alwine: Men Harz und dei Harz aa Klumpen!"

Und noochert ham se siech 'n erschten Schmatz gehm nooch dr Hochzig.

Aus dem Verlagsarchiv:

Liebe ist:
die Torheit einen anderen zu schätzen,
bevor man sich selber kennt.

Felix Fischer, Plauen (†):

Die Otterkrone

Nach einer vogtländischen Sage

Es stand am Waldesrande, entfernt von Dorf und Weg,
ganz einsam eine Hütte am morschen Waldbachsteg.
Die Lehmwand zeigte Risse, es bröckelte der Stein,
grünmoosig war das Strohdach, gebleicht vom Sonnenschein.

Vorm Hause lustig blühend ein Blumengärtchen lag,
umsäumt von Blütenbüschen, durchtönt vom Finkenschlag.
Und wenn man auf der Schwelle des Häuschens schauend stand,
der Blick dann trunken streifte ein waldig Hügelland.

Dicht an des Hüttleins Seite vorbei der Waldbach floß,
der dann durch grüne Auen sich weiterhin ergoß.
Von Tannen, Kiefern, Buchen ein rauschend Wipfelmeer
umduftete und schützte das Haus von Norden her.

Von wundersamer Schöne da drinnen eine Maid,
sie waltete und pflegte des Hauses Sauberkeit.
So lebte sie seit Jahren mit ihrem Mütterlein,
das emsig spinnend füllte mit Linnen weiß den Schrein.

Einst um die Vesperstunde im Schatten in dem Gras
am Haus jung Margarete beim kargen Mahle saß.
Das Gold der blonden Locken um ihr Schultern floß,
und eine sanfte Röte die Wangen übergoß.

Da raschelte es drüben im Beet der Akelei,
und eine Otter wand sich durchs grüne Gras herbei.
Und an dem Milchgefäße kroch sie empor gewandt
und trank. Als sie getrunken, im Grase sie verschwand.

Und sechsmal kam sie wieder just um diese Zeit.
Das Mädchen hielt ihr furchtlos den Labetrank bereit.
Doch als zum letzten Male die Otter kam und schwand,
die Maid in ihrem Schoße die Otterkrone fand.

Sie war von lautrem Golde, so zierlich und so fein,
und oben hell erstrahlte ein weißer Edelstein.
Der Stirnreif rot erglühte in der Rubinen Pracht,
in deren Mitte ruhte bescheiden ein Smaragd.

Es steht am Waldesrande, entfernt von Dorf und Weg,
verlassen jene Hütte. Zerfallen ist der Steg.
Die Lehmwand ist zerborsten, zerbrochen ist der Stein.
Und durch das Strohdach schauet der Himmel hoch herein.

Die in der Hütte wohnten in längstentschwundner Zeit,
begrub man fern dem Orte mit Glanz und Herrlichkeit.
Und fragst du um die Hütte am Berg den Hirtensohn,
erzählt er dir die Sage der goldnen Otterkron'.

Herbert Feustel, Wilkau-Haßlau:

Vom guten alten Butterfaß

Nach dem ersten Weltkrieg war es bei den Bauern in unserer Heimat üblich, mit den Butterfässern zu buttern.

Bauernbutter wurde gern in Stadt und Land gekauft. Vor Einführung des Butterfasses geschah der Vorgang noch per Hand. Viele Bauernwirtschaften hatten einen Wasserbehälter, der durch eine kleine Quelle gespeist wurde. In Blechschüsseln wurde die Butter dann im Wasser frisch gehalten. Butter wurde vielerorts auch noch gestampft. Später gab es maschinellen Betrieb. Wenn die Butter nicht so recht gelang, so glaubte man an Hexerei. Hier spielte der Aberglaube eine große Rolle. Heute spricht man von einem Stück Butter, früher gab es den Begriff „eine Kanne But-

ter". Für dieses alte Hohlmaß paßten etwa vier Stück Butter. Verschiedene Formen fanden bei der Herstellung Verwendung. Da gab es Motive von Tieren und Pflanzen, viele kennen sicherlich noch das Butterschäfchen, das heute noch als Dekoration Verwendung findet. Aus der Buttermilch stellten die Bauern den Käse her, bekannt war der gute Kuhkäse. Von Ort zu Ort zogen die Butterfrauen mit ihrem Tragekorb, dabei hielten sie mit einem feuchten Tuch auf dem Boden die Butter frisch. An einem Stück verdiente die Butterfrau etwa sechs bis acht Pfennige. Davon konnte niemand leben. Es war ein kleiner Nebenverdienst. Als 1939 der zweite Weltkrieg ausbrach, endete die Tätigkeit der Butterfrauen.

Eine dörfliche Gemeinschaft im Jahre 1894. Wer erkennt vielleicht noch seine Urgroßeltern? Die Aufnahme entstand in Bobenneukirchen. Fotogen blickt man dem Fotografen in die Linse. Repro: Verlag

Christine Hofmann, Mißlareuth:

Was ist ein Dorf? – Eine Frage im Jahre 2010

Die Frage ist:
Was ist ein Dorf?
Wer kann eine Antwort geben?
Sind es die Häuser, die stumm am Straßenrand stehn?
Sind es gar die Menschlein, die schweigend vorübergeh'n?
Oder ist es vielleicht nur der Name?

Die Frage ist wieder:
Wie lebt man denn hier?
Ich weiß keine Antwort, wer gibt sie mir?
Da sind die Menschen, die gern alles Neue berichten,
um dabei aus Flöhen Elefanten zu züchten.
Manch einer ertränkt seine Sorgen in Bier.
So lebt man hier!

Nächste Frage:
Wie sieht denn die Zukunft hier aus?
Hier schweige ich besser, sonst schmeißt man mich raus!
Denn ein Dorf ist stets das, was ein Dorf aus sich macht!
Ob man Fremde begrüßt oder nur drüber lacht,
ach sagt man, komm her, aber meint nur, bleibe dort.
Dann ist das kein Dorf, sondern nur noch ein Ort.

Gerhard Stark, Auerbach:

Bär-, Luchs- und Wolfsjagden im Vogtland

Bis in die 1. Hälfte des 18. Jahrhunderts gab es bei uns im Vogtland noch ziemlich häufig Bären, Luchse und Wölfe, ebenso auch im Thüringischen. Nach einer urkundlichen Nachricht im Rudolstädter Archiv wurde in jenen Forsten, in denen sächsische Herzöge und die schwarzburgischen Grafen sich oft als Nimrode begrüßten, 1767 der letzte Wolf geschossen.

Zu Zeiten großer Kälte kamen die Wölfe, vom Hunger gepeinigt, dicht an die Wohnungen der Menschen. Im Jahr 1514 wurde auf dem Marktplatz der Stadt Hof ein Wolf erschlagen. In der Jagdverschreibung vom 31. Mai 1586, laut welcher vom Kurfürst Vater August die Jagdgerechtigkeit dem Herrn von Metzsch auf Plohn übergeben wird, werden in 1. Linie genannt: Bären, Hirsche, Rehe, Schweine, Wölfe und Luchse. 1626 wird eine Wolfsjagd bei Klingenthal erwähnt, bei der ein Mann aus Schwand erfror. In der 2. Hälfte des 30jährigen Krieges klagte man im Vogtland, daß die Wölfe überhand genommen und damit

noch eine weitere Landplage zu all dem Elend gekommen sei.

Im Dezember 1677 wird, da die Wölfe allerorten überhandnehmen, angeordnet, daß nach dem neuen Jahr, wenn es eine „Neue" (Neuschnee) macht, die halbe Mannschaft (der zu den Jagddiensten verpflichteten Dörfer) zur Wolfsjagd auf Schöneck einrücken soll.

2. Dezember 1686. In einem Bericht von Oberförster Georg Friedrich v. Mangold aus Schöneck heißt es: „Nachdem nunmehr der jetzige Gang zur Wolfsjagd bald ausgestanden, wir aber ihrer noch genug auf Wäldern haben, auch gemeint sind kommende Woche einen Bär zu stellen. Die Jagdleute zur Ablösung sollen mit Hacken in Schöneck zur rechten Zeit zur Stelle sein." Man erschlug womöglich die mit Tüchern und Netzen umstellten Tiere, um den Pelz zu schonen.

15. April 1696, Oberförster v. Mangold meldet dem Amtsschreiber in Vogtsberg, daß ein Bär im Bärenfang bei Kottenheide

Die Bärenjagd bei Pöhl im Jahre 1705. Nach einem Originaloelgemälde im ehemaligen Schloß Pöhl.

Repro: Verlag

196

gefangen worden ist, und daß Leute zur Bewachung und Überführung nach Plauen zu stellen sind.

16. Juli 1697, Im Schönecker Wald befreit sich ein Bär aus eine Bärenfalle. Die Falle ist dabei total zerstört worden.

9. Mai 1700, Fang eines Bären in einer Bärenfalle bei Kottenheide.

Von 1704 bis 1711 fanden regelmäßig größere Wolfsjagden in den Schönecker Wäldern statt. Eine Jagd ging meist über mehrere Wochen. Alle 14 Tage wurden die Jagdmannschaften ausgetauscht.

Am 26. Mai 1705 wurde vom Besitzer des Rittergutes Pöhl, Hans Christoph von Röder, eine Bärin mit ihren beiden Jungen getötet. In der Darstellungsweise dieser Bärenjagd gibt es Widersprüche. Von dieser Jagd hing ein Bild im Schloß von Pöhl. Aus betreffenden Akten war nicht mit Bestimmtheit zu ersehen, ob die Bärin oder ihre Jungen zuerst getötet worden sind.

Trotz dieser häufigen Jagden auf Wölfe und Bären waren diese Tiere auch in der 1. Hälfte des 18. Jahrhunderts bei uns im Vogtland noch immer keine großen Seltenheiten. Im Jahr 1704 ward die Umgebung von Schreiersgrün bei Treuen durch das Erscheinen von Bären in Schrecken versetzt. Mehrere Menschen wurden von Bären angegriffen und entkamen nur mit schweren Wunden, ein Knabe ward getötet, vieles Vieh wurde gerissen, ehe es gelang, die Bären zwar nicht zu erlegen, aber wenigstens zu vertreiben.

1718, wie auch bereits einige Jahre vorher, wurden in dem zum Rittergut Wohlhausen (bei Markneukirchen) gehörigen Wäldern wiederholt Bären erlegt.

1729, ein Reichenbacher Bürger erlegt im Angerholz bei Reichenbach einen Bären durch einen Büchsenschuß.

1733, Heinrich von Trützschler aus Oberlauterbach (bei Falkenstein) erlegt einen Bären.

Am meisten hat der Umstand zur Ausrottung der Wölfe im Vogtland beigetragen, daß seit 1717 die Tötung derselben auch denen gestattet war, die nur mit der niederen Jagd beliehen waren. Das am 8. November 1717 erlassene kurfürstliche Mandat bestimmte: Jeder, der zur Jagd befugt war und einen Wolfsbalg in der jeweiligen Wildmeisterei ablieferte, sind 2 Taler 12 Groschen zur Ergötzlichkeit zu reichen.

Die letzte Bärenjagd fand im Februar 1734 in den Waldungen des Rittergutes Wohlhausen bei Markneukirchen statt. Gefangen wurde eine Bärin mit ihren beiden Jungen. Ein kleiner Bär mußte erschossen werden, da ihn die Hunde beim Einfangen zu sehr gebissen hatten. Die Bärin mit dem älteren Jungen wurde auf Veranlassung des Oberhofjägermeisters von Leubnitz durch einen Dresdener Bärenwärter, namens Schulze, am 26. Februar 1734 für den Kurfürsten nach Zschopau und Augustusburg gebracht. Auffällig ist es, daß in all den urkundlichen Nachrichten wohl öfters davon die Rede ist, daß Luchse gespürt bzw. gesehen worden sind, aber keiner dieser Luchse erlegt worden ist.

Jahrzehnt auf Jahrzehnt vergingen, ohne daß Wölfe oder Bären sich wieder gezeigt hatten. Darauf erließ das Forstamt Vogtsberg am 24. Juli 1805 die Bekanntmachung, daß die im Jagdzeughaus in Kottenheide bei Schöneck aufbewahrten Gerätschaften für die Wolfs- und Bärenjagden am 15. Oktober 1805 gegen Bezahlung verkauft werden sollen.

Kehren wir zurück in die Gegenwart. Hin und wieder durchstreifen Tiere unsere heimatlichen Gefilde, die wir nur noch von Bildern her kennen. Die Gegend des südlichen Vogtlandes und des Erzgebirgskammes bietet sich geradezu an, daß einige dieser selten gewordenen Tiere, wie Luchs, Wolf oder das Auerwild versuchen wieder heimisch zu werden. Unsere Fauna wäre um einiges reicher.

Der richtige Jäger und Naturfreund, der diese selten gewordenen Tiere spürt, genießt und schweigt. Schlimm sind die Jäger, die mit ihrer Kamera Bilder schießen wollen. Nicht zum Schutz der Tiere, sondern der Sensation wegen. Die Natur braucht ihren Frieden.

Zeichn.: Bruno Paul (†)

Anna Moths (†), Greiz:

Feierabend

Nun flutet still das Licht zurück,
der müde Tag versinkt.
Die Hände ruhn. Im Dämmerschein
der Seele Einkehr winkt.

Wie leises Singen, wie ein Klang,
von Last und Schwere frei,
der segnend überm Tagwerk liegt,
zieht es an ihr vorbei.

Und groß und weit allabendlich
öffnet die Nacht das Tor;
die Schatten treten lautlos dann
wie Geister draus hervor.

Und hüllen Busch und Bäume ein.
Leis rauscht der Abendwind.
Und in der Andacht Stille ruht
die Seele gut und lind.

Das Buschweibchen

„Sagen aus Böhmen" Dr. J. Virgil Grohmann 1863

Das Buschweibchen wohnt im tiefsten Walde, und nur alle hundert Jahre läßt es sich einmal sehen.

Ein altes Weib (aus Warnsorf) wollte es gesehen haben und erzählte Folgendes: Als ich noch eine flinke Dirne war, trieb ich oft des Pfarrers Kühe auf die Weide. Die Weide aber war eine Waldwiese, weit vom Dorfe entfernt. Eines Tages saß ich ganz einsam da, nur die Kühe grasten in meiner Nähe. Ich hatte die Spindel in der Hand und spann und war so ganz in Gedanken versunken. Da raschelte es im Laube und hervor trat ein altes Weib, deren Anblick mich nicht wenig erschreckte. Ich war bald fest überzeugt, es müsse das Buschweibchen sein, denn es sah gerade so aus, wie es mir meine Großmutter beschrieben hatte.

Es war ein steinaltes, tiefgebücktes Mütterchen. Seine Haare waren lang und schneeweiß, und hingen ihm in wilder Unordnung um den Kopf. In der Hand hielt es einen knochigen Stock, die Schürze hatte es heraufgebunden, als trüge es etwas darin, und auf den Füßen wuchs ihm Moos.

Das Mütterchen hinkte heran zu mir und fragte mich: „Mädel, willst mir die Haare ordnen?" – Mich schauderte, trotzdem machte ich mich daran, ihre Haare in Ordnung zu bringen. Aber ihr Kopf war eiskalt und auch meine Hände erstarrten. Mich befiel ein Zittern, ich mußte mich niedersetzen, und sagte: Ich kann nicht mehr! Das Buschweibchen trat vor mich hin und schüttete mir schweigend eine Menge gelber Blätter in den Schoß. Dann wandte sie sich, wankte von dannen, bog um eine Waldecke und war in kurzer Zeit verschwunden.

Ich sprang auf, warf das welke Laub weg, trieb die Kühe zusammen und eilte mit ihnen dem Dorfe zu. Keuchend und zitternd kam ich im Pfarrhofe an und brachte die Kühe in den Stall. Als ich ihnen den Trank reichen wollte, mußte ich mir die Schürze fester binden. Ich löste das Band und – klirr – fiel etwas zu Boden. Ich bückte mich, hob es auf und siehe, es war ein Goldstück. Nun ward mir's klar. Eines jener Laubblätter, die mir das Buschweibchen geschenkt und die ich später weggeschüttet hatte, war vom Schürzenbändchen festgehalten und zum Dukaten geworden. Später erzählte ich dem Pfarrer mein Erlebnis, er schüttelte den Kopf und sprach: „Sieh, Mäd'l, du hättest leichtlich dein Glück gegründet! – Nie habe ich das Buschweibchen wiedergesehen.

Die Leute um Barnsdorf im nördlichen Böhmen glauben fest an das Dasein des Buschweibchens. Wenn im Frühling und Herbst zerrissenes Nebelgewölk vom Gebirge aufsteigt, wenn „der Wald raucht", so pflegt man zu sagen: „Das Buschweibchen kocht!" Jene Nebelstreifen werden als der Rauch von seinem Herde bezeichnet. Wenn im April ein Hagelschauer naht und die Gipfel der Berge verschleiert, so ruft man: „Seht das Buschweibchen steigt über das Gebirge!"

Das Hahnhaus bei Wernesgrün

Das Dorf Wernesgrün bei Auerbach hatte im Dreißigjährigen Krieg viel von den Schweden zu leiden. Noch zeigt man dort in der Richtung nach Schnarrtanne zu einem, mitten im Walde gelegenen überhängenden Felsen, das Estenloch genannt, unter dem die hart bedrängten Einwohner vor den Wüterichen Schutz suchten. Nicht weit davon liegt das Hahnhaus, ursprünglich eine Art Sennhütte und einem Wernesgrüner Gutsbesitzer gehörend, dessen Hirten einen Teil des Sommers hier zubrachten und erst im Herbst mit ihren Herden wieder nach dem Dorfe heimkehrten. Später wurde aus diesem einzeln stehenden Haus ein bedeutendes Wirtschaftsgebäude, und dieses bekam den Namen Meierhof, den es aber infolge eines gleich zu erwähnenden Ereignisses mit dem Namen „Hahnhaus" vertauschte.

Es kamen nämlich – jedenfalls im Jahre 1639 – zwei Wernesgrüner Spitzenhändler von ihrer Reise aus dem Erzgebirge zurück und brachten die betrübende Nachricht mit, daß der schwedische Oberst Stange in Schneeberg auf das schrecklichste hause, plündere und morde und daß dort alles in die Wälder und Bergschächte flüchtete, um den Händen der Feinde zu entgehen, auch werde an einem der nächsten Tage der schwedische Hauptmann Ankerström mit einem Häuflein Soldaten durch das Dorf nach Plauen ziehen. Auf diese erschütternde Botschaft hin beschloß man, Weiber und Kinder in die Wälder zu schicken, die bedeutendsten Habseligkeiten in den oben genannten, mitten im Walde gelegenen und von hohen Fichten umschatteten Meierhof zu schaffen und einige zuverlässige Männer auf Kundschaft auszuschicken, die vom Herannahen der Schweden schnell Kunde bringen sollten. Unterdessen wollte man Brot, Fleisch und

Branntwein in Bereitschaft halten, um die ungebetenen Gäste für den Augenblick zu befriedigen, würden sie aber trotzdem beharrlich verfahren, so solle Gewalt mit Gewalt vertrieben werden. Zu diesem Zwecke unternahm es ein Jüngling aus dem Meierhof, Gideon Rink, der mehrere Jahre bei den Kürassieren gestanden und selbst in einigen Schlachten mitgekämpft hatte, die streitbaren Männer von Wernesgrün in den Waffen zu üben. Was an Feuergewehren aufzubringen war, wurde herbeigeschafft, und die übrigen Mannschaften wurden mit Sensen und Keulen bewaffnet.

Einige Tage nach diesen Vorfällen entstand plötzlich im Dorfe ein ungewöhnlicher Lärm. „Der Feind kommt!" hieß es, und wirklich kamen einige Reiter das Dorf heraufgesprengt, aber nicht in schwedischer Kriegstracht, sondern in einem einfachen Jagdanzuge. Es war der Graf Zettwitz, der früher Hauptmann bei den Sachsen gewesen war und den genannten Rink in seiner Kompanie gehabt hatte. Ihm zur Seite ritt seine Verlobte, Hermine von Döring. Er erkundigte sich nach seinem früheren Untergebenen, und als Gideon eilig herankam, sprang er vom Pferde und verlangte von ihm Schutz für seine Hermine. „Der schwedische Oberst Stange", sagte er, „der sie in Zwickau kennen gelernt hat, verfolgt sie wie ein Habicht, sie ist zwar bis jetzt seinen Schlingen glücklich entgangen, aber wir sind überall von seinen Kundschaftern umgeben, selbst der Ankerström, der hier in der Nähe vorbei nach Plauen ziehen wird, hat Auftrag, ihr nachzustellen." Man beschloß nun, sie in den Meierhof zu bringen und ihr Gideons Geliebte Marie, als Gesellschafterin beizugeben. An demselben Abende kam auch eine Verwandte Rinks mit einem hochbeladenen Wagen, auf dem sich unter anderem

Hühner und ein bunter Hahn befanden, an, um Schutz im Meierhof zu suchen.

Schon am nächsten Morgen brachte ein ausgesandter Kundschafter die Nachricht zurück, daß Ankerström nicht über Wernesgrün, sondern über Schönheide und Auerbach nach Plauen ziehen werde. Und es verhielt sich auch wirklich so. Durch mancherlei Umstände am Vordringen verhindert, gelangte er erst bei hereinbrechender Nacht in das von seinen Bewohnern verlassene Dorf Schnarrtanne, wo er Halt machen und seine Soldaten in den leeren Häusern Unterkunft suchen ließ. Mitternacht war vorüber, als einer derselben, der nicht schlafen konnte, unter die Tür trat und, wie er öfters zu tun pflegte, das Krähen eines Hahnes nachahmte. Bald antwortete ihm vom Tal herauf ein wirklicher Hahn. Sogleich vermutete man ein Versteck, und der Hauptmann befahl, den Wald zu durchsuchen, wobei jener Soldat von Zeit zu Zeit krähte. Der verräterische Hahn verfehlte nicht zu antworten, und so war der Meierhof auch bald entdeckt und von allen Seiten umstellt. Die beiden Mädchen wurden gefangen, die Kostbarkeiten eingepackt, die Gebäude niedergebrannt. Darauf zogen die Schweden rasch nach Wernesgrün, hier aber war man von dem Unglück in Kenntnis gesetzt und hatte die nötigen Maßregeln getroffen. Zettwitz mit seinen Reitern und Gideon mit seinen Mannschaften stellten sich am Taubenberge auf, um die Schweden hier bei ihrem Zug nach Plauen zu überfallen, auch hatte Gideon die am Hohlweg zu beiden Seiten stehenden Fichtenstämme so weit durchsägen lassen, daß sie mit Reißighaken umgeworfen werden konnten.

Mittlerweile zogen die Feinde im Dorf ein, verzehrten die ihnen dargebotenen Lebensmittel und verlangten eine unerschwingliche Geldsumme. Sie war nicht aufzutreiben, und so wurden denn einige angesehene Dorfbewohner gebunden, um als Geiseln mit fortgeschleppt zu werden. Den Hohlweg des Taubenberges herauf trabte soeben der Zug. Da tönte plötzlich an der Seite des Waldes ein dumpfklingendes Horn, unmittelbar darauf folgte eine Musketensalve und in einigen Augenblicken eine zweite. Mehrere Schweden fielen.

Jetzt sprang Gideon schnell hervor, stach die Wagenpferde nieder, befreite die beiden Mädchen und durchschnitt die Fesseln der Geiseln. Unterdessen aber hatten die Schweden sich von ihrem Schrecken erholt und fingen an, die Seiten des Hohlweges zu erklimmen. Das tapfere Häuflein schien verloren – da prasselten plötzlich die Riesentannen über den Feinden zusammen und warfen sie gräßlich verstümmelt in den Hohlweg zurück. Keiner entkam. Rinks Meierhof wurde aber bald wieder aufgebaut, und zum Andenken an die Begebenheit befestigte man auf dem Giebel des Hauses einen eisernen Hahn, daher der Name „das Hahnhaus".

Der Hahn antwortet auf den Ruf aus dem Tal und verriet damit das Versteck im Walde.
Repro: Verlag

201

Arno Jehring, Zwota:

Dort bin ich daheim

Wo der Schwarzbach durch die Wiesen fließt
und vom Berg herab ein Turm uns grüßt,
wo auf steilem Grat der „Hohe Stein"
rosig glänzt im Abendsonnenschein:
Dort bin ich daheim, dort ist meine Welt,
wüßte nicht, wo's besser mir gefällt!

Dunkle Wälder stehn am Bergeshang,
bunte Wiesen ziehn das Tal entlang.
In die Felder heimlich eingeschmiegt
still verträumt manch schmuckes Dörfchen liegt.
Tausend Reize gibt's dort in meiner Welt,
wüßte nicht, wo's besser mir gefällt!

Ob man blickt von freien Bergeshöhn,
durch die Täler wandert, traumhaft schön,
oder von des Waldes Grün umrauscht
still dem Murmeln eines Bächleins lauscht:
Überall ist's schön dort in meiner Welt,
wüßte nicht, wo's besser mir gefällt!

Ob der Lenz das Land mit Blüten schmückt,
goldne Sommerreife es beglückt,
von des Herbstes Farbenrausch erfüllt,
in des Winters Hermelin gehüllt:
Jederzeit ist's schön dort in meiner Welt,
wüßte nicht, wo's besser mir gefällt!

Sind die Menschen auch von derbem Holz,
sind sie freundlich doch und ohne Stolz.
Die Musik ist immer dort zu Haus
und zieht in die weite Welt hinaus.
Ja, es singt und klingt dort in meiner Welt,
wüßte nicht, wo's besser mir gefällt!

Drum wenn du vom Alltagskampf zermürbt
und die Lebensfreude manchmal stirbt:
Kehr' im schönen ob'ren Vogtland ein,
und du wirst bald wieder fröhlich sein.
Denn es wohnt das Glück dort in meiner Welt,
wüßte nicht, wo's besser mir gefällt!

Zeichn.: Hermann Vogel

Manfred Zill, Willitzgrün:

Faule-Weiber-Kließ

Heit koch mer Faule-Weiber-Kließ,
weil mer do fix fertich is,
aus ne Supermarkt e Tüt,
des Bildl drauf macht Appetit.
Is Pulver rührst ins Wasser nei,
u scho host de en Kließtaagbrei.

Dr Mue moniert: „Wos sell des saa?"
Ganz tapfer zwingt sich's nei de Fraa.
Dr Buh stochert ner rim drin Teller.
Sist is der fei ben Essn schneller.
Ne Grueßvater klebt zam 's Gebiß.
Nix geht halt über Griene Kließ!

Zeichnung: M. Seybold

Rundas

6 x 6 is 36,
und die Fra is gar ze fleißig,
hot der Ma den Topf zerbrochen,
kunnt de Fra kann Kaffe kochen.
Straßberg

Mei Mutter, das Luder,
backt d' Nudeln sue kla,
und mei Voter, der Lümmel, frißt si
alle alla.
Hof

203

Walter Schuster, Plauen:

Neikirngner Geschichten

„Originale"

Heute in unserer Zeit, in der nur noch Hast und Eile das Sagen haben, ist für Originale kein Platz mehr. Anders zu meiner Kindheit, ja noch als ich später aus der Schule war, da gab es noch Menschen, die man als ein Original bezeichnen kann.

In den ersten Jahren meiner Schulzeit gab es in Markneukirchen die Umgehungsstraße noch nicht. So mußte ich von der Gabelsbergerstraße den Gol'zapfenberg runter durch die Stadt zur Schule gehen. Eigentlich heißt die Straße „Schönecke Straße", aber kein Mensch in Markneukirchen sagt dies. Es war immer nur der „Goldzapfenberg", wobei wir das „d" nie mitsprachen, es also verschluckten. Hier stand und steht auch das Mosenhaus, in dem Julius Mosen wohnte, als er in Markneukirchen am Gericht tätig war.

Auf dem Nachhauseweg kamen wir als Schulkinder dadurch jedes Mal am Haus vorbei, in dem der „Girngernst" wohnte und seine Geigen baute. Er war überall als ein wirkliches Original bekannt. Wir als Kinder kannten ihn nur als alten wunderlichen Mann. Wie alt er wirklich war, wir hatten keine Ahnung. Um ihn zu ärgern, klopften wir an seine Fenster und rannten dann schnell weg. Hatten wir Mut, gingen wir ins Haus und klopften an seine Tür. Von drinnen kam dann ein „Ja" und mit halb ängstlichen, halb neugierigen Schritten gingen wir rein. „Ernst, spielst du uns was vor?" Dazu muß ich sagen, daß er, ich glaube eine Viola d'emore spielte. Wenn er gute Laune hatte, machte er es. Aber wehe, wir sagten: „Ernst, spiel uns mal den Trauermarsch von Chopin vor", da wurde er böse, und wir mußten schnell aus seiner Werkstatt fliehen.

Einmal, wir hatten wieder Mut, klopften wir an seine Tür. Als wir drin waren, faßten wir unseren ganzen Mut zusammen und fragten: „Ernst, können wir mal in dein Schlafzimmer gehen?" Er murmelte was wie „Ja", und dann gingen wir in sein Schlafzimmer, das lag neben seiner Werkstatt nach dem Hof zu. Wir standen drin, und uns blieb der Mund offen stehen. Das Bett schmutzig, war etwa gut einen Meter, wenn nicht noch etwas höher. Davor stand eine Art von Hocker, womit er hochklettern mußte. Aber was wir noch sahen, schreckte uns doch, und wir liefen schnell nach draußen. Quer über das Bett, von Wand zu Wand, war ein Strick gespannt, und daran hingen angebunden tote Mäuse. Nie mehr ging ich danach noch einmal zum Girngernst um zu fragen, ob ich mal in sein Schlafzimmer gehen könnte.

In Großvaters Werkstatt 1937

Von ihm gab es früher auch ein Bild als Postkarte. Die Karte, die ich von meinem Großvater hatte, schenkte ich vor Jahren mit noch vielen anderen Dingen dem Museum in Markneukirchen, unter anderem auch eine Postkarte vom Postamt in Markneukirchen, abgestempelt 1.11.11. – 11.00–12.00 Uhr.

Ein anderes Original, aber später nach dem letzten Krieg, war der Schürer Paul. Er kam aus Hamburg, wo er ein Privat-Konservatorium hatte und dies durch die Bombenangriffe verloren hatte. Er war ein Sonderling, aber nicht dumm. Wie es kommen mußte, kam er auch zu meinem Großvater in die Werkstatt.

Irgendwie hatte das Haus und die Werkstatt meines Großvaters eine Anziehungskraft. Schon Anfang der Dreißiger Jahre, als noch richtige Straßenmusikanten durch die Lande zogen, war es üblich, daß jedes Jahr welche zu meinem Großvater kamen. Zuerst bekamen sie im Vorhaus ein gutes Frühstück vorgesetzt, dann Geld, und dann saßen sie in der Werkstatt und erzählten ihre Erlebnisse. Sie hatten durch ihr Straßenmusikantentum halb Europa durchwandert. Ihre Pässe, die sie haben mußten, waren abgestempelt von Spanien durch Europa bis zum Balkan. Scheinbar mußten sie dabei doch ganz gut verdient haben; der die Gitarre spielte, hat sich davon in Wittgensdorf bei Chemnitz ein schönes Haus gebaut.

Einmal, sie saßen wieder an der Werkbank, und ich als Kind war ja mehr dort als in unserem Wohnzimmer, war ich doch erschrocken. Der Geiger, ein schlanker Mann, nahm zwei Finger und holte eines seiner Augen raus und legte es auf die Werkbank. Ich als Kind war so erschrocken, kannte ich doch damals keine Glasaugen. Er wischte es wieder sauber und steckte es wieder rein. Nie habe ich das vergessen.

Aber jetzt war ich von der eigentlichen Geschichte abgekommen. Also der Schürer Paul kam öfters zu meinem Großvater in die Werkstatt. Da erzählte er eines Tages, er hätte einen Konzertsaal entworfen, der einzig in der Welt wäre. Die Akustik wäre so, wie man es noch nie gehört hätte. Diesen Entwurf hat er an den damaligen Generalsekretär der UNO, an Waldheim

geschickt. Als er Tage später wieder kam, brachte er das Antwortschreiben von Waldheim mit. Ich selbst habe das Original gesehen. Gebaut wurde der Saal ja nie, aber er war in seiner Art auch einzigartig. Das Orchester durfte keine Notenpulte haben und alles, also auch jede Sinfonie, mußten die Musiker aus dem Kopf spielen.

Eines Tages, er saß wieder in der Werkstatt, kam meine Mutter rein. Irgendwas wollte mein Großvater und er sagte: „Marie …". Da sprang der Schürer Paul auf, rief: „Marie, Marie, Marie …, Papier, ich brauche Papier. Ich muß ein Gedicht schreiben auf diesen Namen!" Als er Papier und Stift hatte, machte er ein Gedicht von 12 Versen über den Namen meiner Mutter. Leider ist es durch die Jahre abhanden gekommen.

Seitdem gab es wohl nie wieder solche Originale.

Damals, als die Straßenmusikanten zu uns kamen, in dieser Zeit muß es auch gewesen sein, daß nach Markneukirchen die Margarine kam. „Zölch Margarine" – mit einem dreirädrigen Auto wurde sie verkauft. Da lag ein großer Block, und von diesem schnitt Zölch ein Stück ab, was man haben wollte. Aber irgendwie wollten die Frauen zuerst da nicht richtig ran. Man kannte dieses neuartige Fett nicht und war vorsichtig. Vor allem wollte keine Frau auf der Straße die erste sein. Heute kann man sich das nicht mehr vorstellen.

Geschichte einer Straße

Alles in dieser Welt unterliegt der Veränderung.

Auch Straßen verändern ihr Gesicht. Heute hier lebende Menschen sind andere als vor 80 Jahren.

Als ich vor 81 Jahren in Markneukirchen geboren wurde, zogen meine Eltern kurz danach in das von meinem Großvater gebaute Haus in der Gabelsbergerstraße. Damals war es eine Straße wie viele in der „Musikstadt-Markneukirchen".

Aus der Stadt geht man die „Breitenfelder Straße" hoch, und rechts davon befindet sich dann die Straße meiner Kindheit. Wie bei so vielen Straßen, blieben auch hier die Grundstücke der „Eckhäuser" unbebaut.

Doch schauen wir einmal die Bewohner von damals an. Rechts die zwei ersten Einfamilienhäuser bewohnten die „Puggls" und die „Penzels".

Der Puggel-Otto war im ersten Weltkrieg verwundet und hatte nur noch einen Arm. Er war bei der Stadt angestellt. Leider kann ich mich nicht erinnern was Penzels machten.

Das nächste Haus, ein Zweifamilienhaus, gehörte dem „großen F-Loch". Richtig war sein Name Heberlein. Das angebaute Haus gehörte seinem jüngeren Bruder, dem „kleinen F-Loch". Diese „Spitznamen", die keine Beleidigungen waren, kamen vom Beruf. Beide bauten Kontrabässe. Die Werkstatt lag ebenerdig zum Hof zu.

Treuen, links meine Mutter vor unserem Haus im August 1933

Fotos: Autor

Beim „großen F-Loch", wohnte in der ersten Etage die Familie Viertel (Otto). Er hatte dann, als in der DDR das Lotto aufkam, als einer der ersten einen großen Gewinn. Ich glaube, es waren 9000 DDR-Mark.

Er war „Fortschicker", wie man das damals nannte. Also heute würde man sagen, er hatte ein Versandgeschäft für Musikinstrumente.

Beim „kleinen F-Loch" wohnte damals ein Gendarm, was nicht zu verwechseln war mit einem Polizisten.

Im Erker wohnte Familie Baumgärtel, ein „Packer". Der älteste Sohn, Heinz, war der einzige, der aus unserer Schulklasse im zweiten Weltkrieg fiel.

Im nächsten Doppelhaus, wieder Einfamilienhäuser, wohnten also wir, mein Großvater, der „Semmelfritz-Robert" – richtig der Schuster Robert. Er baute, wie später einer seiner Söhne, auch Robert, mein Vater, vorzügliche Zithern.

1938 wurde eines seiner Instrumente mit dem Titel „Goldene Zither" ausgezeichnet.

Im nächsten Haus wohnte der „Starken-Willi". Er war „Packer" bei einem Versandgeschäft für Musikinstrumente. Zurück gehend auf der anderen Straßenseite wohnten im ersten Haus Hoyers. Er war wie der Starken-Willi Packer bei einem Versandgeschäft. Sein Sohn, der Kurt, hatte es dann schon selbst zu einem Versandgeschäft gebracht. Na, und dessen Sohn Karlheinrich war dann nach der Wende lange Bürgermeister der Stadt.

Im angebauten Doppelhaus wohnte unten der Oskar Zimmer. Ein guter Geigenbauer. Darüber Familie Becker, er hatte ebenfalls ein Versandgeschäft. Er war ein nicht sehr großer Mann, aber seine Frau war ein ganzes Stück größer und immer sehr selbstbewußt, aber nicht eingebildet.

Ihr hatte ich viele Jahre später meine ersten schwarzen Schuhe für meinen Beruf zu verdanken. Das war nach dem Krieg, und ich hatte alles in Dresden bei den Angriffen verloren. Sie wollte mir die Schuhe aber nicht schenken, da dies Unglück bringen würde. So bezahlten wir, d. h. meine Mutter ihr einen Pfennig dafür.

Im nächsten Haus (eines von zwei „Stadthäusern") wohnte unten der Werner-„Albin", ein Mandolinenbauer. Sein Sohn Fritz arbeitete bei ihm, aber dieser fiel im zweiten Weltkrieg. Oben darüber wohnte der Gütter-Kurt, ein Geigenbauer. Ich kann mich noch gut erinnern, wie er im Sommer seine frischlackierten Geigen im Hof auf der Wäscheleine zum Trocknen aufhängte.

Nebenan wohnte Familie Blei, „der Wassermann" der Stadt. Dann kam das Haus vom „Gütter-Oskar", ein sehr selbstbewußter Mann, der auch ein Versandgeschäft für Musikinstrumente hatte. Sein Schwiegersohn, der Rothen-Otto, er sollte der Nachfolger werden, war leider im „3. Reich" ein überzeugter SA-Mann. Was aus ihm wurde, davon habe ich keine Ahnung.

Im letzten Haus wohntre eine Familie, die nie einen richtigen Kontakt zu den anderen Familien hatte.

So wohnten also in den zwölf Häusern fünfzehn Familien, die in irgendeiner Weise mit der Musikindustrie zu tun hatten. Als ich dann von der Heimat weg war durch meinen Beruf, kam ich jedes Jahr zu meinen Eltern zu Besuch. Dabei sah ich, wie die Straße ihr Gesicht veränderte.

Vor ein paar Jahren waren noch zwei Männer beruflich in der Musikindustrie beschäftigt.

Einer war der „Blechblas", das war früher „Max B. Martin", der Besitzer war der Erfinder des weltbekannten „Martins-Horn". Seine Erfindung ist jetzt in allen Polizeiautos oder Rettungswagen zu hören.

Der andere war in der „Gitarrenfabrik" beschäftigt. Da beide jetzt im Rentenalter sein dürften, wird wohl keiner noch ein Musikinstrument herstellen.

So unterliegt alles der Veränderung.

War es also früher besser oder schöner? Jede Generation wird es anders beantworten.

Ja und ich selbst

Mit 10 Jahren lernte ich natürlich Zither spielen. Doch dann wurde mein Vater „dienstverpflichtet" in die Munitionsfabrik nach Altenburg (Thüringen). Ein Jahr später begann der 2. Weltkrieg, und aus dem Arbeiter in der Fabrik wurde ein Soldat.

So stand meine Mutter mit mir allein da. Sie meinte eines Tages, ich könnte doch noch ein Instrument lernen, mit dem ich später im Nebenverdienst Musik machen könnte.

Meine Mutter sprach mit Herrn Frühauf, dem damaligen Lehrer für Blasinstrumente. Der meinte: „Für Walter kommt nur Waldhorn in Frage durch seine Lippen."

So ergab es sich, daß ich durch den Lehrer zum Studium nach Dresden kam.

Nach dem Krieg, war ich dann zuerst am Theater in Quedlinburg, bekannt vor allem durch das „Harzer Bergtheater", dem ältesten Naturtheater Deutschlands.

Später lockte die Heimat, und da eine vakante Stelle in Plauen war, kam ich also nach Plauen ans Theater.

Hier war ich über 20 Jahre Vorstand des Orchesters und noch länger dessen Sekretär. Dabei erhöhte ich das Orchester um 17 „Planstellen", obwohl das von Berlin verboten war.

Aber in der DDR konnte man manches, wenn man wußte wie.

Heute etwas Unvorstellbares.

Aus dem Verlagsarchiv:

Klöße-Lied – „Griegeniffte"

Loblied auf vogtländische „Grüne Klöß"

1. Be uns sei griene Klöß drahmm
ess'n m'r alle gern, könnt's gloam,
Vugtländ'sche Klöß schie z'sammgericht
iss unner Nationalgericht.
Refrain: Hamm mer Kließ miet Flaasch und Brieh,
nooch blabbt alles annere stieh,
ja, sue warsch meitog bis heit
und dös blabbt oa sue, ihr Leit.

2. Gib 's Ludel, Spalken, Salzer, Brei,
Kleeskug'n, Späckle, Spegelei,
doch dös alles los's m'r stieh,
be griene Kließ, miet Flaasch und Brieh.
Refrain:

3. Aus Reiber macht de Mutter Taag,
din Säckel, ausgedrickt, halbwoach,
poor warme Peller oah miet nei,
dös gibbt ne schennsten Klößebrei.
Refrain:

4. Nö Sunntig werd'n ner Klöße gessen,
wöll'n m'r hoom – und nött vergess'n,
woach wie Watt – und Sauerbroten,
miet Rutkraut, oft oa Rouladen.
Refrain:

5. Und kimmt Besuch, wörd aufgetrog'n,
Mutter lößt sich nischt noochsog'n.
Ja – „Griegeniffte", dös iss kloar,
is blabbt e sue, wie's meitog woar!
Refrain:

Noten siehe Seite 209

Melodie und Text von Rudolf Finke
Horst/Holstein
Akkordeon- und Klavier-Bearbeitung
von Gottfried Götz

Langsamer Marschtakt

209

Aus dem Verlagsarchiv:

Aus der Welt der Technik

Wie man im 18. Jahrhundert telegraphierte

Die Kunst, Mitteilungen mit großer Schnelligkeit auf weite Entfernungen zu übermitteln, ist nicht erst eine Erfindung des Zeitalters der Elektrizität. Schon gegen Ende des 18. Jahrhunderts bildeten zwei Franzosen, die Brüder Chappe, eine Art optischen telegraphen aus, mit dem man verhältnismäßig rasch Nachrichten auf große Entfernungen weitergeben konnte. Der Telegraphenapparat bestand aus hohen Gerüsten, die auf weithin sichtbaren Stellen, also vor allem auf Bergen, errichtet waren und je drei bewegliche Flügel trugen. Durch Veränderung der Stellung der drei Flügel zueinander konnte man, ähnlich wie heutzutage mit zwei Winkerflaggen, ein ganzes Alphabet ausdrücken, mit dem sich jedes Wort weitergeben ließ. Dieser Zeigertelegraph war selbstverständlich nur bei Tage und auch da nur bei klarem Wetter zu gebrauchen. Noch in den ersten Jahrzehnten des vorigen Jahrhunderts verbanden derartige Telegraphenlinien die wichtigsten Städte West- und Mitteleuropas miteinander, z. B. Paris mit Lille, London mit Portsmouth, Berlin mit Koblenz. Für die beiden ersten Strecken waren je 20 Stationen erforderlich, für die Berlin-Koblenz-Strecke sogar 70, also 70-mal mußte eine Nachricht aufgenommen und weitergegeben werden. Doch brachten es die „Telegraphenbeamten" durch langjährige Übung zu solcher Fertigkeit, daß eine kurze Anfrage von Berlin nach Koblenz nur 2 Stunden brauchte und in weiteren 2 Stunden die Antwort von Koblenz nach Berlin befördert werden konnte. Diese Zeigertelegraphen dienten freilich nicht der Allgemeinheit, sondern nur den Regierungen und einzelnen wichtigen Behörden.

Der Beitrag entstand 1929

210

Günter Zill, Plauen:

De Sonntigsruh bin Balwier

Erst um 1900 hot sich de „Berufsbezeich-nung Friseur" in ganz Deitschland durchg-setzt, sist hots in Bayern Bader, in Sachsen Barbier u in Vogtland Balwier ghaaßn.

In en Lehrbuch steht, daß de Erbetszeit fern Balwier im 1895 rim vo früh im Fünfe bis umd im Neine ging, Sonnumd u vor Feiertongen oft bis Mitternacht, ne Sunntig gings bis Nohmittig im Zwaa. Wer des aus-haltn sott, waß iech aa net. Se kunntn no scho zwischndurch emol eweng e ruhige Kugel schiem, ober se warn ehm vo dr Zeit her egal ughängt, konntn net machen, wos se wölln. Trotzdem war mei Urgrueßvater in en Dorf in der Rheinpfalz nuch nehmbei Winzer, Brieftreger u Gemeindediener. Als Bader war er aa Sanitäter fer de Erste Hil-fe u mußt aa mol in Zuh rausziehe könne. De Leit wußtn, daß se ze ihn när komme konntn, wenn er des runde Beckn an sei Lodnschild hängt. War e Reisigbündel dru, konnt mer Wein verkostn. Su war des greglt, jeder konnt in der vürgschriemne Zeit sulang erbetn, wie er wott, sulang er selbständig war. Fer de Gselln wars weng annersch.

Desderweng hamm sich aa de Gwerk-schaftn drfür eigsetzt, daß es zewengstns in freie Sunntig gehm söll. 1914 hamm se erst mol blues erreicht, daß an ersten Feiertog vo Uestern, Pfingstn u Weihnachtn de Leedn zu warn, nooch kam dr Krieg u de Inflation. Bis de Sunntigsruh gsetzlich eig-führt worn is, wars Mitte dr 20er Gahr. Mei Opa, der vom Rhein nooch Schönneck kam u do e Friseurgschäft hatt, war ganz fruh, daß es su kam, denn do konnter in Gartn gieh oder aa mol in de Schwamme, ober des aane Mol wär er doch ball mit ne Gsetz in Konflikt komme.

An en Sunntig früh klopfts an de Woh-nungstür (Klingln gabs do nuch net u de Haustürn wurn sist net zugsperrt), draußn stand dr Seeling Gustav, also dr letzte säch-sische Postillion, der ze dere Zeit nuch zwi-schn Post u Buhhuef jedn Tog mit dr geeln Kutsch unterwegs war. Außerdem hatt er nuch e weiße Kutsch u en schwarzn Kastn, wenn se braucht worn senn.

Dr Gustav kimmt also rei u soggt: „Walther, hilf mer när, iech muß nochert e Hochzig fahrn, u des geht doch net mit mein Stopplbart, kost mich net heit aus-nahmsweise mol ne Sunntig balwiern?" Der hatt ja aa en dermaßn starkn Bart-wuchs ghatt! Kurz drauf klopfts wieder u dr Alfred kam rei, der gengüber e Wirtshaus hatt. Er soggt: „Paßt fei auf, driem be mir sitzt dr Schandarm. Der trinkt sei Bier aus, noch kimmt er rüber u kontrolliert, ob de Sunntigsruh eighaltn wird. Der hot ne Gu-stav reimachn seh."

Dr Gustav wußt gleich Rot, er soggt: „Waßt wos, Walther, do hulln mern Otto nuch rauf, noch spilln mer in Skat u wenn dr Schandarm wieder weg is, balwierst mich." Su hamm ses aa gmacht.

Heitzetog gitts ja aa wieder Streit im de Sonntigsruh, ober des betrifft de Verkäu-ferinnen.

De grueßn Farbtuem

Des war su Mitte dr 90er Gahr, do war in Plaue in dr Festhall e Modnschau. Im die Sach nuch interessanter ze machen, hamm be dere Glenget nuch Lehrlinge frisiert, die ihr Sach wirklich gut gmacht hamm. Mo-deriert hot de Frau Stubenrauch, hot sich auf ne Laufsteg mit den gunge Maadln unterhaltn. Drbei kam se auf die Idee, ze freeng, wos denn no su dr Unterschied vo dr heiting Zeit, wus alles gitt, ze früher in dr DDR wär im Beruf. No, des Lehrmaadl hot ja zer DDR-Zeit nuch gar net gweßt, wos se mol wern will, wos wott se do soong?

Schlogfertig is rer wos eigfalln: „Do mußt mer halt aus aaner Farbtub zwaa Färbungen machen, wall de Farb knapp war." Do möchte iech soong wie „Radio Jerewan": „Im Prinzip schon, aber die Tuben waren dop-pelt so groß." Also warn se scho fer zwaa Färbungen grechnt, drfür senn halt emende dreie draus gmacht worn.

Es Problem war aa net, daß es epper mol gar kaa Farb gehm hom könnt, när de gängigstn Farbnuancen warn ehm schnell mol alle, do mußt mer sich halt ze helfn wissen.

Wichtig is ja aa, daß mer de richtige Farbmischung aus verschiedne Tuem urührt. Do wird vo jeder Tub när e bissel verbraucht, nie im Leem e ganze Tub. E Fachmann schmiert ja aa net aafach e Tub Farb nauf ne Kopf u fertig. Des ku jeder, do muß mer net erscht drei Gahr lerne.

In dr Maasterschull mußt desderweng be jeder Färbung verneh e Rezept aufgschriem wern mit dr Mischung. Nochert is dr Ausbilder dorchgange, hot be jedm auf ne Zettl ewos aus dr Mischung durchgstrichn: „Nicht vorhanden." Nochert mußt mer e anners Rezept drunterschreim, när im ze beweisn, daß mer improvisiern glernt hot, weil des ja in dr DDR ganz wichtig war. Hinterher is natürlich de Auswertung komme, ob mer des Zweitrezept su machen ku, ohne daß e ganz annere Farb rauskimmt, oder ob mer Humbug aufgschriem hot. Blues Nummern u Prozentzohln senn do notiert worn, denn jeder Farbton hatt sei Nummer. Wehe dem, es hätt mol aaner vo uns net gwußt, wie der Farbton haaßt, wenn ihm e Zohl gnennt worn is.

Paar Gahr vor dr Wende is mol mit de Farbtuem e Malheur passiert. Ich ho des gar net su gleich mietkriggt, mir is när aufgfalln, daß de aufdrucktn Etikettn auf manchn Tuem nuch emol mit ren Papieretikett überklebbt warn. Zer nächstn Innungsversammling hots ghaaßn: „Do hattste ober Glück ghatt, denn mir wottn dodermiet blond färm u des is ganz dunkl

worn, der Schreck nochert vo dr Kundschaft!" Do hattn se in dr Fabrik mittlbraune Farb in mittlblonde Tuem gfüllt u dodrvuh etliche verkaaft, eh ses gmerkt hamm. Mer muß drzu wissen, daß aa de dunkeln Farm ganz hell aus dr Tub komme, nochert entwicklt sich de Farb erst durch Polykondensation.

De neie West-Scher

In ren Friseurlehrbuch vo 1904 steht: „Es empfiehlt sich ferner, mit der Schere so wenig als möglich zu klappern, da das Geklapper die Nerven der Kunden belästigt."

Bitte einmal Haareschneiden

An den Spruch hot sich mei Opa ghaltn, zemol ers su glernt hot. Des hot fer alle goltn, die be ihn glernt hamm.

Ze meiner Lehrzeit, fuffzig Gahr speeter, gabs ober aa die Maaning untern Friseurn, s wär gut, „besonders laut und oft mit der Schere zu klappern, damit der Eindruck von Emsigkeit und Fleiß entstehe." Su war des damals wirklich ze lesn. Manche hamm am lautstn klappert, wenn se gar

212

net mit dr Scher am Kopf warn. Es hot ghaaßn, des wär, im net aus ne Rhythmus ze komme. Mei Opa hot gsoggt: „Gwöhn dir ja den Quatsch net ah!"

E Haarschneidscher war in dr DDR de größte Mangelwar, do hot mer alle paar Gahr, wenn mer Glück hatt, grod mol aane zutaalt kriggt, ober blues su e aafache, wies heitzetog aufm Billigmarkt gitt. Do warn immerzu Schern ben Schleifer unterwegs. Wenn die wiederkomme senn, mußtn scho wieder de nächstn fort.

Nooch dr Wende war natürlich is erschte, sich mit richtigem Werkzeig eizedeckn. Wos do alles gab! Schern, die mikroverzahnt senn u nimmer zen Schleifer müssn u suuu lacht schneidn! Jednfalls ho ich mir e Superscher mit Kugellager, Ergogriffen u allen Schikanen ugschafft, die mer überhaupt net hört, aa wemmer se nuch su kräftig auf u zu macht.

Do kam e fremmer Kunde rei, e gunger Kerl, setzt sich hie, iech fang u ze Schneidn, do macht er mit sann Kopf komische Zuckungen. Ich denk, der is halt krank. Nooch soggt er: „Wat, wat machen sie mit mich?" Iech wußt erscht net, wos is, bis ich drhinterkam, daß er sich vor meiner Scher fürcht, wall er die net hört.

Er will vo der nettn Kollegin nebenan bedient wern. Do denk ich: gut, do wirst halt Übungsmodell fürs Lehrmaadl. Wenn ich aa sist hinterher ihr Werk ze begutachtn hatt, heit mol net, blues uauffällig ausm Aungwinkel raus. Do war aa nix ze tadeln. Dr Kunde war zefriedn. Emende gings ne aa drim, daß er Damenbedienung wott, u

des Ziel hot er erreicht. Hinterher hammer ne nuch die Scher prowiern lossn, ob er se zen Klappern brengt. Über des Gsicht, des er do gmacht hot, kennt ich heit nuch lachn.

De Haarschneidmaschine aus'm Baumarkt

Mir saßn ne Sonntig ben Essn, do klingelts u e Frau mit zwaa klaane Buem stand an dr Haustür. „Helft mer när, mir hamm in Baumarkt e su e klaane Haarschneidmaschine kaaft u unnere Kinner wottn die gleich mol ausprowiern, drweil iech vorden emol untn ne Keller war. Wie des aussieht!!" Wie se de Mütz runter hamm, war des Malheur ze seh, wirklich e komischer Anblick. Auf dr linkn Seit warn de Haar ball bis nauf weg, rechts warn se nuch lang. No do hot halt watter nix gholfn, als wie in superkurzn Ratzeputzsonntigsstoppelhaarschnitt draus ze machen. E klaans Butterbürschtl kunnt ich nuch steh lossn, mehr war nimmer ze machen. Nuhänge kommer ja nix. Die Kinner wern sicher draus glernt hoom. Ober der klaane Übeltäter konnt erst emol nuch über sann Bruder lachn, er hatt ja nuch seine Haar.

Des war kurz nooch dr Wende. Wenn ich heitzetog in Plaue am Tunnl de gunge Leit rimlaufn sieh, do möchte mer manchmol aa denkn, ob do emende klaane Kinner e Haarschneidmaschine ausprowiert hamm, wenn de Haar hiem kahl u driem lang senn. Aber des is in Wirklichkeit e ganz annere Gschicht.

Aus dem Verlagsarchiv:

Gedankensplitter 1892

Wer Wert besitzt ist gern allein
mit sich und den Gedanken sein
auf allen Lebensgängen,

doch eine Null hat dessen bang,
ja, eine Null fühlt stets den Drang,
sich anderen aufzuhängen.

Dr. Adalbert Zehrer, Zwickau (1905–1950):

Als man eine elektrische Bahn Adorf–Bad Elster plante

Die Straßenbahn in Plauen, deren erste Betriebslinie vom oberen nach dem unteren Bahnhof am 17. November 1894 eröffnet worden ist, schien zum Vorbild für das übrige Vogtland geworden zu sein. Bereits im Mai 1896, also vor reichlich 40 Jahren, tauchte der Plan einer elektrischen Bahn in Bad Elster auf, die für den Personen- und Güterverkehr zwischen dem Badeort und dem abgelegenen Bahnhof bei einem Betrieb zunächst nur während der Sommermonate gedacht war. Die Firma Siemens & Halske in Berlin hatte sich bereitgefunden, die Bahn zu erbauen, es hieß damals, daß genügend Mittel zur Erbauung vorhanden und das Projekt schon so gut wie gesichert wäre. Das Elektrizitätswerk sollte so angelegt werden, daß es außer dem Betrieb der Bahn auch noch der elektrischen Beleuchtung des Badeortes diente. Die Angelegenheit zog sich aber hin, und bei den Landtagsverhandlungen von 1898 wurde der Gedanke einer elektrischen Straßenbahn vom Bahnhof Elster durch den Badeort nach Grün erörtert. Die Gegenmeinung ging davon aus, daß man die bekannte, vielgepriesene Ruhe in Bad Elster, die für die Erholung so notwendig sei, nicht stören solle, auch hielt man die Rentabilität einer solchen Bahn für ausgeschlossen. Dabei blieb es dann eine Zeitlang. Eine neue Anregung in dieser Angelegenheit kam von seiten Adorfs, indem der Stadtrat und die Stadtverordneten zu Adorf auf dem Landtag 1905/06 in Form einer Petition die Baugenehmigung für eine elektrische Bahn von Adorf nach Bad Elster nachsuchten, da die Eisenbahnverbindung von Adorf nach dem entlegenen Bahnhof Elster nicht mehr befriedigte. Dabei sollte größtenteils die Staatsstraße

benutzt und der Strom von den Elektrizitätswerken in Adorf und Bad Elster geliefert werden. In Adorf hielt man eine solche Bahn als sehr vorteilhaft nicht nur für das Staatsbad Elster, sondern auch für die gesamten Orte der Umgebung, auch hegte man hier keinen Zweifel an der künftigen Rentabilität, zumal eine starke Benutzung der Bahn in den Sommermonaten erwartet wurde.

Die sächsische Regierung erkannte das Bedürfnis für eine elektrische Bahn von Adorf nach Bad Elster nicht an, indem sie ausführte, daß die Anlage nicht lebensfähig wäre und zu große Nachteile für das Badeleben in Bad Elster mit sich bringen würden, diesen Standpunkt vertrat ebenfalls der Gemeinderat und eine Bürgerversammlung in Bad Elster, die besonders eine Beeinträchtigung der idyllischen Ruhe des Badeortes durch den Bahnbetrieb befürchteten. Bei den Verhandlungen in der zweiten Kammer kam man dahin überein, daß die Straßenbahnen für Badeorte sich erfahrungsgemäß überhaupt nicht eignen, wobei man wohl als Beispiel die Marienbader Straßenbahn vor Augen hatte, die aber nicht einmal in das Herz des Badeortes hineingeführt worden war. Für eine Verlängerung nach Grün läge gleich gar kein Bedürfnis vor, da das Geräusch dadurch nur noch viel größer wäre. Hinsichtlich des Baues hob man die kostspieligen Veränderungen an der Staatsstraße durch die Verlegung der Gleise hervor, auch glaubte man, daß der Fernreiseverkehr nach wie vor nach dem Bahnhof Elster gerichtet sein würde, für den Verkehr von dort nach dem Badeort aber wäre durch Fuhrwerke in zufriedenstellender Weise Genüge getan. Eine angemessene

Verzinsung des Anlagekapitals sah man nur dann als gegeben an, wenn die Wagen bei halbstündigem Verkehr stets gut besetzt wären, eine rege Benutzung wäre aber nur während etwa fünf Sommermonaten zu erwarten, in der übrigen Zeit würde der Betrieb darniederliegen. Aus allen diesen Erwägungen heraus ließ man schließlich die Petition gegen eine Stimme auf sich beruhen. Am 15. Mai 1915 wurde dann der staatliche Kraftwagenverkehr zwischen Ort und Bahnhof Elster eröffnet, wobei im Sommer einzelne Fahrten auch schon bis Adorf und Markneukirchen ausgedehnt wurden. Noch werden die ersten, wenig geräumigen und ob ihrer Vollgummireifen ziemlich stoßreichen Omnibusse mit ihren wippenden Anhängern, die anfangs dunkelgrün, später feldgrau angestrichen waren, gut in Erinnerung sein!

H. Schiller (†), a. d. Ebersberg bei Tanna:

Alte Verordnungen der vogtländischen Heimat in der späten Vergangenheit

Wie wurden vor hundert Jahren die Löhne und die Arbeitszeit der Handwerker, Handarbeiter geregelt, und wie wurden diese Arbeiter bezahlt? Wer beaufsichtigte behördlich die Arbeiterschaft und ihre Tätigkeit?

Im Gemeindearchiv zu L. liegt ein Regulativ für die Löhne der Maurer, Zimmerleute und Tagelöhner im Voigtländischen Kreis, das über vorstehende Fragen Aufschluß gibt.

I. Maurer und Zimmerleute
a) ohne Kost erhält ein Maurer oder Zimmermann:
1. auf einen Tag zu 11 Arbeitsstunden gerechnet,
in der Zeit vom 15. März bis zum 15. Oktober jedes Jahres
7 Gr. – Pfg.
2. auf einen Tag zu 8 Arbeitsstunden gerechnet,
in der Zeit vom 16. Oktober bis zum 14. März jedes Jahres
6 Gr. – Pfg.
b) mit Beköstigung:

a) mit voller Kost:
1. auf einen Tag zu 11 Arbeitsstunden
5 Gr. 6 Pfg.
2. auf einen Tag zu 8 Arbeitsstunden
4 Gr. 6 Pfg.

b) mit Frühstück und Nachmittagsbrod*, jedoch ohne Mittagskost:
1. auf einen Tag zu 11 Arbeitsstunden
6 Gr. – Pfg.
2. auf einen Tag zu 8 Arbeitsstunden
5 Gr. – Pfg.

c) mit bloßem Frühstück:
1. auf einen Tag zu 11 Arbeitsstunden
6 Gr. 6 Pfg.
2. auf einen Tag zu 8 Arbeitsstunden
5 Gr. 6 Pfg.

II. Tagelöhner
a) ohne Kost erhält ein Tagelöhner:
1. auf einen Tag zu 11 Arbeitsstunden gerechnet,
vom 15. März bis zum 15. Oktober jeden Jahres
4 Gr. 6 Pfg.

2. auf einen Tag zu 8 Arbeitsstunden vom 16. Oktober an bis zum 14. März jeden Jahres
3 Gr. 6 Pfg.

b) mit Kost:

a) mit voller Kost:
1. auf einen Tag zu 11 Arbeitsstunden
3 Gr. – Pfg.
2. auf einen Tag zu 8 Arbeitsstunden
2 Gr. – Pfg.

b) mit bloßem Frühstück:
1. auf einen Tag zu 11 Arbeitsstunden
4 Gr. – Pfg.
2. auf einen Tag zu 8 Arbeitsstunden
3 Gr. – Pfg.

Ein Holzmacher erhält:
1. für 1 Klafter hartes Holz zu spalten
9 Gr. – Pfg.
2. für 1 Klafter weiches Holz zu spalten
7 Gr. – Pfg.

* Schrift im Original (geschrieben 1927)

Obige Taxe tritt vom 1. May laufenden Jahres an in volle Wirkung. Wer derselben unter irgend einem Namen oder Vorwande zuwider handelt und entweder ein Mehreres verlangt oder verabreicht, oder auch des niedrigen Lohnes wegen die Arbeitszeit verkürzt, verställt, auf diesfallsige Anzeige bei der Ortsobrigkeit der Uibertreter erhält unausbleiblich das erste Mal in Ein altes Schock Geld- oder nach Befinden 2tägige Gefängnisstrafe oder Handarbeit, im Wiederholungsfalle jedoch in verhältnismäßig nachdrücklichere Strafe.
Denuncianten haben den 3ten Theil der einkommenden Geldstrafe zu erwarten.

Plauen und Neuensalz, den 20. März 1826.

Königl. Sächs. Kreis- und Amtshauptmannschaft des Voigtländischen Kreises.

Edler von der Planitz
für sich und im Auftrag Heinrich Leopolds von Beust.

Aus dem Verlagsarchiv:

Gedankensplitter 1897

Seinem Feinde verzeihen kann unter Umständen viel leichter sein als seinem Freunde.

Sage mir, wieviel Widerspruch du verträgst, und ich sage dir, wieviel Geist du hast.

Wer wenig gelernt hat und doch viel weiß, verdient vor manchem Gelehrten den Preis.

Die Unvernunft läuft dir nach, zur Vernunft mußt du kommen.

Um einen Menschen richtig zu beurteilen, genügt es oft, seine Feinde zu kennen.

Friedrich Rudert, (†):

Vogtländische Flurnamen

Bei der letzten Sitzung der Ortsgruppe des Deutschen Sprachvereins am Ende des Winterhalbjahres hielt Lehrer Fritz Wohlrabe einen Vortrag über die Sammlung der vogtländischen Flurnamen durch die Volkstumswarte des NS-Lehrerbundes. Flurnamen zu sammeln ist nicht neu. In unserer engeren Heimat hat vor Jahrzehnten verdienstvolle Arbeit geleistet der auch als Pflanzenforscher rühmlich bekannte Oberlandmesser Arzt. Was damals aus ganz Sachsen zusammengetragen worden ist, hat lange, sorgfältig nach Gemeinden in Mappen geordnet, in Dresden geruht. Seit ein paar Jahren hat das Hauptstaatsarchiv begonnen, diese Mappen, die seither aus dem alten Oberreitschen Atlas manche Bereicherung erfahren hatten, ins Land an die einzelnen Kreisverwaltungen des Lehrerbundes hinauszugeben. Mit außerordentlicher Mühe und Umsicht haben sich dort die Volkstumswarte der Überprüfung und Ergänzung der alten Flurnamenlisten unterzogen. Sie haben im Kreis Plauen bis jetzt 88 Orte bearbeitet und in vielen Gemeinden über 100, in vielen über 200 Flurnamen festgestellt. Jeder Flurname hat dabei seinen besonderen Zettel bekommen, auf dem auch einige kurze Anmerkungen über Zugehörigkeit, Lage, Beschaffenheit des benannten Flurstücks eingetragen sind. Auf diese Weise ist in Plauen für den ganzen Kreis eine Sammlung entstanden, die schon 5½ Tausend Zettel umfaßt. Lehrer Fritz Wohlrabe, der erfahrene Förderer dieser Arbeit, der Betreuer und Ausdeuter der Zettelsammlung, konnte bei seinem Vortrag aus vollem Borne schöpfen, die heimische Flurnamenforschung enthüllt ein ungemein reiches, vielfältiges Sprachleben, Volksleben, und so fand er für seine fesselnden Ausführungen in den Mitgliedern und Gästen des Deutschen Sprachvereins viele dankbare Hörer.

Acker und Wiese, Hügel und Talaue, jedes kleine Stück Bodens im Umkreis seines Lebensraumes, wo der Bauer Tag für Tag die Arbeit an der Scholle verrichtet, wo er den Pflug führt, wohin er das Vieh treibt, wo er Stöcke rodet oder Steine liest: alles Gefilde begabt er mit Flurnamen, heute wie einst, Flurnamen sind ein lebensvoller Ausdruck unseres Volkstums, nur sehr wenige dieser Namen gehen im Vogtland auf slawische Wurzeln zurück, die allermeisten sind echt deutsch. Flurnamen zeigen zugleich das Ringen des deutschen Menschen um die Scholle, wie er seine Umwelt in seiner Arbeit erlebt.

Ein reizvolles Beispiel ist hierfür der Name des bekannten Schutzberges über dem Dorfe Schwand, wenigstens heißt er Berg auf der Karte. Die Schwander, die seit der Zeit der ersten Besiedlung ihre Hausäcker gegen seine sanfte Lehne vorgeschoben haben, nennen ihn nur einen Hügel (Ghanneshübel); andere Höhen, niedriger als er, die aber aus dem Bachgrunde steil aufsteigend mühsamer zu bezwingen sind, heißen sie Berge (Kienberg, Arzberg, Distelberg). Bodenart und Ertrag, Pflanzenbestand und Tierleben, alles findet seine Erwähnung in den Flurnamen (Kühler Morgen, Dürre Henne, Birkig, Vogelherd). Manchmal spiegeln sich geschichtliche Ereignisse in ihnen (Schwedenschanze), und häufig drücken sie die alten Besitzverhältnisse aus (Gemeindeberg, Herrenweide, Kirchholz, Riedelsacker). Flurnamen sind als unterscheidende Bezeichnungen der Grundstücke notwendig geworden zu einer Zeit, da es ein Flurbuch noch nicht gab, und Flurnamen werden immer wieder notwendig, weil auch ein Flurbuch nicht all den Wandlungen folgen kann, die dem Boden unablässig wiederfahren, oder weil es niemals die ganze Mannigfaltigkeit einfangen kann, die dem bäuerlichen Lebensraum nun einmal eigen ist. Manche Flurnamen sind kurzlebig, vergehen schon im Munde eines Geschlechtes wieder oder verschwinden mit dem Geschlecht, das sie geprägt hat. Andere sind zäh und dauern durch Jahrhunderte, oft selbst, wenn sich der ursprüngliche Zustand der Flur gründlich geändert hat (Fronweg, Pechhütte, Köhlerstreifen). Mancher bekannte Flurname in und bei Plauen ist schon seit 1506 belegt (Rähnisberg, Trockental, Eichleite, Gutheinrichsteich, Langer Berg). Wenn auch die Pflastersteine die Grabsteine der Flurnamen genannt werden, so freuen wir uns doch mit dem Forscher, daß sich in unserer Stadt manche alte Flurbezeichnung bis ins Straßenschild erhalten hat (Seestraße, Rinnelbergweg, Krähenhügelstraße, An der Hohle). Manche, die nur noch im Munde der Einheimischen leben, könnten wieder zu Ehren gebracht werden (Rähme, Weidiggässel, Salzeg). Es gibt Flurnamen, die nur im engen Kreis einer Familie gebraucht werden, so heißt einmal ein Flurstück die Großmutter. Andere sind im ganzen Ort bekannt, reichen auch oft über die Dorfgrenze hinaus (Anger, Gelänge, Pöhl, Loh). Manche Flurnamen sind so zu Ortsnamen geworden, wie Schwand, Stöckigt, Reuth, Mühlleithen bezeugen.

Die Fülle der Flurnamen und ihrer Bezeichnungen, von denen hier nur eine Handvoll vorgezeigt werden konnte, wußte der Vortragende lebensvoll zu gliedern und zugleich sinnfälliger zu machen durch eine umfängliche Anzahl selbstgefertigter Flurnamenkärtchen, die alle reihum gingen. Auf diesen Blättern, die immer den ganzen Kreis Plauen umfaßten, waren jeweils die Orte besonders ausgezeichnet, die den gleichen Flurnamen aufweisen. Die Verbreitungsgebiete einer großen

Menge solcher Namen waren so mit Leichtigkeit nacheinander zu überblicken. Als häufig zeigten sich da die Ziegelhütten, die Galgenberge, die Warten, die Hopfengärten, aber selten waren Namen mit Wein, Hanf, Furt, Brücke gebildet. Auch altertümliche Bezeichnungen tauchen auf, wie Anspann (Platz, Hutplatz) Peunte (ein aus dem Gemeindebesitz herausgeschnittenes Stück, das einem einzelnen Gut zugewiesen ist, und es gab Garten-, Dorf-, Hof-, mittlere und dürre Peunten, den alten Anspann oder die Anspannwiesen. Das es in dem gewaltigen Heer der Flurnamen auch nicht an entstellten oder verstümmelten gebricht, vernahmen die Sprachvereinler mit Heiterkeit. Wir haben nämlich im Vogtland Schinkenäcker, die ehedem Schinderäcker genannt waren, weil Kühberge, die Kienberge sein sollten. Staatswiesen, die mit ihren vielen Steinen nichts weniger als Staat machen können und mundartlich Stäswiesen geheißen waren, und endlich ein Flurstück, das vielleicht seiner Lage nach einmal Plauischer benannt war, nun aber mit dem seltsam gewandelten Namen Blauschauer bezeichnet wird.

Die Flurnamensammlung und Flurnamenforschung, die der hohen Aufgabe dienen, altes Volksgut zu bewahren, alte Volkssprache zu ergründen und alten Volksbrauch zu stärken, werden ihren größten Segen erst dann bewirken, wenn sie Geist und Herz des heranwachsenden Geschlechts für die edle Seite volkstümlichen Sprachlebens zu entflammen vermögen. Auch hier konnte der Vortragende von erfreulichen Anfängen berichten und zugleich als Krönung seiner Arbeiten und als eins der ersten Muster dieser Art seine große vielfarbige Schulflurkarte der Gemeinde Schwand vorzeigen.

Die Zuhörer dankten für den überzeugenden Vortrag und die vielseitigen Anregungen, die er ihnen brachte, mit reichem Beifall.

(1939)

Erich Reyer, Falkenstein (1920–2004):

Vom Wirtshaus „Zur Linde" in Wernitzgrün

Wer das heute von der Konsumgenossenschaft betriebene Gasthaus „Zur Linde" in Wernitzgrün kennt, selbst einmal die erst kürzlich unter tatkräftiger Mithilfe des Gaststättenbeirates entstandene „Bauernstube" besuchte und das Lob von Urlaubern und Touristen gesprochen hat, der möchte gewiß auch etwas über die Geschichte dieses Gasthauses erfahren.

E. Oswald Lederer berichtet in seiner Chronik von Wernitzgrün, daß der Gasthof „Zur Linde" seit Jahrhunderten besteht, bis zum Jahr 1854 zum ehemaligen Rittergut Eubabrunn gehörte und dann in den Besitz der Familie Klipphahn überging. Namentlich sind von ihm die darauf tätig gewesenen Wirte von 1633 bis 1911 angeführt. Neben der traditionellen Kirmes wurden alljährlich Feste und Bälle der im Ort vorhandenen Vereine abgehalten. Besonders beliebt war das Vogelschießen. Die Schießmauer und die Vogelstange standen auf den Flurstücken, die südöstlich vom Gasthaus liegen. Mit Pulver und Blei wurde nach Vogel und Scheibe geschossen. Die Schießen waren Preisschießen, es wurden Geld, Schweine, Hammel und dergleichen ausgeschossen.

An das Wirtshaus knüpft sich die Sage, daß einst ein Reisender, der Geld bei sich trug, erschlagen wurde. Der Räuber nahm dessen Leichnam in einem Sack auf den Rücken, trug ihn nach dem „Bergloch" (auch Giftloch genannt, vom Bergbau her), das sich im Wald oberhalb der Holzmühle befindet, und warf ihn hinein. Ein Köhler, der ihm auf diesem Gang begegnete, ahnte nichts Gutes und fragte: „Woher – wohin?" Daraufhin glaubte der Räuber als solcher entdeckt zu sein. Der Köhler erhielt die Antwort: „Wenn du einem lebenden Wesen etwas verrätst, wirst du ums Leben kommen."

Der Köhler, dem so eine schwere Herzenslast aufgebürdet war, die er zeitlebens nun allein tragen sollte, glaubte sich dieser zu entledigen, wenn er es einem Baume verrate. Er erzählte es daher einem Kirschbaum, und auf dem war ein Mann, der Kirschen pflückte – doch trotzdem soll er von nun an ruhiger aufgeatmet haben.

Man will ferner aus mündlichen Überlieferungen wissen, daß sich in der Nähe des Wirtshauses mehrere Gräber befinden. Vermögende Getreidehändler aus dem Egerland, die ihr Getreide nach Sachsen verkauften und im Wirtshaus übernachteten, sollen von Räubern verfolgt, des Nachts überfallen, beraubt und getötet worden sein. Es ist wohl möglich, daß diese Sage auf eine wahre Begebenheit zurückzuführen ist. Dabei können Vorgänge im und nach dem Dreißigjährigen Krieg in Frage kommen.

Quelle: Lederer, E. Oswald: Chronik von Wernitzgrün (beendet 1914) o. J. o. O.

Runda

Mei Vater is a Köhler,
a kuhlschwarzer Ma,
wenn ich ne asieh,
do fercht ich mich drva.

Dröda

219

Friedegard und Joachim Jahn, Auerbach:

Was uns der Hausberg bei Graslitz erzählt (Teil 2)

Aus der Geschichte der Stadt Graslitz von der Mitte des 17. Jahrhunderts bis zum Ende des II. Weltkrieges 1945

Der Name „Graslitz" (Kraslice) ist deutschen Ursprungs und geht laut dem im Jahre 1945 verstorbenen Heimatforscher Adolf Böhm auf ein ursprüngliches „Grezelin", das heißt kleiner Nadelwald, zurück. Im Laufe der Zeit wurde Grezelin, Greslein, Greslas, Greslitz zu der Namensform Graslitz abgewandelt. Mit Greslin bezeichnete man ursprünglich den Hausberg (Hrydiste), dann die Burg auf dem Hausberg und schließlich die im Jahre 1370 von Kaiser Karl IV. gegründete Stadt zu seinen Füßen. Die slawisch klingende Form Gresslitz und Graslitz kommt nach dem Jahre 1500 zuerst in Sachsen auf und verdrängt erst nach dem Dreißigjährigen Krieg die ältere Bezeichnung Greslas und Gresel.

In den wenigen tschechischen Urkunden dieser Region, in denen Graslitz erwähnt ist, wird Stadt und Schloß Graslitz teils Grezles (1506) oder Kreszles (1521), teils Greslitz oder Kreslice (1654) genannt.

Im Jahre 1666 gingen durch Kauf die Herrschaft Graslitz aus dem Besitz der Schönburgschen Erben an den streng katholisch gesinnten Grafen Hans Hartwig von Nostiz über. Die Untertanen der Herrschaft, die bisher unter den protestantischen Schönburgern gelebt hatten, hofften zunächst, der Graf werde den Protestantismus stillschweigend dulden. Graf Nostiz hingegen hoffte, die Graslitzer durch Stiftung einer Glocke für ihre Bergmannskirche und durch die Bestätigung der Zunftprivilegien für sich und seinen Glauben zu gewinnen. Als der Graf allerdings merkte, daß er mit Güte und Groß-

zügigkeit zu keinem Erfolg bei seinen Untertanen kam, griff er durch.

Im Mai 1671 berief er einen jungen katholischen Geistlichen aus Falkenau (Sokolov) zum neuen Pfarrer von Graslitz. Er löste den lutherischen Stadtrat der Stadt Graslitz auf und ersetzte ihn durch Katholiken oder solche Bürger, die zum Übertritt zum katholischen Glauben bereit waren. Die Bürger und Bergleute der Herrschaft wurden vom Grafen vor die Wahl gestellt, zum Katholizismus überzutreten oder das Land zu verlassen. Von dieser Maßnahme wurden über 3000 Menschen in der Stadt Graslitz und in den zur Herrschaft gehörenden Dörfern betroffen. Die Mehrzahl war nach anfänglichem Widerstreben zum Glaubenswechsel bereit. Ein kleiner Teil, darunter aber gerade die tüchtigsten, beugten sich dem Befehl der Obrigkeit nicht und mußten noch im gleichen Jahr auswandern. Der überwiegende Teil der Glaubensflüchtlinge kam nach Sachsen, ein kleiner Teil in die Markgrafschaft Bayreuth. Unter den Ausgewanderten nach Sachsen befanden sich auch jene zehn Geigenbaumeister, die im Jahre 1677 in Markneukirchen eine Geigenmacherzunft gründeten. 1678 wurden in der Pfarre Graslitz nur noch 234 Protestanten und im Jahre 1681 nur noch 136 Protestanten gezählt, die man durch Nachlaß von Steuern zum Religionswechsel zu bewegen suchte. Um die Einnahmen der Herrschaft wieder anzuheben, ließ Graf Hans Hartwig in Silberbach (Stribrna) ein Messingwerk errichten, um in ihm das am Eibenberg gefundene Kupfer zu Messing zu verarbeiten. Da es im katholischen Böhmen keine Messingschläger gab, mußte der Graf in Sachsen protestantische Facharbeiter anwerben, die seit 1687 in der Gemeinde Silberbach eine eigene etwa dreißigköpfige Protestantengemeinde bildeten. Erst mit der Bekehrung der letzten drei Protestanten in der Herrschaft Graslitz im Jahre 1725 war die einhundert Jahre früher begonnene Gegenreformation beendet. Nach dem Tode des Grafen Hans Hartwig im Jahre 1683 wurde sein Sohn Anton Johann von Nostiz Erbe und Nachfolger. Er bemühte sich, die Wunden, die die Gegenreformation dem Wirtschaftsleben der Stadt und Herrschaft geschlagen hatte, durch Förderung des Bergbaues und der Gewerbe zu lindern. Er erneuerte 1683 die Zunftartikel der Tuchmacher und gab 1696 den Lohgerbern eine eigene Innung. Unter seiner Herrschaft wurde noch vor 1714 in Silberbach ein Blaufarbenwerk errichtet. Während der Bergbau immer mehr an Bedeutung verlor, festigte sich das städtische Gewerbe.

Die Geigenmacherei, die 1669 zwölf Meister zählte, wurde zu einem Nebenerwerb.

1722 gab es in Graslitz nur noch einen Geigenmacher, der dieses Gewerbe ausschließlich betrieb. Im gleichen Jahr gab es in Graslitz 138 Gewerbetreibende, darunter 6 Müller, 5 Gerber, 3 Töpfer, 3 Färber, 3 Seiler, 2 Glaser, 1 Tuchmacher, 1 Strumpfwirker sowie 17 Leinenweber. Der einstige Kupferhammer war zu einem Messingdrahthammer geworden und versorgte die beiden Graslitzer Nadler mit Messingdraht. Der Eisenhammer im Zwodautal unterhalb von Graslitz lag noch immer wüst.

Im Jahre 1723 kam die Herrschaft Graslitz vorübergehend in den Besitz des Freiherrn Karl Richard von Schmiedlin, der auch Schönbach (Luby) erworben hatte.

Aber bereits im Jahre 1729 mußte der Freiherr Schulden halber die Herrschaft Graslitz an den früheren Besitzer Anton Johann von Nostiz zurückverkaufen.

Dessen Nachfolger Franz Wenzl von Nostiz (1736–1765) versuchte den daniederliegenden Bergbau wieder zu beleben, indem er selbst als Bergunternehmer auftrat. Auch die Stadt Graslitz betrieb am Fuße des Schneiderberges einen Stollen auf Bleierz.

Im Jahre 1741 mußte die Herrschaft Graslitz 300 Bergknappen zur Ausbesserung der Befestigungswerke der Stadt Eger (Cheb) stellen.

Nach der großen Hochwasserkatastrophe vom Jahre 1723 im Zwodautal wurde der Messingdrahthammer an die Stelle des wüst liegenden ehemaligen Eisenhammers unterhalb der Stadt verlegt.

Im siebenjährigen Krieg beherbergte die Stadt längere Zeit kaiserliche Truppen.

Im Jahre 1757 wäre es beinahe vor den Toren der Stadt Graslitz zu einem Gefecht zwischen Preußen und Österreichern gekommen. Die Preußen machten von Markneukirchen aus einen Vorstoß in Richtung Graslitz, zogen sich aber dann, warum auch immer, kampflos zurück.

Unter dem Grafen Franz Anton von Nostiz (1765–1794) erlebte die Stadt Graslitz einen wirtschaftlichen Aufschwung.

Am 17. Juni 1766 kam der junge Kaiser Josef II. in Begleitung zweier Generäle auf einige Stunden nach Graslitz. Am gleichen Tag ritt der Kaiser mit seiner Begleitung über Silberbach nach Frühbuß (Prebuz), wo er im Pfarrhaus übernachtete.

Im Jahre 1771 zählte die Stadt Graslitz 406 Häuser. Nur sieben Bürger lebten ausschließlich von der Landwirtschaft, dagegen betrieben 176 Bürger neben einem Gewerbe auch Landwirtschaft. Die Stadt hatte Kirche, Pfarrei, Rathaus, Schule, Spital, eine Hauptwache am Marktplatz, zwei städtische und ein herrschaftliches Brauhaus, zwei Hirtenhäuser, zwei städtische und vier herrschaftliche Mühlen sowie einen Messingdrahthammer. Vom Geigenbau lebten acht Meister, vom Absatz der Geigen sechs Händler, die die Instrumente, im Lande herumreisend, vertrieben. Um die Mitte des 18. Jahrhunderts war auch

Graslitz mit Hausberg im 19. Jahrhundert

die Erzeugung von Messingtrompeten aufgekommen, von der drei Meister lebten. Das Messingwerk in Silberbach lieferte das Messingblech, die Mundstücke goß ein Messinggießer. Eine erste Stellung im Wirtschaftsleben der Stadt Graslitz nahm schon damals das Textilgewerbe ein. In der Stadt betrieben 21 Strumpfweber, 28 Leineweber, 25 Spitzenklöpplerinnen ihr Gewerbe. Von 1771 bis 1781 werden in Graslitz 70 neue Häuser gebaut. Die bürgerlichen Gewerbe waren in 18 Zünften zusammengeschlossen. Zur Leinenweberei kamen nach 1780 die Mousselinweberei hinzu, welche bald alle anderen Textilgewerbe überflügelte.

Im Jahre 1790 errichteten die Brüder Keylwerth aus Graslitz im heutigen Ortsteil Nancy eine Tafelglashütte, die bis 1812 bestand.

In die Zeit um 1790 fällt auch der Beginn des Baues von Holzblasinstrumenten in Graslitz.

Der Bergbau verlor in der Graslitzer Region immer mehr an Bedeutung.

Im Jahre 1818 wurde in Graslitz eine staatliche Spitzenschule gegründet. Damit legte man die Grundlage zur späteren Spitzen- und Stickereiindustrie.

In dieser Zeit begann auch die Entwicklung zur modernen Industriestadt Graslitz.

Es entstehen Fabriken und Werkstätten, welche Graslitz später in aller Welt als Stadt der Musikinstrumente und Stickereien bekannt gemacht haben.

Der Bau der Staatsstraße von Falkenau (Sokolov) nach Markhausen (Hrancna) in den Jahren 1843–1845 brachte der Stadt Graslitz den längst notwendigen Anschluß ans Staatsstraßennetz der damaligen Zeit.

Das Revolutionsjahr 1848 brachte der Stadt nicht nur die Freiheit von der Bevormundung durch das gräflich Nostizsche Oberamt, sie wurde auch Sitz einer Bezirkshauptmannschaft und eines Bezirksgerichtes. Auch die neu verkündete Freiheit der gewerblichen Wirtschaft wirkte sich günstig für die Stadt aus, denn schon lange sind nicht mehr die Zünfte, sondern die Fabrikanten und die Händler die Träger des wirtschaftlichen Fortschritts.

Ende August 1866 zogen preußische Truppen auf ihrer Heimkehr aus Böhmen durch Graslitz und nahmen hier und in den umliegenden Ortschaften Quartier.

Am 15. August 1870 feierte Graslitz das 400-jährige Jubiläum zur Stadterhebung durch Kaiser Karl IV.

Aber noch immer lag Graslitz abseits des mitteleuropäischen Eisenbahnnetzes.

Im Jahre 1873 wurde dank des Wirkens Richard von Dotzauers, einem gebürtigen Graslitzer, das Egerland mit Prag und dem österreichischen Eisenbahnnetz verbunden.

Richard Ritter von Dotzauer wußte als Kaufmann nur zu gut, welche Vorteile seiner Heimatstadt Graslitz aus einem Anschluß an dieses Streckennetz erwachsen würde. Es gelang seinem Einfluß, die Erbauung der Eisenbahnnebenstrecke Falkenau–Graslitz durchzusetzen. Am 1. Juni 1876 konnte der Eisenbahnverkehr auf dieser Strecke aufgenommen werden.

Die Bahnstation Graslitz befand sich unterhalb der Stadt, einstweilen behelfsmäßig, da die Fortführung der Bahnlinie durch das Zwodautal bis nach Klingenthal und die Errichtung eines Hauptbahnhofs in Obergraslitz vorgesehen war.

Durch den Anschluß an das Eisenbahnnetz begann für Graslitz erneut ein wirtschaftlicher Aufschwung. In die Region kamen neue Industriezweige. Im Jahre 1880 gründete Ignaz Meindl eine Fabrik zur Perlmutterknopfherstellung.

Am 1. Oktober 1886 fuhr der erste Zug vom oberen Bahnhof in Graslitz über die Reichsgrenze nach Klingenthal, womit der Anschluß an das sächsische Eisenbahnnetz verwirklicht war. Am Fuße des Grünbergs am Quittenbach errichtete die Graslitzer Bergwerksgesellschaft 1910 eine Schwefelsäurefabrik, die bis 1945 bestand. Durch die Industrialisierung und die Zunahme der Einwohnerzahl dehnte sich die Stadt immer mehr aus. Die alte Pfarrkirche aus dem Jahre 1619, die baufällig, aber auch zu klein geworden war, mußte 1892 einem Neubau weichen.

Zur besseren Wasserversorgung bekam die Stadt Graslitz 1893 eine moderne Hochdruckwasserleitung.

Die Spitzhacke, die das Alte abbricht, und die Maurerkelle, die das Neue aufbauen hilft, kamen in dieser Zeit nicht zur Ruhe.

Das Denkmal von Kaiser Josef II. (vor 1918) in Graslitz

Der wirtschaftliche Aufschwung, der aber nicht allen Bevölkerungskreisen in gleicher Weise zugute kam, erzeugte in der Bevölkerung große Spannungen, die früher unbekannt waren.

Seit dem Jahre 1890 fanden daher auch in Graslitz fast an jedem 1. Mai verbotene Maidemonstrationen der Fabrikarbeiterschaft statt.

Bei Demonstrationen der Arbeiterschaft gegen die Erhöhung der Zuckersteuer durch die Regierung in Wien, am 20. August 1899 in Graslitz, kamen vier Menschen ums Leben. Zu den größten Unruhen kam es aber in der Stadt während des Streiks der Musikinstrumentenbauer, der vom 11. Mai 1908 bis zum 14. Februar 1909 dauerte, und der mit dem Niederschlagen des Streiks durch das österreichische Militär endete.

Zu Beginn des Jahres 1914 zählte Graslitz 1348 Häuser und fast 15 000 Einwohner. Am 31. Juli 1914 fand eine begeisterte Kundgebung der Einwohner des Graslitzer Bezirkes für den Krieg vor dem Rathausgebäude statt. Durch den Beginn des ersten Weltkrieges kam die Industrie der Region fast völlig zum Erliegen. Die Lebensmittelnot wurde immer drückender.

Die Stadtmitte von Graslitz im Jahre 1935

*Hitler beim Einzug
in Graslitz 1938*

Fotos: Autor

Am 1. April 1915 wurden Brotmarken in der Donaumonarchie, zu der Graslitz gehörte, eingeführt. Die Versorgung der Bevölkerung mit Lebensmitteln verschlechterte sich mit jedem neuen Kriegsjahr. Die Einführung von Kartoffel-, Zucker-, Fett- und Kaffeekarten sowie fleischloser Tage im Jahre 1916 brachte für die hungernde Bevölkerung auch keine bessere Versorgung. Im Sommer 1917 gibt es trotz eingeführter Lebensmittelmarken keinen Zucker, kein Salz, keine Kartoffeln. Als Brotersatz wird Haferreis an die Bevölkerung verkauft. Gedörrte Zuckerrübenschnitzel werden als Lebensmittel an die Bevölkerung ausgegeben.

Am 26. März 1918 besuchte der damalige österreichische Kaiser und böhmische König Karl I. die Stadt, um sich persönlich von der Not der Erzgebirgsbevölkerung zu überzeugen.

Im Sommer 1918 brach die staatliche Lebensmittelversorgung endgültig zusammen.

Ende Oktober 1918 kapitulierte die österreichische Armee. Damit war der erste Weltkrieg zu Ende. Es waren 554 Graslitzer Bürger im ersten Weltkrieg gefallen oder an seinen Folgen gestorben.

Nach dem Zerfall der Donaumonarchie wurde auch in Prag die Republik ausgerufen, und Graslitz kam zur neu gegründeten Tschechischen Republik.

Im Dezember 1918 besetzten tschechische Truppen ohne Widerstand zu finden die Stadt Graslitz.

Bei der Volkszählung vom Jahre 1921 hatte die Stadt Graslitz 12625 Einwohner, davon waren 33 Einwohner tschechischer Nationalität.

Die Konjunktur der Nachkriegszeit brachte neue Unternehmen der Stickerei- und Musikinstrumentenbranche zum Entstehen, aber die Weltwirtschaftskrise, die 1922 einsetzte, läßt die Arbeitslosenzahlen auch in dieser Region auf über 5600 Arbeitslose ansteigen.

Bei der Volkszählung von 1930 wurden in der Stadt Graslitz 1763 Häuser und 13936 Einwohner gezählt, die sich zu 98,1% zum Deutschtum bekannten. Der Bezirk Graslitz hatte 38881 Einwohner, darunter waren 401 Einwohner tschechischer Nationalität.

Auf Grund des völkerrechtsverletzenden Münchner Abkommens rückte am 4. Oktober 1938 die Deutsche Wehrmacht von Klingenthal aus kommend in Graslitz ein. Ein großer Teil der Graslitzer glaubte, daß nun eine bessere Zeit für sie beginnen werde. Der Anschluß an das Deutsche Reich und die Umgestaltung des gesamten öffentlichen und wirtschaftlichen Lebens brachte auch in Graslitz hauptsächlich für jüdische Bürger und anders Denkende manche Unruhe, Schwierigkeit, Enttäuschung und Lebensgefahr. Niemand ahnte damals, daß dies der Anfang zum zweiten Weltkrieg war, was schließlich in der Folge zur Vertreibung der deutschstämmigen Einwohner der Stadt Graslitz aus ihrer angestammten Heimat führte.

Literatur:
Brandel, Dr. Hermann, „Geschichte und Mitteilungen aus dem Bezirk Graslitz", Graslitz, 1928
Treixler, Gustav, „Heimatkunde des Bezirkes Graslitz", 1929
Böhm, Adolf, „Rund um den Hausberg Graslitz", 1937
Riedl, Dr. Alfred, „Das alte Graslitz" ohne Jahresangabe
Kolbe, Emil „Graslitz – Die klingende Stadt Dettingen", 1956

Erich Stübiger, Bad Brambach (1897–1960):

Balthasar Neumann, der Baumeister des fränkischen Barocks

Ein berühmter Sohn der Stadt Eger

In diesem Jahr werden es 324 Jahre, daß Balthasar Neumann, der Baumeister des fränkischen Barocks, in der alten Staufenstadt Eger geboren wurde. Sein Geburtshaus steht daselbst in der Schiffgasse, und eine mit Rokokoschnörkeln ausgeführte Tafel sagt dem Besucher der Stadt, daß hier Balthasar Neumann, eines löblichen fränkischen Kreises Artillerieoberst, fürstlich Bambergischer und Würzburgischer Oberingenieur und Baudirektor, im Jahre 1687 als Sohn des Egerer Kaufmanns Johann Christoph Neumann geboren wurde. Aus seiner Jugend ist nur wenig überliefert. Es ist bekannt, daß er bei seinem Paten Balthasar Patzer die Stück- und Glockengießerei erlernte (Stückgießer = Gießer von Kanonenrohren). Nach seiner Lehrzeit sehen wir ihn zunftgemäß die Welt durchwandern, wobei er auch nach Würzburg kam, das sein dauernder Aufenthalt wurde. Er tritt hier 1712 in die fränkische Kreisartillerie ein und machte die Kriege gegen Türken und Ungarn mit. Wohl war ihm Würzburg zur zweiten Heimat geworden, so hat er seinen Aufenthalt durch weite Reisen des öfteren unterbrochen, und wir sehen ihn in Holland, Frankreich, England, Österreich. Auf diesen Reisen bildete er sich weiter, denn bereits vor seinem militärischen Eintritt hat er sich dem Studium der Feldmeßkunst, des Festungs-, Wasser- und Straßenbauwesens gewidmet. Die künstlerische Bedeutung Neumanns erscheint uns um so überragender, wenn wir erfahren, daß er ohne jede schulmäßige Vorbildung seine große Vollendung erreichte, die aus seinen Werken zu uns spricht. Balthasar Neumann dürfte eine der letzten Gestalten sein, deren Entwicklung im Handwerk ihren Anfang nahm und bis zum größten Künstlertum aufgestiegen ist. Daß Neumann aus dem Handwerk kam, sehen wir daraus, daß in seinen Plänen Zeichnungen für Türschlösser, Schlüssel und Eisengitter vorliegen. Im eifrigen Studium eignete sich Neumann die Kenntnisse der Geometrie und Mathematik an und hat als Universitätsprofessor in Würzburg Vorlesungen über die Baukunst gehalten.

Das bekannteste und wohl auch am meisten bewunderte Werk Neumanns ist die Würzburger Residenz, die er im Auftrag der Würzburger Bischöfe, die gleichzeitig weltliche Fürsten waren, erbaute. Hier residierten im 18. Jahrhundert die Bischöfe Johann Philipp Franz von Schönborn (1719–1724) und Friedrich Karl von Sch. (1729–1746), deren Bauvorhaben durch Neumann verwirklicht wurden. Die unter der Regierungszeit der beiden Fürstbischöfe errichtete Residenz wurde von 1720–1744 gebaut. Bei diesem Bau zeigt N. seine Kunst besonders in dem weiträumigen Treppenhaus, dem sich dann die fürstlichen Prunkräume anschließen. Aber nicht nur mit Würzburg ist sein Name verbunden, denn wir finden seine Werke auch in Süd- und Westdeutschland, in Bamberg, Bruchsal, Wien, Gößweinstein, Vierzehnheiligen usw.

Schon mancher ist vielleicht bewundernd vor dem Bau der stolzen Basilika und Wallfahrtskirche in Vierzehnheiligen gestanden, ohne zu wissen, daß hier die Baukunst Balthasar Neumanns zu ihm spricht. Er wurde durch seinen Würzburger Gönner, den Fürstbischof Friedrich

226

Karl von Schönborn, mit dem Bau dieser Kirche betraut, zu der der Grundstein am 23. April 1743 gelegt wurde. Durch die herrschenden Kriegswirren hat sich der Bau aber verzögert, daß sie erst 1772 eingeweiht werden konnte. Wenn wir von Vierzehnheiligen gehen, kommen wir in die alte Bischofsstadt Bamberg. Hier hat Neumann den an den Dom angrenzenden Kreuzgang und das Kapitelhaus im Jahre 1731 erbaut. Die fränkische Schweiz besitzt in der Wallfahrtskirche in Gößweinstein ebenfalls ein Bauwerk Neumanns. Der heutige Bau stammt aus den Jahren 1730–1739.

Trotz seines weit ausgedehnten Wirkungskreises hat Neumann die Beziehungen zu seiner Vaterstadt aufrechterhalten. Immer stand er mit dem Rate der Stadt durch brieflichen Verkehr in Verbindung, in dem er von seinen Erfolgen, Ernennungen, Aufträgen usw. berichtet, und gerne erinnert er sich in seinen Briefen immer der Förderungen, die ihm die Stadt zuteil werden ließ. Der Rat der Stadt Eger hat seine Erfahrungen i. J. 1713 einmal benötigt, als er das Wasser der Franzensbader Heilquellen zur besseren Bequemlichkeit der Kurgäste nach Eger leiten wollte. Die Kurgäste wohnten damals in Eger und gebrauchten in Franzensbad die Kur, wo damals nur Quellen- und Badehaus errichtet waren. Das Bauvorhaben, zu dem Neumann die Nivellierungsarbeiten durchführte, wurde jedoch nicht ausgeführt. In Eger erinnert nur ein Werk an die große Kunst seines Sohnes. Es sind die beiden Türme der Erzdekanatkirche, die 1742 durch ein Gewitter abbrannten. Neumann wurde um Rat gefragt und kam erst 1747 versöhnlich nach Eger, um einen Plan zu entwerfen, nach dem der Bau der Türme durchgeführt wurde. Daß die Heimatstadt Eger nicht mehr Werke Neumanns aufzuweisen hat, dürfte sich daraus erklären, daß die Stadt nicht über die reichen Mittel verfügte, die zur Durchführung derartiger repräsentativer Bauten nötig sind. 1753 ist der Meister im Alter von 66 Jahren gestorben. Das durch den Vater begonnene Werk hat sein Sohn fortgesetzt, der ebenfalls Artillerieoberst war und erfolgreich beim Bau der Dome in Speyer und Mainz wirkte, ohne aber die künstlerische Größe seines Vaters zu erreichen. Es hat eine Zeit gegeben, die das Werk Neumanns ablehnte, da in ihm der Klassizismus fehlte. Aber nach vorübergehender Verdunkelung leuchtet heute der Stern Neumanns als Künstler wieder hell.

Der Hund

Aus einem Schulaufsatz

Der Hund wird von seiner Mutti geworfen. Manchmal sind es gleich Viere oder Fünfe. Der Hund ist blind, wenn er das Licht der Welt erblickt. Erst später gehen ihm die Augen auf. Er hat einen Leib, vier Beine, zwei Augen, eine Nase, eine Schnauze, zwei Ohren, einen Schwanz und eine Steuermarke. Wenn der Hund spricht, dann bellt er. Der Hund wird gerufen oder gepfiffen. Wenn er nicht folgt, kriegt er eins übergebraten. Dann muß er Pfötchen geben und schön Platz machen. Er frißt Wurstabfälle, Knochen und Hundekuchen. Wenn der Hund nicht fressen will, so sagt man: Alles für's Kätzchen. Dann frißt er sofort. Es gibt langhaarige, kurzhaarige und stichelhaarige Hunde. Ein gemeiner Hund ist ein Schweinehund. Der Dackel ist ein krummer Hund. Er ist die älteste Hundeart, deshalb sind die Beine so abgelaufen.

Kornaer Gehöft

Hans Meyer, Markneukirchen (1912–1998):

Dös Haus dou druem oa'n Wald

's is recht maschlat[1] u schwül gweesn sämal oa dean Namittig, wou ma za viert dou druem durch's Hulz spaziert senn u wou iech dös Stückel Haamet kennelerne sott, wos i zwoa schu oft van weitten, ower niat aß da Näh gseah ho. Da Himmel hout niat rächt gwüßt, ob a mit'n Gwitta oafange söll oder niat, ower schließli is duch nix passiert, höichstens, daß jeden va uns sue ra neihunnertneinaneinzig Flöing u Broahmer im na Kuepf rimgschwirrt senn. Die Lupinen droa na Weeg woan schu üwern Vablöihe, di Schmälmer[2] in Hulz han a routbrauns Klaad oagleggt ghattn u as hout grod asue ausgseah, als wäa a Teppich ausbraat woan. Douhuem in bal siemhunnert Meter Höichn u weitt weeg va da Strouß is die Luuft nuch raa u nix is za

höiern va dean ganzen Spuk u Spektakel, dean ma in da Stadt Tog fa Tog u Stunn fa Stunn gwissermaßen affs Brot gschmiert kräiggt u dean ma sue ganz aafach miet nunterschlucken möiß. Mia han aff unnern Weeg niat viel daziahlt, 's woa grod, als täit jeds lauts Wort awos kaputtmachen. Ba jeder Krümm hob i dacht, 's müssat a Röih oder goa a Hirsch voa uns steah. Ower döi han uns dean Gfalln niat toa. Näar a Hacht is wöi sue ra Schatten üwer die Baime hiezueng, im schließli duat oa na Waldrand, wou döi Kanzel stöiht u wos sa na „Wind" haaßn, aff aan Fleeck i da Luuft steah za bleim. Ob sei gouts Aug a Maus oder goa an kranken Hosen entdeckt ghatt hout? Uns freili hout dös dunstige, hoarachate[3] Wetta oa dean Tog dean herrling Blick aweng vadorbn, dean ma va douhuem aff unna üewers Vogtland u drüwernaus hout. Aans ower hob i dakenne möin: nämli, daß ma viel za viel in sein vöia Wänden hockt – u dös niat epper blouß dösweeng, weil amal schlechts Wetta is, naa, weil ma meistens viel za faul is dazou, im grouß nuch draßn rim za steing. Nuch dazou bergauf. Dös fällt halt aweng schwea, u ma is duch sue bequem woan. Dös will i eitzat freili niat va jedn behaptn, ower va mia mächt i's schu bal soong. Drim ho iech mia doudruem gschworn, daß dös wieder annasch wean möiß, daß wieda möihara gloffen wiad. Ower iech ho's niat laut gsaggt, blouß für miech sue innewendig nei, ma koa ja niat wissen …

Nouchdem mar a Weil an Horizont ogsöicht han, im dou u duat ass dean Dunst dean aan oder dean annern Berg auszamachen, semma weittagange, im glei drauf i dean Haus dou druem oa'n Wald eizaköihern. Für miech woan's eascht amal nuch fremme Leit, döi mi willkumme ghaaßn han. Duch wöi ma nou allezamm i deara sauwern Stumm dean freindling Leiten geengüwer gsessn senn, dou woa ma's grod, als woa ri schu oft dou, als wäa ri douhier daham. Di Sunn hout durch döi klaan Fenster reigschaut, draußn in Klaaned[4] han die Bloume blöiht u die Katz woa aff'm Fensterstueck gsessn u hout gschnurrt. Dös alles is ma vürkumme wöi sue ra Bild, a Aquarell vielleicht, dös mei Freind gmalt hout, dea neem mia miet oa na Tisch gsessn is u dea's sue groußoatig vastöiht, unna Haamet mit Pinsel u Farr aff'm Papier festzahalten. Wöi is duch sue ra Mensch za beneiden, dea seine Eindrück

sue festhalten koa, für siech u di annern. Unneraans koa si blouß a poor Gedanken machen, döi nouch ran Stück schu wieda vagessen senn. Sue woa's a richtiger schäaner Sunntig woan, u woa duch mitten in da Woch. A Trogkorb voller Haamet hout si auftoa dou druem i dean Bergsandnerhaus ba Gopplesgröi, dös nuch im etliche Goahr älter is als mia allezamm, döi ma sämal duat im dean Tiesch gsessn senn u döi ma draufghorcht han, wos da Hauswirt daziahlt hout.

Wöi's dämmrig woan is, semma fuat. Niat, ohne za vesprechen, daß mar amal wiedakummen. A letzts Mal winken duat voa na Wald, nou woan döi zwaa Leittle wieda allaa. In Hulz bin i steahbliem u ho nuch amal zarückgschaut. Dös braate Dooch is bal alles, wos unter dean Baimen za seah is. Di zwaa Seittn nemmen si grod asue wöi di Flügel va sue ra Brouthenn, döi sa ausbraat, im drunter ihrn Luckelen Schutz u Schatten za geem. U dös is duat druem wull noutwendig, denn oft soot saust da Sturm im Haus u Schei, daß ma denkt, 's wäan „alle neine" lous, wöi da Hauswirt saggt. Wos ower wiad si i dean fümfhunnert Goahrnen alles unter dean Dooch ogspielt hom? Dös geebat wull an ganzen Roman. Ower dean wöll ma niat schreim. Duch sue ra klaas weng wos wöll ma duch amal daziahln, denn iech glaub, daß sue ra Stückel Haamet aah enk intressiert. Für heit la'mas gout saa, 's nächste Mal lees ma waitta.

[1] lauschig, still;
[2] Waldgras;
[3] höh(en)rauchig, eben dunstig;
[4] das „Kleinod", der kleine Schmuckgarten vor dem Haus.

Albrecht Bleil, Benningen:

5. Juni 2010 – Anmerkungen zum „Tag der Begegnung" in Buchenwald

Erinnerungen an das Speziallager Nr. 2 der sowjetischen Besatzungsmacht 1945–1950

Welche Rolle spielt dieser Tag des Gedenkens für die Vogtländer? Heute, nach 65 Jahren der Einrichtung der Speziallager muß man zum Ausgangspunkt zurückkehren. Und das war 1945 das Plauener Gefängnis. Eine Gedenktafel am Amtsberg erinnert daran. Hier war sozusagen die Sammelstelle für alle im Vogtland verhafteten Personen der Sowjets. Viele hundert

Den Opfern von Krieg und Gewaltherrschaft zum Gedenken

Im Jahre 1945 gingen vom Plauener Gefängnis viele hundert unschuldige Jugendliche im Alter von 15 – 16 Jahren aus den Vogtlandkreisen einen leidvollen Weg in die Speziallager Buchenwald, Bautzen, Mühlberg und in die Sowjetunion (Sibirien). Viele kamen nach mehrjähriger Haft krank zurück oder haben gar nicht überlebt.

Gedenktafel an der ehemaligen JVA am Schloßberg in Plauen   Foto: Röder

Jugendliche im Alter zwischen 15 und 16 Jahren bildeten das Hauptkontingent.

Was unterscheidet deren Schicksal von allen anderen Gefangenenlagern nach dem Krieg? Am Anfang standen Verhöre durch Offiziere der NKWD. Sie liefen alle auf dasselbe hinaus. Sie wollten uns zu „Werwölfen" stempeln. Und das geschah mit dem nötigen Nachdruck. Die verfaßten Protokolle waren alle in kyrillisch gehalten. Was man da so unterschrieb, konnte von

uns sowieso keiner lesen. Und freiwillig geschah das ohnehin nicht. Nach einer mehr oder weniger kurzen Zeit mit den fürchterlichen Nächten der Vernehmungen im Gefängnis fand man sich in einem großen Lager wieder, sei es nun Mühlberg oder Bautzen. Von nun an begann die Zeit des großen Schweigens. Keine Nachricht von oder nach Hause. Sehr, sehr viel Hunger und hygienische Verhältnisse, die zum Himmel stanken. Bis auf Ausnahmen keine Arbeit, nichts zum Schreiben, kein Buch – bis auf Schach war eigentlich alles verboten. Dafür viel Ungeziefer und Todesfälle, die nicht mehr überschaubar waren.

Der Weg durch dieses Elendslager konnte für den Einzelnen ganz verschieden enden. Wer im Sommer 1948 bei der Auflösung des Lagers Mühlberg die Freiheit wiedererlangte, hatte den schlimmen Winter 1946/47 überstanden und gehörte auch nicht zu den Kameraden, die den weiten Weg nach Sibirien (Ancherga) gehen mußten. 3500 blieben in Mühlberg zurück. Aus den 15jährigen von Plauen waren inzwischen 18jährige geworden. Und ihr Weg führte nun in das berüchtigte Lager Buchenwald. Zurücklassen wird man 6766 Kameraden, alle verscharrt in Massengräbern, und das bei einer durchschnittlichen Belegungsstärke von 12 000 Personen. Aus unserer unmittelbaren Umgebung müssen wir Abschied nehmen von unseren Vogtländern

Berthold Schneider, verstorben am
22.12.1946
Walter Teichmann, verstorben am
26.07.1948

Beide gehörten zum Jahrgang 1929. Eine Nachricht vom Ableben erfahren die Angehörigen nie. Erst nach 1990 sind es die gegründeten Initiativgruppen, die versuchen, Licht in das Dunkel dieser Jahre zu bringen. Sie haben sich große Verdienste erworben in Mühlberg, Buchenwald und Bautzen und in den Heimatgemeinden in Reichenbach, Elsterberg, Oelsnitz oder Plauen.

Zurück zu 1948: Für uns Übriggebliebene führte nun der Weg nach Buchenwald. Die Verhältnisse blieben die gleichen. Auch nach 4 Jahren immer noch kein Lebenszeichen von zu Hause. Und es sollten nochmals anderthalb Jahre vergehen, bis auch dieses Lager aufgelöst wurde. Im Januar/Februar 1950 kehrten wir in eine sich völlig veränderte Welt zurück. Aber auch hier blieben über 7100 Kameraden zurück, ebenfalls verscharrt in Massengräbern. Auch das bei einer durchschnittlichen Belegungsstärke von 12 000 Personen.

Noch länger auf ihre Freiheit warten mußten meine Kameraden, die es nach Sibirien verschlagen hatte. Sie durften zwar Briefe schreiben, aber ihre Freilassung zog sich bis Mai 1950 hin. Einige mußten gar bis Sommer 1952 warten.

Dies als kurze Vorgeschichte zum diesjährigen Buchenwaldtreffen. Es soll eine Erinnerung an die Einrichtung des Speziallagers vor 65 Jahren sein und gleichzeitig seiner Auflösung vor 60 Jahren gedacht werden.

53 Zeitzeugen sind neben den Angehörigen Verstorbener nach Buchenwald gekommen. Was man heute in der Gedenkstätte vorfindet, ist angesichts des gewaltigen Unterfangens aus der Konzentrationslagerzeit (1937–1945) und der Nachkriegszeit mit seinem Speziallager (1945–1950) etwas Beständiges für alle zu finden, schon sehr beachtlich. Hier ist in den letzten 20 Jahren schon sehr viel aufgearbeitet worden. Man kann Dr. Ritscher und seinem Team nur größte Hochachtung aussprechen. Es ist ein großer Beitrag für den Gesamtkomplex der Stiftung

Gedenkstätten Buchenwald und Mittelbau Dora.

Grundsätzlich bleibt, daß man Leid nicht mit Leid gegenrechnen kann, so wie auch feststeht, daß es ohne die Konzentrationslager auch keine Speziallager gegeben hätte. Und Unrecht bleibt nun mal Unrecht, ob so oder so.

In jahrelanger Arbeit, auch viel ehrenamtlicher, ist es gelungen, auch mit Hilfe russischer Behörden, den Toten wieder einen Namen zu geben. Von 6 Speziallagern gibt es jetzt Totenbücher.

Man war bei dem Gedenktreffen sehr überrascht von der großen Teilnahme und Anteilnahme. Es sind die Angehörigen unserer toten Kameraden, die versuchen, auch heute noch, Näheres von ihrem Vater, Großvater, Bruder oder auch Schwester zu erfahren. Man kann die Arbeit der Stiftung nicht hoch genug einschätzen, die hier geleistet wird, um der Vergangenheit so manches Geheimnis zu entreißen.

Man hatte die diesjährige Feierstunde im Lager an das große Mahnkreuz bei den Massengräbern gelegt. Nummerierte Stelen aus Edelstahl durchziehen den schon recht groß gewachsenen Wald. Es war alles beeindruckend – und besonders wir „Alten" mußten schon einige Male schlucken. Die gesprochenen Worte waren sehr zu Herzen gehend, und sie ließen die Zuhörenden in großer Demut zurück.

Am Mittag hatte die Thüringische Landesregierung in Weimar zu einem Empfang geladen. Es wurden einige Stunden mit eindrucksvollen Begegnungen. Hier bot sich die Gelegenheit, mit jungen Historikern zu sprechen, ebenso mit Mithäftlingen, Angehörigen und auch Politikern. Viel Tiefenwirkung hinterließ ein Gespräch mit einer Frau, die im Lager Buchenwald geboren wurde und mit ihrer Mutter zusammen das Lager 1950 verlassen konnte. Die Redner dieser Veranstaltung waren gut vorbereitet. Außergewöhnlich gute und wegweisende Worte gaben dem allen ein Gesicht. Frau Ministerpräsidentin Lieberknecht, Minister Matschie, Prof. Dr. Knigge als Direktor der Stiftung oder unser Vorsitzender des Häftlingsbeirates RA Rudolph, sie alle hatten Weichen gestellt, die es all den verschiedenen Gruppen ermöglichte, in der Stiftung ihren Teil der Aufarbeitung beizutragen.

Die Zeitzeugen und Teilnehmer, soweit sie Insassen des Speziallagers waren, haben inzwischen das 80. Lebensjahr überschritten. Was hat diese Generation noch der Nachwelt zu sagen? Die hier Anwesenden gehören zum allergrößten Teil der im Ausgangspunkt genannten 15–16jährigen an. Was auf jeden Fall bleibt, daß von dieser Seite keinerlei „Haß" im Spiele ist, daß Toleranz, das Verständnis und Einfühlungsvermögen für den Andersdenkenden es ermöglichten, miteinander umzugehen. So ist man nach diesen Stunden der Begegnung zwischen jung und alt, zwischen gestern und heute und alles im Angesicht dieser Tausende von Toten dem großen Ziel ein klein wenig näher gekommen: „Frieden für die Menschen!"

Die ersten Schritte in der Freiheit, Entlassung 1950. Repro: Verlag

Mahnkreuz vor dem Massengrab in Buchenwald Fotos: Autor

Eingangstor in die Gedenkstätte Buchenwald mit dem Autor

1990–2010, 20 Jahre Wiedervereinigung

Aus dem Verlagsarchiv:

Deutschland

Der Krieg war vorbei, der vieles zerstörte
und nahm vielen, was einst ihnen gehörte.
Die Sieger haben sich sehr beeilt
und haben Deutschland in zwei Teile geteilt.
Der eine Teil hat sich wieder neu aufgebaut,
der andere konnte es nicht, er wurde von den Kommunisten beklaut.

Aber 40 Jahre dessen wurde den Menschen zuviel,
sie muckten auf, sie wurden mobil.
Sie legten die Arbeit nieder, gingen auf die Straße,
die Kommunisten gaben nach, beugten sich der Masse –
öffneten die Grenzen im eigenen Land,
schnitten Öffnungen in die von ihnen gebaute Berliner Mauer der Schand.

Die gesamtdeutsche Lage wurde etwas gespannt.

Aber jetzt heißt es warten,
eine freie Wahl gibt's da im März,
alle hoffen nun, es sei vorbei mit stalinistischer Unterjochung,
mit viel Leid und menschlichem Schmerz.

Über die noch stehenden Grenzen reicht man sich offen die Hand
und hofft auf ein einig Vaterland.

Mr. Reiner Schiller, Parsippany, New Jersey

Brennende Kerzen erinnerten über viele Monate auf den Stufen der Lutherkirche an die friedliche Demonstration am 7. Oktober in Plauen. Foto: Autor

Der Autor Reiner Schiller aus Parsippany New Jersey ließ dieses Gedicht und das Foto im November 1989 dem Verlag zukommen. Wie man sieht, die Ereignisse in Plauen fanden schon nach kurzer Zeit weltweite Beachtung. Der Autor war ein ehemaliger Greizer und lebte zum damaligen Zeitpunkt seit ca. 30 Jahren in den USA.

Der Herausgeber

Eine Ansicht von Klingenthal um 1900 Repro: Verlag

Gerd Conrad, Schneidenbach:

Eikaafn

Vor kurzem war iech wieder emol mitn Fahrrod uehm Eeberland unterwags. In Tannebergsthal hoo iech mit dr Tour aagefange, bie bis naufn Schnecknstaa gefahrn, freilich aa miet auf de Haldn nauf, wol mr vun do uehm – die sei immerhie 883 m huech – sue schee weit guckn kaah, hoo dann weiter gestrampflt zum Waldweilr Winselbursch und bie dornooch ieber Miehlleithn niebern Aschbersch kumme. Do gings aa wiedr naufn Turm – 'n Otto-Hermann-Böhm-Turm, der erscht 1999 gebaut wurn is. Und woll des do dort de hechste Stell is, is aaschließnd de Fahrt immr dinge noo gange, am Körnerbersch vorbei und vun dortn noch meeh noo ins Tal – bis noch Klingethal.

De Welt is sue klaa wurn, und v'lleicht desrwaang traff iech doch doo in dr Stadt 'n Meisls Sig mit seiner Fraa und de Kinnr. Der kimmt aa aus Reingbach, sue wie iech. „Nu Glick auf", sooch iech, „schee, daß 'r eich aa mol bissl was aaguckt. Do huem is ja nu wirklich schee. Ihr ward woll mit de Kinnr uehm Tierpark?" frooch iech ne. „Wos?" soocht dr Sig. „Odr uehm dr Sommerrodlbaah in Miehlleitn?" frooch iech weiter. „Wuu?" freecht dr Sig entgeistert. „Dort in dr Nähe is aa a Naturlehr-pfad, und dr Kielfloßgroom is aa intressant", bohr iech weitr. Dr Sig schittlt neer mitn Kopf, de Fraa und de Kinnr trampln schaah rum. Des steert miech ieberhaupt net – „ach sue, ihr kummt bestimmt grode ausn Friedefirst, iech maan de Kierch, die is nu wirklich was ganz Besonders". – „Was wolln denn mir in dr Kirch ... „socht do 'n Sig sei Fraa. Iech wiedr retur: „Odr wollt ihr etwa spaziern geeh, vielleicht im Zauberwald, und dann macht ihr nunter ins Hüttenbachtal, do habt'r garantiert eier Ruh?" (Wie wandern saahn die weiß Gott net aus). „Willst de miech verarschn?" froocht dr Sig, „wos denn fier 'n Zauberwald?" – „Der is glei doo driem", und iech zeisch mitn Finger hie, „und wenn'r doo weiterlaaft, kummt 'r ins Landesgemeindetal und dann nach Erlbach und doo in dr Nähe is des Freilichtmuseum Eubabrunn, ward 'r doo schaah mol?" Jetzt wird's seinr Fraa ze viel. „Kumm, Sig, mir missn weiter, sonst wird's ze speet!" Iech wills net noch nauf de Spitz treim und setz mich glei aufs Fahrood, abr eh iech luesfaahr, frooch iech fix noch: „Nu, wu wollt 'r denn eigntlich hie"?

Mei Sig tut mr's promt verrotn – „zu de Tschechn, eikaafn".

Harri Müller, Plauen (1912–2000):

Oktober

Rostroter Oktober
holt sich die letzten Feuergluten
aus dem prächtigen Sommerfest;
später Zinnober flammt,
der sich nicht halten läßt.
Windstöße schlagen die Türen zu,
reißen das Laub von den Bäumen.
Alles will erdwärts zur Ruh,
nur meine Wanderschuh
wollen's nicht lassen –
das Träumen von weltweiter Fahrt.
Aber der Zeitgang ist hart!
Kriecht der November
mir grau ins Gemüt,
gräbt mir der Winter Eis ins Gebein,
weiß ich's – alles verblüht.
Dauer heißt schwindendes Sein.
Nur des Frühlings Verlockung
rettet das bangende Herz
und überwindet die Stockung –
himmelwärts.

Gilbhard

Ohne Begeisterung geschah nichts Großes
und Gutes auf der Erde.
Johann Gottfried Herder

Was Johann Georg Kolbe aus Unterneundorf 1806 erlebte

Johann Georg Kolbe war Dienstknecht bei dem Hammerbesitzer Johann Gottlieb Weißker in Schleiz. Als die Preußen nach dem Übergang der Franzosen über die Saale bei Saalburg und dem Gefecht bei Schleiz am 9./10. Oktober 1806 flüchteten, mußten alle Pferdebesitzer Vorspann leisten. Fast kein Pferd sah den heimatlichen Stall wieder; die Stadt Schleiz ersetzte den Schaden; nur bei dem Hammerbesitzer Weißker weigerte sie sich, da die Pferde nicht bei der Requisition verlorengegangen seien. Es kommt zu einem Prozeß, im Verlauf dessen Kolbe folgende Darstellung seiner Erlebnisse gibt:

„Ich habe am 9. Oktober 1806 mit meines Dienstherrn 2 Pferden den Kgl. preußischen Truppen vorspannen müssen und habe einen Wagen mit Magazinhafer zu fahren bekommen, vor welchen meines Herrn und dessen Vaters Pferde gespannt wurden. Von hier sind wir auf Mittelpöllnitz gefahren, wo wir aber von einem Lager in das andere geführt wurden. Am anderen Tage sind wir bis Gera gefahren, wo wir eine Nacht lagen und nicht abgelöst wurden. Am folgenden Tag mußten wir wieder zurück bis an das Geraische Stadtholz fahren, aber auch wieder umkehren und durch Gera gegen Tinz fahren. Hier waren uns die Franzosen nachgekommen, und als ich sah, daß die französischen Soldaten die anderen Fuhrleute gefangennahmen, spannte ich meine Pferde aus und ritt davon, habe einen Weg rechts hinüber eingeschlagen, von welchem ich in die Altenburger Straße kam. Drei Husaren haben mich zwar verfolgt, aber nicht einholen können. Auf dieser Straße bin ich bis nach Altenburg geritten, wohin ich am Abend kam und die Pferde zu dem Schwiegervater meines Dienstherrn, dem Postmeister He-

benstreit, brachte. Hier habe ich die Pferde beschlagen lassen und sie bis Sonntagmittag in der Post im Stall gelassen. Die Franzosen sind damals nicht in Altenburg gewesen. Es kam aber eine Estafette, und der Postmeister schickte 6 von seinen Pferden nach Leipzig; vier von ihnen wurden an eine leere Chaise gespannt, zwei aber hinten angebunden. Sämtliche Pferde hat der Postmeister nicht fortgeschickt; er hat 24 gehabt. Mir hat er geheißen, mit meinen Pferden auch diesen 6 Pferden zu folgen, was ich auch tat.

Als wir nach Borna kamen, waren Extraposten, aber keine Pferde da. Deshalb mußten die zwei Postillone, welche die 6 altenburgischen Pferde hatten, die Extraposten vor die von Altenburg mitgenommene Chaise gespannt. Als wir bis an das Leipziger Tor kamen, trafen wir Chasseurs, welche die Postpferde und meine Pferde mit der Chaise in Empfang nahmen und sie sämtlich von dem Tor weg in die Gegend nach Naumburg führten. Wir fuhren die ganze Nacht herum; früh aber haben die Chasseurs die Postknechte mit den Chaisen und den Postpferden wieder umkehren lassen; mich und meine Pferde nebst der Chaise haben sie zurückbehalten, vor Naumburg mir die Pferde abgenommen, ausgespannt, gesattelt und sind davongeritten. Mich haben sie gezwungen, mit bis nach Naumburg zu gehen. Hier haben sie mich zu den gefangenen sächsischen Soldaten ins Rathaus gesteckt, früh aber mit den übrigen Soldaten gegen Jena geführt, dann nach Naumburg wieder zurück und in einen großen Ziegelhof gebracht. Endlich fand ich hier Gelegenheit zu entweichen und kam auf Umwegen wieder nach Schleiz zurück."

Eberhard Gerischer, Oelsnitz (1936–2009):

Was riecht denn da ?

„Pfui", sagt der Wald- oder Parkbesucher, „hui" die Fliege. Der erstere macht einen Bogen um die Stelle, wo der Geruchsverursacher wächst. Schmeißfliegen werden angelockt und setzen sich auf die Geruchsquelle, denn der Duft bedeutet für sie Vorhandensein von Nahrung.

So wie hier wächst der Pilz im Wald

Und was da stinkt oder duftet, ist eine schleimige, nährstoffreiche Masse auf dem Hut einer Stinkmorchel. Ganz so uneigennützig, wie es scheint, ist diese aber auch nicht, denn der Lockstoff enthält Unmengen von Sporen, die an den Fliegen bei deren Abflug hängenbleiben und dadurch verbreitet werden. An günstigen Stellen keimen diese Fortpflanzungszellen und bilden ein neues Pilzgeflecht.

Die Fruchtkörper des Pilzes wachsen zur Zeit in unseren Laub- und Nadelwäldern, unter Büschen in Parks oder an anderen feuchten und schattigen Stellen.

Der kundige Pilzsammler findet meist in der Umgebung des Stinkers dessen Jugendformen, die Hexeneier, aus denen sich schmackhafte Pilzgerichte bereiten lassen.

Am oberen Rand des auf dem Bild zu sehenden Pilzes ist noch ein kleiner Rest des dunkelgrünen Hutüberzuges zu sehen. Der andere Teil ist bereits von Fliegen gefressen worden, wodurch die strukturierte Oberfläche, die vorher den Schleim gehalten hatte, sichtbar geworden ist. Das linke Hexenei ist im Originalzustand, das rechte längs durchgeschnitten. Durch Wasseraufnahme entwickelt sich das Innere bald zu einem fertigen Fruchtkörper, indem sich das Innere nach oben aus dem Ei schiebt. Nach einigen Tagen, wenn seine Sporen verbreitet worden sind, vergeht er allmählich, löst sich auf und verschwindet im Untergrund.

Ein aufgeschnittenes Hexenei   Fotos: Autor

237

Gerhard Stark, Auerbach:

Der Jäger

Aus einem Aufsatzheft

Der Jäger ist zumeist männlichen Geschlechts. Er kommt nicht nur bei uns vor, sondern hat sich auf der ganzen Welt ausgebreitet. Man erkennt ihn an seinen Merkmalen.

Er besteht aus sich, seiner Flinte, einer Tabakspfeife, einem Stock, einem Jägerhut, einem Rucksack und einem Hund. Außerdem trägt er eine Flasche Zielwasser, die man nicht sieht, aber ich weiß es.

Wenn er unter seinesgleichen ist, so spricht er eine besondere Sprache, das sogenannte Jägerlatein. Mancher glaubt es.

Wenn ein Jäger grün aussieht, nennt man ihn Förster. Derselbe pflegt den Wald, hält Holzauktionen und bestraft die Holzweiber, wenn sie älter sind.

Viele Förster haben einen rauhen Ton an sich, den man im Wald öfter hören kann. Manchmal setzte sich der Jäger hinter einen Busch und dann kracht's, dies nennt man Anstand.

Wenn ein Jäger dreimal abdrücken kann, hat er einen Drilling. Wenn er einen Hirsch oder einen Rehbock geschossen hat, hat er einen Bruch zu gewärtigen. Den kann er sich an den Hut stecken. Jäger, welche auf weibliche Wesen zielen, nennt man Schürzenjäger, dieselben kommen auch sehr häufig vor. Wenn sie etwas getroffen haben, nennt man das dann Rangdewuh.

Einen Jäger, welcher nicht darf und es aber trotzdem tut, nennt man Wilddieb. Dieselben leben gefährlich.

Solche Jäger, welche nur selten abdrücken und so feierlich dabei tun, so daß es dabei vorbeigeht, nennt man Sonntagsjäger. Der Wildbrethändler kennt sie.

Dann gibt es noch die Kammerjäger, diese sind bei den richtigen Jägern nicht angesehen, weil sie kein vorschriftsmäßiges Pulver haben. Man nennt es Insektenpulver.

Im Herbst kommt der Jäger in größeren Haufen vor, das nennt man Treibjagd. Dieselbe besteht aus Jägern, Treibern, Hunden, Hasen und Füchsen. Die letzten haben es alle so eilig. Das meiste sind Hasen, da schießen die Jäger hinten drauf. Mancher denkt auf den Schwanz, das ist aber falsch, das nennt man Blume. Diese blüht zumeist weiß. Ist aber nicht zum Riechen! Wenn die Treibjagd vorbei ist, ist ein großes Essen und ein noch größeres Trinken, dies nennen die Jäger Schüsseltreiben.

Es freuen sich die Jäger über die vielen geschossenen Hasen und rufen sich zu: „Prost Blume."

Louis Riedel, Meßbach (1847–1919):

Der Krinitz

Der Krinitz is a wunnerbarsch Vügele. Wenn der Winter mit Schnie und Eis san' Einzug b'uns hält, nooch richt' der Krinitz 's Wochenbett zerecht und de Madam Krinitze legt ihre Aaerle neis Nest. Und wenn b'uns in ne Stümen de geputzten Tannbaam flimmern und glänzen und de Kinner mit Gubel drüm rümsprünge und -tanzen, do recken die eem aus ne Aaern ausgekrochene Krinitzle de hungrig Schneebele aus ne Nest und de Alten troong emsig Futter zu, Tog fer Tog.

Drüm ham siech aa verschiedene Soong üms Vügele gespunne. Der Krinitz söll, wie unner vugtlännescher Dichter, der Gulius Mosen, su schie singt, es versucht ham, unnern Heiland, wie er drah ne Kreiz huhng, de Neegel aus ne Händne rausezeiehe. Doderbei söll er siech sei Schneebele su vergreht ham, aß's öbere Taal siech kreizweis übersch üntere gelegt hot.

Drüm is der Krinitz aa a Glücks- und Seengvügele. Wen aans übern Weeg fleigt, der hot Glück ne ganzen Tog aus, und wer su an'n Vügele noochgieht, in ne dicksten Wald nei und verleists net aus ne Angen – dös is freilich de Hauptsach derbei –, der hot scha oft an'n grußen Schatz gefunne, Gold und Silber und Edelstaa, aß ersch kaam derschlaapfen* kunnt. Wer ober gar su a Vügele in der Stum, in' Vugelbauer, hot, der hot verta** fer alles, fer Feiersch- und Wasserschnut, und kaane Kranket kimmt den neis Haus. Detbei helfen de rechtsgeschloonge, dös sei sötte, be dene 's öbere Taal vun' Schnobel

af rechts und 's üntere Tall af links zu leit, ne Mannsen, de linksgeschloonge ober be dene de Schneebele ümgekehrt lieng, de helfen ne Weibsen in' Haus. Ober erschte Bedingnis is, se müssen gut gehalten, mit Futter und Wasser ordentlich versorgt und wos de allergrüßte Hauptsach is, se derfen net vödersch*** gehängt wer'n. Wu se aamol vun Ahfang ah hiegehängt wer'n, do müssen se hänge bleim, sinst bedats's Uglück.

Veen Schilbichs-Traugott war de Fraa schwer krank wur'n. Se ham se nei a klaans Kämmerle neem der Stum gebett', weil

Zeichn.: A. Raithel

se unten kaane Stum merner hatten, der Buden uhm ober war net verschloong und's stund aa kaa Ufen dorte, noochert ham se aa ne Dokter huln lossen.

„Aber, ihr Leute!" sogt der, wie er nei 's klaane dumpfige Käfferle geführt werd, „do in den Loch, den modrigen, do würet de Kranke net lang mehr leem, se sötten se doch nei der Stum betten, wenn se kan'n annern Platz hätten." Und er greift selber miet zu, wie nu de kranke Fraa nei der Stum geschafft werd. Er verschrabbt ihr fix noch a Arzenei und gieht er seine Gäng. Wie er na annern Tog wiederkimmt und san'n Patienten besucht, find't er de Fraa wieder draußen in' finstern, feuchten Neemstübel.

„Aber um alles in der Welt!" zetert der Dokter. Er hätts doch gesogt, aß dös ihr Tud wär, fer wos se se denn net hinne in der

* erschleppen, ** vertan (der ist gefeit, *** anderswohin

239

Stum gelossen hätten? „Jo", sogt der Traugott, „der Vugel hot ihr ze laut gemacht, se
kunnt ne Krinitz nimmer derhärn."

„Herr Gott!" fährt der Dokter unwillig
auf, „do hätten se doch ne Vugel naushän-
ge könne."

„Wos?" sogt der Traugott ganz verwun-
nert, öne Vugel nausta? Ne Vugel! Wissen se denn gar net, aß der net vördersch
gehängt wern derf? Do könnt doch 's
gräßte Malleer passiern!" – „Aß's noch a
gräßersch fer ihn geebt, als wie aß ihn de
Fraa stürbet?" fregt der Dokter.

„Naa doch, naa doch!" sogt der Traugott. „Ober ne Vugel weghänge, naa, dös
gieht net ah. Wenn mei arme Fraa epper
starm teet noochert – 's ganze Dorf soget,
iech wär schuld, weil iech ne Vugel vödersch gehängt hätt."

„Ihr seid dümmer wie – !" 's annere
brummelt der Dokter nei ne Bart und gieht
in' gräßten Zorn seiner Weg. „Macht, was
ihr wollt, ihr …!"

Und richtig, ne annern Tog is de Fraa
tut. Der Traugott is utröstlich drüber,
ober er is siech kaaner Schuld bewußt.
Wie ihn der Dokter aanige Tog dernooch
af der Stroß trifft und fregt, wos er nu ze
san Krinitz soget? do maant der Traugott:
„Jo, Herr Dokter, ach 's is traurig, aß iech
mei Fraa su ball hergeem mußt, ober dös
is Gottes Schicking, do kah der Vugel nix
derfür. Wer waß, wos erscht gescheh wär,
wenn ieng'e weggehängt hätt! Su ho iech
zewengsten kaane Schuld. Überdem is 's
a rechtsgeschloonger, der kunnt der arme
Fraa su wi su nix helfen, jo, wenns noch a
linksgeschloonger wär!"

„Gegen Dummheit kämpfen Götter
selbst vergebens!" sogt der Dokter leise fer
siech und rennt, ahne hadjeh ze soong,
dervah. Der Traugott ober schüttelt mit ne
Kopf, wie er ne noochschaut, und pröpelt
fer siech hie: „Su a gescheiter Mah und
sieht dös net ei, dös was doch werklich
jedes Kind!"

Dr. Marko Schlieven, Greiz:

Der gefrorene Peitschenknall

Die Wurzeln des späteren wirtschaftlichen
Aufschwungs der Greizer Industrie des 19.
und 20 Jh. liegen in der Greizer Klatsch, jenem Teil der Stadt, der sich um die heutige
Weberstraße links des überbrückten Gras-
litzlaufes (A.-Bebel-Str.) ausdehnt. Bereits
um 1540 ist von einem Klatschhammer die
Rede. Nach dessen Erwerb errichtete Hans
Roth im Jahr 1589 an dieser Stelle die
erste Greizer Papiermühle. Im Jahr 1661,
nach deren Verlagerung ins Göltzschtal,
entstand hier eine „Tuchwalkmühle und
Farbe", die unter dem Namen „Schönfärb"
die Tradition der Greizer Textilveredlung
begründete. 1779 wurde das Meisterhaus
der Lein- und Zeugweber, das sogenannte

Barthsche Turmhaus, errichtet. Eben jene
Familie Barth ließ auf dem Wiesenareal
der Hiemannschen Besitzungen eine Spinnerei errichten. Neben diesen Manufak-
turbetrieben gruppieren sich in der engen
Gasse auch mehrere Wohnhäuser, die teilweise dem großen Stadtbrand von 1802
standhielten.

Der Name „Klatsch" wird von einer sla-
wischen Flurbezeichnung abgeleitet, wobei
mehrere Nutzungen Pate für die Namens-
gebung gestanden haben dürften. So ist
der uralte Gemeindeplatz als „Hutwiese"
der Stadtgemeinde verbrieft (klatscha – als
Pferdeweide zu übersetzen). Aber auch
eine Sägemühle als Vorgänger des Klatsch-

Hammers wäre als Namensgeber denkbar (klad – Holz oder auch kladno – Hammer). Wie dem auch sei, der Volksmund leitete die Bezeichnung schlichtweg von einem Peitschenklatschen ab, das zu hören war, wenn zwei Fuhrwerke beim Einbiegen in die enge Gasse sich bemerkbar machten, um ein Zusammenstoßen zu vermeiden.

Die Weberei in reußischen Landen hatte noch bis ins 19. Jh. als sogenannte „Hausweberei" weite Verbreitung, d. h., daß die Weber in der eigenen Stube einen oder mehrere Stühle betrieben, oft auch als Nebenerwerb. So nimmt es nicht wunder, daß neben dem Schulmeister auch der Bauersmann das Surren erklingen ließ, um den Seinen die Mäuler stopfen zu können. Noch ehe sich das Verlegerwesen als selbständiger Erwerbszweig herausgebildet hatte, fuhren Tagelöhner mit ihrem Gespann von Haus zu Haus, um die gewebte Ware in weitere Arbeit zu geben.

Ein Kutscher, der im Dorf Pohlitz in seinem Stall zwei für die Landwirtschaft untüchtige alte Pferde stehen hatte, trug schon seit Jahren die gewebten Ballen aus den Webstuben zusammen, um sie zur Schönfärb bei der Klatsch zu bringen. Dabei hatte er über Jahre einen bescheidenen Reichtum erringen können, der den schmalen Lohn der Weber oft übertraf. Doch niemand neidete ihm sein Salär, standen doch auch in schlechten Zeiten die Tiere in Futter. Besonders beschwerlich war sein Dienst aber in der Zeit des Winters, wenn Schnee und Eis die unbefestigten Wege durch die Felder zur Stadt bedeckt hatten und so teilweise unbefahrbar machten. An diesen Tagen führte er neben der Kutscherpeitsche auch eine große hölzerne Schaufel und eine Lade Kies mit sich, um die ersten Gefahren abzuwenden.

Wohl mochte die der kälteste Tag des Jahres sein, als eben dieser Kutscher bereits das steilste Stück der Leimgrube (Lehmgrube) hinter sich gebracht hatte. Durch die aufsteigende Wärme des Stadt-grabens hatte sich aber auf dem Weg zum ehemaligen Reichenbacher Tor hin eine dünne Eisschicht über den festgefahrenen Schnee gebettet, daß es der Hilfe herbeieilender Gesellen bedurfte, den Wagen sicher bis zur Gräßlitz zu geleiten. Dadurch hatte der Kutscher Zeit verloren, und da die letzten Meter zur Schönfärb eben dahinliefen, legte er einen leichten Galopp ein. Wie üblich klatschte er die Peitsche in die Luft, damit ein Zusammentreffen mit einem anderen Fuhrwerk in der schmalen, gekrümmten Gasse vermieden würde. Allein es mochte ihm nicht gelingen, auch nur den geringsten Knall zu erzeugen. Sonderbar erschien ihm, daß die Pferde bei jedem Klatsch zusammenschrecken, und beim dritten vergeblichen Versuch vermochte er sie nicht mehr zu halten. Fast wäre er vom Bock gestürzt, da hatte sich sein Fuhrwerk schon mit einem entgegenkommenden Gefährt verkeilt. Alles Reden half nichts. So sehr er sich auch mühte, seine Vorsichtsmaßregeln zu erklären, allein niemand wollte einen Laut aus seiner Peitsche gehört haben.

Als die schimpfende Menge sich langsam entfernt hatte und die Wagen notdürftig geflickt den Ort verlassen konnten, wurde der Pohlitzer Kutscher durch den Gendarm protokolliert. Nachdem er am Nachmittag die Ware abgeliefert hatte und mit dem klapprigen Gefährt den Heimweg nahm, lag ein warmer Hauch in der Luft. An der Stelle, wo er auf dem Hinweg vergeblich Zeichen zu geben versuchte, konnte er nun ein dreimaliges lautes Klatschen vernehmen, gerade so, als wenn der Schall eben aufgetaut wäre. Doch niemand schenkte ihm Glauben für seine Erklärungen. So wunderte es niemand, daß er sich mehr und mehr zurückzog und das freundliche Lächeln verlor. Noch Jahre später aber konnte man um die Mittagszeit an eben der Stelle ganz deutlich ein dreimaliges Klatschen hören, ohne daß ein Kutscher in der Nähe gesehen wurde.

Dr. Frank Reinhold, Obergeißendorf:

Zeitgemäße Betrachtung Nr. 4

Grad war er da, der Nikolaus,
und packte die Geschenke aus.
Die sind verschieden ausgefallen,
und Freude herrschte nicht bei allen.
Wer schon was hat, kriegt was dazu.
Dazu zähl'n weder ich noch du!
Der Dichter ist ein armer Wicht,
und auch der Leser hat es nicht,
das Geld, das alles leichter macht ...
Und bist du arm, dann gute Nacht!
Doch denke dran im Fall des Falles:
Geld ist zwar wichtig, doch nicht alles.
Wer Liebe findet in der Welt
und Freundschaft jeden Tag erhält,
auch der ist reich auf seine Art
(und hat er auch kein Geld gespart).
Dem Leser wünsch' ich solch Geschenk –
viel Liebe (möglichst auch paar „Pfenk").
Vertrau: Das Leben, es geht weiter!
Ein frohes Fest, das wünscht

Ernst Heiter

Runda

Hupprich, Hupprich, böser Bu,
steck mich nei deine Lodenschuh*,
steck mich nei dei Hühnerloch,
laß mich stecken die ganze Woch'.

* Lodenschuhe, eigentlich Schuhe, die aus einzelnen Streifen groben
Tuches gefertigt sind

Liebe Hedwig, Euer angekündigtes Paket ist bis heute nicht angekommen …

Gerade in der Weihnachtszeit, wenn viele Familien in Ost und West sich mit Aufmerksamkeiten für das Fest bedachten, lief das DDR-Schnüffel-System zur Hochform auf. Es war durchaus nicht selten, daß man aufgrund der gewaltigen Paketmenge aus dem Zeitrythmus kam und mancher DDR Bürger erst Ende Januar sein für Weihnachten gedachtes Paket entgegennehmen konnte. Oft waren die Westverwandten verärgert, wenn keine Reaktion auf ihr Geschenk erfolgte. Aber wie sollte der „Beschenkte" reagieren, wenn er ohne zu wissen vom Staat beklaut wurde? Andere wiederum waren verdattert, wie lieblos die überprüften Pakete wieder zugestopft wurden.

Die Bildzeitung titulierte nach der Wende dieses Thema. „Mielkes Posträuber, sie klauten selbst Rentnern die Weihnachts-Geschenke."   *Der Herausgeber*

Die skrupellosen Posträuber von Stasi-Chef Erich Mielke schreckten vor nichts zurück: Seit November 1953 filzten sie über eine Million Pakete, durchsuchten 41 Millionen Briefe.

Vor allem in der Weihnachtszeit liefen die skrupellosen Stasi-Agenten der Abteilung „M" (Postkontrolle) zur Höchstform auf. „Wenn die Weihnachtspäckchen unterwegs waren, hatten alle Abteilungen Hochbetrieb", packte ein Ex-Mitarbeiter aus.

Die Stasi-Leute plünderten alles: Päckchen für arme Rentner, für Kinder – Lebensmittel, Spielsachen, Süßigkeiten, Schmuck und Geld. Allein zwischen 1986

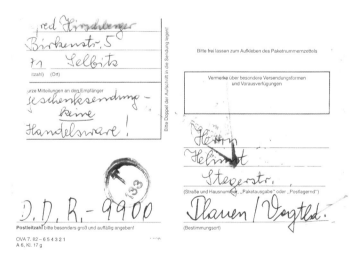

Wer solch einen Stempel auf seinem Paket hatte, konnte davon ausgehen, daß der Inhalt nicht mehr vollständig war.   Repro: Verlag

und 1989 überwiesen die Staatsräuber rund zwölf Millionen Mark auf das Konto 6666-11-260034 der Staatsbank der DDR.

Schmuck und wertvolles Spielzeug wie Eisenbahnanlagen und Autorennbahnen wurden der „Kunst und Antiquitäten GmbH Mühlenbeck" übergeben – einer Firma des DDR-Devisenbeschaffers Schalck-Golodkowski.

Schließlich forderte Stasi-Chef Mielke ganz offen zum Diebstahl von Paketen auf: „… es sind auch solche einzuziehen, die neuwertige Konsumgüter aller Art enthalten." Damit wurden „Personen und Diensteinheiten ausgerüstet, die spezielle Aufgaben" zu erfüllen hatten.

Probleme hatten die Posträuber allerdings mit Lebensmitteln. Da die Pakete oft wochenlang zwischen 112 M-Referaten der Stasi-Bezirksverwaltung und der Berliner Zentrale unterwegs waren, fielen den miesen Schnüfflern meist verschimmelte Südfrüchte, vertrocknete Lebkuchen und verdorbene Lebensmittel in die Hände. Zitat aus dem geheimen Schlußbericht des DDR-Militärstaatsanwalts, der 1990 die Ermittlungen gegen Stasi-Generalmajor Rudi Strobel (oberster Chef der Abteilung „M") führte:

„Nach Entnahme operativ interessanter Dokumente sowie nach der Vernichtung des bereits verdorbenen Inhaltes wurde der restliche so aufbereitet, daß keine Rückschlüsse auf seine Herkunft gezogen werden konnten." Erst dann kamen die geplünderten Gegenstände ins Asservatenlager. Niemand sollte wissen, wem was gestohlen worden war.

Stasi-Chefräuber Strobel wußte genau, daß er anderen Stasi-Genossen nicht trauen konnte. Deshalb ordnete er an, daß immer drei Mann beim Filzen der Briefe (täglich zwischen 25000 und 45000) anwesend sein mußten. Fanden sie Geldbeträge, mußten sie die Summe laut ansagen.

Was Mielkes Abteilung nicht zum Opfer fiel, das verschwand, wenn man Pech hatte, auf andere Art und Weise. Siehe Original-Zeitungsausschnitt.

Paket-Diebstahl in der DDR nimmt zu

BERLIN (dpa) – Die DDR-Polizei wird in diesen Tagen verstärkt dazu eingesetzt, den in der Weihnachtszeit angestiegenen Diebstahl von Paketen zu unterbinden. Nach Angaben des Informationsbüro West (IWE) brechen Diebe die von der DDR-Post aus Rationalisierungsgründen in vielen Wohngebieten aufgestellten Paketzustellanlagen auf und entwenden insbesondere Weihnachtspakete aus dem Westen. Nach Angaben des Bundespostministeriums haben 1981 rund 27 000 Pakete aus der Bundesrepublik ihre Empfänger in der DDR nicht erreicht.

Repros: Archiv Verlag

Getrennt und doch verbunden!

Schickst auch Du Päckchen nach drüben?

Aufkleber an Westpaketen in die Zone in den 50er Jahren

244

Siegfried Daßler, Oelsnitz:

Das Stollenbacken im Vogtland

Der Stollen als Weihnachtsgebäck hat in Sachsen und besonders im Vogtland eine lange Tradition. Die erste urkundliche Erwähnung des sogenannten Weihnachtsbrotes stammt aus dem Jahre 1329. Dem Bischof von Naumburg wurde damals dieses Weihnachtsgebäck überreicht. Form und Aussehen des Weihnachtsbrotes soll das Christkind in Windeln widerspiegeln. Auch im Vogtland läßt sich dieses Backwerk über 500 Jahre zurück verfolgen. 1475 mußte die Stadt Schöneck 3 Weihnachtsbrote an das Amt Voigtsberg liefern. Nun standen vor 500 Jahren nicht die Rohstoffe zur Verfügung, wie wir sie heute kennen. Für die ärmeren Leu-

Weihnachtsbäckerei

te waren die Zutaten zum Stollenbacken recht bescheiden. Als Fett diente Talg und Schweinefett, zum Süßen kam nur Honig in Frage. Zucker war zu dieser Zeit noch unbekannt. Weihnachtsbrot war überwiegend ein Gebäck für die reicheren Schichten der Gesellschaft.

Der Weihnachts- oder Christstollen wurde in der Folgezeit zu einem immer feineren Gebäck. Aus den südlichen Ländern kamen Sultaninen, Korinthen, Zitronat, Orangeat, Mandeln süß und bitter sowie edler Gewürze z. B. Muskat, Zimt, Kardamom, Nelken und Ingwer dazu. Im vergangenen Jahrhundert wurde der Weihnachtsstollen mehr und mehr auch ein Gebäck für die ärmere Bevölkerung. Heute finden Zutaten wie Korinthen, Honig, Talg und Schweinefett zur Stollenherstellung nur noch wenig Verwendung. Ein reiches Angebot an auserwählten Rohstoffen verhilft uns zu einem echten Stollengenuß an den Weihnachtstagen.

In Sachsen kennen wir mehrere Varianten des Stollenbackens. Eine Dresdner Variante, bei der wird der gewirkte Stollen gedrückt und anschließend umgeschlagen. Bei der im Vogtland üblichen Variante wird der gewirkte Stollen vor dem Backen eingeschnitten. Unterschiede im Geschmack sind auf die Formgebung dieser beiden Varianten nicht zurückzuführen, sondern abhängig von den Zutaten. Aus diesen beiden Arten des Weihnachtsstollens entwickelten sich auch einige Spezialitäten, wie Mandelstollen, der keine Sultaninen enthält, dafür einen hohen Anteil an Mandeln. Ferner Marzipanstollen, in deren Mitte in oder mehrere Rollen Marzipan eingearbeitet sind. Auch Mohnstollen ist zu einer beliebten Variante geworden. Der Quarkstollen besitzt im Vogtland einen hohen Stellenwert, da meist als Triebmittel Backpulver eingesetzt wird, hilft er die Verträglichkeit zu verbessern. In den letzten Jahren sind weitere Besonderheiten entstanden, die aber mit dem typisch Vogtländischen Weihnachtsstollen nicht viel gemein haben.

Stollen ist fast ein Dauergebäck. Er sollte bei 5 bis 6 Grad C trocken gelagert werden, dann schmecken die letzten Stücke zu Ostern noch. Unsere Vorfahren lagerten den Stollen im hölzernen Backtrog auf dem Hausboden. Für die damalige Zeit ein idealer Ort. Auf keinen Fall sollen wir heute den Stollen in einer Plastiktüte auf dem Schlafzimmerschrank aufbewahren, wenn der Raum klimatisiert ist.

Einige der Leser werden sich noch an das Stollenbacken nach 1945 erinnern. Alle Zutaten gab es nur auf Lebensmittelmarken, wie Fett, Butter, Margarine, Zucker und Mehl. Sollte fürs Stollenbacken etwas übrig bleiben, mußte übers Jahr aufgespart werden. Auf abgeernteten Feldern wurden Ähren nachgelesen (aufgesammelt) und dann zum Mahlen in die Mühle gebracht, denn ein sogenanntes helles Mehl war schon erforderlich. Für den Teig kam meist nur Margarine, Schweinefett oder Talg in Frage, Butter nur zum Einstreichen nach dem Backen. Zu erwähnen wären noch die Ersatzrohstoffe in der DDR. Besondere Auswüchse bei Stollenzutaten zeigten sich in Form von grünen candierten Tomaten als Zitronatersatz sowie candierte Möhren als Orangeat, Korinthen mußten teilweise die Sultaninen ersetzen.

Mit der Tradition des Stollenbackens entstand auch die Hausbäckerei. Die Vogtländer brachten entweder ihre Zutaten zum Bäcker, der dann daraus die gewünschten Stollen buk oder sie brachten den fertigen Teig zum Ausbacken. Die „Hausbäcker" trafen sich dann beim Bäcker in der Backstube und kommunizierten dabei über Backerfahrungen und Neuigkeiten.

Einhergehend mit der Tradition des Stollenbackens verbreitete sich der Aberglaube. Besonders im ländlichen Raum durfte der Stollen nicht vor den Festtagen angeschnitten werden, das brächte Unglück. Wurde ein Stollen zerbrochen, bedeutete dies, daß eine Person aus der Familie im folgenden Jahr sterben müßte.

Leider finden wir heute im Stollenvertrieb auch unschöne Erscheinungen. In den Märkten finden sich bereits im September Stollen im Angebot. Die Sonne steht hoch am Himmel, das Obst hängt noch am Baum, die Menschen besuchen das Freibad und dazu soll typisches Weihnachtsgebäck für die kalte Jahreszeit verzehrt werden. Schade, eine schöne Tradition wird hier gebrochen.

Trotz allem steht uns mit dem Weihnachtsstollen ein hervorragendes Gebäck, ein wahrhafter Genuß zur Verfügung, der an den Weihnachtstagen bei keiner vogtländischen Familie fehlt.

Zeichn.: S. Burr

246

Rezepte für Ihr kleines Weihnachtsgebäck

Aus einer Broschur der HO-Lebensmittel 1956

Hobelspäne, weiße

150 g Zucker, 100 g Mehr, 7 Eiklar, etwas Vanille
Der Zucker wird mit der Vanille und dem Mehl gut vermengt und in den festgeschlagenen Schnee leicht eingerührt. Auf ein geschmiertes Backblech gibt man mit einem Löffel oder aus einer Papiertüte fingerbreite und etwa 12 cm lange Streifen aus dem Teig und bäckt sie hell. Man löst die Streifen mittels eines Messers vom Blech und wickelt sie sogleich um einen Löffelstiel. Man darf das Blech gar nicht aus der Röhre nehmen, da sich die Streifen nicht mehr wickeln lassen, wenn sie ausgekühlt sind.

Gewürzringe

65 g Margarine, 65 g Marmelade, 100 g Zucker, 1 Ei, 150 g Semmelbrösel, 100 g Mehl, 100 g Maizena (Speisestärke), 3 gestrichene Teelöffel Backpulver, Zitronenschale, ½ Teelöffel Zimt, 1 Teelöffel Lebkuchengewürz.
Margarine und Marmelade verrühren wir miteinander, geben Zucker und Ei dazu und rühren alles gut glatt und schaumig. Die übrigen Zutaten mischen wir darunter und kneten den Teig. Danach lassen wir ihn eine halbe Stunde ruhen, rollen ihn ½ Zentimeter dick aus, stechen Ringe aus und legen diese auf ein gefettetes Blech. Wir backen sie rasch in guter Hitze.

Schwäbisches Hutzelbrot

Je 50 g Ringäpfel, Birnen, entsteinte Pflaumen, Aprikosen (Backobst) und Rosinen, je 25 g Nüsse, Mandeln, Zitronat, 100 g gesiebtes Mehl, 110 g Zucker, 2 Eier, je einen Teelöffel Zimt und Nelken, 2 gestrichene Teelöffel Backpulver.
Das gewaschene Backobst durch den Wolf und die Nüsse und Mandeln durch die Reibmaschine drehen, dann mit den anderen Zutaten vermengen. Ist der Teig zu fest, kann man ihn mit Fruchtsaft locker machen. In gebutterter Form eine Stunde backen.

Biskuits

120 g Zucker, 5 Eier, 110 g Mehl.
Die Dotter rührt man mit ¾ des Zuckers sehr flaumig ab, den anderen Zucker mischt man zum fest geschlagenen Schnee und gibt diesen mit dem Mehl zu den Dottern. Man füllt die Masse in eine Papiertüte oder in ein entsprechendes Leinensäckchen mit Ansatzrohr, drückt auf ein mit Papier belegtes Blech Biskotten, indem man kleine Häufchen setzt und je zwei miteinander verbindet. Dann bestäubt man sie mit Zucker und bäckt sie bei mäßiger Hitze, die fertigen Biskotten werden mit einem Messer vom Papier abgeschnitten.

Otto Schüler Ellefeld, (1901–1974):

Weihnacht wörd bal wieder sei

's Laab is vern Beimern. Dr Wind weht esue.
Wer do net naus muß, is glücklich und frueh.
Ubnst wörd bezeiten de Lamp oagezünd.
Bäspeln tutt wieder dr Voater, is Kind!
Tralala tralala juchheisa juchhei,
Weihnacht, ja Weihnacht wörd bal wieder sei!

Mutter, die schörgt lang seit Wochen dortrüm,
kümmt üm den Feiertogstroasch ebn net nüm,
sinnt aa derbei übersch Stollnbacken nooch:
's wörd schue wos do sei, wenn roakümmt der Tog!
Tralala tralala juchheisa juchhei,
Weihnacht, ja Weihnacht wörd bal wieder sei!

Schaufenster senne sue bunt und sue schie.
Hardleweis bleibn do de Kinner droa stiehe,
tunne de Blick nei de Maarngwelt vergrobn,
möchten de harrling Bornkinnle zamm hobn!
Tralala tralala juchheisa juchhei,
Weihnacht, ja Weihnacht wörd bal wieder sei!

Schaue vom Himmel de Starnle uebnrei,
huscht dorch de Gassen dr Ruperich fei!
Nooch waß dr Gung und is Maadel bestimmt:
Weihnachten, Weihnachten bal wieder kümmt!
Tralala tralala juchheisa juchhei,
Weihnacht, ja Weihnacht wörd bal wieder sei!

Manfred Blechschmidt, Erla:

Die Geschichte vom kurzen Leben des schwarzen Friedrich

Großvater hatte ihn dann doch gekauft, den letzten Pflaumentoffel, den die Frau von der Dresdner Zuckerbude warmherzig anbot. Sie hatte ihn in eine Tüte gesteckt aus braunem Packpapier und mir zum Naschen einen Malzbonbon in den Mund. Als es dämmerte, gingen wir heim. Ich durfte ihn tragen, den Pflaumentoffel.

Immer noch drängten Leute erwartungsvoll dem Markt entgegen. Damit wir uns nicht verloren, führte mich Großvater an der Hand. Mit der anderen hielt ich die Packpapiertüte weit vom Körper, damit ich den Toffelmann nicht anstieß und beschädigte. „Schwarzer Friederich soll er heißen", hatte ich zum Großvater gesagt. Der aber meinte, das sei schon ein recht eigenartiger Name, den er noch nie gehört hätte. „Wenn auch", mir gefiel schwarzer Friederich.

Großmutter stutzte auch, als sie den Namen hörte. Und während ich mir die Schuhbändel aufknotete, sagte Großvater: „Ja, ja, schwarzer Friederich …" Das machte Großmutter neugierig. Als sie den kleinen schwarzen Kerl aus der Tüte hob, war doch der rechte Arm eingeknickt. Großmütter wissen solche Schäden zu heilen! Nun sah er ganz so aus, wie der in der Jahrmarktsbude. Freilich, dort stand er zwischen lauter süßen Sachen, baumelnden Lebkuchenherzen und inmitten vom Ruch nach Pfefferkuchen, gebrannten Mandeln und Lampenkarbid.

Nun wollte ich, er solle zu seinen Ehren kommen, seinen Platz auf dem Fensterbrett erhalten, zwischen Hyazinthengläsern, Engel und Bergmann. Als er sich hineingedrängt hatte, sah er schon recht erbärmlich aus, der kleine schwarze Kerl mit dem winzigen Leiterlein. Was war er

schon, gegenüber dem lackglänzenden Lichterbergmann und dem Gloriaengel! Das tat mir leid.

Bald mußte ich mich durch Großmutter belehren lassen, daß Pflaumentoffel nicht hingehören, wo sich das hochlöbliche Bergvolk trifft. Und ein richtiger Heimischer ist er auch nicht, der Pflaumentoffel von der Dresdner Budenfrau. Nun war auch mir so, als hätte sich ein Straßenjunge erfrecht, sich unter die Erwachsenen zu mischen.

Großmutter sah mir die Enttäuschung an. Wortlos räumte sie vom Wandbrett ein paar Teller fort, gerade so viele, daß der schwarze Friederich dort stehen konnte. Er bekam sogar ein Klöppeldeckchen untergelegt. Weil der Hintergrund der Wand her so schön blau war, sah er gar nicht mehr so schwarz aus. Auch viel größer kam er mir vor. Nun stand er auf dem Tellerbord und konnte alles sehen, was in der Stube geschah, den Christbaum in der Ecke und den Räuchermann auf dem Tisch, und auch den Kater, der durch die Stube schlich. Als am Tag nach Hohneujahr das Weihnachtszeug aufgeräumt wurde, bekam auch der Pflaumentoffel seine Schachtel und durfte mit auf den Spitzboden. Ich war's zufrieden.

Schlimm war's aber dann doch. Denn als zur nächsten Weihnacht das Zeug vom Boden geholt wurde, die Päckchen und Schachteln, war in der Verpackung meines schwarzen Friederichs nur noch das Gerippe: Eine Maus war in das Innere vorgedrungen und hatte ihn aufgefressen. Großvater tröstete: Sicher gäbe es auch in diesem Jahr wieder Pflaumentoffel bei der warmherzigen Budenfrau. So war gewiß: Ich durfte wieder mit zum Weihnachtsmarkt!

Irene Kasselmann, Auerbach

Wunder werden wahr

Augenleuchten! Kerzenschein!
Geschmückter Weihnachtsbaum!
Glockenläuten! Heil'ge Lieder!
Tannenduft im Raum.

Händefalten! Dankgebet!
Die schönste Zeit im Jahr!
Ein Engel tritt ins Stübchen ein.
Die Wunder werden wahr.

Feuchter Blick vom Großpapa,
die Enkelchen im Arm.
Geborgenheit und Harmonie!
Im Herzen wird es warm.

Händefalten! Dankgebet!
Die schönste Zeit im Jahr!
Ein Engel tritt ins Stübchen ein.
Die Wunder werden wahr.

Stille Nacht! Heilige Nacht!
Ein Stern vom Himmel fällt.
Heut ist das Jesuskind geborn.
Erleuchtet ist die Welt.

Händefalten! Dankgebet!
Die schönste Zeit im Jahr!
Ein Engel tritt ins Stübchen ein.
Die Wunder werden wahr.

Der Weihnachtsmann

Scherenschnitt: Paul Mucherer

Der Moosmann ist unsere typische vogtländische Sagengestalt für die Advents- und Weihnachtszeit. Das Foto stammte aus dem Besitz von Bruno Paul und zeigt einen von P. Künzel vor vielen Jahrzehnten geschnitzten Moosmann.

Repro: Verlag

Fritz Alfred Zimmer, Zwickau (1880–1954):

Der Spielmann

Es war zur Weihnachtszeit, spät am Abend. Im Schnee des vogtländischen Winters vergraben lagen Wälder und Dörfer. Von der Höhe kam ein einsamer Wandrer – er strebte mit seltsam schleppenden Schritten der nächsten Behausung zu.

Im Dorfe unten lagen schon alle Zipfelmützen und Schlafhauben in den Federn; denn morgen war Weihnachten. Nur im Wirtshaus war noch Licht. Das Bierglöcklein hatte bereits geläutet und den wenigen Saufkumpanen das längere Sitzen leid gemacht. So lag zur Stunde die Stube verlassen da. Der Wirt wollte eben auch zu Bett gehen, als sich durch die Tür eine merkwürdige Gestalt hereinschob. Das Schleißenlicht gab einen trüben Flackerschein und fiel auf den Ankommenden. Es war ein noch nicht allzu bejahrter, aber stark gealterter Mann, sichtlich heruntergekommen. Unterm Arm hielt er eine Geige.

Nach kurzem Gruß ging er auf den noch warmen Kachelofen zu und bat um einen Imbiß und um Nachtquartier. Dann schaute er sich müde um. Als er in der Ecke einen kleinen geschmückten Tannenbaum erblickte, erhellten sich auf einmal seine Züge, und er rief den Wirt dicht zu sich. Leise, wie mit eigenartiger Scheu, verhandelte er mit ihm. Doch der Wirt schüttelte den Kopf und sagte: „Nein, es ist schon zu spät. Frau und Kinder sind schon zu Bett." Doch der Alte ließ keine Widerrede gelten, bat und bat: „Gewiß seh ich wie ein Bettler aus, aber so ganz ausgerupft bin ich noch nicht." Damit trennte er von seinem schäbigen Rock innen ein Stück Futter los und zog zum Erstaunen des anderen ein Silberstück heraus. „Mein allerletztes", sagte er, „es ist euer, wenn ihr meinen Wunsch erfüllt." – „Jetzt, zu später Nachtstunde noch den Baum anzünden? Heute schon, wo doch erst morgen Weihnachten ist?" – „Tut mir den Gefallen, ich bitte euch, wenn ihr ein Christenmensch seid. Das Vogtland ist auch meine Heimat, ich komme weit, weit her. Morgen sollt ihr herzlich allein euer Weihnachtsfest feiern; mir aber helft heute zu dem meinen."

In den Worten des alten Mannes und im Blick seiner Augen war etwas, daß den Wirt bestimmte, ihm zu willfahren. Bald flammte der kleine Lichterbaum, und der Fremde konnte sich nicht satt sehen. Er saß auf dem Kanapee und schien in alte schöne Erinnerungen verloren. Plötzlich stand er auf, nahm die Violine und fing an zu spielen. Dem Wirt wurde sonderbar warm zu Gemüte. Als der Geigenmann den Bogen hinlegte, schlich er hinaus und brachte nach kurzer Weile sein Weib und seine drei Kinder mit herein. Die schauten anfangs sehr verdutzt. Als aber der Alte wieder zu spielen begann, zu spielen, wie sie es noch niemals gehört hatten, da machten sie große glückliche Augen. Lange geigte der Alte wunderbar. Wunderbar auch, wie er mit jedem Stück lebendiger wurde, fast wieder jung. Zuletzt ging er in die Melodie von „O du fröhliche, o du selige" über und spielte, ohne abzusetzen in einem fort nun alle die lieben alten Weihnachtslieder: „Es ist ein Ros entsprungen" – „Vom Himmel hoch" und wie sie alle heißen. Verträumt schloß er mit „Stille Nacht, heilige Nacht", verneigte sich artig wie auf dem Podium des Konzertsaals vor seiner kleinen Zuhörerschaft und bat die Kinder, nun wieder zu Bett zu gehen und schön zu schlafen und zu träumen. Sie gehorchten. Die beiden Eltern aber wollte er noch einen Augenblick bei sich haben. Der Wirt gedachte erst jetzt der Bestellung des Gastes und schickte sich an, ihn zu bedienen. Doch der Alte winkte ab und sagte: „Ihr habt da unter euren Kindern einen recht hübschen Jungen, dem schenke ich hier meine Geige; sie ist – ihr habt es wohl gehört – nicht ganz ohne Wert. Ich bin alt und brauche sie nicht mehr. Und nun gehabt euch wohl! Das Geldstück nehmt für eure anderen Kinder zum Christgeschenk." Damit wandte er sich und schritt, ohne sich zurückhalten zu lassen, still hinaus.

Am nächsten Morgen fanden sie ihn friedlich eingeschlafen auf dem kleinen Friedhof bei den Gräbern, wo aus dem Schnee die Kreuze ragten. Er hatte sich der ewigen Allmacht vertrauensvoll ans Herz gelegt. Die Wirtsleute nahmen sich der Leiche an, baten den Pfarrer und bestatteten ihn. Sie konnten aber keinen Namen, sondern nur zwei Buchstaben auf seinen Leichenstein setzen, dieselben, die auf seiner Geige eingebrannt waren: D. F.

Der Beitrag wurde dem Verlag von Herrn Dr. Peter Haueis zur Verfügung gestellt.

Runda

A Pfaerl zon Reit'n
und a Boibel zon Kleid'n
und a Klingel zon Klingn
wör's Bornkinnel bring.
Landwüst

Hoffmann von Fallersleben, (†):

Ich lag und schlief

Ich lag und schlief; da träumte mir
ein wunderschöner Traum:
Es stand auf unserm Tisch vor mir
ein hoher Weihnachtsbaum.

Und bunte Lichter ohne Zahl,
die brannten ringsumher;
die Zweige waren allzumal
von goldnen Äpfeln schwer.

Und Zuckerpuppen hingen dran;
das war mal eine Pracht!
Da gab's, was ich nur wünschen kann
und was mir Freude macht.

Und als ich nach dem Baume sah
und ganz verwundert stand,
nach einem Apfel griff ich da,
und alles, alles schwand.

Da wacht ich auf aus meinem Traum,
und dunkel war's um mich.
Du lieber schöner Weihnachtsbaum,
sag an, wo find ich dich?

Da war es just, als rief' er mir:
„Du darfst nur artig sein;
dann steh' ich wiederum vor dir;
jetzt aber schlaf nur ein!

Und wenn du folgst und artig bist,
dann ist erfüllt dein Traum,
dann bringet dir der Heil'ge Christ
den schönsten Weihnachtsbaum."

Stille Nacht, heilige Nacht

Süßes Lied, du machst mein Sinnen weich;
Aber — ach! — ich bin nicht Kindern gleich —
Heißes Heimweh brennt, wenn Glocken schallen;
Kühle Ruhe winkt, wenn Flocken fallen . . .
Stille Nacht, heilige Nacht,
Hast mir ein Lächeln und Tränen gebracht.

Keiner wandert mit auf dunkler Flur;
Müde tickt in meiner Brust die Uhr,
Kündet, daß die letzten Stunden eilen,
Daß im kühlen Grund die Wunden heilen —
Stille Nacht, heilige Nacht,
Heute sind all meine Toten erwacht.

Heimlich flüstern sie von dem, was war;
Mutterhände streicheln graues Haar —
Einem blonden Kinde lohten Kerzen,
Und ein Alter darf die Toten herzen . . .
Stille Nacht, heilige Nacht,
Hast mir ein Lächeln und Tränen gebracht.

Karl Berner

Manfred Blechschmidt, Erla:

Vom Geheimnis der heiligen Nacht

Als der Heilige Abend heraufdämmerte, der Vater von draußen kam, nachdem er die Fensterläden geschlossen hatte, sagte er: „Eh mer uns ze Tisch setzen, beschern mer erscht ne Hausstand." Er meinte damit das Vieh im Stall und die Obstbäume, die hinter dem Wasserhaus standen. Im Hinausgehen deutete er gegen Stall und Hintertür: „Wie mir solln aah is Viehchzeig un de Baamer ihr Weihnachten hobn!"

In der Schüssel, die er zurecht machte, waren Haferkörner, und obenauf lagen rotbackige Äpfel. Er zündete die Laterne. Dann nahm er uns beide, Hanna und mich, an die Hand. Auf dem Weg nach draußen erzählte der Vater, Weihnachten sei eine wundersame Zeit, und die heilige Nacht voller Geheimnisse. Da sprächen die Tiere untereinander mit menschlicher Stimme und erzählten sich die Weihnachtsgeschichte, so, wie sie zu Bethlehem geschah. Nur die Menschen hätten keine Ohren dafür, es zu hören.

Im Stall gab er den Kühen aus seiner Schüssel, den Schweinen und den Hühnern die auf der Stange schon schliefen. Die Kühe bekamen noch besonders viel von dem duftenden Heu in die Raufe.

Dann traten wir durch die Hintertür in den Garten, in dem aus der Schneedecke heraus die Bäume ihre Äste dem Himmel entgegenreckten. Der Apfel-, der Pflaumen- und der gute alte Birnbaum, der ganz weit draußen stand, bekamen ein Strohband um den Stamm, und der Vater steckte ein kleines Geldstück hinein.

Dazu sprach er kein Wort. Wir hatten uns bei den Händen gefaßt und verharrten dicht an der Hintertür des Hauses, weil wir in Filzschuhen nicht ins Freie treten sollten.

Als wir wieder im Haus waren, sagte der Vater, daß in der heiligen Nacht auch die Bäume voll des Weihnachtswunders seien. Indessen die Menschen die Geburt des Jesuskindes feierten, blühten sie eine Nacht lang. Jedoch hätten wir Menschen keine Augen dafür, es sehen zu können. Dann rief die Mutter zum Heiligabendessen.

Nach der Bescherung war es still im Haus. Vater und Mutter saßen auf dem Sofa, hielten sich die Hand und schauten in das Flackerlicht der Kerzen. Da zog mich Hanna an der Hand in den Flur hinaus, in dem nach altem Brauch vier Wachskerzen leuchteten.

„Ob wohl die Tiere wirklich mit menschlicher Stimme redeten?" fragte sie ungläubig und zog mich weiter bis hin zum Stall, den eine Tür vom Flur trennte. So lauschten wir an ihr, die vom Tieratem feucht war. Wir hörten dahinter das Schnaufen der Kühe, das Grunzen der Schweine, sonst aber blieb es still.

Um von den Eltern nicht überrascht zu werden, stahlen wir uns zurück ins Zimmer. Und wir wußten: Der Vater hatte recht. Die Tiere sprechen wie Menschen miteinander, nur sind unsere Ohren nicht dafür geschaffen, es zu vernehmen. Das war für uns ein weiteres großes Wunder dieser heiligen Nacht.

Irene Kasselmann, Auerbach:

Vorarscht und voräppelt

Be dr Ella hatt sich af de Weihnachtsfeiertooch Besuch oagemeld. Se is e gute Gastgebere, de Ella, drüm wott se sich aah dösmoll miet dr Esserei net lumpn loon. „Mer wern e ganze Nupp Leit sei", hoot se vur sich hiegesimpeliert. „Do is miet enner Goas nischt getoa! Ich muß ebn nuch enn Hos drzu kaafm. Ubedingt!"
Druntn Kaafland in Auerbach hoot se aah enn Bulmis vun enner Goas drwischt. När miet'n Hos hoot se kaa Glück gehattn. 's gob zwoar eigefrorne Karnickl drinn dr Tiefkiehltruh, aber die woarn allezamm oahne Kopp. Ohne Kopp kaaft aber de Ella kann Hos. Nie e nimmer! (Dodrmiet hatt se senemoll, wues im Kriesch nischt ze Essen goob, kaa gute Drfoahring gemacht!
Obnds drziehlt se dr Käte, die wos ihr beste Freindin is, dorch de Quasselstripp, wo se fer e Glück miet dr fettn Goas gehattn hoot, aber, ass se sue entteischt is ass 's kaane frischn Hosn gob.
„Die kumme schu nuch, Ella", maanet de Käte. „'s woar duch erscht dr erschte Advent. Bis ze de Weihnachtsfeiertooch is duch nuch e Wall hie. Mach dr denterhalm kaane Sorgn."
E poar Tooch speeter, wu de Käte drinne Supermoarkt eikaafm woar, sohch se droan Flaascherstand enn frischn Hos drinn dr Flaaschthek liegn.
„Dös sei deitsche Karnickl", sooget de Vorkeifere. „Die hobn mer mere Wuch üm Oagebuet."
„Do nimm iech mer glei enn miet", maanet de Käte. „Kenne Se mr denn Hos wingel zertaaln, ass 'r mr drhamm nei's Gefrierfoach passt?"
De Vorkeifere hoot genickt und dös Vieh poarmoll dorchgehackt, sue wie's de Käte hobn wott.
Droa dr Kass hoot sich de Käte ieber sich geaxert. „Wie bleed und daamisch

iech när woar, glei ne erschtn bestn Hos ze nemme. Wer waaß, wie lang der scho af ne Loodntisch loog! 'r kennt aah epperemdende scho arg asgedürrt sei und net meh sue saftisch. Duch nu is 's ze speet! Dr Hos is in Portiune getaalt. Umtauschn koa iech ne itze nimmer."
Drhamm oakumme, hoot de Käte de Hosentaal nei de Gefrierbeitl gesackt und nei ne Eisschroak gestoppt. Se kunnt's ball net drwoartn, de Ella oazerufn.
„Ella, 's gibbt frische Hosn miet Kopp! Gieh glei nieber de Kaafhall, do sei se dere Wuch üm Oagebuet. Loo dr aber enn as ne Kiehlhaus gebn! Nimm af kann Fall enn vum Loodntisch!"
De Ella wott goarnet erscht wissen wienooch net. Wue se „Frische Hosn" gehärt hoot, koam se glei nei de Roasch. „Schenn Dank, Käte", kunnt se aber nuch soogn, eh se ne Härer nauf's Quatschkästl gelegg hoot.
Fix hoot se de Gäck und de Stroßnschuh oagezuegn, de Geldbersch und de Eikaafstasch geschnappt und is nieber ne Supermoarkt geflitzt.
Do loog weißsettersch e Karnickl miet Kopp unner dr Glosschaab vun ne Loodntisch. Glei is 'r dr gute Rot vun dr Käte eigefalln. Se freeget de Vorkeifere: „Koa iech enn frischn Hos as ne Kiehlhaus kriegn?"
„Der doroane liegt, is aah frisch!" maanet die. „Wienooch welln Se denn net hobn?"
„Iech mog enn as ne Kiehlhaus!" hot de Ella partuh drauf bestanne.
De Vorkeifere hatt emmende aa net grod ihrn bestn Tooch gehattn. Se hoot de Backn afgeblosn, ihre Aagn vordreht, vur sich hie propniert und is hinnersch Kiehlhaus gelaatscht. Wue se miet enn Hos widderkoam, hoot se den parforsch nauf de Wooch geklatscht. Graamisch hot se

gemaant: „Zwee Kilo! Kostdreize Euro und fuffzisch Cent."

De Ella dacht, se is drinne falschn Film. „Wos woar aber dös? sohchet de Ella afgeregt. „Se glaabn duch epper net, ass iech denn Kuhhos nimm! Naa! Der hoot duch itze dorch dös Naufpfeffern Druckstelln kriggt! Iech mecht enn aanern Hos!" De Vorkeifere hoot de Ella daamisch oagelunst. Se hoot de Zäh zammgebissn, üm de Beherrsching net ze vorliern, und is miet ne Karnickl Richtung Kiehlhaus geloffm. Wos se vur sich hiegemorfelt hoot, kunnt de Ella net vorstieh. 's woar emende aah besser sue!

De gunge Fraa woar ganz fix widder do und hoot ne Hos pomoale nauf de Wooch gelegggt, als ob 'r e Wicklkied wär. „'s gieht duch!" maanet de Ella. Se hoot bezoahlt und is hammgange.

Drhamm hot se de Asgobn miet ne Kassnzettl vorglichn. Af aamoll hoot de Ella enn ruetn Nischl kriggt. „Nu sue Sauluder! Sue e gerissnes Weiberschvolk, sue e meschandes! Wie koa mer när sue ausgekocht und ogebrieht sei?" Fuchsteifelswild is de Ella dorch de Woahnstu hie e har geflitzt und hoot geautert und gegatzt: „Hoot mr duch de Vorkeifere denn selbn Hos gebn, denn se vurhar nauf de Wooch gehaue hoot! Denertwegn woar die sue fix widder do! Dös Miststück woar goarnet erscht daun Kiehlhaus geween, üm ne Hos ümzetauschn!" De Ella kunnt siech aafoach net beruhing. Vur Afreging is 's 'r iebel wuern. Wer waaß, wie huech dr Blutdruck nei de Höh gestiegn woar! „Mei Harz! Mei Harz!" hoot se

gestiehnt. „Iech krigg nuch enn Harzklapps! Wue sei manne Troppn?" Se hoot nuch emoll 's Nosnrod afgesetzt und nauf ne Kassnzettl gelunst. Do stund ganz deitlich:

Deutscher Hase – 2 Kilo – 13,50 Euro

Sötte Zufälle loas net gebn, ass aah Hos sue viel wie dr annere wiescht und kost! De Ella meetert und spreißelt: Dös Luder hoot miech neigelegggt! Miet de oaltn Leit kenne se ebn alles machen!

Dös mußt se glei dr Käte drziehln! Se woar sue fitzisch, ass se poarmoll e falsche Zohl nei's Quatschkästelneigetippt hoot.

„Käte. här mr moll zu! Iech muß dr wos soogn! Wos iech heit drlebbt ho!" De Ella hoot nu de Geschicht drziehlt, wie se asgetrickst und vorolbert wuern is.

Duch, ass de Käte miet Körrn und Feixn geantwort hoot, dös hoot se net drwoart.

„Iech koa ball nimmer! Iech lach miech schief e krumm! Sue wörd emende aah de Vorkeifere gekichert hobn, Ella, wue de miet ne Hos ohgezuegn bist! Hend, wos dir echoal sue passiert!"

Dös Lachn vun dr Käte dorch de Quasselstripp hoot oagesteckt. De Ella mußt nu aah laut kichern. De Bosset woar vorfluegn. Und an de Harztroppn hoot se aah nimmer gedacht.

Aber de Geschicht vum falschn Hosn, die hoot se meitooch net vergessn. Geds Goahr ze Weihnachtn, wenn de Hutznleit be dr Ella drinn dr Stu hockn, drziehlt se, wie se sennemoll voroarscht und voräppelt wuern is.

Einst war man allein auf weiter Flur

Christine Hofmann, Mißlareuth:

Lange, lange ist es her, eine Winterwanderung

Es war ein sonniger Wintertag im Februar. Wieder einmal sollte ich auf mein kleines Brüderchen aufpassen. Ich kam plötzlich auf den etwas abwegigen Gedanken, eine Wanderung zu unternehmen. Gerhard war mit seinen drei Jahren auch sofort dabei. Es wurde ein großes Unternehmen, hatte ich mir doch vorgenommen, meine Freundin in Dobareuth zu besuchen. Daß zwischen den Schieferbruch und meinem Ziel etwa 8 km lagen, machte mir keine Kopfschmerzen und mein Brüderchen saß voller Begeisterung auf seinem Schlitten. Er lief auch immer ganz brav, wenn es mir zu schwer oder ihm zu langweilig wurde. Nach den ersten paar Kilometern war nur noch tief verschneiter Wald um uns, und Gerhard freute sich, wenn er mir die Zapfen oben an den hohen Fichten zeigen konnte. Wir kamen sehr gut voran, denn der Weg durch einen verschneiten Wald gehört auch noch heute zu den schönsten Erlebnissen. Abgesehen davon wäre dieser Weg heute für mich nur noch eine verrückte Idee. Es dauerte auch nicht lange, und der Wald lag hinter und das Ziel vor uns. Noch ein Stück über verschneite Wiesen und auf einen Weg, den das Eis zugefrorener Pfützen bedeckte, und schon hatten wir es geschafft. Jetzt konnten wir uns erst einmal wieder aufwärmen, und bei Kakao und Kuchen verging die Zeit. Aber vor allem konnten wir hier Fernsehen schauen, was wir doch überhaupt nicht kannten.

Mitten in unser Spiel fragte die Mutter meiner Freundin: „Wann müßt ihr denn wieder nach Hause?" Wir ließen uns nicht stören, und meinten nur: „Vor dem Finster werden wollten wir daheim sein."

Natürlich erschraken wir ganz gewaltig, als wir sahen, draußen war es bereits fast dunkel, und ein gleichmäßiger Schneefall hatte alle unsere Spuren bedeckt. Aber mich konnte das doch nicht erschrecken und mein Brüderchen ahnte nichts. Ich setzte ihn kurzerhand auf den Schlitten, und mit einem „kommt gut heim" verabschiedeten wir uns.

Die erste Zeit ging es ja noch ganz gut. Gerhard saß ruhig, aber auch müde in einen Anorak, der für dieses Wetter etwas zu dünn war. Aber schließlich war unsere Winterwanderung nicht vom Anfang an eingeplant. Ein fast undurchdringliches Schneegestöber machte uns den Weg noch schwerer. Aber bald waren wir im Wald und damit vor dem kalten Wind etwas geschützt. Nur jetzt meldete sich mein Kleiner. Erst noch leise, aber je weiter wir in den Wald kamen, um so bestimmter wurde sein „Mama, mich friert, Mama, ich will heim!" Mit dieser immer lauter werdenden Begleitmusik ging es durch den Wald, in dem kein Weg mehr zu erkennen war. Als wir uns dem Schieferbruch näherten, war hinter mir alles still. Ich weiß bis heute nicht, hatte sich mein Brüderchen in sein Schicksal ergeben oder war er eingefroren. Aber schon vor dem Schieferbruch wurden wir von unseren Eltern empfangen.

Heute kann ich mir deren Angst vorstellen, wußten sie doch nichts von unserem Ausflug.

Damals hatte ich im Grunde kein Verständnis für diesen Empfang!

Aus dem Verlagsarchiv:

Das „Dengeln", ein alter Volksbrauch zu Neujahr im reußischen Vogtland

Das Gesicht des Volkes, das in seinem Volkstum und in seinen geistigen Schöpfungen zu Ausdruck kommt, hat sich im letzten Jahrhundert durch die Industrialisierung und Verstädterung stark gewandelt. Damit ging nicht nur ein Teil des besten Volks- und Brauchtums verloren, sondern vor allem auch der Sinn dafür. Erst in jüngster Zeit hat unser Volk wieder in größerem Maße den tieferen Sinn für das Volkstum und seinen Wert erkannt. Zu den Gebieten, in denen noch starke Reste ursprünglichen Volks- und Brauchtums vorhanden sind, gehört glücklicherweise unser Vogtland. Das zeigt vor allem auch das lebendige Brauchtum zur Weihnachts- und Neujahrszeit.

Aus den vielerlei Gebräuchen und Sitten in dieser Zeit sei ein Gebrauch herausgehoben, der sich im reußischen Vogtland in der Gegend von Wurzbach und Heinersdorf im Kreise Schleiz lebendig erhalten hat, der vereinzelt am dritten Weihnachtsfeiertag in der Hauptsache aber am Neujahrstag geübt wird, das sogenannte

„Dengeln", das vereinzelt dem dritten Weihnachtstag sogar den Beinamen „Dengeltag" gegeben hat. Kinder und junge Burschen gehen am Neujahrsmorgen in die Häuser und wünschen ein gutes neues Jahr und schlagen dabei dreimal mit Fichtenzweigen besonders jungen Mädchen auf die Hände. Früher geschah das mit Zweigen von Rosmarin. Dabei sangen sie ein Verschen auf und bitten um eine Gabe. Solche Verse von Kindern lauten:

„Ich bin ein kleiner König,
gebt mir nicht zu wenig,
laßt mich nicht zu lange steh'n.
Ich muß ein Häuschen weitergeh'n"
Oder:
„Dengel, dengel, neues Leben,
sollt mir einen Taler geben."
Die Burschen singen bei den jungen Mädchen:
„Dengel, dengel, du, mein Schatz,
wenn du lachst', kriegst du 'nen Schmatz,
lachst du nicht, bist du nicht mein,
sollst du auch mein Schatz nicht sein."

Oder:
„Dengel, dengel, Grüne,
schöne Mädchen muß man bediene,
bedienen muß man sie das ganze Jahr,
damit ihnen kein Leid widerfahr."
Oder:
„Dengel, dengel, dengel,
du siehst aus wie ein Engel,
siehst aus wie Marienblut
schmecke dir das ganze Jahr gut."
Junge Mädchen sprechen vor der Tür
eines Burschen:
„Dengel, dengel, Sauerkraut,
ich wünsche dir 'ne schöne Braut,
ich wünsche dir im neuen Jahr,
daß du bald stehst am Traualtar."
Oder:
„Dengel, dengel, grün und blau,
ich denk, du brauchst bald eine Frau,
drum wünsch ich dir im neuen Jahr,
daß du bald stehst am Traualtar."
Oder:
„Dengel, dengel, dengel,
vom Himmel kam ein Engel,
der schickte mir die neue Post,
das ich heute dengeln muß."
In Heinersdorf geschieht das Dengeln
nach dem Einläuten des neuen Jahres in
der Silvesternacht in der Weise, daß die
Burschen versuchen, mit Schlüsseln in
das Haus der Mädchen zu kommen, um
ihnen ein gutes Jahr zu wünschen und sie
um eine Gabe zu bitten. Diese besteht in
einem „Dengelschnaps", weshalb oft auch
mit der Schnapsflasche an die Tür geklopft
wird, bis das Mädchen sie öffnet. Dabei ist
folgender Vers üblich:
„Dengel, dengel, heuer,
der Branntwein, der ist teuer.
Schenk mir nur ein Tröpfchen ein,
so will ich damit zufrieden sein."
Andere sagen:
„Dengel, dengel, Liebchen,
du siehst aus wie ein Diebchen.
Du hast mir mein Herz gestohlen,
jetzt komm' ich und will's mir wiederholen."

Am „Dengeltag" gehen wohl auch die
Burschen mit einer Sichel in der Hand
vor die Türen der Mädchen und bitten
mit einem der genannten Verse um eine
Gabe. Daß ihrer Bitte in allen Fällen
entsprochen wird, ist selbstverständlich. In
Heinersdorf lösen sich die Mädchen am
Neujahrstag bei den Burschen mit einem
Faß Bier aus, das dann gemeinsam bei
Spiel und Tanz getrunken wird.

R. Schmalfuß, Greiz:

Zum Neuen Jahr

Nur kurze Zeit wir steh'n davor,
ein Neues Jahr tritt aus dem Tor,
bringt Freude uns und Traurigkeit,
für's volle Schicksal sei bereit!

Sollt' dein Geschick nicht günstig sein –
was tut's? So füge dich darein!
Auf Dauer vieles wird gelingen
was froh du nun wirst neu beginnen!

Verliere niemals deinen Mut!
Mit Kraft und Schwung man vieles tut!
Sprich: wahrlich „heut ist heut"
klug nütze, was dein Leben beut'!

Und wisse: was wir auch beginnen
am Ende müssen wir von hinnen!
Ist auch der Weg noch steil und weit,
unaufhaltsam trägt die Zeit
uns Menschen hin zur Ewigkeit!

Willy Rudert, Falkenstein (1884–1949):

Nusse[1] gute Nacht

Dös Büchel is nu alle,
dös do is's letzte Bloott,
unds sött miech zu sehr fraae,
wenns Spaß gemacht eich hot.

Sogt ihr, 's wär schie geweesen,
do mach m'r aa noch aans,
und mögt ihr nix mehr wissen,
do loß, m'r'sch, mach m'r kaans.

Ho iech wos net getroffen,
ihr Leit, do sogt m'r'sch ner,
doch denkt an meine Kinner
und schpreißelt[2] net ze sehr.

's sott net gedruckt wer'n, 's ham miech
de Leit derzu gebracht;
drüm nemmt[3] m'r gu[4] nix übel,
und – nusse gute Nacht!

[1] nu sse = nun so [2] zankt [3] nehmt [4] ja

*Der Verleger
mit seinem
jüngsten Kind,
dem neuen
„Vogtland
Jahrbuch".
Na, wie wird
es sich wohl
machen?*

**Verlag und Autoren wünschen Ihnen, liebe
Leser, ein erfolgreiches Jahr 2011.**

Vogtländischer Heimatverlag Neupert

Der Heimatverlag des Vogtlandes im Herzen von Plauen
Verleger: Jean-Curt Röder
Klostermarkt 9 · 08523 Plauen
Tel./Fax: (03741)226820

Ausschnitt aus dem Verlagsprogramm
Stand Herbst 2010

· **„Wo auf hohen Tannenspitzen"** Reprint Paul Apitzsch.
Ein vogtl. Wander- und Lesebuch, 326 Seiten
ISBN-Nr. 3-929039-00-1   Preis: €   14,80
· **„Vogtländische Küche"**, über 100 Originalrezepte aus 3 Jahrhunderten,
10. Auflage jetzt erhältlich, Curt Röder, 98 Seiten,
ISBN-Nr. 3-929039-25-7   Preis: €   4,60
· **„Rund um de Griegenifften"**, 20 verschiedene Arten des Vogtländers
Leibspeise, Grüne Klöße herzustellen, zusammengestellt von Curt Röder
ISBN-Nr. 3-929039-99-0   Preis: €   4,40
· **„Rundas und Reimsprüche aus dem Vogtlande"**,
Reprint Dr. Hermann Dunger, 307 Seiten,
ISBN-Nr. 3-929039-01-X   Preis: €   10,99
· **„Melodien aus dem Vogtland"**, Arbeitskreis Trad. Volksmusik u. Mundart
im Vogtl. u. in Nachbargebieten, 44 Seiten,
ISBN-Nr. 3-929039-52-4   Preis: €   3,99
· **„Im Vogtland ist Weihnachten"**, Gedichte und Geschichten, zusammengestellt
von Curt Röder, 144 Seiten, viele Illustrationen u. a. von Hermann Vogel,
Bruno Paul, ISBN-Nr. 3-935801-07-6   Preis: €   11,00
· **„Zuckermännle hie und Zuckermännle her"**, Gosels Zuckermännle,
heitere Begebenheiten um die Adventszeit, Bernd Holzmüller
ISBN-Nr. 3-929039-93-1   Preis: €   5,45
· **„Als die Marionetten bei Bonesky spielten ..."**, Von Puppenspielern,
Komödianten und Schaustellern, Andreas Raithel, 116 Seiten
ISBN-Nr. 3-929039-58-3   Preis: €   9,90
· **„Durch Land und Zeit – Ein Vogtlandjahrbuch"**, jährlich neu
Band 11 (1994), ISBN-Nr. 3-929039-36-2   Sonderpreis: €   5,10
Band 15 (1998), ISBN-Nr. 3-929039-62-1   Preis: €   8,69
Band 16 (1999), ISBN-Nr. 3-929039-69-9   Preis: €   8,67
Band 17 (2000), ISBN-Nr. 3-929039-82-6   Preis: €   9,20
Band 18 (2001), ISBN-Nr. 3-929039-88-5   Preis: €   9,20
Band 19 (2002), ISBN-Nr. 3-929039-92-4   Preis: €   9,20
Band 20 (2003), ISBN-Nr. 3-935801-03-3   Preis: €   9,20
Band 21 (2004), ISBN-Nr. 3-935801-09-2   Preis: €   9,50
Band 22 (2005), ISBN-Nr. 3-935801-15-7   Preis: €   10,50
Band 23 (2006), ISBN-Nr. 3-935801-21-1   Preis: €   10,50
Band 24 (2007), ISBN-Nr. 3-935801-25-6   Preis: €   10,50
Band 25 (2008), ISBN-Nr. 978-3935801-28-7   Preis: €   10,50
Band 26 (2009), ISBN-Nr. 978-3935801-30-0   Preis: €   10,50
Band 27 (2010), ISBN-Nr. 978-3935801-32-4   Preis: €   11,00

· **„Kindermärchen von Rudolphi"**, illustriert von Hermann Vogel
neu gesetzt, 117 Illustrationen, 168 Seiten
ISBN-Nr. 978-3935801-27-0   NEU   Preis: €   29,95
· **„Der Feind, den wir töteten, mein Freund"**, Erinnerungen an den
Plauener U-Boot-Kommandanten W. Hartenstein, David C. Jones,
ISBN-Nr. 3-929039-83-4   Preis: €   20,00
·**„Hinter den Vorhang geschaut ..."**, „Zeitzeugen II", Ein Wirtschafts- und
Staatsfunktionär der DDR erinnert sich, C. Wünsche, 136 S.,
ISBN-Nr. 3-929039-67-2   Preis: €   10,99
· **Ein kleines vogtl. Textilunternehmen im Strom der Zeit 1919–2000"**,
„Zeitzeugen III", Roland Taubner, 270 S., ISBN-Nr. 3-929039-89-3   Preis: €   15,30
· **„Ein Leben für die vogtländische Gardinenindustrie"**,
„Zeitzeugen IV", Manfred Seidel, 312 S., ISBN-Nr. 3-935801-06-8   Preis: €   16,80
· **„Die Wende in Plauen"**, Eine Dokumentation – Herbst 1989,
6. (limitierte) Auflage, Thomas Küttler, 128 S.,
ISBN-Nr. 3-929039-15-X   **(vergriffen)**   Preis: €   8,70
· **„Zivilcourage"**, Die Ereignisse im Herbst 1989 in Plauen anhand
von Statistiken und Augenzeugenberichten, Rolf Schwanitz, 384 S.,
ISBN-Nr. 3-929039-65-6   Preis: €   19,00
·**„Schloß und Amt Vogtsberg bis Mitte des 16. Jh. und das Erbbuch**
vom Jahre 1542", Reprint Dr. C. v. Raab, 527 Seiten,
ISBN-Nr. 3-929039-79-6   Preis: €   29,65
·**„Urkundliche Chronik der Stadt Oelsnitz und des Schlosses**
und Amtes Voigtsberg", Reprint Dr. J. G. Jahn,Teil I vergriffen – Teil II,
ISBN-Nr. 3-929039-42-7   Preis: €   9,60
· **„Alt Auerbach"**, Ein historischer Stadtrundgang, Teil I, Helmut Martin,
107 Seiten, ca. 136 Fotos, ISBN-Nr. 3-929039-96-6   Preis: €   18,00
· **„Die großen Brücken des Vogtlandes"**, 3. Auflage, 87 Seiten,
Andreas Raithel und Curt Röder, ISBN-Nr. 3-929039-87-7   Preis: €   8,10
· **„Erinnerungen an Plauen"**, Bilder und Ansichten vor der Zerstörung,
80 Seiten, Werner Storl, ISBN-Nr. 3-929039-55-9   Preis: €   5,88
· **„Das alte Plauen"**, Die Entwicklung der Altstadt mit vielen Abbildungen
und einem Plan, Reprint Dr. Walter Bachmann, 248 Seiten,
ISBN-Nr. 3-929039-43-5   Preis: €   30,60
· **„Plauen 1945 ... und die schweren Nachkriegsjahre"**,
Das zerstörte Plauen und der Wiederaufbau. Andreas Krone,
Curt Röder, 624 S., ISBN-Nr. 3-929039-56-7   Preis: €   45,50
· **„Das große Plauener Bilderbuch"**, 604 s/w Fotos; 203 Farbfotos,
55 Zeichn., 372 S., ISBN-Nr. 3-929039-90-7   (vergriffen)   Preis: €   38,00
· **„Als der Krieg zu Ende war"**, 392 Seiten, über 400 Abbildungen,
ISBN-Nr. 3-935801-20-3   Preis: €   35,00
· **„Ein weiter Blick zurück, Plauener Kindheits- und Jugend-**
erinnerungen" (Teil I) ISBN 3-935801-04-1   Preis: €   26,50
· **„Ein weiter Blick zurück, Plauener Kindheits- und Jugend-**
erinnerungen" (Teil II) ISBN 3-935801-05-X   Preis: €   26,50
· **„Die König-Friedrich-August-Brücke"**, Die einzige ihrer Art
weltweit in Plauen im Vogtland, zum 100-jährigen Jubiläum,
ISBN-Nr. 3-935801-22-X   Preis: €   15,80
· **„Auf zur Jagd"**, Erinnerungen eines alten Vogtlandjägers,
Wolfgang Oertel, 176 Seiten, ISBN-Nr. 3-929039-91-5   Preis: €   13,20
· **„Bau- und Kunstdenkmäler"** der Amtshauptmannschaften Auerbach, Oelsnitz
und Plauen, über 100 Jahre vergriffen und jetzt als Reprint erhältlich,
ISBN 3-935801-01-7   Preis: €   17,50
· **„Gehannesfünkele"**, Gedichte und Geschichten in vogtl. Mundart
von Erich Thiel, ISBN 3-935801-03-3   Preis: €   9,90

264

· **„Das lustige Neideitel-Buch"**, Geschichten, Gedichte in Mundart,
24 Bändchen, Reprint, je 96 Seiten
(Bände 2, 3,8,11,12,13,15,16,19 vergriffen) Preis: € je 3,80
· Neuperts Kleine Reihe, Band I: **„Mosen-Büchlein"**, Gedichte und Erzählungen
J. Mosens v. C. Forberger zusammengestellt, 88 S.
ISBN-Nr.3-929039-77-X Preis: € 7,45
· Neuperts Kleine Reihe Band II: **„Vun allen ewos"** vogtl. Schnurren und
Gedichte 48 Seiten, ISBN-Nr. 3-929039-98-2 Preis: € 4,25
· Neuperts Kleine Reihe Band III: **„Lausbubengeschichten aus dem Göltzschtal"**
von Walter Juppin 42, Seiten, ISBN-Nr. 3-935801-17-3 Preis: € 4,20
· Neuperts Kleine Reihe Band IV: **„Heimwege"** von Fritz Alfred Zimmer
80 Seiten, ISBN-Nr. 3-935801-24-6 Preis: € 7,35
· **Neideitel-Sammelband**, Das lustigste aus 24 Neideitel-Bänden, **Band 1**
102 Seiten, ISBN-Nr. 3-935801-18-1 Preis: € 4,60
· **Neideitel-Sammelband**, Das lustigste aus 24 Bändchen, **Band 2**
ISBN-Nr. 978-3935801-26-3 **NEU** Preis: € 4,60
· **Neideitel-Sammelband**, Das lustigeste aus 24 Bändchen, **Band 3**
978-3935801-31-7 Preis: € 4,60
· **„Von Stadtbränden, Seeräubern und anderen Begebenheiten aus
meinem Leben ..."**, Erinnerungen des Ferdinand Mohr, 104 S.,
ISBN-Nr. 3-929039-78-8 Preis: € 7,55
· „Vergnügliche Buschgeschichten auf vogtländisch", Wilhelm Buschs
Bildgeschichten in vogtländischer Mundart von I. Kasselmann, 56 S.,
ISBN-Nr. 3-929039-81-8 Preis: € 6,10
· **„Alt Plauen, Erinnerungen aus den Jahren 1840–1850"**, Begebenheiten
und Erzählungen aus d. Vogtland, Reprint Ferdinand Mohr, 80 S:,
ISBN-Nr. 3-929039-04-4 Preis: € 5,00
· **„Mein Vogtland, mei Haamet"**, Sagen und Erzählungen des reußischen
und sächsischen Vogtlandes, Reprint Hermann Schiller, 152 S.,
ISBN-Nr. 3-929039-14-1 Preis: € 7,55
· **„Sagen des Greizer Reußenlandes"**, Franz Weidmann, erstmals
erschienen 1907, 159 Seiten, ISBN-Nr.3-935801-08-4 Preis: € 9,20
· **„Sagen Reußenlands"**, Julius Wilke, erstmals erschienen 1873,
40 Seiten, ISBN-Nr. 3-935801-10-6 Preis: € 4,10
· **„Was mein einst war"**, Jugenderinnerungen an die vogtl. Dorfheimat
Mitte des 19. Jahrhunderts, Reprint Emil Schuster, 122 S.,
ISBN-Nr. 3-929039-02-8 Preis: € 7,05
· **„Ketzer unterm Kelch"**, Histor. Erzählung über die Hussiteneinfälle 1430
ins Vogtland, Bernd Kemter, 139 S., ISBN-Nr. 3-929039-95-8 Preis: € 8,10
· **„Dr Geenij"**, Humorvolle Anekdoten über den letzten sächs. König
Friedrich August III., Reprint Hans Reimann, 72 S.,
ISBN-Nr 3-929039-06-0 Preis: € 6,45
· **„Plau'n bleibt Plau'n"** – Eine Stadt im Wandel der Zeiten, historische
Videodokumentation 6 Teile, je 90 Minuten, Teile I-IV (vergriffen) Preis: € je 20,45
Teil V ca. 20 min. umfangreicher Preis: € 22,00

Aus Platzgründen kann nur ein Teil des Verlagsprogramms hier wiedergegeben werden. Ein ausführliches Verlagsprogramm senden wir Ihnen gern zu.

Klassiker über die vogtländische Region aus unserem Verlag

Rudolphis Kindermärchen, nach 100 Jahren wieder erhältlich, mit 117 Illustrationen und farbigem Innentitel des Vogtländers Hermann Vogel, neu gesetzt, 168 Seiten.

ISBN 978-3935801-27-0

Preis: 29,95 Euro

Zivilcourage, 384 Seiten
ca. 50 Zeitzeugen
über 50 Originaldokumente
153 s/w Fotos
40 Farbfotos
ISBN 978-3929039-65-8
Preis: 19,00 Euro

Neideitel-Sammelband 3
ISBN-Nr. 978-3935801-26-3
Preis 4,60 Euro **Neu**

Vogtland DEMO-Lied '89 jetzt auf CD zum Preis von 6,- Euro

Große Sonderschau zum Jubiläum der Ersterwähnung
„600 Jahre Rodewisch" – der weite Weg zur Stadt
23. April - 28. August 2011

Ab 26.11. 2011 bis 25.02. 2012
Große Weihnachtsschau in allen Räumen

Tel./Fax 03744 33186 · e-mail: museum@rodewisch.de · Schloßstraße 2 · 08228 Rodewisch

Öffnungszeiten: Apr. bis Aug. und Dez. bis Feb.: 10.00 - 12.00 Uhr und 13.00 - 16.30 Uhr
Am 31.12. 2011: 10.00-13.00 Uhr geöffnet! Am 24. und 25. Dezember geschlossen!
Ab 2. Januar Montag und Freitag geschlossen.

272